本书为国家社科基金项目"面向中国—东盟市场一体化的沿海高铁经济圈产业融合战略研究"（项目编号：14XJL010）阶段性成果。

桂南高铁产业集群
及其全产业链建设研究

廖东声 崔海涛 著

Study on the High Speed Railway Industrial Cluster
and the Construction of the Whole Industrial Chain
in Southern Guangxi

中国社会科学出版社

图书在版编目（CIP）数据

桂南高铁产业集群及其全产业链建设研究／廖东声，崔海涛著. —北京：中国社会科学出版社，2023.8

ISBN 978-7-5227-1973-3

Ⅰ.①桂…　Ⅱ.①廖…②崔…　Ⅲ.①高速铁路—影响—区域经济—产业经济—研究—广西　Ⅳ.①F127.67

中国国家版本馆 CIP 数据核字（2023）第 097275 号

出　版　人	赵剑英
责任编辑	黄　山
责任校对	贾宇峰
责任印制	李寡寡

出　　版	中国社会科学出版社
社　　址	北京鼓楼西大街甲 158 号
邮　　编	100720
网　　址	http://www.csspw.cn
发 行 部	010-84083685
门 市 部	010-84029450
经　　销	新华书店及其他书店

印刷装订	三河市华骏印务包装有限公司
版　　次	2023 年 8 月第 1 版
印　　次	2023 年 8 月第 1 次印刷

开　　本	710×1000　1/16
印　　张	23.5
字　　数	420 千字
定　　价	98.00 元

凡购买中国社会科学出版社图书，如有质量问题请与本社营销中心联系调换
电话：010-84083683
版权所有　侵权必究

序

  本书乃廖东声等同志在对桂南高铁产业集群及全产业链的深入研究基础上完成的，现此书经由中国社会科学出版社出版，我感到欣慰，并乐于为之作序。

  中共中央立足后疫情时代，为推进我国经济高质量发展，提出构建"双循环"的新发展格局重大举措。通过稳定和激活内需，扩大开放，推进高品质"一带一路"建设，为全球经济的复苏和发展注入了新的活力，也推进全球治理体系朝着更加安全、普惠、包容、开放、可持续的方向发展。高铁在促进人流、物流、资金流和信息流，加速国内大循环，助力构建新发展格局方面意义非凡。桂南高铁经济圈地处我国东南部，毗邻东盟，由南宁、玉林、北海、钦州等城市组成，高铁沿线产业集群效应显著，占据自然、科技、资金、人力等多种资源优势，产业门类相对齐全，拥有陆海空对外贸易通道。那么在"双循环"发展新格局下，如何更好地实现桂南高铁产业集群区域化及其全产业链建设，成为当前社会广泛关注和思考的问题。廖东声等同志出版的《桂南高铁产业集群及其全产业链建设研究》这一新著，具有重要的现实指导意义。

  廖东声等同志的这一新作，着力阐释了如下三方面问题：一是广西作为"一带一路"重要节点以及面向东盟的开放门户。桂南高铁沿线区域产业发展进一步拓展面向东盟的产业链发展空间，有利于广西展示连接国内国际"双循环"的关键节点和加快建设西部陆海新通道的新作为。二是加快提升桂南乃至广西产业基础能力和产业链水平，有利于桂南乃至广西更好地全面对接粤港澳大湾区产业转移，形成粤港澳大湾区辐射重要支点，为促进区域一体化合作、更好承接国内外产业转移提供了更高层次的开放合作平台。三是有利于桂南乃至广西发挥面向"一带一路"、东南亚的重要窗口作用，成为内地与东南亚产业衔接的有效支撑点，以全方位开放引领经济实现高质量发展。

廖东声等同志的这一新作的新意表现在：一是搭建了产业区域化和全产业链空间优化的理论框架，剖析了桂南高铁产业区域化和全产业链建设机理和逻辑关系。研究的理论丰富、时间跨度大、难度大，为研究同类问题展示了新的视野、新的观念、新的研究角度和新的研究平台。二是对桂南高铁产业及其全产业链建设的动力机制进行分析，包括拉力、推力、本力和阻力四个维度，全方位揭示了影响广西桂南高铁产业集群及其全产业链建设的因素，为今后相关研究提供了思路参考。三是通过分析桂南高铁产业及其全产业链建设的概况、战略思路及国内外先进经验借鉴，提出桂南高铁经济圈产业区域化及全产业链建设的发展路径、政策建议。这些思路和内容为桂南高铁沿线政府及其他有关部门的决策提供了重要参考。

尽管廖东声等同志此书的出版对桂南高铁产业集群及全产业链建设问题进行了很好的总结和展望，但存在不足和瑕疵是在所难免的，我们真诚欢迎社会界与学术界的批评、指正与交流，也感谢来自各方的呵护与支持，共同将我国高铁产业推进到更高质量的发展阶段。并希望作者在学术研究的道路上再接再厉，更上层楼，作出新的探索与贡献。

夏 飞

广西财经学院校长

2023 年 7 月于南宁

目 录

第一章 绪论 …………………………………………………… (1)
 第一节 研究背景与研究价值 ………………………………… (2)
  一 研究背景 …………………………………………… (2)
  二 研究价值 …………………………………………… (8)
 第二节 文献综述 ……………………………………………… (9)
  一 产业集群研究 ……………………………………… (9)
  二 全产业链研究 ……………………………………… (22)
  三 总结与评述 ………………………………………… (29)
 第三节 研究主要内容、研究思路和研究方法 ……………… (30)
  一 研究主要内容 ……………………………………… (30)
  二 研究思路 …………………………………………… (32)
  三 研究方法 …………………………………………… (33)
 第四节 创新 …………………………………………………… (34)

第二章 产业区域化与全产业链建设理论分析 ……………… (35)
 第一节 产业区域化理论基础 ………………………………… (35)
  一 经济增长极理论 …………………………………… (35)
  二 产业集群理论 ……………………………………… (36)
  三 新经济地理学 ……………………………………… (37)
 第二节 全产业链理论基础 …………………………………… (41)
  一 产业关联理论 ……………………………………… (41)
  二 区域经济系统理论 ………………………………… (43)
  三 劳动地域分工理论 ………………………………… (43)

第三节　产业区域化与全产业链的逻辑 …………………… (44)
　　一　补链——高铁沿线产业迁移优化机理 …………………… (44)
　　二　强链——高铁沿线产业分异块化机理 …………………… (57)
　　三　延链——高铁沿线产业延伸创新机理 …………………… (67)

第三章　产业区域化及其全产业链建设的动力分析 ………… (75)
第一节　拉力分析 …………………………………………… (75)
　　一　科学技术创新培育新业态新产业 ………………………… (75)
　　二　城乡融合发展拓展产业发展空间 ………………………… (77)
　　三　产业结构多元化发展开辟新路径 ………………………… (80)
　　四　营商环境优化孕育新机遇新模式 ………………………… (84)
第二节　推力分析 …………………………………………… (86)
　　一　投资模式创新促进产业创新化转型 ……………………… (86)
　　二　消费需求升级推动产业品质化发展 ……………………… (87)
　　三　绿色发展理念推动产业高级化发展 ……………………… (88)
　　四　政府政策完善推动产业链群化延伸 ……………………… (93)
第三节　本力分析 …………………………………………… (94)
　　一　交通物流发展成为产业重要组成 ………………………… (94)
　　二　资源要素开发吸引产业区域集聚 ………………………… (98)
　　三　区域协同发展拉长产业链群长度 ………………………… (100)
　　四　市场竞争力提升增加产业附加值 ………………………… (105)
第四节　阻力分析 …………………………………………… (107)
　　一　政府管理效率影响产业集群发展 ………………………… (107)
　　二　资源要素外流阻碍产业的区域化 ………………………… (108)
　　三　基础设施承接产业转移能力较弱 ………………………… (111)
　　四　其他阻力因素 ……………………………………………… (113)

**第四章　桂南高铁经济圈产业区域化及其全产业链
　　　　　建设的演变历程** ……………………………………… (114)
第一节　新中国成立前广西铁路交通与商贸发展简述 ………… (114)
　　一　广西铁路筹建始末 ………………………………………… (114)

二　商贸业的起步萌芽 …………………………………………（115）
　第二节　启蒙阶段（1949—1978年）……………………………（117）
　　一　广西铁路发展迎来新机 ……………………………………（117）
　　二　推进重点产业发展 …………………………………………（120）
　第三节　初期建设阶段（1978—1993年）………………………（124）
　　一　广西铁路"跨大步"发展 …………………………………（124）
　　二　产业区域化发展 ……………………………………………（126）
　第四节　全面建设阶段（1994—2012年）………………………（131）
　　一　广西铁路实现市级全覆盖 …………………………………（131）
　　二　产业的"抱团出海" ………………………………………（135）
　第五节　高速建设阶段（2013年至今）…………………………（141）
　　一　迈入高铁时代 ………………………………………………（141）
　　二　推进全产业链布局 …………………………………………（144）

第五章　桂南高铁经济圈产业区域化及其全产业链建设概况 …（161）
　第一节　桂南高铁产业区域化空间格局及主要特征……………（161）
　　一　南北钦防地区：片状集群 …………………………………（161）
　　二　珠江—西江地区：带状协同 ………………………………（176）
　　三　桂南城市群：条状衔接 ……………………………………（185）
　　四　其他城市：散状延展 ………………………………………（188）
　第二节　产业区域化过程中存在的主要问题 ……………………（194）
　　一　产业集群规模小 ……………………………………………（195）
　　二　区域化程度较低 ……………………………………………（197）
　　三　资源依赖性较强 ……………………………………………（198）
　　四　产品附加值较低 ……………………………………………（200）
　　五　产业结构失衡 ………………………………………………（204）

第六章　桂南高铁经济圈产业区域化水平及驱动因素分析……（206）
　第一节　指标设计与数据说明 ……………………………………（207）
　　一　指标设计 ……………………………………………………（207）
　　二　数据说明 ……………………………………………………（209）

第二节　产业区域化水平评估 ……………………………（210）
　　一　测算思路与模型方法选定 ………………………（210）
　　二　产业区域化水平测算分析 ………………………（218）
第三节　产业区域化水平影响因素分析 …………………（236）
　　一　测算思路与模型选定 ……………………………（236）
　　二　产业区域化水平影响因素分析 …………………（240）

第七章　内外双循环背景下桂南高铁产业区域化
　　　　及其全产业链建设的战略思路 ……………………（245）
　第一节　指导思想及基本原则 ……………………………（245）
　第二节　发展路径 …………………………………………（247）
　　一　补链强链，打造现代化全产业链 ………………（247）
　　二　激发要素活力，推动产业链延伸发展 …………（252）
　　三　创新体制机制，助推产业链转型升级 …………（259）
　　四　建设基础设施，加快现代化产业体系建设 ……（261）
　　五　构建以内循环为主、外循环为辅的全产业链 …（265）
　第三节　空间格局 …………………………………………（267）
　　一　总体布局 …………………………………………（268）
　　二　各地级市产业空间布局 …………………………（268）

第八章　国内外经验与启示 ……………………………………（279）
　第一节　国内经验借鉴 ……………………………………（279）
　　一　云南高铁的经验借鉴 ……………………………（279）
　　二　湖南高铁的经验借鉴 ……………………………（283）
　　三　广东高铁的经验借鉴 ……………………………（286）
　第二节　国际经验借鉴 ……………………………………（291）
　　一　日本新干线的经验借鉴 …………………………（291）
　　二　法国 TGV 的经验借鉴 …………………………（297）
　　三　德国 ICE 的经验借鉴 …………………………（301）
　第三节　对桂南高铁产业集群区域化及其全产业链
　　　　　建设的启示 ……………………………………（302）

一　加强政府引领协同作用 …………………………………（302）
　　二　完善高速铁路网的规划 …………………………………（304）
　　三　合理规划沿线产业布局 …………………………………（304）
　　四　培育发展高铁新兴产业 …………………………………（305）

第九章　桂南高铁产业集群区域化的政策建议 ……………………（306）
　第一节　构建桂南高铁沿线现代化产业体系 …………………（306）
　　一　优化桂南高铁沿线产业布局 ……………………………（306）
　　二　打造绿色临港产业集群 …………………………………（309）
　　三　培育大健康产业集群 ……………………………………（310）
　　四　引领桂南高铁沿线产业转型升级 ………………………（311）
　第二节　聚焦桂南高铁沿线特色产业发展 ……………………（313）
　　一　聚焦地区特色产业发展 …………………………………（313）
　　二　以优质重大项目带动发展 ………………………………（318）
　　三　发挥龙头城市的带动作用 ………………………………（319）
　第三节　强化桂南高铁沿线综合交通枢纽建设 ………………（321）
　　一　构建综合立体交通走廊 …………………………………（322）
　　二　抓好西部陆海新通道建设 ………………………………（323）
　第四节　优化桂南高铁沿线产业生态和营商环境 ……………（324）
　　一　加强产业绿色发展规划 …………………………………（325）
　　二　加快产业绿色技术创新 …………………………………（326）
　　三　优化产业集群营商环境 …………………………………（327）
　第五节　完善人才培养与招商引资机制 ………………………（329）
　　一　完善人才培养机制 ………………………………………（329）
　　二　完善招商引资机制 ………………………………………（332）
　　三　完善相关法律规章制度 …………………………………（336）

参考文献 ……………………………………………………………（337）

后　记 ………………………………………………………………（367）

第一章 绪论

2020年年初,新冠肺炎疫情的突然暴发对经济发展产生了很大影响,产业链供应链的循环受到阻碍,部分领域甚至有"断裂"的风险。年初的政府工作会议指出,后疫情时代,要多布局产业,集群发展全产业链。从构建有利、特征性的产业集群出发,通过发展具有特色的产业集群,促进各种金融机构的对接;从如何有效地保障产业链条这个方面考虑,各地通过梳理清楚重点产业链、扶持产业链上下游融入资金和强化协同复工等方式予以保障。

广西壮族自治区(以下简称广西)[①]区位优势得天独厚,区域产业集群的发展具有区域外推动力和区域内生动力:外推动力主要是指随着自由贸易区与多区域经济的融合,地处中西部与东部的交界处、连接东盟贸易前沿的广西在产业集群区域化发展的动力;内生动力是指广西的政策支撑从内部推动广西经济社会发展。近几年,广西人民政府逐渐认识到区域化市场是形成产业集群的核心条件,区内农产品加速向优势产区集中[②],优势产业集群逐步显现并得到国家的高度重视和支持,如"广西三黄鸡产业集群"和"广西罗汉果产业集群"获中央财政一亿元奖励补贴。2020年,全区制造业发展攻坚突破年实施方案强调,要重点发展产业集聚,加快培育九大产业集群。近年来,广西高度重视钢铁产业,规划以地处南部优势为基础,向南方和东南亚区域辐射延伸,发展成为自成体系的区域化钢铁产业集群。

桂南高铁经济圈由南宁、桂林、北海、钦州等城市组成,高铁沿线

---

① 广西壮族自治区为标准表述,后文统一简称为广西。
② 谢童伟:《2001年—2006年广西宏观经济分析》,《商场现代化》2007年第27期。

产业集群效应显著，占据自然、科技、资金、人力等多种资源优势，产业门类相对齐全，拥有陆海空对外贸易通道。桂南高铁经济圈的形成，既有正面的产业集聚效应，又有负面的"过道效应"和"吸附效应"。

第一节 研究背景与研究价值

一 研究背景

（一）逆全球化盛行下"双循环"战略的提出

全球经济一体化促使国际产业分工不断深化，让各国依存度提高。2008年金融危机之后，虽然开始出现对逆全球化的担忧，但基本上是有限的。2016年逆全球化幻影重现，并在受到新冠肺炎疫情影响之后，再次受到全世界的关注。目前，受到新冠肺炎疫情影响，其从产业链分散的弊端、制造业"空心化"问题、损害国与国之间的信任三方面加剧逆全球化的暗流。为实现国内失业率的不断降低，产业"空心化"的持续缓解，维持其在全球价值链中的核心地位，美国和日本等部分国家提出将国外自身产业链转移回国内，逆全球化严重，中美关系不确定性提高，中国政府由上而下推动内循环经济。在国际经济和全球治理方面，逆全球化现象的出现给其带来了许多不确定因素，如自由贸易在全球范围内进行受阻、投资增速放缓等。随着逆全球化现象不断在世界扩张，借得新冠肺炎疫情的帮助，许多欧美国家为了保障所谓的国家安全，进一步采取了对贸易和投资保护主义的强化措施，我国发展的外部环境也可能出现重大变化。

逆全球化趋势导致全球产业链、供应链面临重大冲击，风险加大，这也使各国更加注重对本土供应商的发展，使企业重新构建原先的产业链，对本土供应商更加倾斜。中国在这个逆全球化的格局下采取了有力的措施，除了在抗击新冠肺炎疫情方面对全球起到模范作用之外，在经济领域也为了促进全球产业链的正常运行，积极开展工作和生产。中国政府为了积极促进工作和生产秩序井然有序地恢复，采取了一系列措施，以缓解全球制造产业链遭受的冲击，在重要时刻充当全球经济的"稳定剂"，印证了中国经济的作用。面临外部环境变化所带来的新矛盾和挑战，我们必须顺势而为，调整经济发展道路，从全局出发，逐步提出并形成新发展格局——国内大循环为主，国内国际双循环相辅相成。贸易逆全球化的应对必须实施"双循环"战略。在国际循环方面，企业创新是企业可持续发展的保障，需要通过有效的方式，如竞争与合作，来提高这方面的能力，在全球产业链、供应链中进一步提高中国所占的比重和份额，不断夯实、巩固中国在全球竞争中的地位，形成新的国际合作与竞争优势。在国内循环方面，国内市场要与国际市场形成良性循环和供需互动，既要保持自身独立性、有效性，又要深度融入国际循环，以保证我国经济安全、稳定发展。借助"双循环"战略，巩固和支撑产业的快速发展，实施一系列改革和加快产业升级的措施，使市场活力得以持续激活，更加注重要素循环、供需循环、创新循环、产业循环、城乡区域循环，更加注重扩大高水平对外开放，以制度开放和"一带一路"建设为着力点，加强与世界经济的联系，培育国际合作竞争新优势，以高水平开放反制逆全球化。

高铁投资大，上下游产业长，且控制我国全产业链的所有环节，对促进相关行业发展和保就业有不可忽视的作用。当前，逆全球化的趋势明显，新基建不仅可以承担投资功能，更可以承担自主创新功能。加快增强传统产业集群的智能技术能力，消除软硬件网络连接通道的障碍，实现传统高铁区域产业集群智能化、稳固化、一体化发展。高铁产业集群作为新基建的重点建设行业，是适应逆全球化发展的必然选择。同时中国高铁快速发展，将全国各大经济圈和城市连接互通，打破了时空限制，为经济增长和发展"国内大循环"注入活力。借助"双循环"发展战略，广西社科院提出打造粤港澳大湾区—广西（北部湾）—东盟双循环产业链和高铁经济带，积极探索广西与其他地区，如贵州省、重庆市等的高铁经济带合作，利用区位优势积极实现广西与粤港澳大湾区和成渝地区双城经济圈的有效融入，力争将广西建设成为国内国际"双循环"的重要节点，充分利用自身区位优势，努力向开放型发展优势转变，促进广西经济迅速、协调、高质量发展。

（二）后疫情时代加快"双循环"格局的构建

2020年年初，新冠肺炎疫情在全球蔓延，其导致的全球衰退大概率超过金融危机，对全球经济运行产生明显影响：国际贸易萎缩，大多数行业受到了短期的冲击，近几十年，全球一体化生产是全球经济增长的主要来源,由于多个国家的经济活动停滞,全球供应网可能被切断或中断,同时国际投资预期也受到了新冠肺炎疫情影响,国际金融市场频发"黑天鹅"事件。新冠肺炎疫情对我国国内经济和社会发展产生了史无前例的影响:第一,企业的生产和运营方式受到影响。一些核心技术、核心部件及核心装备面临"卡脖子"的问题,由于春季节庆日延长及作业恢复延迟,有效工作日缩短,对一些地方的交通限制也产生了影响,生产所需的人力及材料的流动相关损失反映在第一季度GDP增长率上。第二,需求方面的指标增速比去年有所放慢。从2020年年初开始,消费者对零售、餐饮及旅游的消费支出大幅减少,新冠肺炎疫情对经济主体,尤其是购物中心和电影院等拥挤场所的消费也产生了很大的影响。第三,对外进口风险将继续影响国内经济。国际贸易的障碍短期内难以改善,对外需求持续减少,使我国经济增长更加钝化。根据相关机构的预测,新冠肺炎疫情很难在短期内得到完全控制,对世界经济和贸易的影响也将持续数年,今后全球贸易恢复轨迹可能呈L型。因此,外循环在我国正面临着双重冲击,即新冠肺炎疫情和经济全球化逆流的冲击。在此背景下,要求我国加快构建"双循环"发展新格局,为的是让国内生产尽快实现内外贸一体化,这也意味着中国会继续顺应经济全球化的历史潮流,在以我国为主的基础上,将庞大的国内市场和全球市场紧密地联系起来。

新冠肺炎疫情造成物流瘫痪,人们的生活起居受限,导致全球产业链多个环节受阻,全球化造成的产业链分散的弊端逐渐暴露。各国为应对新冠肺炎疫情,先后采取"封城"的隔离措施,信息流、能产流、资源流、人才流、生态圈交流受到阻碍,整个供应链效率低下,这也暴露了全球产业链的脆弱性。但是,作为实体经济主体的制造业,也是技术创新的主战场和供给侧结构性改革的重要领域,是推动经济高质量发展的关键和着力点。尤其是近十年来,我国对装备制造业的发展给予了高度重视,制定了多项振兴制造业产业的规划,作为现代制造业的重点、我国交通运输行业的创新发展能力——高铁,虽然近年来发展十分迅猛,但是在2020年年初,由于新冠肺炎疫情的全球性影响,人们的出行次数有所减少,客流量也大幅下降,这给支撑高铁运营所需的高额成本带来了困难,也带来了一定程度的损失。与此同时,宏观经济也受到新冠肺炎疫情的影响,高速铁路设备制造业等相关行业有所衰退,高铁产业面临严峻形势,此次疫情对高铁行业的影响将涉及产业链各大环节与所有主体。但新冠肺炎疫情的到来也带来了一定的机遇,2020年"新基建"、区块链技术等成为社会热门话题,而传统铁路基础设施更需要整合创新。未来,5G、大数据、物联网等技术还将进一步拓展铁路建设及运输服务的研究、开发与应用,提高铁路建设、装备制造和运营管理的数字化和智能化水平,推动高质量的铁路发展。据了解,许多高速铁路新城市都在研究产业链技术的应用、数字基础设施的改善,数据资源的整合和开放共享、数据安全的保障,为人们提供更好的服务,并致力于建设高铁新城、区域链产业的聚集地和数字经济创新应用的新示范城市。2020年3月,一组由央企发起的高速铁路项目为了推动结果的实现,迅速启动了"新基建",包括一些其他项目的种种都显示出中国高铁正经历快速迭代升级;中国铁建自主研发了"156智慧建造平台",真正实现了智慧建造;机器人入职高铁建设,大幅增加了运营的稳定性等。同时,5G作为当前通信服务领域的先端代表,它的优势会对各行业领域产生颠覆性的改变和影响。其中,运输行业加快了铁路车站、电车等5G全面覆盖,通过促进客货运输的智能化、信息化和科技化,大幅提高了我国运输的革新和开发能力,实现行业领先发展,为我们国家的经济和社会发展提供更好的服务。

立足国内外"双循环",后疫情时代的本土化、区域化趋势明显,根据我国目前的经济发展状况,依靠高速铁路所产生的"同城效应",实现我国高铁产业集群区域资源共享,加快转移产业布局,促进区域劳动有效分工优化,在高铁沿线地区形成产业链条和比较优势,实现产业振兴协调和完善发展。以高速铁路为载体,培育和发展新兴高速铁路产业(以地方条件为基础的高速铁路装备制造业),促进产业结构调整优化。调整产业结构和优化推进高速铁路研究、设计、原材料、零部件、基础设施、机械、支援设施、高速铁路运营及物流开发培育形成一条完整的高速铁路产业链。基于高速铁路带来的空间区位优势和势能,配置优质生产要素,培养一批目前基础薄弱、发展优势不足的先进服务业,为新的增长点和城市现代服务产业的发展奠定支柱。2020年,广西积极利用国家战略机遇,如自贸区、西部陆海新通道、面向东盟的金融开放门户等,吸引集聚了一批世界知名企业,如华润、华为、雪松控股、恒大新能源汽车等,在南宁建设产业基地,辐射东盟布局产业链;同时南宁市还加快推进面向东盟的金融开放门户核心开发区建设,集聚效应显著增强。后疫情时代,中国科技部将按照"一区一主导产业"布局,充分发挥国家高新技术产业开发区的产业集聚效应,构建创新型产业集群,在未来一个时期,把重点放在智能制造、航空航天、新能源、生物医药等战略性新兴产业上,其中,位于广西的创新型产业集群试点为南宁亚热带生物资源开发利用产业集群。广西也将陆续出台相关工作方案,并根据广西"六大定位","三位一体"区位优势布局,做强做优产业集群,为后疫情时代发展创造机遇。

(三)"双循环"新发展新格局为桂南高铁带来新机遇

中共中央从当前国内外环境的形势出发,提出了推进我国经济高质量发展,构建"双循环"新发展格局的重大举措。2020年习近平总书记在重要会议上就国内国际"双循环"提出了自己的观点。同年4月,习近平总书记在中共中央政治局常委会会议上指出,要使产业循环、市场循环、经济社会循环持续健康发展。5月14日,中共中央政治局常务委员会召开会议,分析研判国内外预防和控制新冠肺炎疫情的工作,研究并开展常态化的流行预防和控制措施,以及开展有关有效提高产业链、供应链稳定性和竞争力的研究。在此次会议上,中央第一次提出建立"国内国际双循环相互促进的新发展格局",制订了稳定经济和社会发展的新计划和新布局。简言之,所谓国内国际"双循环",即意味着国内市场和国际市场两手抓,不断开发和拓展国内、国际市场,实现彼此相互促进。习近平总书记指出,实现国内大循环,要推进高品质"一带一路"建设,积极扩大国际经济合作领域,加速创新和培育新技术、新产业、新业态,不断巩固供应链基础,提升价值链水平,培育产业链生态,推动产业集群区域化[①]。

建立"双循环"的新发展格局,首先要实现国内供需循环畅通。通过供给方的结构改革,企业加速转型升级,不断创造有效供应以适应新

---

① 王政淇、宋子节:《畅通国内国际双循环习近平这样阐述"新发展格局"》,http://politics.people.com.cn/n1/2020/0722/c1001-31793969.html,2020年7月22日。

需求，推出更多产品来满足国内消费者需求，这不仅有利于企业发展壮大，也有利于拉动内需，提升国内产业链、供应链水平。另外，通过国内市场不断地扩大和加强，增强全球产业链和外国高层次投资的吸引力。其次要畅通国际供需循环。作为全球产业链中不可缺少的一极，中国在其中起着举足轻重的作用。一方面，中国要加强全球抗疫合作，增加向国际市场的原材料、日用品、防疫物资等的供应，确保全球产业链中有重要影响力的企业和关键环节产品的生产和出口，维护国际供应链稳定；另一方面，中国应将积极参与全球产业链的重构过程。在新的形势下，我国应该充分利用自身资本和产业链优势，使产业链供应链结构不断得到优化，积极参与到全球产业链供应链调整过程中来，不断强化中国在全球产业链中的地位，从而增强中国企业的竞争优势[①]。

伴随着新发展格局的推进，人们对高铁发展寄予越来越高的期望。近日，国家铁路局颁布了《新时代交通强国铁路先行规划纲要》，提出到2035年为止主导建立现代化铁路网，全国铁路网络将达到20万公里，其中约7万公里是高铁。超20万人口的人口稠密城市可以实现铁路覆盖，其中50多万人口的城市拥有高铁通道。已完全形成全国1、2、3小时高铁出行旅游圈和全国1、2、3天高速货运物流圈[②]。中国城市即将全面进入高铁时代，高铁出行圈和高速货运物流圈将刺激人流、物流的流动，缩小城市与城市之间的距离，从而带动城市群、都市圈的发展，带动区域小循环，从而促进国内大循环的形成与发展。桂南高铁经济带由南宁、桂林、北海、柳州、钦州等城市组成，自此南宁、柳州之间将进入1小时内经济圈，而桂林、南宁之间也进入2小时内经济圈，这对于高铁沿线城市和周边产业集群的发展相互促进起到巨大的作用，而南宁至北京、武汉等地的时间也将大大缩短。桂南高铁沿线产业集群效应显著，占据自然、科技、资金、人力等多种资源优势，产业门类相对齐全，拥有陆海空对外贸易通道。随着交通的便捷化，桂林利用粤港澳大湾区的发展快车，更快地融入了"珠江—西江经济带"。在

---

① 海外网评论员：《海外网评：中央首提"国内国际双循环"，增强抗风险能力》，https：//baijiahao.baidu.com/s? id=1667017031439378566&wfr=spider&for=pc，2020年5月18日。

② 张旭：《铁轨上的中国：15年甚至30年后，坐火车是一种什么体验？》，https：//www.sohu.com/a/412883407_123753，2020年8月13日。

"双循环"发展新格局下,桂南高铁迎来了新机遇,广西更要主动迎接挑战,释放发展潜力,鼓足发展后劲,在努力形成"双循环"新发展格局中实现全方位高水平的开放发展。

二 研究价值

经济全球化导致了国际贸易步入全球范围内的价值链时代。改革开放以来,我国制造业迅速发展,并于2010年成为世界制造业中最强的国家,生产价值超过美国。目前,在全球500多种主要工业产品中,我国虽然有220多种产量位居世界第一[①],主要工业产品产值占全球工业产品的比例超过40%。但是,我国装配业与制造业在全球价值链处于最低端,国际竞争力较弱。科技创新成为推动我国经济转型升级的重要举措。党的十八届三中全会要求,基于邻近各国,扩大内地和边境的开放,加快自由贸易战略的实施,形成连接南北、横贯东中西的对外经济走廊。同时2020年新冠肺炎疫情导致全球形势严峻下提出的逐步形成新发展格局,即以国内大循环为主体,国内国际双循环相互促进的格局,给高铁经济圈的发展带来了新机遇。

桂南高铁经济圈地处我国西南部,毗邻东盟,由南宁、桂林、北海、钦州等城市组成,高铁沿线产业集群效应显著,占据自然、科技、资金、人力等多种资源优势,产业门类相对齐全,拥有陆海空对外贸易通道。桂南高铁经济圈的形成,既有正面的产业集聚效应,又有负面的"过道效应"和"吸附效应"。因此,选择"桂南高铁产业集群区域化及其全产业链建设研究"作为研究主题,具有重要的意义和价值。

(一)理论创新意义

第一,充实高铁经济圈理论。课题利用线性回归模型和灰色关联度模型综合分析桂南高铁经济圈产业区域化水平及驱动因素,提出的多元化阶段性整体战略等相关研究成果,将进一步充实现有文献和完善区域产业失衡论,还可能成为其他国家建设高铁经济圈的重要理论依据。

第二,进一步完善产业集群理论。立足于新提出的"产业链区域化"概念与全球化下的全产业链分工形势,提出地区产业区域化及产业

---

① 黄群慧:《中国制造业有能力创造新辉煌》,《人民日报》2017年3月13日第7版。

创新发展，有利于国家产业集群的整体部署。

(二) 实践应用意义

第一，有利于广西更好地全面对接粤港澳大湾区产业转移，形成粤港澳大湾区辐射重要支点。有利于建设优化西江经济带产业布局，加快提升广西产业基础能力和产业链水平，促进广西独特区位优势的发挥并起到桥梁作用，推进粤港湾大湾区进一步向东盟开放，促进区域一体化合作，为广西更好地承接国内外产业转移提供了更高层次的开放合作平台。

第二，有利于广西发挥面向"一带一路"、东南亚的重要窗口作用，成为内地与东南亚产业衔接的有效支撑点，构建"一带一路"重要门户的有机衔接，构建"四维支撑、四沿联动"新开放模式，以全方位开放引领经济实现高质量发展。

第三，有利于广西展示连接国内国际双循环的关键节点和加快建设西部陆海新通道的新作为。鼓励广西不断发挥"三大定位"作用，深度融入国家对外开放战略格局，有利于广西产业布局主动融入"双循环"，获得开放型经济新优势。

第二节 文献综述

一 产业集群研究

产业集群这一概念最早是由迈克尔·波特（Michael E. Porter, 1990）在《国家竞争优势》一书中提出的[①]，并对其不断进行扩充和改善，这也是快速开展全球产业集群问题研究的开端。随后，部分学者尝试性地将产业集群定义为，以地理范围相近、依赖性明显、协同效应突出等为特征，在特定地理位置中有同产业企业集中的效应。波特在提出这一概念后，曾两次对该概念进行内容扩充，认为现代社会产业集群效应指的是公司、供应商、服务商等可以与其他社会机构结合到一起，形成具有产业效应的地理集聚体。产业集群是一个集合体，它集中了地理上、相互连接的特定领域的供货商、产业和专业系统与组织，同时政府

[①] 吴爱存：《中国港口的产业集群研究》，博士学位论文，吉林大学，2015年。

机构、学校、不同产业或产业的标准设置机构、职业训练机构和智库等也包括在内。产业集群具有多方面作用，它不仅有助于企业竞争能力的提升，在促进特定产业发展、增强国家竞争力等方面发挥着重要作用，而且有利于降低企业之间的交易成本，提高工作效率，进而提升整个区域内的创新能力。

产业集群作为一种新兴的产业组织模式，因企业集聚和网络合作引致的外部经济、成本降低、空间组织、学习创新与竞争优势[1][2][3]而成为很多产业的发展战略之一。首先，学者们针对不同行业开展了产业集群相关研究。林小莉（2020）认为产业集群程度低、初级加工产品较多、产业机构相对趋同等问题限制了产业链的延伸，并提出促进产业聚集发展、加强专业分工协作、延伸相关产业链条等策略加快新时期广西林产工业集群化的发展[4]。李二玲（2020）强调要培育农业产业集群来振兴乡村和融入农业全球价值链，以山东寿光蔬菜产业集群为例，对中国农业产业集群形成演化的"四阶段"模型及可持续创新发展的内在机制进行分析，指出必须要用集群理念和创新体系理论来指导现代农业产业园和优势特色产业集群的建设，才能避免初建开发区时所走的弯路，把现代农业产业园和产业集群真正培育成为当地"乡村创新极"[5]。彭迅一（2019）指出农业产业集群发展除了具有一定的资源集聚优势，还在政府引导力度、基地生产管理水平、物流体系等方面存在诸多问题，因此从加强政府对农业产业集群发展的引导力度，不断提高农业产业集群发展的管理水平，同时大力推进高水平农产品物流体系建设，来推进农村产业集群发展[6]。胡计虎（2021）强调电子商务产业集群发展，对

---

[1] Marshall A., "Principles of economics: Unabridged Eighth Edition", New York: *Cosimo Classics*, Vol. 51, No. 8, 2009.

[2] Li Xiaojian, Li Ering, "Competitive Advantage and Rural Industrial Clustering: The Case of Steel Measuring Tape Production in a Chinese Village", *The China Review*, Vol. 56, No. 21, 2007.

[3] 王缉慈：《创新的空间：企业集群与区域发展》，北京大学出版社2001年版，第137页。

[4] 林小莉：《广西林产工业产业集群存在的问题及应对措施初探》，《林产工业》2020年第57期。

[5] 李二玲：《中国农业产业集群演化过程及创新发展机制——以"寿光模式"蔬菜产业集群为例》，《地理科学》2020年第40期。

[6] 彭迅一：《我国农业产业集群发展的困境与实现路径》，《农业经济》2019年第2期。

长三角一体化战略和区域经济发展都有极大的促进作用，因此要实现电子商务产业集群和长三角一体化有机结合，提出构建区域电子商务协同运行机制、建立以龙头企业为核心的集群发展模式、加强电子商务人才培养等发展策略①。张安迎等（2021）指出日本爱知县围绕汽车生产形成灵活专业化的制造业集群，逐步形成与地方特色产业集群相结合的循环经济体系，体现了创新导向的区域循环经济体系建设方向。我国生态城镇建设应以激励本地关键主体，从产品全生命周期的角度出发，主动创新改进的思路②。苏戈等（2021）认为黑龙江省率先建设具有优势、特色的农业产业集群对我国农业产业集群建设有着一定启示与借鉴意义，提出转变发展理念，围绕区域地域资源选择合适的特色产业作为主导产业，全面开发地产资源等来建设和发展农业产业集群③。陈永富等（2018）认为电子商务可以促进农业产业集群升级发展，特色农业产业区的地方政府应充分利用农业产业集群在引进电子商务上的优势，及时转变产业扶持思路与发展战略，积极主动拥抱互联网新经济，努力为集群主体的电商创业和创新培育良好的发展环境④。薛洲、耿献辉（2018）分析了电商背景下农村特色产业集群的形成机制，认为通过借助电商平台和熟人社会的特性，降低了其进入市场的壁垒，随着其规模的扩张，产业链出现了专业化分工与协作，进一步促进了集群的形成⑤。卫军英、吴倩（2019）指出文化创意产业集群在"互联网+"背景下被赋予新的理解，文化创意产业集群嵌入到生产与消费、全球与地方、线上与线下的关系网络之中，增强连接能力和变通能力，在网络中现身并占据有利位置，吸纳关系溢出的价值，是文化创意产业集群转型

---

① 胡计虎：《区域经济长三角一体化战略下电子商务产业集群发展研究》，《商业经济研究》2021年第5期。
② 张安迎、童昕、[日] 谷川宽树：《从产业集群到生态城镇：日本爱知县的经验借鉴》，《国际城市规划》2021年第1期，http://kns.cnki.net/kcms/detail/11.5583.TU.20210204.1727.002.html，2021年3月14日。
③ 苏戈、矫江、王冠、董天宇、彭程：《黑龙江省优势特色农业产业集群的发展建议》，《北方园艺》2021年第1期。
④ 陈永富、方湖柳、曾亿武、郭红东：《电子商务促进农业产业集群升级的机理分析——以江苏省沭阳县花木产业集群为例》，《浙江社会科学》2018年第10期。
⑤ 薛洲、耿献辉：《电商平台、熟人社会与农村特色产业集群——沙集"淘宝村"的案例》，《西北农林科技大学学报》（社会科学版）2018年第18期。

升级的有效路径①。李恒、全华（2018）认为基于旅游景点地理空间的传统旅游集群模式在开发上遇到了困难，使得游客对创新服务的需要、旅游产业全球运营的需要以目前传统的模式和服务均不能得到满足。而线上线下结合的旅游虚拟产业集群能够快速解决这个问题，旅游虚拟产业集群的服务供应商需要构建新的运作机制，满足游客在"全域旅游"环境下的多元化长尾旅游需求②。周雯、吴坦（2018）认为体育产业的集群化能够与新型城镇化发展相互促进、相互影响，城镇发展有必要加大对体育产业集群发展的重视，推进其有效集群③。鲁旭（2018）认为跨境电商产业集群发展将海外仓战略纳入其中，则可以形成集群质量提升、集聚品牌打造、集聚动力增强、集聚生态形成等建设特色，但同时也面临一定风险，跨境仓的海外建设可以通过促进物流集聚、加强前"展"功能等推动跨境电商产业集群发展④。

其次，学者们从不同的视角和领域对产业集群开展研究。王振（2020）指出长三角产业集群发展问题：关键核心技术的创新策源力仍很不足，产业链比较成本竞争力有所弱化，提出既要充分发挥区域分工的效能，又要充分发挥区域合作的作用，实现长三角地区共建世界级产业集群和高质量一体化发展⑤。刘志彪（2020）认为新冠肺炎疫情将改变现有产业内劳动分工系统的基础，中国产业链在世界处于必不可少的部分，疫情后中国还要坚决维护嵌入 GVC 形式的经济全球化，但是原来的嵌入战略需要，由过去的出口导向的全球化战略转向利用内需的经济全球化战略，推进全球产业链集群的建设步伐⑥。李雪、吴福象

---

① 卫军英、吴倩：《"互联网+"与文化创意产业集群转型升级——基于网络化关系的视角》，《西南民族大学学报》（人文社科版）2019 年第 40 期。
② 李恒、全华：《基于大数据平台的旅游虚拟产业集群研究》，《经济管理》2018 年第 40 期。
③ 周雯、吴坦：《基于新型城镇化建设的体育产业集群模式研究》，《体育文化导刊》2018 年第 11 期。
④ 鲁旭：《跨境电商产业集群的海外仓建设特色及风险》，《对外经贸实务》2018 年第 11 期。
⑤ 王振：《长三角地区共建世界级产业集群的推进路径研究》，《安徽大学学报》（哲学社会科学版）2020 年第 44 期。
⑥ 刘志彪：《新冠肺炎疫情下经济全球化的新趋势与全球产业链集群重构》，《江苏社会科学》2020 年第 4 期。

（2020）认为从长江经济带产业集群的分析可以看出，高技术产业集聚程度与高技能劳动资源之间呈正相关关系；利润率分化已经出现在长江经济带不同区域产业布局中，特别是处在生命周期成熟期的产业，产业转移比产业升级更紧迫[1]，为实现长江经济带一体化高质量发展，应充分发挥其高技能人才禀赋优势，加大对生物医药产业研发投入。周阳敏、桑乾坤（2020）认为国家自创区产业集群协同高质量创新是推动国家高质量发展的重要路径，从整体规划、人才管理改革、科技创新管理、服务体系四个方面提出进一步推动产业集群协同高质量创新发展建议[2]。文韵等（2019）分析了粤港澳大湾区的现状、机遇、问题，未来产业集群的创新需要坚持开放与融合的区域制度创新之路，充分发挥产业协同优势，构建现代产业体系，优化创新生态环境和加强创新网络，打造出粤港澳大湾区区域经济发展新模式[3]。黄洪珍、吴杰（2020）从媒介生态学视域出发，借助传媒产业集群的动力机制理论，深入分析了我国传媒产业集群发展的现状与突出问题，提出通过加强政策性引导、完善协调机制、建设传媒产业园等手段，有效地推动我国传媒产业集群的健康发展[4]。屈明洋（2020）认为在文化产业集群中起助推作用的是生态城市建设，它是推进产业、城市和生态一体化发展的有效途径，是文化经济生态发展的内在动力。要想实现城市生态与文化产业集群建设的协同发展，应该革新城市传统发展模式、强化城市空间效用、建设协调互动机制等[5]。简晓彬、陈伟博（2019）指出优化创新学习网络对装备制造业的集群式创新发展具有重要推动作用，研究发现知识技术的外部学习引进和内部学习再创新是装备制造业集群式创新学习机制形成的

---

[1] 李雪、吴福象：《要素迁移、技能匹配与长江经济带产业集群演化》，《现代经济探讨》2020 年第 4 期。

[2] 周阳敏、桑乾坤：《国家自创区产业集群协同高质量创新模式与路径研究》，《科技进步与对策》2020 年第 37 期。

[3] 文韵、蔡松锋、肖敬亮：《建设粤港澳大湾区创新产业集群的机遇与挑战》，《宏观经济管理》2019 年第 7 期。

[4] 黄洪珍、吴杰：《媒介生态学视域下我国传媒产业集群发展研究》，《编辑之友》2020 年第 4 期。

[5] 屈明洋：《生态城市建设与文化产业集群的协同发展研究》，《技术经济与管理研究》2020 年第 1 期。

主要途径，创新的关键在于显性知识技术的高效转移与隐性知识技术的学习转化[1]。顾秋阳等（2019）研究发现经济因素和区位因素是宁波市物流产业集群演化的主要影响因素，加快创新驱动和产业转型、加强物流产业信息化、标准化建设、发挥集合产业功能等优化我国物流产业的空间布局[2]。孙国民、陈东（2018）从全新视角界定了战略性新兴产业集群，总结了战略性新兴产业集群的四个发展新动向，未来需要顺应战略性新兴产业发展规律，加快战略性新兴产业谋划和布局，形成战略技术产业化，培育新的经济增长点，推动经济转型升级发展[3]。贺小荣、胡强盛（2018）发现湖南旅游业对湖南国民经济增长产生较大的拉动作用，同时湖南区域经济对旅游产业集群的间接带动效应和发展推动较大，应该采用多举措实现湖南的旅游产业集群与区域经济良性发展[4]。吴娜、张向前（2017）认为在产业集群发展过程中，知识型人才与其密切相关。运用生命周期理论分析发现当前知识型人才流动与产业集群发展互动过程中产生的缺乏合作观念、区域发展不平衡等问题，提出加大宣传力度、树立合作共赢观念，全面统筹规划、促进区域协调发展等解决措施[5]。

其中，关于高铁建设与产业集群的研究比较少，主要从以下几方面开展：首先，毛广雄等（2015）强调了高速铁路能够使得区域出行时间大大缩短，区域交通可达性得到改善，区域经济联系也得以加强，要素集聚、产业结构不断升级，空间布局不断得到优化[6]。通过研究发现，高铁建设通过促进要素集聚、加快产业结构升级、优化空间布局三

---

[1] 简晓彬、陈伟博：《装备制造业集群式创新的学习网络及优化路径——以徐州工程机械产业集群为例》，《科技管理研究》2019年第39期。

[2] 顾秋阳、周有林、谭晶荣：《物流产业集群形成与结构演化影响因素研究——以宁波物流产业集群为例》，《价格理论与实践》2019年第1期。

[3] 孙国民、陈东：《战略性新兴产业集群：形成机理及发展动向》，《中国科技论坛》2018年第11期。

[4] 贺小荣、胡强盛：《湖南省旅游产业集群与区域经济的互动机制》，《经济地理》2018年第38期。

[5] 吴娜、张向前：《知识型人才流动与产业集群发展互动关系研究》，《科技管理研究》2017年第37期。

[6] 毛广雄、蒋武、曹蕾：《高速铁路建设对淮安可达性及承接产业集群化转移的影响》，《现代城市研究》2015年第12期。

方面对承接产业集群转移产生影响。陈燕萍（2015）认为高速铁路的建设与运营使得高铁沿线旅游资源被充分挖掘出来，旅游市场需求不断丰富，旅游景点之间的可达性和产业链的延伸也受到影响。通过对高速铁路沿线城市旅游产业集群"点—轴"空间结构中"点"与"轴"的选择进行分析，最终得出促进高铁沿线城市旅游产业协调发展应该从构建基于高铁沿线的区域旅游协作组织，政策引导区域旅游产业集群效应发挥与处理区域旅游的梯度发展与系统效益的关系三个方面入手①。

再次，学者基于不同的背景及视角开展了学术研究。郑准等（2021）认为在国家战略性新兴产业集群发展背景下，构建跨越国界、跨地域的"全球管道"有利于我国战略性新兴产业集群的"全球—本地"互动，促进产业集群的知识更新和技术发展，我国战略性新兴产业应重视和培育集群"知识守门者"，促进集群"全球管道"的拓展、构建以"知识守门者"为核心的"本地蜂鸣"机制，充分赋予"知识守门者"在领导集群企业协同创新方面的制度合法性②。菅利荣、王大澳（2019）通过构建"政府—企业—企业"三者之间的演化博弈模型分析了三者之间的影响关系，她认为三方博弈中任何一方的策略选择都受到其他两方策略选择的影响，政府采取合理有效的调控机制能够促进战略性新兴产业集群的良性发展③。黄晓琼、徐飞（2021）基于知识生态视域，提出区域综合科技服务系统生态化发展模式与运行机制，提出行为主体合理的知识生态位和相互间的协同互动，能够促进科技服务业围绕实体经济产业形成横向竞合、纵向耦合共生的生态化发展态势④。陈嘉等（2021）基于"共位集群"视角，从集群演化生命周期视角出发探

---

① 陈燕萍：《中国高铁对沿线城市旅游产业集群空间结构影响研究》，《改革与战略》2015年第31期。

② 郑准、张凡、王炳富：《全球管道、知识守门者与战略性新兴产业集群发展——来自苏州高新区 IC 产业集群的案例》，《企业经济》2021年第3期，https://doi.org/10.13529/j.cnki.enterprise.economy，2021年3月14日。

③ 菅利荣、王大澳：《政府调控下的战略性新兴产业集群企业知识共享演化博弈》，《系统工程》2019年第37期。

④ 黄晓琼、徐飞：《知识生态视域下面向产业集群的区域综合科技服务系统生态化发展研究》，《科技进步与对策》2021年第38期。

讨了农业产业集群演化路径和网络，提出推动地区农业"共位集群"的发展，地区正式制度安排是关键推力，而龙头企业、中小企业与农户组织在其中扮演着重要角色[①]。戴向东等（2020）基于产业转移背景，提出了家具产业集群"立足既有资源、发展循环经济、坚持创新驱动、完善服务体系"的绿色协调发展路径，以及"产业升级、平台共享、产旅融合"的绿色协调发展战略，走绿色协调和可持续发展之路[②]。兰娟丽等（2020）基于横向R&D合作仿真视角，将产业集群看作一个供应链价值网络，研究发现，企业研发投入、研发合作风险、双方信任水平、研发合作知识外溢、企业知识吸收能力以及研发合作成本分别对产业集群供应链价值网络的"横向爬升"产生影响，应通过发挥网络嵌入驱动效应等措施来获取产业集群供应链价值网络的持续竞争优势[③]。张妍（2020）基于三次产业协同发展视角，对新区产业集群的效应来源进行了识别。认为能否有效实现产业集群目标，取决于地方政府能否重新审视自身在新区产业集群过程中的功能定位，并在此基础上进行新区产业结构的优化升级[④]。马中东、宁朝山（2020）基于全球价值链视角，发现国家质量基础促进产业集群质量升级存在明显区域差异，国家质量基础对产业集群质量具有显著正向影响，并且其效应随产业集聚度的提升而增强[⑤]。张应青等（2018）以知识流动为研究视角，构建包含三种创新模式的产业集群演化模型，研究提出，产业集群要在选择创新模式和可持续发展的过程中，重视内部独立创新和吸收外部创新的战略实现。另外，在实施混合创新模式过程中，应结合产业集群创新发展的历史轨迹，增强合理的资源配置，同时，应注重产业链各环节的专业

---

① 陈嘉、韦素琼、李锋：《"共位集群"视角下的农业产业集群演化路径与网络——以福建省漳平市茶产业为例》，《热带地理》，https://doi.org/10.13284/j.cnki.rddl.003318，2021年3月14日。

② 戴向东、朱志红、曾献、詹秀丽：《产业转移背景下家具产业集群的绿色协调发展研究》，《林产工业》2020年第57期。

③ 兰娟丽、雷宏振、孙军娜：《中国产业集群供应链价值网络爬升：横向R&D合作仿真视角》，《经济社会体制比较》2020年第6期。

④ 张妍：《三次产业协同发展视角下的开发区产业集群效应分析——以兰州新区为例》，《北京交通大学学报》（社会科学版）2020年第19期。

⑤ 马中东、宁朝山：《基于全球价值链的国家质量基础与产业集群质量升级研究》，《统计与决策》2020年第36期。

化、分工化发展，发挥出优势互补、产业协同的作用，避免产业分工过度集中或异质分化①。张治栋、王亭亭（2018）从全球价值链的角度出发，对全球价值链嵌入下世界级产业集群建设的风险进行分析，从企业、集群、区域层面提出有效解决路径来规避风险②。高晗、陆军（2018）基于社会网络视角，提出构建一个以创意产业集群创意行为为主体的社会网络结构，社会网络下的创意产业集群是以竞争优势为核心，从原来对成本优势和产品差异化的追求转移到对客户价值需求的满足上，使其价值资源的整合更具有社会效率属性，进而实现社会网络内部组织的动态优化能力③。罗福周等（2017）从循环经济视角出发，运用组合赋权的灰色关联分析法对优势产业进行选择，发现优势产业不一定是当地的传统产业，也可以是有发展前景的新兴产业④。张国良等（2017）从生态文明视角出发，围绕品牌建设、渠道拓展、科技创新、服务提升等工作重点，着力推进竹产业转型升级，并就如何提高产品品牌，提升企业品牌，进而创建区域品牌，提出了相应建设发展路径与对策⑤。朱云平（2017）基于企业异质性视角，强调了核心企业的异质性会引导产业集群产业链向全球价值链中高端环节攀升与向创新链进化，指出引导现有优秀产业集群的升级从产业链优化突破，既需要产业集群产业链结构与行为导向优化的结合，还需要产业集群系统整体与集群内企业个体的结合⑥。肖艳、孟剑（2017）认为我们应当充分认识到大数据给文创产业集群带来的重大机遇，以及对文化创意产业集群的积极影响和推动机理，更好地应用大数据技术工具来提升文化创意产业集群的

---

① 张应青、范如国、罗明：《知识分布、衰减程度与产业集群创新模式的内在机制研究》，《中国管理科学》2018年第26期。
② 张治栋、王亭亭：《长江经济带世界级产业集群建设的风险及化解路径研究——基于全球价值链角度》，《管理现代化》2018年第38期。
③ 高晗、陆军：《基于社会网络视角的中国创意产业集群创新研究》，《哈尔滨工业大学学报》（社会科学版）2018年第20期。
④ 罗福周、陆邦柱、邢孟林：《循环经济视角下产业集群转型中优势产业的选择研究》，《南京社会科学》2017年第12期。
⑤ 张国良、陈倩男、叶雯：《基于生态文明的竹产业集群区域品牌建设发展路径研究》，《科学管理研究》2017年第35期。
⑥ 朱云平：《企业异质性视角下的产业集群产业链优化分析》，《宏观经济研究》2017年第12期。

核心竞争力①。段杰、龙瑚（2017）基于组织生态视角，构建创意产业集群形成机制模型，在此基础上有针对性地提出构建适宜生态环境、重视内部企业互动、保持集群生态系统的动态稳定等方面的建议，来进一步促进创意产业集群的健康发展②。张卫华、梁运文（2017）探讨了全球价值链视角下"互联网＋产业集群"升级的模式与路径，研究了"互联网＋"背景下"国家/区域—产业—企业"三维一体化全球价值链/网的演进机理，分析了"互联网＋"推动传统产业集群机理和实践模式等，得出"互联网＋"对传统产业集群转型升级的影响作用是明显的等结论，提出建设与"互联网＋产业集群"相配套的服务支撑体系等政策建议③。

最后，学者运用实证分析方法分析产业集群效率及影响因素等。沙德春等（2021）、李金华（2020）、张冀新、王怡晖（2019）指出创新型产业集群是培育新型产业、推动区域创新的重要载体。通过创新效率产业集群实证分析，得出创新型产业集群创新效率总体呈现"东高西低"的分布态势，建议从调节资源配置比例、构建资源共享机制、优化创新服务模式等方面采取措施提高我国创新型产业集群的创新效率④⑤⑥。高长春等（2018）实证研究认为设施条件、政务环境、企业互动、区域网络等对创意产业集群空间集聚效应的正向影响显著，应该通过构建创新系统、营造文化环境、提供良好的政务环境等来实现创意产业集群空间集聚的创新发展⑦。张冀新、李燕红（2019）研究认为未来可通过在中西部地区扩大政

---

① 肖艳、孟剑：《大数据视域下文化创意产业集群化发展研究》，《福建论坛》（人文社会科学版）2017年第12期。
② 段杰、龙瑚：《基于组织生态视角的创意产业集群形成机制研究》，《南京审计大学学报》2017年第14期。
③ 张卫华、梁运文：《全球价值链视角下"互联网＋产业集群"升级的模式与路径》，《学术论坛》2017年第40期。
④ 沙德春、沙德春、胡鑫慧、赵翠萍：《中国创新型产业集群创新效率研究》，《技术经济》2021年第40期。
⑤ 李金华：《我国创新型产业集群的分布及其培育策略》，《改革》2020年第03期。
⑥ 张冀新、王怡晖：《创新型产业集群中的战略性新兴产业技术效率》，《科学学研究》2019年第37期。
⑦ 高长春、张贺、曲洪建：《创意产业集群空间集聚效应的影响要素分析》，《东华大学学报》（自然科学版）2018年第44期。

策实施范围，提升整体区域产业创新能力[1]。高虹、袁志刚（2021）认为制造业产业集群对企业和产业表现的影响可以从规模和效率两个角度进行评估。评估发现城市产业集群的发展大大促进了制造业雇佣和生产规模的扩大，但并未完全提高企业生产效率。集群发展对不同规模企业的影响程度存在差异。集群发展对企业表现的促进作用主要被行业中处于关键地位的大企业所获得，中小企业的表现并没有得到显著改善[2]。刘柳（2021）基于网络嵌入视角，分析物流产业集群企业间信任的影响因素，指出关系嵌入、框架嵌入对物流产业集群企业之间建立信任关系具有正面影响，节点嵌入影响不显著，并从企业、行业协会、政府三个层面提出对策建议[3]。楚应敬、周阳敏（2020）通过构建传统计量回归模型和空间自回归模型得出：高校和企业的协同创新过程与创新产出存在显著的正相关关系，而制造业集聚与创新产出存在着显著负相关关系，提出以产业集群推动创新集聚，创新集聚促进产业集群协同发展实现高质量创新[4]。李虹林、陈文晖（2020）基于技术创新的GEMI模型，加入技术创新因素，测度发现深圳地区电子信息产业集群的竞争力强于北京地区，培育和扶持先进地区高科技产业集群，成为促进产业结构升级，提高整个国家经济竞争力的重要手段[5]。罗明、李明武（2020）通过构建产业集群品牌竞争力的评价指标体系和方法，产业集群品牌建设的优势与短板，提出完善产业链配套、大力推进集群品牌建设等对策建议，产业集群提升品牌竞争力[6]。王冬屏（2020）运用层次结构（ISM）分析方法和模糊层次分析法（FAHP），探索了当前我国农村电子商务产业集群的影响因素及各个影响因素的权重，其中网络市场需求度是最为核心的因素，应通过加强产业集

---

[1] 张冀新、李燕红：《创新型产业集群是否提升了国家高新区创新效率？》，《技术经济》2019年第38期。
[2] 高虹、袁志刚：《产业集群的规模与效率影响》，《财贸经济》2021年第42期。
[3] 刘柳：《物流产业集群企业间信任的影响因素分析——基于网络嵌入视角》，《商业经济研究》2021年第3期。
[4] 楚应敬、周阳敏：《产业集群协同创新、空间关联与创新集聚》，《统计与决策》2020年第36期。
[5] 李虹林、陈文晖：《我国高科技产业集群竞争力评价——基于技术创新的GEMI模型》，《价格理论与实践》2020年第6期。
[6] 罗明、李明武：《产业集群品牌竞争力评价研究——以阳新制鞋产业集群为例》，《皮革科学与工程》2020年第30期。

群间生产资料流通水平、针对性培育农村电商产业集群所需人才等来推动农村电子商务的进一步发展[1]。陶梅、张塸（2020）通过构建产业集群模型，对不同地区的电子商务产业集群健康进行评价分析，提出多方参与、多方协同发展等建议措施[2]。吴意云等（2020）基于拓展 DO 指数的分析，发现产业集群的规模经济对企业的生产效率有显著影响，集群内相关产业的密度越高，则集群企业的生产效率越高。地方政府可以发挥关联产业集群集聚的互补效应，以及通过人才引进政策和营造本地创新的市场环境来提升当地企业的生产效率，推动区域经济高质量发展[3]。周中胜等（2020）实证检验得出产业集群内成长型企业现金持有量较少，这可能是受集群效应影响较大的原因，但这种影响主要体现在成长型民营企业中；此外，产业集群内的成长型企业通过降低企业现金的持有水平可以提高企业的产品市场竞争力并提高公司价值[4]。王美霞等（2021）基于多维集群视角，从水平、垂直、制度、外部和关系五个维度分析了长株潭工程机械产业集群成长过程及机制，提出培育零部件生产企业提升本地配套能力、重视外部联系、建立良好的区域制度环境等建议，以提升长株潭工程机械产业集群的整体竞争力[5]。李飞星、胡振华（2020）认为"企业家才能"和"文化认同"策略是传统产业集群企业获取 RVC 市场势力并成功充当国际主导企业的关键因素，传统产业集群企业想要充当 RVC 主导企业需要把重心放在价值链重构或治理结构突破上，实现自我知识技术的积累、企业家才能、国内市场容量等条件和要素的辅助[6]。李优树

---

[1] 王冬屏：《农村电子商务产业集群影响因素的层次分析》，《商业经济研究》2020 年第 17 期。

[2] 陶梅、张塸：《电子商务产业集群健康评价与发展路径》，《商业经济研究》2020 年第 7 期。

[3] 吴意云、刘晔、朱希伟：《产业集群发展与企业生产效率——基于拓展 DO 指数的分析》，《浙江学刊》2020 年第 5 期。

[4] 周中胜、罗正英、徐艳洁：《中美贸易战背景下产业集群与成长型企业的现金持有》，《中国软科学》2020 年第 6 期。

[5] 王美霞、周国华、王永明：《基于多维集群视角的长株潭工程机械产业集群成长机制》，《经济地理》，http://kns.cnki.net/kcms/detail/43.1126.K.20200612.1745.006.html，2021 年 7 月 14 日。

[6] 李飞星、胡振华：《传统产业集群企业区域价值链市场势力塑造路径》，《管理案例研究与评论》2020 年第 13 期。

(2019)基于智能技术背景提出了传统产业集群升级的有效结合模式：电子商务驱动型产业升级模式和工业 4.0 型产业升级模式，因地制宜地借鉴推广相应的升级模式，来推进我国传统产业集群的升级①。田颖等（2019）采用合成控制法，基于"反事实"视角，检验并比较 2013 年首批国家创新型产业集群政策执行对区域创新能力的影响，发现国家创新型产业集群政策的实施能显著促进区域创新能力的提升，并从创新网络机制、政府支持机制和产业集聚机制三方面进一步解析并验证创新型产业集群促进区域创新的机理②。江青虎等（2018）通过实证分析提出：在产业集群内，一般企业应积极努力缩小与核心企业的差距；政府应坚持引进走出并重，鼓励企业与集群外组织合作交流，推进产业集群升级发展③。何艳等（2018）把长江经济带各省份物流集群分为萌芽期、成长期、成熟初期和成熟后期四个阶段，不同阶段对出口的影响不同，因此需要在继续完善西部地区物流设施的同时，一方面推动湖南、湖北等成长期物流集群向成熟期转变；另一方面要通过技术更新、区域联动等方式延长上海市集群的成熟期④。韩振兴等（2018）运用区位商和集中系数指标、产业效率优势指数和规模优势指数指标分别分析了山西 3 个特色农业产业集群的集中化程度和竞争力，发现均较高，总结了山西省特色农业产业集群发展的优势与不足，并从宏观和微观方面提出发展对策建议⑤。潘瑞成、刘睿君（2018）研究了我国体育产业集群的影响因素，发现我国体育产业发展具有规模小、种类单一、规模经济不明显等特点，提出由政府主导的体育产业资源开发转型为社会主导，由

---

① 李优树：《智能经济背景下的传统产业集群升级》，《人民论坛·学术前沿》2019 年第 18 期。
② 田颖、田增瑞、韩阳、吴晓隽：《国家创新型产业集群建立是否促进区域创新?》，《科学学研究》2019 年第 37 期。
③ 江青虎、余红剑、杨菊萍：《核链网互动对产业集群升级的影响》，《科研管理》2018 年第 39 期。
④ 何艳、陈凌云、王昕来：《长江经济带物流产业集群对出口的影响研究》，《价格月刊》2018 年第 12 期。
⑤ 韩振兴、刘宗志、常向阳：《山西省特色农业产业集群集中度和竞争力分析——以运城苹果、朔州羊肉、晋城大豆为例》，《中国农业资源与区划》2018 年第 39 期。

此从根本上推动我国体育产业的发展①。刘荷（2018）提出在企业国际化发展过程中，集群网络嵌入对其具有积极的促进作用，其中的集群结构内嵌效应更强。在企业国际化发展过程中，知识资源、市场资源与资金资源起到了中介作用，形成了集群网络嵌入与的中介效应。市场资源的效应最强，知识资源最弱②。

二 全产业链研究

首先，学者们针对不同行业全产业链开展研究。

其一，关于建筑业全产业链的研究。许志权（2021）通过分析装配式建筑业全产业链的成本构成和成本影响因素，从设计阶段、生产运输阶段、施工阶段利用 BIM 技术分析装配式建筑各阶段的成本管控措施，统筹开展成本管理③。

其二，关于农业全产业链的研究。孙英辉（2021）强调在推动我国农村地区从二元制经济结构向多元制经济结构发展过程中，县域农业全产业链建设是不可或缺的重要举措。县域农业全产业链建设既需要对农业经营模式进行创新，也需要培育新型农业经营主体，通过财政补贴政策、税收优惠政策，缓解全产业链各节点企业的资金压力，增强其参与县域农业经济建设的积极性，形成县域经济发展合力④。李道勇等（2021）对全产业链导向下农业特色小镇现代化发展进行研究，认为实现高质量推进农业特色小镇建设有利于助推乡村振兴、实现农业现代化，主要可以从全产业链构建延伸、功能体系联动、产城融合共生等领域实现小镇现代化发展⑤。倪冰莉（2020）、高艳等（2017）归纳了"互联网+农业"产业链三种发展模式，并提出通过将"互联网+"真正运用到产业链的各环节

---

① 潘瑞成、刘睿君：《体育产业集群影响因素的实证检验》，《统计与决策》2018 年第 34 期。
② 刘荷：《产业集群网络嵌入对企业国际化发展的影响机制研究》，《东南学术》2018 年第 5 期。
③ 许志权：《装配式建筑全产业链成本管理研究》，《建筑经济》2021 年第 42 期。
④ 孙英辉：《地方政府在县域农业全产业链建设的财税支持路径研究》，《农业经济》2021 年第 1 期。
⑤ 李道勇、刘孟格、张勃、田驰、张惠惠：《全产业链导向下农业特色小镇现代化发展研究——以北方国际种苗小镇为例》，《农业现代化研究》2021 年第 42 期。

来完善与发展农业全产业链，实现稳定的产业链结构和可持续发展[①][②]。方文英（2020）认为需要实现农村电商要抓住"互联网＋"的机遇，实现与大数据的深度融合，推动农村电商健康有序发展，推进农村资源信息共享。同时还需要政府的政策支持和引导，发挥好农产品全产业链中核心企业的主导作用[③]。韩喜艳等（2019）验证发现农业全产业链模式可以促进农产品流通，全产业链农产品流通模式不仅可以提高农产品流通效率，而且也可以提高农产品流通参与主体的利益和消费者福利[④]。张夏恒、陈怡欣（2020）提出跨境电子商务全产业链集聚对我国传统制造业转型升具有十分重要的现实意义，跨境电子商务全产业链集聚主要存在如何在跨境电子商务市场规范与行业效率之间实现平衡、如何依托跨境电子商务平台建设实现全产业链集聚层级跃升等瓶颈，并提出解构跨境电子商务引导新型贸易模式发展的驱动机理与内在逻辑，厘清跨境电子商务借助全产业链集聚提升其国际竞争力的作用机制等对策建议[⑤]。温日宇等（2018）探讨了"增益型、套餐式"农业生产托管下玉米全产业链服务模式对山西省农业发展的作用，发现了托管资金短缺、相关配套设施不够完善等问题，并据此提出通过政府的合理引导、政策资金支持来保障农业生产托管健康有序发展[⑥]。田剑英（2018）认为农业全产业链建设有利于推动农业产业集聚，通过以浙江省农业全产业链融资分子为例，发现全产业链融资面临的问题，提出重视加工储藏及品牌和市场建设，积极寻求资本市场的支持，以此为产业链继续做大做强提供保障[⑦]。

---

① 倪冰莉：《"互联网＋"时代农业全产业链发展模式创新》，《商业经济研究》2020年第21期。
② 高艳、王蕾、李征、刘宏宇、刘永悦：《"互联网＋农业"：重构农产品全产业链发展模式》，《世界农业》2017年第12期。
③ 贺正楚、曹德、潘红玉、吴艳：《全产业链发展状况的评价指标体系构建》，《统计与决策》2020年第36期。
④ 韩喜艳、高志峰、刘伟：《全产业链模式促进农产品流通的作用机理：理论模型与案例实证》，《农业技术经济》2019年第4期。
⑤ 张夏恒、陈怡欣：《跨境电子商务全产业链集聚的瓶颈及其破解》，《理论探索》2020年第1期。
⑥ 温日宇、邵林生、姜庆国、张魏斌、高瑞红、王俊：《"增益型、套餐式"农业生产托管下玉米全产业链服务模式在山西的实践与启示》，《玉米科学》2019年第27期。
⑦ 田剑英：《农业全产业链融资方式与完善对策——基于浙江省55条农业全产业链的调查与跟踪研究》，《经济纵横》2018年第9期。

其三，关于电影业全产业链的研究。牛盼强（2019）通过研究加拿大电影全产业链发展演化阶段，从政策优惠吸引、资金支持、法律法规保障、平台和人才的支撑四方面对加拿大电影全产业链形成过程中的作用进行深入探讨，从而得出对中国的启示[①]。兰健华（2018）认为发展全产业链战略是实现电影产业创新的一种重要途径，通过从数字化、网络化、集团化三个角度分析中国电影产业全产业链发展的必要性、实践路径和竞争策略，提出需要更深入地去调整和优化电影的产业结构，为构建电影全产业链提供重要原动力[②]。陈静芳（2018）在"互联网+"视阈下，提出电影产业重构的三种方略：全产业链重构、电影产业纵向与横向的全方位重构、电影产业的全盘重构，并提出"互联网+"时代的电影产业深度融合发展战略[③]。

其四，关于旅游业全产业链的研究。李甜（2018）、姜春燕等（2017）提出我国旅游产业正面临着消费旺盛、需求多元化以及供给不平衡不充分的矛盾，全产业链模式对乡村全域旅游发展具有非常重要的作用，需要全产业链发展模式通过不断加大与交通、餐饮、住宿、娱乐、商贸、金融等产业的融合力度，打通上、下游产业，完善整个旅游产业链条，来有效拓展全域旅游发展空间[④][⑤]。贺正楚等（2020）通过建立一套合理的全产业链发展状况评价指标体系，研究全产业链发展现状，提出在发展全产业链当中，要树立全产业链发展理念，形成"产业融合与耦合发展、产业结构高度化发展、产业协调发展、产业共享发展、首位产业引领发展、产业创新生态发展"的全产业链发展指导思想[⑥]。

其五，关于其他产业如：水产品业、绿色产业全产业链的研究。孙

[①] 牛盼强：《加拿大电影全产业链发展及对中国的启示》，《当代电影》2019年第1期。
[②] 兰健华：《中国电影全产业链刍议》，《电影文学》2018年第16期。
[③] 陈静芳：《"互联网+"视阈下中国电影全产业链重构与发展解析》，《电影评介》2018年第13期。
[④] 李甜：《全产业链模式推动乡村全域旅游发展路径》，《农业经济》2018年第12期。
[⑤] 姜春燕、刘在森、孙敏：《全产业链模式推动我国乡村全域旅游研究》，《中国农业资源与区划》2017年第38期。
[⑥] 贺正楚、曹德、潘红玉、吴艳：《全产业链发展状况的评价指标体系构建》，《统计与决策》2020年第36期。

慧武等（2021）研究了不同类型水产品损耗的现状，对问题进行分析并提出了降低水产品产业链损耗的对策建议：扩大加工产品消费、升级冷链物流体系、促进组织化发展等①。毛蕴诗等（2020）提出了绿色全产业链的概念：围绕产品和服务，从设计、研发、采购、制造、物流配送、销售、服务、消费以及产品使用和回收再利用等一系列环节践行低碳环保运作所形成的群体协同系统，并提出了背景—动因—路径—效果的绿色全产业链逻辑体系②。高巍等（2020）探索了奶业全产业链绿色发展的实现途径，发展种养一体化产业链融合绿色发展技术与模式、构建产销一体化产业链融合绿色发展利益共享机制和形成全产业链质量追踪服务体系与国民消费信任机制③。

其次，学者们从不同背景视角出发开展研究。马曙辉等（2021）从专利视角出发，研究了北京市碳纤维产业转型升级的全产业链发展模式，提出结合北京市的资源和技术优势，构建以高端需求为牵引的北京市碳纤维产业的全产业链发展模式，促进北京市碳纤维产业快速发展，构建产业发展新模式④。张德容、张婷（2020）、熊毅等（2019）基于"大智移云"技术背景下，探讨了企业全产业链成本管理创新内容，提出深耕大数据、加速智能化、借力互联网、培育云计算的对策建议⑤⑥。黄光灿等（2019）基于全球价值链视角，发现中国制造业在全球生产网络中的攀升受到传统的国际分工形式的限制，中国制造业在向全球价值链高端节点转移的过程中，需转变由垂直分工到水平分工的思路，构建以技术进步主导的"全产业链"发展模式，打造制造业价值生态体

---

① 孙慧武、程广燕、王宇光、朱雪梅、赵明军：《我国水产品全产业链损耗研究》，《淡水渔业》2021年第51期。

② 毛蕴诗、黄宇元、付宏：《绿色全产业链的分析模型与经验研究》，《武汉大学学报》（哲学社会科学版）2020年第37期。

③ 高巍、张建杰、张艳舫、张楠楠、王选、柏兆海、马文奇、马林：《中国奶业全产业链绿色发展指标的时空变化特征》，《中国生态农业学报（中英文）》2020年第28期。

④ 马曙辉、李一鸣、刘鹤：《北京市碳纤维产业的全产业链发展模式构建》，《科技管理研究》2021年第41期。

⑤ 张德容、张婷：《"大智移云"背景下企业全产业链成本管理创新研究——以T集团为例》，《财会通讯》2020年第10期。

⑥ 熊毅、洪荭、李文豪、李乐飞：《基于"大智移云"的企业全产业链成本管理系统构建——以JZ医药集团为例》，《财会月刊》2019第10期。

系，提升制造业国际竞争力以实现产业升级①。魏晓蓓、王淼（2018）强调农产品全产业链运作模式是一种农业产业化创新经营模式，其运作关键是农产品体系的纵向一体化，基于"互联网+"背景，"智慧农业+主导企业"与"农村电商+农户聚集化"是两种有效促进农业产业化升级的全产业链模式，促进了农业向其他产业延伸的产业融合，增加了农民收入②。王益明（2017）认为"互联网+农业全产业链"融合模式创新可以提升农业经济效益，"互联网+"视角下加快农业全产业链融合发展，应坚持保护自然资源与生态环境、持续加强财政和社会支农、强化农业全产业链平台建设、加快培育农业信息服务载体、加强专业人才的引进和培养等③。王丽（2018）认为在智慧农业背景下可以利用多方面技术提高农业全产业链的生产效率，推动农业产业链改造升级④。贺子岳、梅瑶（2018）总结了在泛娱乐背景下网络文学产业链当前的发展状况，分析了网络文学作品产业链现有作品同质化、版权管理不完善、IP作品价格虚高等问题，并对网络文学产业链开发商、原创文学网站提出建议，实现网络文学产业链创新发展⑤。

再次，学者们以全产业链为视角开展研究。侯治平等（2020）以全产业链分析为视角，对中国轨道交通全产业链企业中的上市公司的企业国际化程度、研发投入与企业价值的关系进行研究，结果发现它们之间呈现"U"形关系，且当期研发投入、滞后一期研发投入对其关系存在积极的调节效应，并从国际化发展、企业研发投入、"强链、补链"三个角度提出对策建议⑥。王刻铭、刘仲华（2019）从产业链各环节分析了茶叶产业发展的新特征以及茶叶产业存在的研发与生产结合度不

---

① 黄光灿、王珏、马莉莉：《全球价值链视角下中国制造业升级研究——基于全产业链构建》，《广东社会科学》2019年第1期。
② 魏晓蓓、王淼：《"互联网+"背景下全产业链模式助推农业产业升级》，《山东社会科学》2018年第10期。
③ 王益明：《"互联网+"视角下我国农业全产业链融合发展研究》，《改革与战略》2017年第33期。
④ 王丽：《智慧农业背景下农业全产业链发展路径探索》，《农业经济》2018年第4期。
⑤ 贺子岳、梅瑶：《泛娱乐背景下网络文学全产业链研究》，《出版广角》2018年第4期。
⑥ 侯治平、吴艳、杨堃、贺正楚：《全产业链企业国际化程度、研发投入与企业价值》，《中国软科学》2020年第11期。

高、生产成本持续上升、茶叶消费水平滞后于茶叶产业发展等问题，提出了建立以茶企为主体的研发体系、开展茶叶深加工联合攻关等提升我国茶叶产业发展水平的政策建议[1]。李燕、骆秉全（2019）分析京津冀体育旅游全产业链的内涵，从全产业链发展的空间链、产业链和供需链三个方面构建京津冀体育旅游协同发展路径：政策协同、资源统筹、市场对接，并提出京津冀体育旅游全产业链协同发展的措施[2]。梁赛等（2019）从社会经济系统的全产业链视角出发，探讨产业链不同环节的生产消费活动对生态资产的影响以及所对应的不同政策内涵，得出应该从全产业链视角实施多环节生态资产管理的结论，并提出，为了从全产业链视角实施生态资产管理，应考虑将建立一套标准化、全产业链视角的生态资产需求核算框架等融入政策建议中[3]。王媛（2020）基于全产业链视角对农产品流通模式进行重构，并分析农产品流通效率的变化，研究发现全产业链农产品流通模式不仅能够提高农产品流通参与主体的利益，而且能够给消费者带来更多福利[4]。焦志伦等（2020）梳理了无人机物流的产业链构成，分析了全产业链监管体系对无人机物流的适用性，并针对无人机物流行业的监管体系建设从中央政府层面、各地方政府层面出发提出相关建议[5]。杜欢政、樊亚男（2020）指出用全产业链思维布局上海垃圾治理体系，首先着眼于加强社会治理能力的建设，中端将发挥推动市场价值和精炼分类策略的作用，最后将通过资源利用市场的培养来推进。应以价值流不断增值为基础，保障物质流的顺畅转移，以信息流的全过程监管保障环境流的无害化[6]。张文龙等（2020）

---

[1] 王刻铭、刘仲华：《全产业链视角下我国茶叶产业发展路径分析》，《湖南师范大学自然科学学报》2019年第42期。

[2] 李燕、骆秉全：《京津冀体育旅游全产业链协同发展的路径及措施》，《首都体育学院学报》2019年第31期。

[3] 梁赛、李雨萌、齐剑川、冯翠洋：《基于全产业链视角实施生态资产管理》，《中国环境管理》2019年第11期。

[4] 王媛：《全产业链视角下农产品流通模式重构与效率分析》，《商业经济研究》2020年第3期。

[5] 焦志伦、吕学海、刘秉镰：《基于全产业链的无人机物流行业监管体系设计》，《中国科技论坛》2019年第11期。

[6] 杜欢政、樊亚男：《以全产业链思维布局垃圾治理体系——以上海为例》，《宏观经济管理》2020年第11期。

强调了我国中医药健康产业在国民经济中的重要作用,在全产业链视角和习近平生态文明思想的指导下,加快实施生态化强链工程、生态化补链工程和生态化延链工程,构建中医药健康产业生态经济体系,我国中医药健康产业的生态化发展[1]。李娅、余红红(2018)基于全产业链视角,分析了云南省核桃产业的国内竞争力,认为核桃产业的发展与整个产业链有着密切的关系,发现云南省核桃产业具有悠久的发展历史、适宜的气候等竞争优势;同时也存在产业链延伸不足、大规模的食材短缺等竞争劣势[2]。并从绿色化、标准化、产业化、科技化、品牌化、多元化等方面,提出提升云南省核桃产业竞争力的策略。

最后,学界关于高铁铁路与全产业链的研究较少,主要有学者从以下方面开展了研究:张宇翔、赵国堂(2020)通过高铁项目联盟的全产业链协同性、组织关系灵活性、目标导向性、管理复杂性四个特征,探讨全产业链模式下中国高铁项目联盟的建立、特征以及绩效影响问题,从全产业链特征、项目联盟的状态特征两方面提出对策建议[3]。陈安娜(2019)认为"一带一路"倡议为我国铁路"走出去"带来了新发展机遇,中国应该抓住机遇,不断改善铁路"走出去"全产业链发展模式,破除壁垒、全产业链各环节需精细把控、加强人才培养体系建设等[4]。贺正楚(2019)强调要推动中国先进铁路的国际化发展,就必须持续推进全产业链的建设,提出中国先进铁路发展战略:要进一步发挥中国政府的战略主导作用,重视与日本、法国、德国等高铁技术强国的合作技术创新等[5]。

---

[1] 张文龙、张建华、余锦龙:《生态文明视域下我国中医药健康产业的生态化发展——以全产业链为视角》,《企业经济》2020年第39期。
[2] 李娅、余红红:《基于全产业链视角的云南省核桃产业国内竞争力分析》,《林业经济问题》2018年第38期。
[3] 张宇翔、赵国堂:《全产业链模式下国际高铁项目联盟绩效影响研究》,《宏观经济研究》2020年第8期。
[4] 陈安娜:《新时代中国铁路"走出去"全产业链发展模式研究》,《商业经济研究》2019年第14期。
[5] 贺正楚:《推进中国先进轨道交通全产业链的国际化发展》,《湖南社会科学》2019年第2期。

三 总结与评述

（一）逆全球化及"双循环"形势

从逆全球化及"双循环"形势下看，关于国内外"双循环"背景下探讨产业集群区域化、全产业链的文献较少。

现有的关于产业集群的文献多从不同的背景和视角出发，主要集中在全球价值链等角度，研究了不同产业集群的成因、动力机制、特征、方向以及模式等方面，也有部分学者对产业集群的影响、效应及作用机理等进行研究，大部分学者研究认为产业集群的发展可以促进区域经济及产业发展进程，这为今后关于产业集群的研究提供了广阔的视角。目前国内外研究产业集群的文献相对成熟，但对于我国企业及产业如何在内外"双循环"大背景下更好地实现产业集群发展等措施有待进一步研究。

关于全产业链的相关研究，现有多数文献集中在全产业链的作用、存在的问题研究，多数学者提出全产业链在不同产业集群推进发展的必要性，构建全产业链创新发展模式。

（二）研究空间

从研究空间来看，研究地方城市高铁带下产业集群发展及全产业链的文献较少。对"一带一路"及西部陆海新通道的地方高铁研究比较少。现有文献很少聚焦广西内部产业集群的研究。

（三）产业集群区域化

从产业集群区域化来看，研究西部地区高铁产业集群的文献很少。现有研究集中在高铁经济发展的理论研究方面，虽然国内外大部分学者认为高铁建设通过经济溢出效应促进区域经济增长，但国内学者尚停留在探索阶段，目前尚没有完善的理论体系。纵观国内外学者的研究，目前多数文献着眼于高铁建设或开通对沿线城市或区域产业集群发展的推动能力及其效应研究，少数学者虽然也研究了高铁产业集群带来的负面影响，同时他们也给出对高铁产业集群发展扬长避短的相关对策，大多数学者都认为高铁建设能够带动沿线城市产业集群、区域经济增长，有利于经济发展梯度效应的实现，但是还需要国内外进一步的深入研究。

（四）全产业链

从全产业链的相关研究来看，大多数学者虽然从多个不同的角度以及层面对我国不同产业的全产业链发展进行研究，相关文献主要分析了农业、旅游业、电影业等行业的发展状况并提出了相应的对策建议，但是近年来对于高铁行业全产业链以及广西桂南经济圈全产业链的相关研究却很少，研究面也不够广。

以上文献研究成果虽然都不同程度地为本专著提供了较为丰富的研究视角、理论资源和数据基础，但是现有的研究很少将国内外"双循环"、高铁、桂南经济圈以及产业集群问题放在同一个框架下面讨论，桂南高铁经济对经济圈内产业集群有着怎样的影响？又是怎样影响的？上述文献都没有进行较为全面和深入的研究。鉴于此，本书以国内外"双循环"为背景，剖析桂南高铁产业集群全产业链建设的机制，力图丰富现有的理论文献，也为相关研究提供思路参考。

第三节　研究主要内容、研究思路和研究方法

一　研究主要内容

本书主要研究"双循环"背景下桂南高铁产业集群区域化和全产业链建设，内容由十章构成。各部分内容安排如下：

第一章对新冠肺炎疫情、国内外"双循环"新格局等国际国内背景进行了分析，并对选题的重要研究意义进行了评价。从产业集群、全产业链两方面总结了研究进展和研究现状，综述了现有文献在研究内容、研究方法、研究思路。结合研究背景、研究价值和文献综述，对课题的整体研究框架进行构建，提出了课题的研究思路、方法，明确了课题创新突破的方向。

第二章从产业区域化理论、全产业链理论两方面陈述了本书的理论依据，从补链——高铁沿线产业迁移优化机理、强链——高铁沿线产业分异块化机理、延链——高铁沿线产业延伸创新机理三方面分析了产业区域化与全产业链的逻辑，为研究产业集群区域化及全产业链提供了基本思路和框架。

第三章从科学技术创新培育新业态新产业、城乡融合发展拓展产业

发展空间、产业结构多元化发展开辟新路径、营商环境优化孕育新机遇新模式的拉力，投资模式创新促进产业创新化转型、消费需求升级推动产业品质化发展、绿色发展理念推动产业高级化发展、政府政策完善推动产业链群化延伸的推力，交通物流发展成为产业重要组成、资源要素开发吸引产业区域集聚、区域协同发展拉长产业链群长度、市场竞争力提升增加产业附加值的本力，政府管理效率影响产业集群发展、资源要素外流阻碍产业的区域化、基础设施承接产业转移能力较弱等阻力，四力维度分析了桂南高铁经济圈产业区域化及其全产业链建设的动力。

第四章从中华人民共和国成立之前广西铁路交通与商贸发展、桂南高铁经济圈产业区域化及其全产业链建设的启蒙阶段、初级阶段、中级阶段、高级阶段这五个阶段对桂南高铁经济圈产业区域化及其全产业链建设的演变历程进行分析概括。

第五章分析了桂南高铁产业区域化空间格局及主要特征，从产业集群规模小、区域化程度较低、资源依赖性较强、产品附加值较低、产业结构失衡分析了产业区域化过程中存在的主要问题。

第六章通过建立线性回归模型，探析开通高铁对桂南高铁经济圈经济增长的作用和影响；结合区位熵与空间基尼系数的测算，利用熵权法，探析桂南高铁经济圈高铁开通前后的产业区域化发展水平；构建灰色关联模型，多角度分析测度桂南高铁经济圈产业区域化水平的影响因素。

第七章结合国内外"双循环"这一背景和战略制定与实施的基本要求，从战略指导思想、战略基本原则、战略发展路径等方面进行分析，提出了桂南高铁产业区域化与全产业链建设的主要途径，创新了桂南高铁产业区域化与全产业链建设的空间格局。

第八章从国内总结了云南高铁、湖南、广东高铁的经验，国外总结了日本、法国和德国三国高铁经济发展的经验，得出对桂南高铁产业集群区域化及其全产业链建设发展的启示。

第九章从构建桂南高铁沿线现代化产业体系、聚焦桂南高铁沿线特色产业发展、强化高铁沿线综合交通枢纽建设、优化高铁沿线产业生态和营商环境、完善人才培养与招商引资机制五个方面提出了发展桂南高铁产业区域化的政策建议。

本书的研究框架如图 1-1 所示：

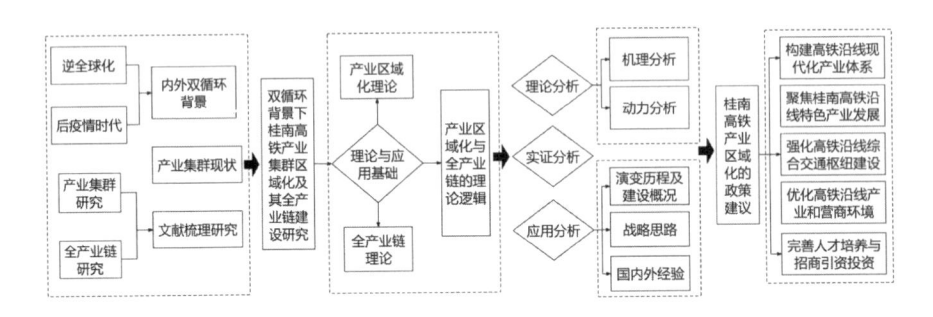

图 1-1 研究框架

二 研究思路

（1）文献收集。通过对相关已有研究进行文献回顾梳理和与专家交流，确立研究背景和本书选题，明确研究的目标、问题、框架和方法等。

（2）收集、获取相关研究资料和数据。收集近年来尤其是在"内外双循环"以来中央和广西地方政府出台的扶贫政策、相关部门公布的权威统计数据。设计调查问卷和访谈提纲，采取线上、线下相结合的调研方式，获取微观层面数据，收集社会的看法和观点。

（3）开展相关专题研究。整理相关数据资料开展产业政策开展研究及基础理论分析，采用规范分析与实证分析、定性与定量分析方法，开展战略思路研究、经验事实考察、机理研究和突破发展路径研究。

（4）形成结论，提出政策建议。采用总结归纳法、规范分析法、推理延伸法，总结、凝练并形成前期专题研究成果，分析研究成果的政策指导意义，提出政策建议。

（5）完善研究内容、研究思路、研究结论和政策建议。以组织召开学术会议和座谈会等形式进行学术讨论，总结与会专家的观点、看法等会议成果，进一步完善研究内容、研究思路、研究结论和政策建议。

本书的研究技术路线如图 1-2 所示：

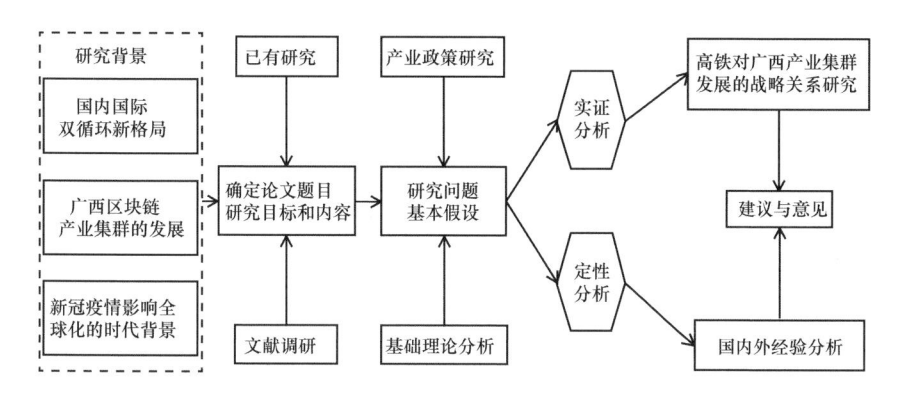

图 1-2 研究技术路线

三 研究方法

（一）文献研究与调查研究相结合

第一、第二章通过查找相关的核心期刊论文和最新政策，并参考相关书籍资料，进行大量内容梳理，为本书针对广西高铁的产业区域化评价指标构建提供理论指导，为广西产业区域化水平影响因素的实证分析提供合理依据。同时，密切关注政府关于桂南高铁产业集群的政策措施和落实情况，关注桂南高铁的政策方向。通过网络调查、访谈调查，根据统计学相关原理选择圈内代表性的企业进行网络调查，选择对圈内产业发展趋势有重大影响的企业和小经济区政府展开访谈，既节约了研究的时间和成本，又为研究获得了科学而准确的数据资料。

（二）定性分析与定量分析相结合

第二、第三、第四、第五章定性分析了桂南高铁产业集群区域化与全产业链的逻辑机理、产业集群区域化及其全产业链建设动力、桂南高铁经济圈产业集群区域化及其全产业链建设演变历程和建设概况；第六章定量分析桂南高铁经济圈产业区域化水平及驱动因素。

（三）归纳总结与推理演绎相结合

第七、第八、第九章梳理国内外关于国内国际"双循环"、高铁与区域产业集群发展的相关资料，总结了内外双循环背景下桂南高铁产业区域化与全产业链建设的战略思路、国内外高铁借鉴经验、产业区域化发展政策建议，总结出今后其发展路径和空间格局。

(四) 规范研究与实证研究相结合

根据经济学和管理学的相关理论，对专著的可行性、可操作性进行了论证。在对广西区域化水平进行测度与分析的基础上，继续探究影响广西产业区域化水平的因素。通过建立线性回归分析模型，探析高速铁路开通对桂南高铁经济圈城市经济增长的影响，实证分析桂南高铁经济圈产业集群发展的现状、水平、特征、障碍性影响因素等的动力和潜力及发展趋势。

第四节　创　新

本书创新之处主要体现在以下三点：

第一，搭建了产业区域化和全产业链空间优化的理论框架。在国内外"双循环"背景下探讨产业集群转移与融合的关系，将国内外"双循环"、高速铁路、桂南经济圈以及产业集群问题放在同一个框架下进行讨论，剖析桂南高铁产业集群区域化和全产业链建设的机制，力图丰富现有的理论文献，也为相关研究提供思路参考。

第二，分析广西全产业链区域化的动力机制。立足于国内国际"双循环"视角，研究桂南高铁产业集群区域化和全产业链建设，提出以"区块链+"形式推动高铁数字化经济大市场，在国内国际两个市场、两种资源助力下，加快国内国际双循环相互促进产业链、供应链的构建，通过市场化配置来最大化发挥生产要素作用的创新机制。

第三，提出广西桂南高铁产业区域化和全产业链建设空间战略。沿海高铁经济圈—桂南高铁经济圈产业之间和圈内小经济区产业发展水平存在差异，"一刀切"和各自为战的战略政策都有可能扩大圈内地区发展的差距。根据增长极理论、产业集群理论等理论，创新性地提出了多元化阶段性整体产业集群发展战略。

第二章 产业区域化与全产业链建设理论分析

第一节 产业区域化理论基础

当今世界国与国之间联系不但紧密,伴随着的竞争也同样激烈,20世纪80年代以来,全球竞争的格局也开始发生变化。在全球竞争日益激烈的时代,生产力水平更高的国家或地区往往意味着其总体竞争力更强。而生产力水平的核心在于产业及产业集群,一国综合国力的必要条件也基于此,这一点也日益成为各国政府的共识。综观学术界,产业的区域化发展已然成为一个热门的学术议题,近年来该领域学术成果也如雨后春笋,欣欣向荣。

一 经济增长极理论

西方经济增长极理论始于20世纪中期,萌芽于马歇尔等经济学家的古典区域理论。早些时候,佩鲁构建的"增长极"这一概念首次在他的著作《经济空间:理论的应用》(1950)和《略论发展极的概念》(1955)中被提及:各个产业发展是相互联系、相互依存的。产业发展带动经济增长有其特定模式,经济空间内的增长带动点往往集中在具有创新能力的行业,这些增长带动点,就是"增长极"。他以经济空间理论、支配效应理论等为理论基础,运用了熊彼特的创新理论和里昂惕夫的投入—产出方法,研究认为"增长是以不同的强度首先出现在一些增长点或增长极上(并不是所有地方都会同时实现增长),然后通过不同的途径扩散,对经济整体产生最终影响"。

"增长极"理论问世以来,发展迅速。随着研究的日益深入,三大流派（法国学派、西班牙学派以及美国学派）相应催生：法国学派提出了工业大推进"增长极"论。它们认为"增长极"主要为周围地区的大型推进型工业；西班牙学派提出产业集群"增长极"论。它们主张"增长极"是伴随着特定的产业、部门出现的。相较于极地以外的产业，区位邻近的产业群中，主导产业及其关联产业群有着更强的创新意识和更快的发展速度；美国学派提出城市"增长极"论。它们认为城市是区域内经济活动的中心，也是经济"增长极"，以城市为中心辐射扩大带动周边区域发展。

二 产业集群理论

迈克尔·波特（1990）在《国家竞争优势》中首次提出产业集群这一概念，这也是全球范围内快速展开产业集群问题研究的开端。随后，部分学者尝试性地进行定义，以地理范围相近、依赖性明显、协同效应突出等为特征，在特定地理位置中有同产业企业集中的效应。波特在提出这一概念后，曾两次对该概念进行内容扩充，认为现代社会产业集群效应，指的是公司、供应商、服务商等可以与其他社会机构结合到一起，形成具有产业效应的地理集聚体。他认为，产业集群有助于特定产业的发展，对相互竞争的国家和企业提高竞争力意义重大，有利于降低企业之间的交易成本，提高工作效率，进而提升整个区域内的创新能力。在波特的定义中，集群属于组织的一种。马丁（2002）研究波特产业集群概念后，提出自己的质疑，主要在于两个层面：一是定义不清晰；二是从属理论边界不明确。这也正是他的质疑得到理论界赞同的原因，很多学者由此来展开各自领域的研究，为产业集群概念清晰化作出自己的努力，解释方向以互补资产、知识联盟等角度为主。仇保兴结合新制度经济理论将产业集群定义为"制度性方法"，能够用来解决组织及市场失灵问题。由于它的中介性，它可以在组织形态、组织演进、交易费用等诸多方面有着不小的助力[1]。国内外大量学者对产业集群的深入研究极大地丰富了这一理论的内涵，也取得了在产业集群机制方面和政策方面的成果。虽然未形成系统性理论体系，但其实践价值仍十分重

---

[1] 叶佳欣：《国内外产业集群研究综述》，《环渤海经济瞭望》2019年第7期。

要，该理论已成为诸多国家和地区制定产业政策时重要的理论支撑。

产业集群已成为当前区域经济发展的一种重要模式和重要的产业组织形式。产业集群因同一区域内企业间有更频繁的互动，与各公共管理部门有着更多的交流、更紧密的合作，故更容易获得规模经济、范围经济、集聚经济、知识的溢出及相互学习等带来的好处，进而具有较强的竞争力。此外，资源共享节省了许多不必要的开支，提高了区域与企业的创新水平，激发了潜在的创造性，从而推动整片区域产业整体竞争力的提升（胡本田，2006）[1]。

作为一种新型区域发展理论，产业集群理论汲取了区域发展理论中的正向因素：首先，产业集群理论不仅仅主张区域发展的均衡性，而且注重区域内各种要素的积极调动，强调资源的有效配置。如具有自然资源优势的地区突出发展资源产业，而具有丰富旅游资源的区域可以推进旅游产业等。其次，凸显科技创新与技术进步。社会化的学习行为催生创新，包括文化学习、制度学习及其他非经济因素的学习。创新性较强的产业集群，其知识与技术一般通过隐性、非编码性方式扩散传播，科技创新和技术进步发挥的作用会越来越大，会成为带动周边区域经济发展的关键。此外，强调灵活发挥区域各种资源要素的整合能力[2]。投入要素不仅包括一般意义上的资本、劳动力、自然资源，而且强调企业家资源的培育及其在发展中担当的作用，还有地方政府、行业协会、金融部门与教育培训机构对产业发展的协同效应[3]。

三　新经济地理学

传统经济学的观点是，当规模报酬不变或规模报酬递减时，社会收支大体能够维持状态唯一的平衡。然而传统的经济学无法说明特定情况

---

[1]　胡本田：《产业集群：提升安徽省产业竞争力的战略选择》，《安徽大学学报》（哲学社会科学版）2006年第2期。

[2]　张晓全：《产业集群与区域经济发展的关系分析》，《新西部：理论版》2008年第8期。

[3]　梁雪梅：《京津冀协同发展与产业集群对区域经济发展的研究》，河北省廊坊市应用经济学会：《对接京津——社会组织公共服务论文集》，河北省廊坊市应用经济学会，2020年，第60—67页。

下出现的多种均衡。新经济地理学借鉴贸易理论、增长理论等最新的研究成果，以古典区位理论为基础，创造性地将贸易和经济区位发展融为一体，形成了一种新的空间区位理论。克鲁格曼以"生产的空间区位"为核心概念定义新经济地理学，为了解释经济活动的与其地理位置之间的关系。克鲁格曼认为传统的经济地理学的观点的条件支撑过于理想化，没有考虑到实际情况。为了契合现实，克鲁格曼又加入了现实生活中客观存在的两种常见状态，即不完全竞争和规模报酬递增，同时引入了这两种情况下关于新贸易理论和新增长理论的最新研究，建立模型，分析经济活动和地理分布的形成机理，创造性地提出空间区位理论。他的新经济地理学认为，产业在地理空间的集聚将会在区域内出现规模报酬递增规律，从而产生规模效应、本地市场效应和循环累积因果效应。

20世纪80年代后期，基于迪克西特和斯蒂格利茨的垄断竞争模型，藤田、克鲁格曼等用市场外部性、细分产品、不完全竞争和报酬递增等理论模块构建新的经济地理学模型。1991年，克鲁格曼在经济地理模型中纳入空间因素的考量，构建了"核心—边缘"模型，标志着新经济地理学的诞生[1]。新经济地理学概念的首次系统论述，出现在克鲁格曼编著的《收益递增和经济地理》中，此著作是新经济地理学的开山之作。他对核心—外围模型（C—P模型）进行了详细的介绍，并结合空间概念对D—S分析框架进行了阐述。此后，《空间经济学：城市、区域、国际贸易》和《经济地理与公共政策》相继问世，新经济地理学的理论框架初步形成。

新经济地理学的研究内容可以总结为两点：首先是区域经济增长收敛的动态变化；其次是经济活动的空间集聚，主要包含路径依赖、报酬递增和空间集聚三方面内涵，城市不断扩张及区域中心形成的主要因素就是空间集聚[2]。新经济地理学的思想观点可以概括为六点：一是中心—外围模型与规模经济。它是空间聚集产生的原因。克鲁格曼的模型主要分析经济活动的空间特征与制造业之于国民收入的份额、不同商品

---

[1] Krugman P., "Increasing Returns and Economic Geography", *Journal of Political Economy*, Vol. 99, No. 3, 1991.

[2] 邓奕婧、郑煜：《新经济地理学知识梳理》，《中国国际财经（中英文）》2018年第2期。

的可替性之间的关系，其解释了当突发性事件发生时，两个原本一样的区域如何拉开发展差距，一个要素逐渐集聚并成为经济发展带动区域，另一个要素大量流失并逐渐边缘化。结果表明，随着制造业收入占比的增加、运输成本的降低且规模经济效应显著时，"工聚农散"的"中心—外围"格局便将形成。二是运输成本。集聚力和分散力之间的博弈塑造了新经济地理中均衡的经济活动空间格局。"集聚力"以规模经济为代表，"分散力"以成本为共性。若运输价格足够低，厂商希望更好地发挥规模经济效应，以实现利润最大化，因此，经济要素的集聚性特征明显，易形成"中心—外围"模式；而若运输成本过高，规模经济带来的福利效应不足以弥补高额成本，厂商就不会将重心放在追求规模经济效应上，而是减小运输成本以使利润最大化，此时，经济活动相对分散。三是循环累积因果关系。传统的经济学或是地理学没有对"外部经济"的实际内涵进行详细阐述；新经济地理学认为，并不是两个产业之间存在关系就能够产生正反馈效应，在分析正反馈效应时，需要考虑"中间商"的影响。即当下游产业厂商的产出增加时，其所需原材料厂商的产出的增加会对上游产业厂商有更有利的影响。因此，新经济地理学是在单个厂商这个层面对外部性进行研究，认为外部性是通过存在规模经济效应的厂商参与市场，在市场中与其他厂商发生前后联系，进而产生的，由于单个厂商存在规模报酬递增，因此产生循环累积因果关系：随着市场规模的扩大，生产分工越发专业化，产品也得到细分，给新厂商进入市场创造了条件，由此增加的外部性再次源源不断地吸引新的厂商进入，进而激活循环累积因果效应[1]。四是偶然性、累积效应、路径依赖与锁定。亚瑟的研究表明，在不完全竞争和规模收益递增的情况下，厂商选择生产位置的主要依据是自己的地理偏好，而随后一些厂商对地理位置的选择会受到第一家厂商以及其他厂商的影响，因为它们会考虑到，其他厂商是否会为自己的生产以及销售带来正面的效应。因此在该条件下，厂商选址遵循"路径依赖"原理，即除非存在具有极大效应的反向因素的干扰，否则经济会保持在原先的轨道上运行。在经济格局的形成过程中，不仅受到历史因素的影响，还会受到突发事件的

---

[1] 刘安国、杨开忠：《新经济地理学理论与模型评介》，《经济学动态》2001年第12期。

影响以及路径依赖的影响,因此,并不存在最优空间格局的自发性形成。五是全球化与国际专业化模型:中间品与外部经济。马歇尔将外部经济分为三种类型:首先是产业集聚带来的成本的降低以及消费品的多样化;其次是产业的集聚带来的劳动力的集聚;最后是产业的集聚带来的信息的流动和技术层面上的交流。前两种属于市场外部经济,而第三种情形是通过规模效应形成的。六是空间经济学与城市经济学——单一地理中心与城市层级体系。新经济地理学解释了产成品集聚在一个城市的原因,同时还认为,随着产成品和运输成本替代性的增强以及人口的流动,制造业较为发达且已经产生集聚效应的中心城市中的某些制造业,会向以农业为主要产业的外围城市迁移,由此形成一个新的城市,同时随着人口的增加,新城市也会不断出现。由于市场中存在着多种行业,各城市的主导产业也不尽相同,这些行业按照一定的顺序排列,进而形成了多种类型城市的层级结构[①]。

为了分析国际贸易与空间区位问题,克鲁格曼在新的产业组织理论基础上构建了一种核心思想为规模经济、消费者多重偏好和运输成本的新的不完全竞争理论体系。这一突破之举使经济领域的研究上升到一个新的维度,"复兴"了游离于经济理论架构之外的经济地理学,最终使其成为学者们热切关注的主流经济学。此后,许多学者通过改进克鲁格曼的中心—外围模型来分析区域差异、产业集群的形成和区域政策在助推发展中所起效用。1950—1960年,发展经济学家赫希曼、缪达尔等提出区域发展两极化的原因是经济运行中的循环累积效应,新经济地理学则成功从理论模型上证实了这一观点。迪克西特和斯蒂格利茨(1977)两位学者提出新经济地理学理论起源于报酬递增理论。他们指出,一个封闭的经济体中的有限资源在市场配置下形成的产品专业化生产带来的规模经济与消费多元化之间形成了"陷阱冲突"。克鲁格曼(1979)将新经济地理学理论引入对外贸易领域,认为对外贸易可以增加人口规模和资源规模,生产者因消费者市场的扩大和资源规模的扩大,而扩大生产规模,形成规模效应,提高市场竞争力,消费者的多元

---

① 李小建、李庆春:《克鲁格曼的主要经济地理学观点分析》,《地理科学进展》1999年第2期。

化需求同时也得到满足，提高消费者效用水平。对外贸易提高有贸易关系国家之间的社会福利水平。藤田（1988）提出的空间运输成本促进了新经济地理学理论的产生而具有里程碑意义。新经济地理学在肯定贸易一体化的同时，也关注了其中存在的相关问题。在不完全竞争和报酬递增、不存在技术外部性的市场经济中，空间运输成本诱导产业集群和长期增长的轨迹呈现非线性的倒"U"形，即长期内经济空间会演化为一种核心—外围的空间格局，经济发展将步入产业结构与人均收入不平衡的发展轨迹。藤田（1988）的观点得到了来自美国和法国的证据的局部支持。金（1998）采用美国证据，研究发现美国制造业空间格局长期演化为轨迹并非为倒"U"形，而是呈现发散形轨迹。

在理论创新性上，新经济地理学的前进步伐也从未停止。克鲁格曼和藤田（2004）指出其创新之处主要在三个方面：第一，新经济地理学异于传统区位理论，生产的不可分割性阻止了"后院资本主义"经济的出现；第二，规模收益递增导致市场结构出现不完全竞争因子，运输成本则使区位选择成为关键因素；第三，消费者和厂商改变区位的过程就是集聚经济的出现过程[①]。

第二节　全产业链理论基础

产业链的相关理论虽起源于西方，但在中国得到蓬勃发展。亚当·斯密的劳动分工理论是产业链起源。一般情况下，产业链涵盖了由产业上游到下游，由原料到用户，由技术联结到投入产出，是一种基于分工协作、产业联结为纽带、企业为主体的链网式产业组织体系。21世纪以来，产业链相关理论的研究和应用如火如荼。

一　产业关联理论

产业关联理论又称投入产出理论，其主要是以定量的方法来分析产业联系表，探究存在于社会经济活动过程中各产业之间的广泛的、复杂

---

① 何雄浪：《空间经济学及其新发展：新经济地理学》，《西南民族大学学报》（人文社会科学版）2022年第1期。

的和密切的技术经济联系，并寻找一国或一地区在一定时期内社会再生产过程中产业间的技术经济发展的内在规律，在宏观、微观两个层面为人们提供经济预测、计划制订、政策研究、经济分析和经济控制等服务①。

古典经济学的先驱威廉·配第提出循环流思想，分析得出物质创造活动应该视为循环流，认为不同经济部门在物质生产活动中存在着无形的联系，那就是产业关联的由来。随后，这个思想逐渐进入各领域学者的研究范围。1758年，法国重农学派创立者魁奈的著作《经济表》成功问世，它以循环思想为基础，将生产看作一种循环过程。以经济剩余的形成为核心，来描绘再生产过程。美国经济学家列昂惕夫在1941年出版了他的成名作《1919—1939年美国经济结构》，系统阐述了投入产出理论的基本原理及发展，将投入产出分析方法应用于研究社会生产各部门之间的相互依赖关系，特别是系统地分析经济内部各产业之间错综复杂的交易，标志着产业关联理论的正式产生②。

产业间的联系，尽管是由供给与需求来维系的，但这种维系的方式却因各行业在产业链上的位置不同而存在差异。在分析主导部门综合体系时，罗斯托指出，主导部门通过自身的三个作用，即回顾作用、侧向作用和正面作用，带动整体经济增长，从而在三个作用之间建立起三个关联性，即后向关联、旁侧关联和前向关联；赫希曼在《经济发展的战略》中，将产业之间的关联方式分为前向关联、后向关联和环向关联③。同时赫希曼还提出了关联效应的概念，即某一产业投入—产出关系的变化会对其他产业投入—产出水平产生一定程度上的影响，且这种影响在产业间衔接的链条上是双向的。

随着产业关联理论的深入研究和对投入产出表的频繁应用，学者们发现在众多的产业之间还可划分出相互间相对独立的产业群。一方面，

---

① 於晓芬：《我国纺织工业产业结构优化的战略选择研究》，硕士学位论文，上海外国语大学，2010年，第6页。
② 肖潇：《全球价值链分工下的产业结构演变研究》，硕士学位论文，上海社会科学院，2019年，第7页。
③ 陈广宇：《结构升级与产业链：地方产业升级路径研究》，硕士学位论文，复旦大学，2011年，第12页。

这些相对独立的"群"包含着一众经济贸易往来密切、经济关联性强的产业，通过多次的贸易交流，"群"内产业互相扶持，共同发展；另一方面，经济贸易往来不够密切、关联关系疏远的产业，在经济活动中的交往就要少些，当然也就无法形成"群"。由于群落内部存在着大量的产业关联，所以更容易形成一个紧密稳定的产业链。

二 区域经济系统理论

区域经济系统理论是对系统论的丰富和发展，是系统思维渗入区域经济领域的产物。根据系统论的思想，区域经济是一个集经济、社会、自然等要素于一体的复合系统，应从整体上综合地加以考虑，并注意各个子系统之间的有机联系，各要素及子系统之间只有相互协同促进，才能取得"1+1>2"的系统整体效应[①]。

系统性是产业链的固有属性，是区域经济系统的一个子系统。某一地区产业链的存在和运行体现了某一生产环节和生产要素在一定地域空间上相互作用而形成的一种相对空间均衡。同时，区域内产业链又是一个外向型、非平衡型耗散结构体，其运行方式为多条信息流、物质流、资金流、能源流、人口流等汇集一处。从系统整体功能优化的要求出发，从结构功能优化的原则出发，在产业链的各个行业、环节之间需加强协同效应，保持产业结构的合理性。一般认为，要实现区域内产业链的整体增值，就必须在满足主链、次链互补性的前提下，实现单链内资源要素的合理配置。通过产业间的联系和企业间的协作，区域内产业链可以很好地弥补某些企业的个别缺陷，保障链上企业的功能完整性，发挥各类企业的优势。另外，通过产业链的连接、协同，在子区域之间形成更高层次的地域体系。

三 劳动地域分工理论

劳动地域分工是指人类经济活动按地域进行分工的现象，是社会劳动分工在地域上的投影。劳动地域分工理论经历了从亚当·斯密的"绝

---

① 黄祥钊：《区域对接的系统组织技术研究》，博士学位论文，华中科技大学，2009年，第6页。

对成本论"（或称"绝对优势论"）、大卫·李嘉图的"相对成本论"（或称"相对优势论"）、赫克歇尔与俄林的"生产要素禀赋理论"到迈克尔·波特的"竞争优势论"的发展历程，这些理论都重视区域差异，主张根据区域差异进行区域生产分工，由此获得区域利益。其中，前三者都强调各区域按比较优势进行生产，可统称为"比较优势理论"，而波特的竞争优势理论则是对比较优势理论的一次革命性扬弃，为全球性劳动地域分工研究与实践提供了新的视角和理念[①]。

有劳动分工之处，地域分工必然盛行。产生这种现象的主要原因是特定地理空间中必然存在着生产经营活动的专业化与分工的投影。一定区域内产业链建立于产业内外各环节之间的产业联系之上，而各环节、各企业之间的联系又以产业分工为前提，可见，区域产业链是劳动地域分工和区域专门化的结果，区域产业链的演化在某种程度上就是分工演进的过程，在它的构建过程中遵循着劳动地域分工理论的"寻优"原则[②]。区域产业链的发展情况能够实时反映地域产业的发展状况：一方面，其体现了地域之间的部门分工，不同地域可能形成不同的产业类型及其组合；另一方面，它也反映了企业之间的分工，也就是产业内部的分工，即企业在不同的生产环节中完成不同的价值活动。不同行业所在地区的区位条件不同，其产业链类型和结构自然也会有所不同。

第三节　产业区域化与全产业链的逻辑

一　补链——高铁沿线产业迁移优化机理

（一）产业要素转移

产业要素，指在进行社会生产经营活动时需要具备的、作为国民经济运行和市场主体生产经营过程中所必需的，包括劳动力、资本、技术在内的各种社会资源。随着时代的发展，生产要素的范畴不断扩大，现代科学、技术、管理、信息等要素也分别作为相对独立的要素投入生

[①] 陈朝隆、陈烈：《区域产业链的理论基础、形成因素与动力机制》，《热带地理》2007年第2期。

[②] 刘银华：《泛珠合作背景下广州中心城市腹地拓展战略研究》，硕士学位论文，暨南大学，2008年，第8页。

产。生产要素的形式越来越多，市场化水平越来越高，多样化的要素价格体系也相应催生。到如今，市场经济一体化水平不仅能够反映一个国家或地区的生产力水平，更能反映其现代化水平。衡量市场经济一体化水平主要有两个维度，要素流通水平和畅通程度；还有四类指标：自然资源、人力资源、资本资源和技术资源。

经济增长极理论表明，经济增长极的极化效应和扩散效应会使产业要素发生转移。产业要素转移是指生产要素在区域间的流动。以增长的角度看，它是生产要素在区域内流动并最终达到最优配置；以流通的角度看，它是商品凭借其更大比较优势跳出本地市场，流入更宽更远更大的市场。市场经济制度下，区域要素流动及其优化配置是在区域市场和区际贸易中实现的。其中，产品、资本、人力、技术、信息、管理在空间的配置过程中需要借助外力的作用。目前，我国经济增速逐步放缓，开始步入新常态，前几年盲目追求经济增速而实行的粗放式增长所导致的资源问题、环境问题以及产业结构问题开始凸显。其中，产业问题是重中之重，包括产业趋同、分工不够明确、联系不够紧密、一体化程度不高等。在未来，制造业在地区上的聚集，必然伴随着与之相匹配、为其提供中间需求服务的服务业同样在周围集聚，形成两者之间的协同集聚状态，对于克服分工不明确、实现产业转移有着非常关键的现实及理论意义[1]。在这样的基础上，交通纽带成为推动要素资源配置的重要环节。

1. 比较优势与自然资源异质差异

不同地域之间的生产比较优势是区域贸易发展的前提条件，即使不互通有无也能在发挥比较优势生产中从提高双方的生产效率中获得高收益。大卫·李嘉图的比较优势理论认为任何国家不一定必须拥有绝对生产优势才能参与世界贸易。若事先分工，生产优势产品，不产弱势产品，同时进口他国优势产品，各国就可以参与到全球或区域分工，得到一定利润空间。比较优势的形成原因是什么？俄林基于"要素比例不同导致分工和贸易"的理论逻辑总结区际贸易的原因和不同国家或地方的

---

[1] 刘世豪：《要素流动对长三角地区产业协同集聚的影响研究》，《科技和产业》2020年第4期。

不同要素禀赋的生产差异。在他看来，不同国家生产要素的自然禀赋的相对差异，决定了生产要素价格的差异，从而决定了各国生产成本的差异，并最终形成各国自身的比较优势与贸易收益，从而实现国际贸易。他的资源禀赋论又进一步指出空间差异化与地域分工和产业集聚密切相关。如远洋运输的发展链接世界市场，自然资源的地区流通由公路铁路促成。依靠自然资源如煤矿、石油、蔬菜、瓜果等初级产品的生产主要集中在劳动密集型行业。劳动密集型行业相对来说技术能力偏低，生产率不高，而高速铁路的建设在为产品的流动腾挪出更多空间的同时，其速度优势部分也弥补了生产效率低下的不足。

2. 新经济地理学与人力资本流动

人口、人才是影响国家或地区的经济发展水平的重要因素之一，也是经济发展一大动力。通常来说，人力资本"利益导向性"特征明显，即人们选择工作区位时必然要基于成长空间、预期收入、环境舒适度及家庭情感需求等多方维度的成本效益进行综合考虑。可以说，交通体系落后的地域没有人才吸引力。因此，高铁开通有助于提高创新人才的流动性，大大节省了人才流动的交通成本和时间成本，释放个人的职业成长空间，拉动高铁沿线城市经济发展，扩大市场规模，增加发展机会，带动技术和创新知识等创新要素在区际的交换，从而提高企业的创新投资[1]。

桂南高铁成功通车后，除了节假日外，每天早晚人口大规模转移的现象开始出现，这已经成为广西高铁沿线地区经济踏上高速发展之路的代表符号。通常，区域间劳动力的流动，如果是不随着居住地的变动，那一定是随着工作地点变动来实现跨区作业。在早期，广西人口迁移受空间距离阻碍较大，从一个城市抵达另一个城市，大多只能通过公路交通的方式。而高速铁路运输的发展打破了这种空间障碍，进一步拓宽了人类社会活动的空间范围。空间距离的长度与人口迁移的强度成正比。从19世纪中叶英国移民运动的经验出发，艾萨德通过莱文斯坦的距离迁移强度模型，将区域经济学理论进一步完善，得出人口迁移强度如果

---

[1] 陈婧、方军雄、秦璇：《交通发展、要素流动与企业创新——基于高铁开通准自然实验的经验证据》，《经济理论与经济管理》2019年第4期。

变强是因为距离变近了，而拉近距离的原因则是路程时间耗时更短，这就要求打破时间距离实现人口流动，交通的改善，尤其高速铁路的运营缩短城市之间的时间距离，实现人才跨区域作业。

当然也要看到，一方面，人口的迁徙可能会对部分地区的发展带来不良影响，使时间缩短的高速铁路因其出行的高成本挡住了一部分低收入人口的流动，可能加重沿海地区的一些劳动密集型企业的用工荒；另一方面，高速铁路使地区发展收缩只是短暂性的反应，出行的高效可以迅速弥补这一不良反应。高成本出行让欠发达地区迎来高素质人才，低收入者转向本地就业，加快城镇化建设，沿海地区的用工荒倒逼低效企业转型升级。

此外，高速铁路的建成对劳动力的就业决策也有一定的影响，包括劳动力就业区域和就业行业。同时，随着劳动者收入的提高，高速铁路也将会促进地区文化的交流而改变劳动者生活方式和需求，扩大人力资本市场，拉近生产区域与市场的距离，促进生产要素高效高速流动[①]。

3. 投资乘数理论与资本加速流动

投资乘数理论表明，当政府采用财政政策使国民收入达到均衡时，增加投资会使国民收入倍增。其假定各时期各区域经济发展没有显著性差异，反映了投资对社会经济发展的拉动作用。高速铁路的建设会耗费巨大的人力、物力、资金。高铁建设竞赛就是经济实力的较量，高铁建设的劳动成本、技术研发成本之高，唯有举全国之力才能完成，但付出也有回报——以高铁为核心的相关的第二产业和第三产业也释放出大量的就业岗位，相关专业的人才培养得到充分利用，生产要素的优化配置，降低了资源的浪费，提高了资源利用率，从而推动区域 GDP 的增长。总体来说，高速铁路投资规模大而且乘数效应也大，与其他交通方式相比，高速铁路投资对区域经济发展的拉动效应也比较大。

投资高铁建设可以形成区域经济的内生增长动力。高速铁路产业是新型朝阳产业，具有零配件生产的科技含量高、创新性等特点，促进前后相关联产业扩大生产规模，提高社会就业率，助推国家经济增长。同时，高铁产业资本要素的流动也有极大的积极影响：首先，高铁产业投

---

① 梁成柱：《高速铁路对京津冀经济圈要素流动的影响》，《河北学刊》2008 年第 4 期。

资是一项社会投资，它可以扩大再生产，使市场消费多元化，提高社会就业水平，促进国民经济收入的增加，刺激社会总需求和总供给的均衡发展；其次，高速铁路的投资建设整合了社会生产要素，使原先分散的企业、高校、政府等部门结合起来，在企业之间以及企业与高校、政府之间建立起信息流、知识流、人员流的网络通道，为国家基础设施、投资环境、人才培养、产业结构的改善提供了智力支持和环境支撑，促进了产业的投资，带动经济发展。

高速铁路建设是一把"双刃剑"，一方面能够扩大宏观经济规模；另一方面又会拉大区域发展之间的差距。总体而言，大城市及特大城市所在区域在可达性方面的受益程度，远小于中小城市开通高铁后的可达性提升幅度。因为，从可达性提升的相对幅度来看，在各个区域内，由于大城市及特大城市在长期的发展中已经具备优越的交通基础设施网络，而中小城市则缺乏联结其他城市的交通干线，因而可达性较好区域的城市在开通高铁后的提升幅度没有那些缺乏完整交通基础设施网络的中小城市开通高铁后获得的"时空压缩效应"明显。

4. 竞争效应理论与科技要素流动

技术是人类以实践为基础，通过经验总结、科学研究、实验等方法，直接创造、发明能够提高生产、生活质量的知识和技能，其存在形式常常是"知识"，若作为要素进入市场，自然就表现为商品。除技术自身外，其载体涵盖的范围应该强调的是一个整体系统，例提供技术的组织机构、基础设备、人员以及资金链等。它是人类社会活动的经验积累和深化。随着互联网的迅猛发展，高端技术产业往往能从竞争中脱颖而出，传统产业在先进的技术管理和科技化生产方式下也能在低端产业中突出重围，创新品牌。通过市场降级机制获得竞争优势变得日益艰难，供应链与供应链、信息流与信息流等之间的竞争形成的优势逐渐获得企业重视。信息流为区域产业竞争力提供了便捷高效的通道，高铁建设缩短了信息流在空间上的距离，提高了创新技术及其相关信息在跨地区企业间的共享效率。

技术的要素流动即知识的要素流动，技术要素作为最重要要素的其中一种，需要着重在推动科技和资本要素协调发展、完善科技创新资源配置和产权制度、支持国际科技合作、培育发展技术转让机构和专业管理人员等方面下功夫。同时加快建设科技创新市场体系,落实科技成果商业化,有助于解放创新动力,对于提高人才积极性和促进经济高质量发展都具有重要意义。高铁的建设使得企业间的交流更加频繁,区域间的合作更加紧密,降低人文交流(如学习、创新等)的平均成本,提高知识溢出效应,加速知识要素共享和利用,破除知识的地理位置制约,实现区域间技术、信息资源共享,能够使往来通勤的知识流动成为现实,也支持企业根据具体地区的实际情况发展区域专业化分工,为建立区域间信息化体系、健全长效合作机制、加强信息化基础设施建设提供保障。同时,高速铁路的时空压缩效应淡化了城市间的行政边界,促使城市间协同发展意识的强化,对加强区域间自由贸易起到了重要推动作用[①]。

(二)产业空间迁移

产业的空间迁移是为了适应要素和供需环境的改变,更好地促进本地经济发展,将产业转移至其他空间区域的做法,其已经成为经济全球化和区域协调发展的重要动力。新空间经济地理学理论开拓了经济景观的空间视角,从空间层面分析了产业的迁移活动。新经济地理学的重要代表人物克鲁格曼在其产业空间转移理论中运用了"中心—外围(C—P)"模型、"D—S"模型。"本地市场效应""价格指数效应""规模经济效应""运输成本效应"等理论指出,产业的良性互动形成聚集力,恶性竞争则形成分散力,使得部分淘汰企业离开原区位,迁往新区位。产业空间的迁移即是产业转移的理论部分,产业转移主要是在国际层面作解释,一国之内的产业空间迁移则是其重要的组成部分。

制度环境是产业空间迁移的主要动因之一。通常来说,大部分企业不会选择向制度环境较差的区域迁移,即便是那个区域在地理位置、劳动力和原材料资源上均占优势。若在某些特定情况下,产业需要从优质环境迁移到低劣环境,承接产业的地区同类产业竞争程度及技术差距则会在一定程度上影响产业迁移。竞争不激烈、技术水平差距较大的地

---

① 林晓言等:《高速铁路对城市人才吸引力的影响分析》,《北京交通大学学报》(社会科学版)2015年第3期。

区，则可以较好地发挥发达地区的技术优势，将提高产业转移的速度[1]，反之亦然。

桂南高铁的成功开通、沿线的蓬勃发展推动产业要素流动，这为产业空间的迁移提供了条件。各个地区高铁的运营，使得交通枢纽为先导，高铁沿线的城市产业布局发生明显的变化。此外，高速铁路的通车进一步削弱了市场的贸易壁垒，为产业转移规定了方向和路径，使得人才和资源可以无障碍流动，加速了由交通枢纽的点到高铁沿线的产业带连片式发展。而由高铁链接而成的城市群，其科技、教育、文化、经济等的城市化水平都领先于区内绝大多数地区，成为广西经济可持续发展的"火车头"。同时，凭借着优越的地理区位、丰富的土地和人口资源以及交通格局的改善，加强对发达地区优势产业的吸引，高铁沿线区域内部的产业转移变得容易和频繁，同时，高速铁路的增加拉平了区域内经济的发展水平，进一步优化了城市空间。

高铁的布局加速了产业的动态集聚。高速铁路在区域空间中遵循"点—轴—面"的圈层发展规则，这是空间聚集和空间扩散的好例子。每一个站点是高速铁路系统中的"点"；把每一个站点串起来是高速铁路的"轴线"；高速铁路交通枢纽的经济效益向周边地区扩散的范围就是"面"。高速铁路枢纽站点是一个个经济效应的扩散源头，它的便利性如虹吸一般，吸引周边资本、人力、商品的流动和聚集，使生产要素顺着若干节点由"点—轴—面"一层一层向外围扩散发展，经济的发展流沿着高速铁路线从四面八方汇聚到站点，形成范围大小不等的高速铁路枢纽经济"面"，牵引多个经济核心区。

投资新建高铁在初期会遇到不少障碍，这个障碍主要来自区域外部环境的影响。初期阶段，城市间的来往依靠传统的陆路运输，这使得要素流动效率较低，信息的流动也有局限，城市之间的经济联系相对较少，客观上阻碍市场一体化发展，资源无法充分实现优化配置，只是在一个孤立的地区进行分配。但高铁站点在各个城市设立以后，劳动力开始向站点周围聚集，对该地各项经济产生聚集作用。主要表现在以下两

---

[1] 王忠平、王怀宇：《区际产业转移形成的动力研究》，《大连理工大学学报》（社会科学版）2007年第1期。

方面。

第一，高速铁路的开通初期，由于实现了时空距离的缩短，高铁承载的人流、信息流和技术等经济生产要素源源不断在高铁枢纽节点之间交互传输，尤其是短距离城市之间经济交往更加频繁。区域之间、地区之间的市场壁垒得到弱化，资源配置在市场导向的作用下，能从单个的区域跳出到其他范围的区域进行合理配置，经济发展要素能够在更大的空间范围内交流，城市的外围向外扩张，轻微地改变着城市空间结构，加快农业人口向城镇人口转变，也加快了城镇化的发展，高铁的发展逐步带动城市周边的经济发展，其影响力更加广泛。

第二，高铁正式开通后，经贸往来频繁的邻近城市，通过高铁的连线，会在铁路沿线形成一条产业长廊，即高铁经济带；同时经济发展较好的城市的产业政策和信息会渗入欠发达地区，使它们在政策模仿和人才流动中实现经济发展，即走上先富带动后富的良性发展轨道。所以在大中型城市中发展高速铁路是有深刻含义的。在高铁发展由初期走向成熟阶段，高铁沿线所产生的"经济辐射效应"越来越强：由"点"到"面"，沿线区域的各个城市从单中心格局向多中心综合格局转化；由"轴"到"面"，以高铁沿线轨道"轴"为半径，形成新的城市"面"生长趋势[1]。

区域间产业梯度转移在现实经济发展中发挥着作用。区域经济学领域内的梯度转移理论，主要用来解释产业在一个国家内的不同区域之间的转移。其核心含义为：在经济发展不平衡的现实条件下，实际上已然存在一种经济技术梯度，通过引导使高梯度地区率先得到发展，同时随着经济发展速度的加快，届时各地区之间的差距也将逐渐缩小，各地区之间的经济分布也将更为合理。一方面是提高区域内部的自我消化能力，也就是淘汰落后产能，提升产业升级发展能力，优化产业结构，从而提高区域经济整体质量和竞争力；另一方面，产业转移推动区域化分工，专业化的产业转移意味着分工和后发优势[2]，这是提高吸纳方产业

---

[1] 王忠平、王怀宇：《区际产业转移形成的动力研究》，《大连理工大学学报》（社会科学版）2007年第1期。

[2] Desmet K., "A perfect foresight model of regional development and skill specialization", *Regional Science and Urban Economics*, Vol. 30, No. 2, 2000.

结构水平和层次的重要力量。专业化分工强化区域间发展的协调度，并有利于开展区域合作、处理区域矛盾。对产业吸纳方和转移方开辟"共赢"局面。传统的梯度产业转移理论虽然可以很好地解释和指导国际贸易，但与高新技术产业转移的新问题相悖，因为高新技术产业严重依赖技术资本和人力资源，欠发达地区并不具备这样的吸引力，高新技术产业呈现集聚发达城市的逆梯度转移。无论是梯度产业转移还是逆梯度产业转移，放在高铁经济环境下，都是对集聚理论中心枢纽扩散效应和集聚效应的再解释。

高速铁路正在成为地方交通枢纽的中心，拉近空间要素距离，由点扩散形成片区，与周边区域经济中心融合，从而使地方经济再次获得发展的机会，区位优势表现更加凸显，对区域经济的发展形成了循环推动态势[①]。

（三）产业结构优化

迁移是为了优化。产业的要素迁移和空间迁移是为了更好地产业优化。根据产业梯度转移理论，产业结构能够在很大程度上影响区域发展，因此应优先发展具备多数优势的发达地区，将其优势地区的优势产业逐渐以梯状形式向欠发达地区层层传递，进而实现由优带劣的协同发展。在先进发展理念根基较深的地区，转型能力较弱的低效且高能耗产业被逐渐从经济发达地区排挤出来，进而会向低梯度地区转移，从而实现生产要素和社会资源的合理分配。经过产业的各个要素的迁移和产业的空间迁移，各个产业之间实现了要素的交叉渗透，最终实现产业的融合、升级。交通基础设施的改善，特别是高速铁路站点的建设，往往能够使其成为技术创新试点，也使站点周边成为产业优化升级的核心区，以该区域的主导产业为先导，引领其他产业的协调和发展，从而达到快速调整区域内城市产业结构以及产业发展的状态。高速铁路是时空的压缩器，借助大道效应，能够实现企业在技术领域、管理领域、消费领域的链跨区合作，统筹协作产业结构优化调整和区域递进发展。具体体现为以下几点。

---

① 周洛仪：《速铁路建设的区域经济效应研究——以成渝高铁为例》，硕士学位论文，重庆交通大学，2016年，第52页。

1. 一次产业基础夯实

高速铁路的开通，对农业产业结构的调整的影响要从正负两方面来看：一方面，对农业产业发展的正面效应主要表现为高速铁路建设运营促进沿线区域可达性和知识文化的交流，将工商业资本、技术和企业管理经验等移植进入农业产业，优化农业产业布局和调整农业产业结构。如建设农业绿色种植，形成农业观光景点、生态园艺农业和农村文娱体验，等等。此外，高速铁路建成运营后，拉近了与农业产业生产场景与消费市场距离，扩大了农产品消费市场，各个地区间的经贸往来变得更加便利，同时运输成本也有所降低，可以充分依靠区域市场，增加投资规模并积极开展农业投资合作，提高高铁经济圈中的农业产业开放程度，各地区依靠高铁经济圈提供的便利性，在农业产业方面进行优势互补，相互之间进行投资，实现合作共赢的局面；另一方面，对农业产业发展的负面效应表现为高铁的便利加快了农业人口向城镇地区转移，劳动力向城中集聚，扩大商品的市场需求，促进第二、三产业的发展，加速城镇化的建设步伐。但由此带来农村劳动力的流失，使从事农业生产的劳动人口降低，农业的空心化和农村留守儿童和老人等社会问题不利于粮食安全生产。同时，高速铁路建设会广征农村土地，在工业化和城市化进程的加速过程中，农村耕地也随着工业化和城市化建设的发展而缩减。

2. 二次产业协调发展

近些年来，广西社会经济发展水平稳定增长，贸易结构的协调化、一体化发展成果初显，区内各地区贸易往来商品已经开始从最初的初级单一性产品向工业科技型产品转变。毫无疑问，虽然以纺织品、劳动密集型产品为主的商品依然占据区内贸易市场大头，市场竞争十分激烈，但是，广西发展目标稳步达成，生产力水平、科技创新能力逐年提高，产品之间的竞争也逐渐扩展到电子生产领域，竞争压力的增加将会导致低层次的内耗现象，影响彼此的发展。当把资源进行合理地整合与利用时，我们能够将各地区之间的竞争转化为合作型的竞争；通过协调机制，我们可以在整个区域内建立科学的协作分工体系。

高速铁路建设涉及机械业、采掘业、钢材业、材料业等重工业产业，既能化解产能过剩，又能带动周边发展。为高速铁路建设和运营而开设的装备加工业、列车零部件制造业、控制系统检测业、通讯信号制造业等产业的发展，既打通了高铁产业链上下游产业的产业隔阂、创造协同发展可能性，又提供了行业市场，扩大市场内需。除此之外，高速铁路建成运营后将圈起一块块的特定区域，将关联度高的产业群体聚于其中，根据产业集聚程度和保护度逐渐向外围扩散。高铁经济圈形成后，在高铁经济圈的推动下，区内各个地区的第二产业相互间的对接活动变得更为便利，越来越多的第二产业向高铁沿线地区集聚，生产要素逐步向高铁沿线地区转移。由于各个地区间的产业结构差异和自身的产业优势不同，因此各个地区可以在第二产业的不同领域之间进行合作，从而弥补了产业结构的不足。各个区域可以在双方都具有一定优势的产业进行深度合作，减少产品结构的雷同性，共同研究差异化的产品，加强产业链，促进共同发展。近年来，高铁经济圈的高度便利性使广西各个地区在机电与劳务合作方面取得了有效成果，此外，区内各个地区在科学技术方面也密切合作。由于过去几年的发展，广西已经在一些工业技术行业领域（例如家用电器、船舶和机械制造）中实现了突飞猛进式的发展。

3. 三次产业繁荣兴盛

高速铁路运输通道为传统服务业开辟了新兴领域，主要包括物流、仓储、电子商务等第三产业的流通类部门。在高铁经济圈不断深化发展的背景下，区内不同地区独有的区位优势以及相互之间的差异化需求，充分体现了各个地区在第三产业中的合作潜力。凭借高铁经济圈带来的空间便利性，第三产业对外开放程度不断提高。此外，高速铁路运输业本身就是隶属第三产业，具有低碳、节能、轻污染等绿色特点，因此也提高了广西的环保行业的产业比重。

在以往，高速铁路还处于建设初期，远未达到铁路线路的客货分离阶段。这是因为高速铁路还处于初期运营阶段，运输成本高，以旅客运输为主，主要吸引高端商务人士和旅游人士，以为人才、技术、商业、信息等流动提供优质服务为宗旨，这是庞大的高铁产业之中隶属于第三产业的主要部分，要实现大宗货物运输还需要很长的一段时间。

劳动力是产业发展的基本要素之一。高速铁路可以提高客运能力，为区域经济的产业发展集聚劳动力，引发区域消费方式和市场环境的变化。高速铁路的时空压缩效应有效地缩短了城市间的通行时间，带动了沿线旅客流动规模的扩大，随之而来的是经济活动的日渐频繁和消费需求的不断增加。在现有技术水平下，消费需求的增加必然刺激供给水平的提升，大量资本及劳动力将投入到生产之中，本地市场规模扩大，进而吸引更多人口及相关企业迁入，新迁入的人口产生的生活需求以及企业新建、扩建等经济活动产生的生产需求又将带动更多资本及劳动力的投入，在乘数效应的作用下促使本地区劳动力市场规模倍数扩大[1]。最能消化人口就业的第三产业反应明显，属于第三产业的咨询业、旅游业、餐饮业、物流业吸引大量的商业投资，既有个体，也有企业，其中：

（1）高铁推动信息产业的发展。随着高铁经济圈的形成，区域软件信息产业的交通基础软件领域、适合国际化的通用型管理软件领域、跨省电子商务领域、软件外包领域和通信信息领域均将迎来巨大发展机遇[2]。同时，高铁的开通加快了信息流的流转速度，其带动的新兴咨询业相比传统咨询业，在获取信息方面不仅降低了成本，而且还提升了时效。此外，高速铁路让欠发达地区学习到发达地区搜集信息的能力，使高铁沿线的人们利用"互联网+"的创新意识日渐增强。

（2）高铁丰富旅游业的思路。高速铁路整合和开发沿线的旅游资源，为旅游产品的开发提供丰富的素材，如农家乐、生态农业种植体验，甚至使过去人迹罕至的地方成为新的旅游景点，让人们感受到了时间和空间被压缩后所带来的便利。由此可以看到，旅游业发展变化多样最显著的六个方面是：交通运输由"旧式"转化为"新式"、信息传播由"线条式"转化为"散发式"、旅游频次由"按年计"转化为"按周计"、旅游效用由"表面型"转化为"浸入式"、区域间关系由"对抗"转化为"协同"、出行时间由"长年假"转化为"空闲时"，同时，旅游产品的丰富也满足了消费者的物质文化需要。

（3）高铁促进餐饮业的繁荣。中国人对于美食文化的追求持之以

---

[1] 吴笛：《高速铁路对城市就业吸引力的影响分析》，硕士学位论文，北京交通大学，2015年，第20页。

[2] 钱育蓉等：《"一带一路"战略下俄语言软件工程人才培养模式改革初探》，《教育教学论坛》2016年第29期。

恒,这种民族的天性使得中国人无论走到哪里,都会促进当地餐饮业的发展,而由餐饮业裹挟的地域文化反过来又成为高速铁路连接城市的符号。高铁站点作为商品流通和人口的中转点,密集人群和中高端消费人群的人流量促进高铁站点周边餐饮、零售、住宿等终端产业的发展,于是投资主体或政府瞄准这片市场,各种商业项目,诸如金融业、教育业、房地产业开始进入这片地段,而政府也可以再次发挥其公共服务价值。并且,高铁的普及还让高铁的餐饮市场得到快速增长。为更好地满足旅客的需求,铁路集团公司成立专业的高铁餐饮公司,负责所属高铁动车组的餐饮服务工作,将中国美食文化融入高铁餐饮中,进一步擦亮了中国高铁的"金名片"[①],在不断提升中国高铁的品牌影响力和社会美誉度的同时,也促进了餐饮业的繁荣发展。

(4)高铁创新物流业的理念。物流行业既为我国国民经济起到基础支撑作用,也是我国最重要的先导性产业、战略性产业。发达国家的发展经验表明,物流运输业的高质量发展是国民经济高质量发展的重要内容,对国民经济高质量发展起着至关重要的推动作用。作为货物中距离运输的首选,铁路运输是国家最主要的货物运输方式,同时也是资源节约型、环境友好型,具有全天候、运量大特点的运输方式。高铁为铁路运输、铁路物流业的催生和成长提供了政策支持。高铁快运物流是国家铁路集团有限公司为贯彻"交通强国、铁路先行"历史使命提出的铁路货物运输发展新理念,是以高速铁路为依托,以高速铁路运能、运距和运量大、距离长为优势,全面形成高铁路网,实现各主要城市之间的互联互通,其配套设施更加完善,更适应未来物流发展的新型运输方式。广西初期高铁交通网"全覆盖"铺设工程正在稳步推进,目前已经初具规模,区内地级市基本已实现动车的连通,高铁网络和经济圈已基本形成。高铁快运物流作为我国高速铁路快速发展和现代物流高质量发展衍生出的新概念物流产业,一定会响应国家"一带一路"及自治区人民政府"建设壮美广西,共圆复兴梦想"的号召,科学规划产业发展,成为我国现代物流及未来物流的新的发展亮点,不仅为广西各领

[①] 江勇:《HT公司高铁餐饮服务客户满意度提升研究》,硕士学位论文,上海外国语大学,2018年,第5页。

域发展注入全新动力,更会为我国未来经济发展做出积极贡献。

二 强链——高铁沿线产业分异块化机理

(一) 产业集聚与区域化

产业集群的概念虽然有不同定义,但产业的集聚与区域化是形成产业集群的基础条件。产业区域化是指在一定区域范围内形成具有明显地方特色、投资主体明确、产品趋同、地域相对集中、专业化生产与分工协作相结合的企业群体,并由其带动当地经济和社会发展的一种区域经济发展模式。产业的区域化具有其独有的特征:首先是特色产业(或主导产业)在一定地域的集聚;其次是众多企业之间存在着紧密联系,特别是中小企业和相关支撑机构之间通过分工协作聚集成为企业群体;再次是集生产、加工、销售、服务于一体,处于同一供应链中的专业化产销基地;最后是企业根据纵向分工与横向竞争和合作关系集聚形成的区域经济组织形态。由此,可总体判断产业区域化是位于产业集聚概念框架内的各个层面中的,依此就可基本划出产业区域化的层次:一是生产同类产品的企业集聚,如 10 家以上企业生产同类或相关产品、年产值在亿元以上的区域,属企业集聚中级阶段;二是企业群分工与协作专业化生产某类产品的特定区域,属企业集聚的高级阶段;三是集生产、销售、服务于一体的具有纵向分工关系的企业聚集而成的产供销基地,形成了主体产业链,进入产业集聚范畴;四是围绕纵向产业链,相关各类企业间形成了紧密分工、合作与竞争的关系,向产业集聚的中高级阶段发展,即生产同类产品的企业集聚区—具有分工与协作生产某类专业化产品的企业集聚区—具有纵向分工形成了产业链的产业集聚区—具有围绕产业链,相关企业间形成了紧密分工、合作与竞争的中高级产业集聚区[1]。

多样化是产业的区域化和产业集群的共同特征,其演化过程也遵循着从低级到中级,再转变为高级的客观规律。此外,产业区域化和产业集群的三个层级之内也有着层层递进的演变过程。初级形态的产业区

---

[1] 黄志钢:《试论"块状经济"向现代产业集群升级的理论路径》,《开发研究》2017 年第 5 期。

化，代表着在一定区域内，生产同类产品的企业数量急剧增加，同类产品的产量规模呈指数式上升趋势，行业竞争激烈，同时也存在分工进行某类产品专业化生产的一众企业聚集的现象；中级形态的产业区域化，是指在产业集聚范畴内，以已形成的产业链为基础，又有一定长度和程度的链条的块状经济；高级形态的产业区域化，虽与初级形态有相似之处，存在围绕纵向产业链，相关企业发展数量、企业规模以及相互间分工、合作与竞争关系程度上的不同，但其在整体资源配置有效性、合理性等方面均要更优。

桂南高铁的开通，则能够从以下三个方面促成沿线产业的区域化发展。首先，桂南高铁的开通能够打造"自由流动、开放包容、合作共享"的区域合作平台，促进各要素的相互支持。产业在区域化过程中，往往是依靠一县一乡等资源要素，缺乏统一的要素市场，产业发展与城市功能耦合不紧密，要素间流动不畅，难以形成资源共享。而高铁的开通可以推动产业与技术创新、金融服务和人力资源协同发展，推进城市功能定位与产业集群发展协同匹配，发展壮大生产性服务业和生活性服务业，积极打造"自由流动、开放包容、合作共享"的区域合作平台；其次，桂南高铁的开通能够构建"纵向协同、横向联合"的企业协作网络，提高企业合作的组织密度和合作强度。产业区域化发展作为企业空间集聚发展的一种特有模式，同强调高度网络化的集群相比，企业间组织网络相对松散，企业等主体多呈现单向联系，双向互动交流少，组织密度和强度相对较低，不利于区域内产业的发展壮大，而高铁的开通可以推动区域内形成上下游企业纵向协同的主产业链，加快产业延伸，积极拓展新产业链，推动各产业链内企业和各产业链之间横向联合，最终形成复杂的、纵横交错的企业协作网络[①]；最后，桂南高铁开通后，将形成"知识动态溢出、科技高效扩散"的区域创新生态，增强发展内生动力。

（二）产业地缘优势再造

弗里德曼认为，由于各种原因，在若干区域之间，个别区域会首先

[①] 侯彦全、樊蒙：《块状经济如何向先进制造业集群转型升级》，《中国电子报》2019年7月2日第6版。

发展起来并成为"核心",其他区域则因发展缓慢而成为"边缘"。弗里德曼在其核心—边缘理论中阐述了核心与边缘的关系和发展,他认为,工业发达、技术先进、资本集中、人口稠密、经济增长迅速的城市积聚区即为核心区域;边缘区域是那些相对于核心区域来说,经济较为落后的地区,又可分为过渡区域和资源前沿区域,过渡区域包括上过渡区域和下过渡区域,上过渡区域处在核心区域外围,与核心区域有一定程度的经济联系,受核心区域的影响,经济发展呈上升趋势,就业机会增加,具有资源集约利用和经济持续增长等特征[①]。资源前沿区域拥有丰富的资源,有经济发展潜力,有新城镇形成的可能,可能出现新的增长势头并发展成为次一级的核心区域。

核心区域与边缘区域的空间结构地位不是一成不变的,核心区域与边缘区域的边界会发生变化,区域的空间关系会不断调整,区域经济空间结构不断变化,最终实现区域空间一体化。当前,经济全球化和信息化背景下,全球经济空间结构在延续已有发展轨迹的同时,出现了新的重组力量,一方面,跨国公司的全球生产和商务网络的空间扩张并与不同区域的地方性网络融合的过程,在全球层次、国别层次和地方层次都具有重组空间结构的巨大力量,这种力量构成了自上而下的重组空间结构的力量;另一方面,地方产业群主导的地方性生产网络沿着全球产业价值链不断攀升,挑战原有的"核心",从而可能使自身由边缘演变为核心[②]。

1. 企业兼并和重组

企业破产重组是淘汰落后产能、提高企业经营管理水平的重要途径。当前广西传统的企业群存在生产低效、竞争力弱等问题。在相同的时代背景、相同的经济制度、相同的法律条件之下,大量的传统企业只能够保证生存,甚至无法继续经营,其中,产业同质化、招商引资不良、重复建设等无序竞争直接导致产能过剩和资源浪费。在全球化导致市场扩张趋缓的今天,国际市场的竞争已经变成存量的竞争。深化国企

---

① 张天宝:《基于城市—区域视角的城市空间规划策略研究》,硕士学位论文,重庆大学,2012年,第25页。

② 包卿等:《核心—边缘理论在地方产业群升级发展中的应用》,《软科学》2005年第3期。

改革，减负增效、降本提质，增强国企的市场竞争力是新一轮国有企业改革的主要目标。

高速铁路对企业的兼并和重组有着非常巨大的积极作用。第一，高铁提升了自治区内各区域的可达性，大大缩短了东中西地带内、地带间及省区内的在途时间，影响微观企业行为，降低企业的生产成本和运营成本，这为企业的横向并购、纵向产业链并购或跨界并购创造了条件；第二，高铁也丰富了企业并购重组的思路。比如强强联合的企业并购模式中，南车集团和北车集团合并成中国中车集团，增强了其国际竞争力，这种强强联合的协作效应降低了恶性竞争导致的相互消耗的局面，而强弱联合则可以使技术落后、创新不足的弱势企业进行优势再造。企业的做大做强，会对相关产业链企业和配套服务业形成强大吸引力。

2. 文化交流与融合

"人才是第一生产力。"产业结构的高低是由人才结构的高低来决定的，一个国家或地区的发展水平是由产业结构的调整和升级来决定的。老工业基地、老工业园区的衰落，缺的正是人口创新、敢拼的素质。高铁的开通，将缩短各个经济圈之间的距离，解除文化的隔绝状态，加速文化交流和企业的管理人才、技术人才之间的交往。随着以"分钟"为单位计量的城轨交通圈在地区间的建立，相似的企业创意文化由此沿着高铁沿线开始布局。

高铁是陆路运输中的优势，载客量高，耗时少，安全性好，正点率高，舒适方便，能耗较低。对短途旅客来说，乘坐高铁出行并不受天气因素的影响，其价格和舒适性的吸引力优于航空运输，与普通铁路客运相比，也更能吸引高端商务人士、技术型人才以及旅游人群。在货运方面，高铁时速可达250km。与普通铁路相比，高铁更能够提高货运效率，可以降低公路运输的成本，公路运输因其客运和货运的流失，转而激发自身的转型升级，提高业务服务水平。另外，城际铁路和公交服务系统会加快和高铁的合作，在候车站、停车站等交通枢纽之间建立对接关系，提高城市交通服务水平，这一系列举措将进一步加快生产要素的聚集、转移，推动高铁沿线产业集群发展。

3. 区域产业多元化

（1）高铁开通转变产业生产结构。高铁开通转变产业生产结构，其沿线区域产业发展是区域经济发展的组成部分,反之,产业结构优化又推动区域经济总量增长。在外部经济理论中,胡佛认为不同地区聚集体的规模可以决定不同的经济。不同区域引导产业的转变发展主要体现在三个方面:首先是从微观层面可提高企业生产效率,从而保证更高层面的企业生产效率能够达到市场要求;其次是依据不同企业的不同特征可引导各产业的未来走势,促进产业创新及其创新速率;最后是可激活区域内企业活力,促进新企业建立,扩大区域产业规模。这主要表现在:第一,集群产业在发展建设中更容易整合区域产业资源,例如集群内企业受产业链的细化引起生产组织方式的变化,企业内部会将原先生产环节移交到更擅长的部门中去,或是出售给专业化生产企业,使没落的产业起死回生,使生产要素得到优化配置。这种情况表现为专业生产企业、外包服务业依附核心产业得到发展;第二,区域产业的自发产生和发展会逐渐得到政府的关注和支持,在宏观手段干预下,区域经济会营造出良好的制度环境、福利待遇,开阔市场,从而吸引区域外关联程度较大的产业价值链向区域内转移,促进区域产业资源的整合,再造区域产业发展优势;第三,企业的集群式发展通常是以围绕核心企业发展而来,这个核心企业可能是国企,也可能是高端产业,而非核心企业则大多以灵活的中小企业和非国有经济为主的集群模式出现在周边。这种企业的集群发展模式有助于整合区域产业资源,增强产业在区域内的灵活性,调整产业内部结构,促进新兴产业发展,推动区域产业部门结构调整。高铁的运营成为区域产业发展的动力,大力发展区域产业能优化整合产业资源优势,吸引外资、人才、政策对传统产业的投入和引导,让传统产业焕发生机。

(2)高铁开通改变产品市场结构。高铁开通运营在改变旅游市场结构方面表现最为明显。首先,在周末或国庆等节假日中,短途旅行的旅客选择高铁出行呈现爆发式增长,从而大大刺激高铁链接的城市或周边地方的旅游产业的发展。广西是一个以少数民族文化和美丽自然风光为主的旅游省份,其独特的喀斯特地貌形成了山水画般的绝美景观。而高铁开通大大拉动了人们的旅游需求。广西入境旅游人数从2007年的205.52万上升到2017年的512.43万,年均增长9.57%;旅游收入从2007年的402亿元增长到2017年的5418.6亿元,年均增长29.7%。

2014年桂林高铁开通后的"黄金周",主要旅游景区共接待游客23.84万人次,同比增长21.29%[①];2015年同比分别增长3.15%和5.67%;2016年同比分别增长11.56%和15.69%。高铁的开通运营降低了旅游出行的时间成本和交易成本,提高了便捷性,增加交易频率,拓展了交易空间范围和交易对象。

其次,高铁催生了一批新的旅游城市,整合和丰富了铁路沿线的旅游资源,同时,沿线众多的人文景观、自然风景得到开发,旅游中衣食住行的需求带动和提高第三产业的发展水平与质量,区域之间人文交流愈加频繁,不同地区的民族文化得以快速融合,各种先进生产、管理的教育理念得到广泛传播。其一,旅游过境地转变为旅游目的地。例如,广西的贺州市邻粤接鄂,位于粤、湘、桂三省交界处,有着"三省通衢"的美誉,交通便利,基础设施建设完善,拥有得天独厚的区位优势、历史悠久的传统文化。在贵广高铁开通以前,贺州扮演的角色一直是旅游过境地,游客们常常仅路过此处,基本不会停留。贵广高铁开通后,全国,乃至全世界的游客将不仅途经贺州,还会相应增加在贺州停留的时间,提升游客吸引力,使得贺州逐渐从旅游过境地向旅游目的地转变。其二,中国旅游高铁时代带来的发展红利将惠及所有地区,包括鲜为人知的山区村庄。如贵广高铁经过的贵州黔南布依族苗族自治州的龙里县、黔东南苗族侗族自治州的榕江县、广西的三江侗族自治县地区地形切割破碎,喀斯特地貌广布,道路崎岖,交通闭塞,有"地无三尺平"之说,属于云贵高原苗岭山地,融山、水、桥、园林、文物古迹为一体,凭借桂林国际旅游名城的影响力和位于桂林—广州黄金旅游线的区位条件,辐射和带动三江"世界桥楼之乡"、黔东南和黔南民俗旅游胜地的旅游产业进一步做大做强,将为县域经济发展提供绝佳契机[②]。其三,旅游输出地向旅游接待地转变。发达城市的旅游业现状将会改变。发达城市基于其完善的交通基础设施,往往会是游客乘坐交通工具的先行地、传统的旅游组团地。伴随着西南地区高速铁路的不断开通,

---

① 张艳梅:《高速铁路时代桂林旅游发展对策研究》,《社会科学家》2015年第2期。
② 李明杰:《高速铁路对区域旅游产业发展的影响研究——以贵广高铁为例》,《大众科技》2015年第5期。

西南地区大量旅游者将涌向发达城市，成为市场热销的旅游目的地，其旅游业的发展必将上升到一个全新的高度。随着"四小时交通经济圈"的形成，发达城市旅游客源地市场结构会发生明显变化。过去以本地和周边旅游客源为主的旅游客源地市场将逐渐向以西南市场为主体的旅游客源地市场转变，以西北市场为主体的旅游客源地也将逐渐增加。

(三)产业集群的高级化

1. 支柱产业集群不断涌现

一个地区产业链与供应链的相对稳定，是这个地区经济高质量发展的前提条件。而战略性支柱产业群的形成能够决定地区产业链与供应链的相对稳定，因此，培育发展战略性支柱产业群是保证地区经济高质量发展的重中之重。战略性新兴支柱产业集群着重于一个"新"字，包括发展动力是新的，产业是新的，企业也是新的。这个群体不仅能够引领未来的产业发展方向，展现产业内最前沿的科技创新技术，还能带来先进的全新增长模式，为区域内各领域产业补充新鲜血液，在保证产量存量的基础上合理配置各项资源，同时实现生产效率、生产增量以集聚的方式稳步提升，不断突破。实际上，加速构建现代产业体系，推动产业全球价值链高端化，是产业链安全稳定运行的必由之路。例如，以5G技术为代表的现代通信产业发挥着保链稳链的主导作用。同时，为了使与5G技术息息相关的大数据、云计算等核心产业的有效运行，相应配套的一系列高水平产业如精细化工、生物科技、人工智能等也需一并打造，并构成现代产业体系，这个现代产业体系就是产业链和供应链的基石。现代产业体系这一产业链和供应链的基石架构完成后，要找到产业的切入点，权衡需要优先发展的某个或是某些产业，通过优先发展的产业带动其上下游相关联产业的发展。如权衡大数据和云计算产业的发展前景，考虑其未来发展潜力，是否能够将其作为发展支点，使其得到优先发展，然后再让相关龙头产业的外溢效应带动相关产业的发展。如果外贸企业订单受外围因素影响而难以大幅增加，通过引导外贸企业转为发展战略性新兴产业，其实就是实现出口转内销的快捷通道，当产品内销红红火火，转战国际市场自然得心应手①。

　　高速铁路作为战略性支柱产业的助推剂，对第二产业的贡献率其实不及高速公路和普通列车，其原因在于，在高速铁路当前的建设阶段，旅客运输业务是主要的发展方向，其范围包括运输旅客、人才等，因此，高铁运输不能提高第二产业大宗货运效。针对以高铁运输方式来进行大宗货物运输，虽然能够通过高铁速度快、耗时少的优势来降低时间成本，但需要花费更多的运费，所以，高铁的开通、运营及发展对第三产业的贡献大于第二产业，尤其在快速运输、信息传递、网购物流的行业领域影响较显著。高铁提高了劳动力、信息、技术、资金等生产要素的流动速率，加快了资源配置效率，扩大了城市间交流与合作的半径，推动产业结构调整和空间布局优化，进而形成高铁经济圈，辐射带动高铁沿线周边地区经济发展。另外，高铁扩大沿线城市可达性范围，使区域外的劳动力、信息、技术、资金等生产要素源源不断地涌入区域内的城市中心。然而，当生产要素积累到一定程度时就会出现供过于求的现象，环境恶化、治安状况堪忧等规模不经济现象就会越发凸显，导致中心城市竞争力下降，倒逼生产要素向城市外围扩散。而高铁缩短劳动力的通勤时间，为企业的部分生产部门、生产要素向外围扩散提供条件，并且加快了城市周边房地产、教育、旅游、零售业的发展。高铁沿线的新城建设有利于疏散非中心城市功能和人口压力。企业的空间转移和集聚是产业发展的结构性调整和转型升级，高铁新城建设还能够强化企业的整体集聚效应，不仅可以促进区域经济发展，而且能够平衡城市中心和地方经济发展水平，助力乡村振兴战略，推动城乡协同发展，实现共同富裕。

　　"要想富，先修路"，高铁经济区等高铁新城②给众多城市新城发展带来了新的思想、新的方向、新的希望。高铁的成功通车增加了城市的可达性，有效扩展其内部空间，加速交通经济一体化发展进程，让资源能够更加有效地分配至城市的各个角落。设立在高铁沿线的各家企业，

---

① 林江：《培育战略性支柱产业集群为保链稳链提供有力支撑》，《佛山日报》2020年7月20日第8版。

② 黄喜：《借力高铁加快产业转型升级》，《投资北京》2017年第3期。

不仅能够共享沿线的消费市场、基础设施、政府政策等，还能优化区域内部的分工和合作，加速形成以时间为单位的高铁经济圈，促进沿线城市群的协同发展，并为消费者提供更加多元优化的运输方式。此外，高铁的开通使交通运输物流体系更加完善，可以发现：首先，速度快、安全舒适是高铁的固有特征，极大地方便了人们的出行活动，给人们的生活带来了巨大的积极变化；其次，在高铁产业的布局过程中，国家政策优势能够有效促进不同产业的相互交流，降低运输成本和制度成本，把高铁沿线产品的无障碍流通落到实处，保证铁路沿线产品市场与要素市场的一体化发展；再次，时间要素作为现代产业发展过程中区域间经济技术合作最重要的要素之一，能够携手高铁产业，改变交通地理位置，为区域创造新的区位优势；最后，其他交通运输方式，如海运、空运等与高铁的合作联运，也能够推动区域交通一体化，促进城市立体综合交通运输体系的构建。此外，一些新产业、新业态如雨后春笋般建立起来，便于产业梯度转移，在供给侧、调结构、转型和升级中加快了城镇化的步伐。今后，高速铁路这一交通基础设施会在广西经济发展进程中发挥越来越重要的促进作用，实现经济能级的快速提升，加速城市的国际化进程，为广西经济的可持续发展带来无穷动力。

2. 产业园区设施布局优化

园区经济是指一个国家或地区政府根据经济发展的要求，将各生产要素进行集中和整合，使之成为功能布局优化、结构层次合理、产业特色鲜明的企业集聚发展区的经济发展模式。高铁沿线产业园区建设是一种高层次的产业集群发展模式。高铁的开通使沿线各个地区的时间、空间距离大大缩短，通勤时间成本大大降低，城际、区际交通效率大大提升，有效促进了沿线区域经济交通一体化的质量，扩大了人们的经济活动范围。与人类活动相关的一系列市场需求，会引发同城化效应，高铁新城由此产生，然而，高铁新城常常是人们生活或者转站的驿站，在这里进行的物质生产活动并不多，于是，在地方政府的政策干预下，由高铁演化而来的新城逐渐向产业园区转变。一些经济基础较好的城市，高铁站就会表现出资源要素聚集的催化作用。高铁经济圈的形成自有其规律，通常分成三个阶段：第一是发展初级阶段。在这一阶段，高铁带动客流量增加，旅客在中转节点会带动交通、餐饮、宾馆、旅游、商务、信息办公等产业发展；第二是发展中级阶段。由于市场的扩大、经济的提升，使得高铁沿线地区拥有了吸引人才的工资和福利，办公、商务、居住、文化、教育、工业发展速度增快。第三是发展高级阶段。在这一阶段，政府与产业发展开始产生博弈行为，为追求政绩，地方政府会加以政策干预，引导产业发展方向，在高铁沿线的重点地区安排建设一批特定的产业园区，这些产业园区具有与资金流、信息流、物流和技术流相契合的特点。建立高铁产业园区，能够加快高铁产城融合，打造高铁站经济商圈。这一阶段，高铁产业园区为旅客提供各种配套服务的车站主体、站前广场、市内交通，这些设施已经能够构成比较成熟的交通服务区，从而带动周边新兴区域的发展，同时发挥互补主城区的功能。

由桂林市筹划布局建设的桂林高铁经济产业园于 2018 年年中正式问世，占地超过一百平方公里，包括八里街工业园整体、叠彩区漓江两岸区域、灵川县县城新区和灵川镇定江镇部分区域、秀峰区桃花江景区、琴潭组团。产业园分为六大产业园区，分别为智慧产业园、装备制造产业园、商贸物流园区、中央商务区、文化旅游休闲区、配套商住区，聚焦智能制造装备、智慧产业、商贸物流、文化创意、生态观光、旅游康养、生物医药、金融服务八类产业。按照"两年打基础、五年见成效、十年基本建成、十五年实现规划目标"的建设要求，桂林高铁经济产业园区以建成粤桂黔国际旅游走廊发展引领区、粤桂黔高铁经济带高端产业合作示范区、粤桂黔湘协作发展创新区和西南中南综合交通物流枢纽为战略目标，主打"高铁经济"的优势产业，借助高铁带便利的交通区位条件，不仅使入驻企业节约了物流成本，而且依托高铁经济这一特殊的平台，集结了园区、桂林市和粤桂黔高铁经济合作带的人流、物流、资金流和信息流，未来，产业集群效应会给企业带来无限的发展机遇和优势资源[①]。

---

① 唐代玉：《同质化竞争背景下 GL 高铁经济产业园竞争力提升策略研究》，硕士学位论文，广西师范大学，2019 年，第 13 页。

三 延链——高铁沿线产业延伸创新机理

（一）战略新兴产业孕育

产业竞争理论认为产业竞争力是一国特定产业具备的相对优势，具备独特丰裕的要素禀赋形成前期竞争优势，并通过持续投资和创新来维持优势获得真正竞争优势。经济全球化背景下，全球生产的资源禀赋在不断变化，中国的传统生产比较优势也在逐渐消失，拯救金融危机的一系列政策副作用逐步出现，因此，传统的劳动密集型生产方式转变为技术、知识、创新型生产方式是中国社会稳定和经济可持续发展的必经之路。战略性新兴产业作为影响全球竞争力的重要因素，是中国产业发展向优质型、高效型、创新型转变的直接动力，也是中国各领域产业升级路径上的必然选择。

高质量发展阶段下，如何依靠科技创新使制造业向产业链中高端攀升，提升集群竞争力与区域创新实力，是新时代建设现代化经济体系亟须解决的关键问题。国家发展和改革委员会日前发布的《关于加快推进战略性新兴产业集群建设有关工作的通知》中首次公布了首批《66个国家战略性新兴产业集群名单》，该名单中，生物医药、节能环保、高端装备、信息技术等成为新一代高新技术产业发展的重点。在国家政策的大力支持下，这些战略性新兴产业集群将优先获得资金、土地、技术等资源的使用机会，最大限度地实现产业链之间的协同效应。不难看出，《关于加快推进战略性新兴产业集群建设有关工作的通知》的出台，既代表了国家对当前产业集群布局区域发展成效的肯定，也是国家将产业集群发展模式作为战略性新兴产业重要载体的具体体现。

产业集群式发展模式有着特有的优势。其优势主要在于，同一产业链的上下游企业能够凭借产业集群内产业的毗邻性加速技术、知识的创新和外溢。无论是优势企业研发经验的扩散和创新性知识的分享，还是先进管理经验等隐性知识的交流，都将以产业集群为有形载体，在近距离甚至面对面的直接互动中得以更高效实现，从而优化整个产业的价值链，凸显产业链的竞争优势①。

如今，高铁网络部署日渐完善，高铁经济圈带来的集群产业充分发挥规模经济、范围经济和区域创新效应，人才、资金、技术、信息的加快流动激发产业集群创新动力，推动战略性新兴产业发展。高铁正在创造新业态、新产业，转变传统产业发展模式，在产业转型和产业升级中扮演越来越重要的角色。

第一，高铁是新兴战略产业。在向西方学习技术的过程中，中国的高铁技术也经历模仿、消化、吸收和创新这几个阶段。高铁技术现今成为中国的名片，这是多年的人才培养和技术积累集中迸发的具体表现，高速列车的制造和高速铁路的修建运营，也是资本投入和政府管理的集中作用。高铁作为新兴战略产业，打开了新的市场领域，带动了一批技术质量高、生产效率高、管理水平要求高的高端装备制造业，由此形成以高铁为核心相关产业的集群式发展，促进区域经济结构的调整和优化。

第二，国之重器的示范效应。中国的高铁技术在早期落后于西方发达国家，在一路追赶的过程中，先后经历了"市场换技术"和自主创新、集成创新阶段，通过与西方交易引进高铁技术，再到培养本土人才，强调产学研相结合，培育自主知识产权，走出了一条集成创新的发展道路，树立起中国高铁的创新精神，形成中国核心技术和名牌，高铁技术是国之重器，一路艰辛的发展过程为广西新兴战略产业树立榜样和引导。

第三，高铁推动产业链中的生产梯度转移。中国仍是发展中国家的现实决定了中国不可能像发达国家那样，立刻由资源密集型向资本密集型转变，这是广西经济发展的必经过程，也将是长期的过程，生产具有比较优势的产业，才能发挥更大的效益，资源密集型行业和高能耗、高污染、低效率并不具有必然联系，资源密集型行业在高科技的作用下也能实现低碳经济，所以有别于传统资源密集型行业的新型资源密集型行业应当继续为广西经济发展服务。

---

① 周清杰：《新兴产业集群着力构建共生生态》，《中国工业报》，2019年11月13日第2版。

第四，高铁扩大市场需求。市场的竞争和供求关系促使具有竞争力的产业发展，而新兴战略产业也会引导消费方向，实现新的经济增长点。由政府推动建设的高铁，让群众出行有了更多选择，群众的生活质量得到有效提高。

(二) 产业集群协同创新

优化创新资源空间配置、提高区域创新效率是建设创新型国家的内在要求和重要途径，而高铁网络的兴起必将引发传统技术创新时空观的变革，重塑区域创新空间组织形态，从根本上改变了传统的时空观念，正史无前例地重塑中国的经济发展和区域空间格局，不仅极大地改变了人们的出行方式，更加速改变了创新资源的空间配置方式，提升了区域创新效率[①]。

培育和发展战略性新兴产业是我国以及广西探索新经济增长点的主攻方向。自《国务院关于加快培育和发展战略性新兴产业的决定》发布以来，产业集群系统创新力度在地方政府和有关部门的积极响应中得到不断增强。但创新型产业集群在培育和发展新兴战略产业过程中也会产生产业间缺乏协调、投资力量分散、欠缺统一部署等问题。目前，在经济下行压力和新冠肺炎疫情双重影响下，中小企业承受的压力较以往更大。现有的产业集群多集中在以装备制造、家具家电、陶瓷建材等为代表的传统产业领域，发展整体仍处于初级阶段，创新水平低，核心技术受制于人，而以智能制造装备及机器人、汽车及新能源、新材料、电子信息、生物医药等为代表的战略性新兴产业虽然初具规模，但总体体量仍然较小，集群效应尚不明显，因此打破传统产业集聚区的"低端锁定"，培育壮大创新型产业集群是提升经济实力的重要内容和迫切任务，对于推进产业高级化演进，提升产业国际竞争力，具有重要的现实意义[②]。

1. 促进新兴产业联合与创新生态圈

创新生态圈不仅是地域空间概念，更是由创新要素和创新环境组

[①] 王春杨等：《高铁建设、人力资本迁移与区域创新》，《中国工业经济》2020年第12期。

[②] 刘蓉：《做强创新产业集群实现价值链跃升》，《佛山日报》2020年6月22日第12版。

成、竞生共合、动态演化的开放系统,在变独立创新为协同创新的基础上,突破资源能力限制,提高创新绩效,搭建各个互为支撑的战略平台、统筹圈层分布的创新资源、完善"政、产、学、研、用"的协同机制,推动新兴产业与实体经济深度融合。以新兴产业为引领,促进产业链、创新链、资金链协同发展,创新生态圈逐渐成为产业高质量发展的最大推动力。

推动新兴产业联合,建设创新生态圈,要编织战略性新兴产业集群创新"合作网",就要推动集群内企业间的创新资源整合、创新链与产业链的深度融合、创新合作的有效对接,实现资源共享、优势互补、抱团创新,提升集群创新能力,在广西战略性新兴产业企业创新由个体创新向组织创新转变的趋势下,高度重视战略性新兴产业集群内企业间的"结网",为企业创新合作牵线搭桥,通过整合和吸引集群内外的信息、技术、人才、资本等创新资源,推动创新主体在集群内生根发芽[①]。

中国高铁目前是中国外交的重要武器,高铁的技术研发和长途运输能力已经走在世界前列,对企业的自主创新能力、自主知识产权建立和品牌精神树立起到积极的引导和带动作用。高铁本身就是新兴的战略产业,它是资本、技术、人才的高度集合体,反之,这些资源也是高铁生存和发展的基础性资源。中国高铁布局桂南连线地区,正是基础性资源的导向作用。新兴战略产业想要带动区域或整个国家发展,不是一两个新兴战略性企业所能承担的,一个高效稳固的新兴战略性产业集群是提升产业链配合效率,资源优势互补的前提,形成规模经济效应和资金的不断累积,才能使战略性新兴产业作为先导产业发展、主导产业的优势被充分挖掘出来,推动产业群协同发展。

2. 高端人才吸引与区域创新动力

高铁开通极大缩短了区域间的时间距离,增强了区际联系,有利于创新要素在更大范围内进行配置。高铁对区域创新的影响可以概括为直接效应和间接效应:直接效应是指在高铁建设和产业发展过程中,与该产业相关的创新性活动对区域创新的直接促进作用。在高铁动车组列车

---

① 陈文锋:《加快培育战略性新兴产业创新共同体》,《经济日报》2019年11月1日第16版。

生产和相关控制系统优化过程中会产生新技术、新专利，这本身就是区域创新的组成部分。此外，高铁的发展还会带动相关产业从事创新性活动，通过乘数效应扩大产业创新的实际效用；间接效应是指通过高铁沿线产业的科学布局提高开放性水平，增强区域联系。与直接效应相比，高铁对区域创新的间接效应更加明显。首先，高速铁路开通导致广义出行成本降低，加速创新要素，特别是创新人才集中，增加区域知识存量，进而内生地促进区域创新水平提高；其次，高铁开通可降低信息搜寻成本，有利于软信息传递，促进企业家面对面沟通。特别是，风险投资家与高铁城市企业家的直接交流机会增加，对了解投资环境和扩大投资的地理边界有积极作用，进而推动区域创新；再次，可达性提高会使劳动力、知识等创新要素加速流动，导致创新知识在更大的空间范围传播与扩散，通过知识溢出促进创新水平提升；复次，高铁开通改变了原有区位条件，加速创新要素向中心区集聚，进而提高中心区创新能力，而高铁网络的进一步完善增强了中心区和外围区的联系程度，有利于创新的空间溢出，进而促进整体创新水平提升；最后，高铁网络化布局将不同区域连接起来，打破传统的地理边界，使地区间联系更加紧密，市场规模进一步扩大。当需求因市场规模扩大而增长到一定程度时，模块化分工得到深化，进而提升区域创新能力。

高端人才是区域创新系统的核心，区域创新系统是国家创新能力的重要组成[1]。区域创新系统的建立不仅是有着先进的国际化开放意识和创新能力的企业集聚，更是有鼓励先进技术研发和大众创新创业的文化、制度环境，支撑创新创业的软硬件体系，这一系列因素都与高流动性的高端人才紧密相关。高铁的技术创新一次一次刷新陆路运输速度，扩大城镇居民的经济活动范围，进一步增加不同规模的城市交流频次，使得铁路沿线各区域间的经济、社会、文化、医疗等方面的联系更加紧密，提高了高铁经济圈内的工资和福利，当地的教育水平也会提升，而这些都是吸引高端人才向城市聚集的原因。

有了人才优势，良好的经济基础，高铁在整合行业资源，串联大学科研机构、生产部门、政府部门中扮演日趋重要的催化剂角色；在企业

---

[1] 成思危：《创新型国家与学习型组织》，《中国软科学》2007年第2期。

之间构建知识网络链接，使知识在这个网络链接中流转、扩散、溢出促进不同的新兴战略产业的产业链扩张，让企业生产提量又提质。同时，战略性新兴产业集群能够充分发挥资源互补效应，提升整个产业集群的总体质量水平，实现集群、行业的互助式发展。

（三）产业链的整合与全产业链的形成

产业链是各个产业部门之间基于一定的技术经济关联，并依据特定的逻辑关系和时空布局关系客观形成的链条式关联关系形态，主要是基于各个地区客观存在的区域差异，着眼发挥区域比较优势，借助区域市场协调地区间专业化分工和多维性需求的矛盾，以产业合作作为现实形式和内容的区域合作载体[①]。

产业集聚并不必然形成产业链，产业部门间以一定的经济技术联系关系为基础，形成串珠状或链状上下游产业关联，是产业链形成的基本形式。从这个意义上看，产业链一般有以下三个形成途径：一是若干具有专业化分工属性的产业部门在地域空间上相对集中，各个专业化性质较强的产业部门基于拓展市场联系和降低交易费用的考虑，从不同的起点走向联合，逐步集结成为某种形式的共同体[②]；二是分别落点于不同经济地域的各层次专业化产业部门基于提升产业竞争力和加强其前向、后向关联关系的考虑，突破地区边界限制，走向链式一体化；三是某一发展较为成熟、产业部门相对完善的产业在市场需求的拉动下衍生出的几个新兴产业部门，呈链条状连接而形成的集群。

高铁的开通加速了资源要素流动，推动产业的要素转移和空间迁移，引导着各个产业的集群化和区域化趋势，也孵化孕育了不计其数的战略新兴产业。局域内一些特定产业的生产基础环节"拼凑"起来的产业链，是凭借企业充分调动现有生产要素，经过科学配置而形成的，但通常都只是一条一条的小短链，呈现"孤环状"特征。在高铁开通、地区可达性得到充分释放的前提下，基于对改良产业技术水平的需求、对更多人才资源的需求，基于对产业资金量和追求附加价值最大化的需

[①] 相明：《基于SWOT分析的青岛大菱鲆苗种产业发展战略研究》，硕士学位论文，中国海洋大学，2013年，第11页。

[②] 刘斌：《基于产业集群的区域产业结构调整研究》，硕士学位论文，重庆大学，2006年，第44页。

求,以及在各种环境因素如竞争、道德等的驱动下,各领域的产业资源必然将会在特定的地域空间内合理配置,一条条"孤环状"的小短链也将重新配对,有机整合,形成完整的产业链条。

横向的行业形态、纵向的链状形态,是传统的产业链的两个基本状态特征。可以看出,横向维度和纵向维度正是着手整合产业链,提升产业链运作效率与竞争力,实现稳链、强链、补链、统链的协调发展。其中,产业链的横向整合代表了产业链整合的宽度,产业链中各环节整合的宽度越大,则产业链的规模就越大,其对产业链发展的影响就越大。纵向整合的代表着产业链整合的深度,纵向整合产业链越长,则产业链的多样性和价值增值就越多。

1. 纵向整合——由点到线

高铁作为产业的地域连接纽带,在将沿线各领域产业纵向整合的基础上,成为产业链平稳运行的主体。产业链上的各个子链有着紧密的产业关联,通过高铁这条纽带,熔接为一个动态、协调、有机的整体,充分发挥产业链功能,带动经济发展。纵向整合主要强调产业链中各个子链相互之间的黏合性,以及整链的完整性、延伸性,其把产业链中的关键环节、主导环节和辅助环节连接起来,实现对关键要素和资源的控制与共享,形成环环相扣的链状结构,使资本和知识成为协同生产的载体和基础,最终实现从点到线的转变。向内,拓展了产业链的深度;向外,增加了价值增值的空间和能力。

高铁作为枢纽节点和高级疏运中心,在产业链中起着主导和统筹作用。基于子链黏合性视角,通过产业链的纵向整合,产业链上的节点产业在沟通与合作的基础上,合理配置生产要素,协调生产运作,避免了生产要素在链上出现反复循环,缓解价值流对冲压力。基于完整性视角,产业链的纵向整合,使得产业链上缺少的子链得到互补,中断的产业链环得以衔接,产业链得以完整延续。基于延伸性视角,高铁沿线核心企业通过提高技术研发能力,扩展产品市场,将知识往更细更深的方向渗透,增加了产业链的深度[①]。

---

① 程宏伟、冯茜颖、张永海:《资本与知识驱动的产业链整合研究——以攀钢钒钛产业链为例》,《中国工业经济》2008 年第 3 期。

2. 横向整合——由线到面

尽管通过纵向整合，单独一条产业链可以保证深度、整体性、黏合性，但是产业链的稳定性和具体效用可能不能完全得到发挥。这时便需要产业链的横向整合。经过横向整合，单条产业链被整合后不断发展壮大，并向外延伸，逐渐形成具有广阔应用前景的产业链面。在高铁的辅助作用下，产业链中的资本、知识在更大的范围和规模内形成比内圈相对宏观的资本流与知识流的循环，产业链中的核心产业通过纵向整合积累的资本与知识进一步控制产业链外部的更多资源，这种产业链的横向整合更加注重产业链整合范围的横向集群式扩展，从而实现产业链由线到面的扩展①。其中，产业链面中，核心企业作为兼并、重组等资本运作的重要节点，将不同产业有机地融合在一起，形成经济发展共同体，最终构成支撑主产业链的若干关键子链。

3. 全产业链——由面到网

各产业链之间突破单一产业链的限制，相互渗透、相互影响，实现产业与地理空间的相互融合，形成一个错综复杂、相互交织的网状组织，从而进一步延伸产业链，形成产业网，即整合多条产业链形成全产业链。这一产业网无论是地理空间还是产业空间都极大地向外拓展，资本、知识渗透到各个产业中，成为相互联系的纽带，特别是随着产业链整合进程的不断深入，人才、技术成为产业链之间的内在逻辑联系，资本和知识的外溢推动产业链不断地向外扩张，寻求具有可持续发展的资源优势和技术优势，综合利用各种技术、资本、自然资源，建立产业链之间的联系，构建长期可持续发展优势②。高速铁路的存在，使各个产业链都能借助公共服务平台，通过资本、技术等手段整合物流、金融、信息等服务业配套产业，达到产业链向网络化、多功能化延伸的目的，最终实现产业链由面到网的综合整合，形成全产业链。

---

① 李书学：《中国路桥企业核心竞争力提升的产业链整合模式研究》，《经济研究导刊》2013年第35期。

② 吴彦艳：《产业链的构建整合及升级研究》，博士学位论文，天津大学，2009年，第71页。

第三章 产业区域化及其全产业链建设的动力分析

影响广西桂南高铁产业集群区域化及其全产业链建设的因素有很多，包括拉力因素、推力因素和阻力因素，这四个因素共同影响着桂南高铁产业集群区域化及其全产业链建设。科学技术、城乡融合、第三产业、市场环境共同培育新业态新模式，吸引着桂南高铁经济圈企业主动进行产业集群，使得产业在高铁沿线区域化发展并且产业发展链条得到一定延伸，是产业集群区域化及其全产业链建设的拉力因素。资本主义国家资本回流、市场需求的多样化、绿色发展理念的盛行、政府政策导向逼迫桂南高铁经济圈企业被动进行产业集群，推动传统产业转型升级，是产业集群区域化及其全产业链建设的推力因素。高铁经济圈内部交通的发展、资源禀赋、区域经济一体化、市场竞争力提升是桂南高铁经济圈产业集群区域化及其全产业链建设的基础力量，将这种自身具有的资源禀赋力量称之为本力因素；而给产业发展带来的阻碍作用、限制了产业集群区域化发展的地方政府低效管理、企业资源要素不足、承接产业转移能力弱等是阻力因素。促进桂南高铁经济圈产业集群区域化及其全产业链建设就要加强拉力因素的拉动力，增强推动力，充实经济圈的本力因素，降低阻力因素的阻碍。

第一节 拉力分析

一 科学技术创新培育新业态新产业

在 2017 年，广西提出"高新区创新能力提高计划"，此计划的制订在一定程度上使得广西的高新区产业布局和结构更加合理，高新区的数量也增加至 12 个。在这之中，南宁、柳州、桂林、北海这 4 个靠近桂林到南宁高铁线路的高新区，其产值都排在了全国高新区前 100 名，处于全国中等水平。目前广西的科技创新水平不断提高，在西部乃至全国都处于领先地位，是推动广西桂南高速铁路产业集群形成和整个产业链建设发展的强大动力，而科技创新驱动产业结构升级的作用机制尚未充分发挥出来。科学技术创新发展可以通过技术的提升，生产工艺的完善，流程的改善，产业要素结构进一步完善等使得生产过程得以调整，产业发展更加合理，生产效率得以提升。同时，还可以对劳动力加以教育以及培训，将劳动力与技术上的创新成果相互融合，使劳动力的知识水平、技能水平和管理水平在一定程度上得到改善，伴随着现代化的机器与设备，最终使产业布局在劳动力素质整体优化的基础上得以完善。由于生产和管理上的不断创新优化，产业结构和布局也将进一步完善和发展。产业、企业最强劲的发展动力来源于科技创新，同时，它也是全产业链发展和产业集群发展之桨。

科学技术创新发展可以同时作用于资金、技术、生产力、生产空间和管理等要素，从而带动产业集群区域化以及产业链建设的节奏和方向，使得高铁沿线产业集群的产业链条更加完善[1]。熊彼特的经济发展理论认为，创新是对生产条件和生产要素的一种重组，并将其重新组合再放回到整个生产系统中去，不断改善从而生成了新的生产函数。从某种程度而言，这种新的生产函数实际上是用寻找新的方法、原材料、市场、产品和创新组织方式等途径促进产业结构和工业产品完善升级等。这意味着在创新发展的驱动下，生产效率和产品质量将进一步提高，社会产出和生产关系将得以优化，人民物质生活水平和国家经济状况将得到改善，产业布局与结构也将更加完善，进而推动产业链条的延伸与升级。

我国坚持自主创新，结合高铁"走出去"的国际发展策略，近几年高铁建设飞速发展，高速铁路营业里程已经成为世界之最。科技发展创新带动桂南高铁的迅速发展，加上政府各种政策的扶持，带动了高铁附

---

[1] 吴穹等：《国区域信息化对工业技术创新效率的影响——基于劳动—教育决策两部门 DSGE 模型的分析》，《经济问题探索》2018 年第 5 期。

近产业的集聚发展，促进了产业集群区域化以及产业生产链条的延伸。桂南高铁以及沿线产业科技创新不断加快，它的传播速度也不断增加，而且技术推广应用的范围明显扩大，技术融合创新的程度也不断加深①。一方面，技术创新会打破产业的边界，通过改变产品的一系列开发设计，将原本归属于不同产业的价值链活动环节，部分或者全部渗透到另一产业当中去，从而使产业结构更加完善，商业发展更具竞争性；另一方面，高铁技术本身有着较大的外部效应的资本，它显著的知识溢出外部性和网络外部性使得企业在业务环节和组织变化改革上的技术创新成果自然而然渗透到其他企业或行业，使得产业内外企业行为的步伐一致性不断加快，同时带动了产业之间的融合以及集聚②。

科学技术以科技创新为重点，利用先进的生产工具，从而提高生产效率。举例来说，企业通过改进技术不断优化生产，使生产成本降低，提高了生产效率。当然，科技创新不仅能提高生产效率，而且在高质量的人力资本、知识资本和创新组织形态下，可将科技创新成果运用到企业生产组织中，最终实现产业结构的优化升级③。同时科技创新有利于交易成本的降低，强化了各行业之间的交流和竞争，提高了企业的行业竞争力，形成持续的竞争优势，成为行业持续整合的动力源，实现产业最大程度的发展。未来应继续加大桂南高铁沿线城市科技创新投入，加快产业升级速率，促进创新成果转化，实现产业经济发展，争取早日形成高技术、高水平、高质量、稳定持久的技术创新驱动产业集群运行体系④。

二 城乡融合发展拓展产业发展空间

城镇化的定义是人类从农村型的生产生活方式转变成城镇型的生产

---

① 李世兰：《文化旅游产业融合发展：动力机制及效应分析》，《合作经济与科技》2013年第18期。
② 胡晨寒、常莉：《文化产业和旅游产业融合的三维动力系统》，《宁波工程学院学报》2020年第2期。
③ 巫德富、张协奎：《科技创新驱动广西产业结构升级的路径取向》，《改革与战略》2019年第10期。
④ 文超：《珠三角技术创新驱动产业升级研究》，博士学位论文，中国地质大学，2019年，第22页。

生活方式的过程，城镇化涉及了一个地区的政治、经济、文化等方面的变化革新。一个国家经济的好坏取决于一个十分重要的因素，那就是这个国家的城镇化水平，城镇化水平越高，国家的社会经济发展状况也越好。所谓的城镇化水平，也就是农村人口向城镇转移的过程。目前，城镇的经济发展受到了过多的关注。与此同时，农村的发展却没有得到足够的重视，很多农村人口来到城市寻求发展机会，导致城市人口过多。这也导致了城市住房资源极为匮乏，就业难度也随之增加。由于农村人口大量涌入城市，且这部分人口多为农村素质较高人群，相应的农村人口就会减少。农村人口的整体素质在这种情况下也会降低。城乡之间的差距日益突出，区域协调发展也就无从谈起。统城镇化在大力发展城市经济的过程中，出现环境被破坏、产能过剩、资源消耗过度等一系列问题，是实现经济社会可持续发展的阻力[①]。

传统城镇化发展模式已经不能适应中国经济未来发展的走向，更不能适应桂南高铁沿线城市经济发展的需要。城乡融合发展是一个包含制度、社会、经济、空间多方面发展的动态过程，包含着城乡一体化发展、建设生态宜居之地、经济发展尽可能集约高效等一系列特征，其丰富的内涵是构建综合评价指标体系的基础。城乡融合发展是提高质量的高水平发展。在这种高水平的发展下，要求社会经济与生态环境共同发展、相互融合。一方面，城市与农村的协调发展，既是城乡融合发展，也是城市化与工业化、经济增长速度之间的统筹协同发展；另一方面，城乡融合发展还是重视效率的集约式发展，重视经济效益的同时关注就业率、环境以及各种资源要素的成本。在城镇化进程中，我国经济发展的形态、质态、结构等都发生了系统性的深刻变化。人口流动、劳动生产率提高、人力资本提升、新技术、新业态产业发展以及城乡规划建设等重大生产力布局和新动向都将深刻影响新型城市化和产业结构升级。

城市与乡村一体化发展对桂南高速铁路产业集群产生较大影响，推动桂南高速铁路沿线产业集群升级在高铁附近区域化发展。在城乡融合发展的整体趋势之下，产业集群要素、结构都进一步得到了完善，结构

---

① 李想：《新型城镇化视角下"互联网＋"智慧农业绿色产业融合体系路径创新》，《价值工程》2020 年第 11 期。

更加合理；同时，城乡融合的不断推进，增强了消费者的各方面需求，这也使城镇产业发展势头更加强劲。与此同时，城乡一体化发展为产业提供大量资源、技术及创新等要素，完成了要素的高效精准流动，最大程度发挥产业效能，全面升级了产业集群[①]。具体地说，城镇化进程就是技术、人才及资本等要素在一个地方不断集聚以及区域化的过程，为产业集群提供了基础条件。伴随着城镇化的发展，富有价值的技术、信息、知识和高质量的人力资源也开始向桂林、南宁、柳州等地城镇地区聚集，为产业的进一步发展提供了支持。也就是由于城市拥有便捷的交通、巨大的市场规模[②]、较完备的社会保障体系以及较舒适的生活环境等[③]。为产业发展提供空间载体，农村大量剩余劳动力、资本等向城市涌入，城市规模不断扩大，进而促进了产业集群。城乡融合发展还会影响政府相关社会制度、政策的制定，提高城镇的服务能力，如城镇化过程中要素的不断聚集促使当地政府努力完善基础设施，改善交通条件来支持大量资源的聚集。这些变化都会促进产业的发展，资金、人力、技术不断聚集以及基础设施的不断完善为产业集群铺平了道路。

随着桂南高铁沿线城镇化的发展，越来越多的人和企业向沿线聚集，带来了具有价值的物流、人流、资金流和信息流，大规模的企业和人口数量的增加同时也不断带动市场需求的增加。城乡融合发展释放的农村劳动力流入到收入更高的城镇中去[④]，将劳动力从农业生产中解放出来，为发展第二、第三产业储备劳动力，进一步刺激城镇第二、第三产业优化升级。第二、第三产业的发展能够带来更高效的经济发展，提高人们的收入水平和消费水平。在城镇化发展过程中，伴随着高质量人才的聚集以及教育的发展，大量人口聚集使得就业结构发生变化，人们的生活方式也随着城镇化的不断发展产生变化。城镇化的发展会影响人

[①] 崔娟、魏三册：《新型城镇化与文化产业集群的互动逻辑》，《人民论坛》2017年第13期。

[②] 刘凤：《旅游产业与文化产业融合理论探析——以新型城镇化为背景》，《经营与管理》2020年第2期。

[③] 王滨：《新型城镇化测度与区域差异的空间解读》，《统计与决策》2020年第11期。

[④] 李民梁、张玉强：《新型城镇化与农业现代化动态协调发展关系研究——来自广东省湛江市时间序列数据（2000—2017）》，《云南农业大学学报》（社会科学版）2020年第4期。

们的消费观念,从而改变人们的消费方式。收入水平的提高使人们对生活水平和消费水平的要求不断提高,消费者会越来越注重产品的质量,更加倾向于消费差异化、高端化、品牌化、高性能、绿色低碳的产品,越来越注重从高性能产品和高质量的服务中获得的满足感,因此,新的消费需求的产生是产业集群区域化及全产业链建设的巨大动力。

三 产业结构多元化发展开辟新路径

推动一个国家或地区经济状况和工业发展有很多因素,其中一个较为重要的因素就是产业结构的发展。产业结构升级也会不断加快,由此会推动劳动力从第一产业转向第二产业,最终更多地向第三产业聚集[①]。第三产业具有生产要素流动速度快、创新能力强、对经济发展的贡献大等特点。产业结构多元化发展能够变革需求结构,促进居民消费观念的变革,有利于提高消费水平,拉动就业,增加国民经济的活力,从而拉动经济快速发展。产业结构多元化发展主要通过教育行业、就业服务业、金融业的发展来影响经济发展,促进产业集群。

(一) 教育行业的发展提供了人力资源

经济发展过程是一个动态调整资源配置的过程,劳动力资源的重新配置是产业发展的必要条件。自从 1978 年改革开放以来,桂南高铁沿线农村的多余劳动力开始向城镇进行空间上的转移,制造业从低附加值的生产变革为高附加值的生产,科技含量不断增加,越来越需要高端的科技型和知识型人才,对熟练劳动力的需求也越来越高。随着产业对接和融合,培训能够快速掌握新技术、新知识的人才越来越重要。员工参加职业教育或职业培训,能够降低工作中的失误率,提高劳动生产率,为产业集群区域化和全产业链建设提供了支持。教育行业的发展培养了大量的人才,而人力资源又促进了产业集群区域化和产业链的完善。

1999 年,国家对高等院校进行了大幅度的扩招。在这之后,广西高校的招生规模和招生率都有了很大程度的提高。与此同时,这些高校的高水平、高质量的技术人才也有了很大的增长,完成了人力资本逐渐

---

① 周健:《中国第三产业产业结构与就业结构的协调性及其滞后期研究》,《兰州学刊》2020 年第 6 期。

积累。2018—2020 年，广西共投入 739.09 亿元用于发展教育事业，有效扩大教育资源，大幅提升各项教育指标，南宁、柳州、桂林等地教育水平更是大幅度提升。截至 2020 年，广西九年义务教育普及率、中学总入学率和高校总入学率分别达到 97%、91% 和 47%。全区义务教育阶段宽带网络使用更加广泛，多媒体教室较传统教室的比例将达到92%，同时，全区任课教师的人数不断增加。2018—2020 年，共计雇用教师 6 万余人。目前，广西共有 65 万余名专职教师。2020 年，广西对于乡村教师的扶持力度不断加大，30.5 万名乡村教师享受到了政府的扶持政策。在这一年中，用于补助乡村教师的费用高达 6 亿余元。2018—2020 年，对于高等教育的投入不断加大，尤其是对 20 所高等院校的 59 个一流学科建设项目。通过三年的持续投入，目前广西高校进入基本科学指标数据库（简称 ESI）全球前 1% 的学科较三年前增加了 9 个，其数量达到了 14 个。各高校不断重视本科阶段的教学，专业建设水平更进一步，入选首批国家级一流本科专业建设点的数量达到了 75 个，职业教育体系建设不断完善，4 所高职学校入选国家高水平高职学校和专业群建设计划。

广西教育行业的发展为桂南高铁产业集群提供了充足的高质量劳动力，为经济的增长提供动力。高素质人才是进行科研的主要力量，是增强创新能力的关键所在。教育能够有效提高劳动者的技能，从而改善生产方式，明显提高生产效率。教育行业的不断发展有利于新型技术的普及。新技术的推广应用和新技术的采用，可以显著提高生产效率。劳动力的水平和劳动者的受教育水平成正比。职业技术教育为企业培训能够掌握产品工艺技术的熟练工人，熟练的技术工人能够大大加快企业生产速度，并且熟练的工人容易在生产过程中开发出新的技术，这是技术创新的重要条件。职业技术教育可以极大程度地降低企业的内部职业技术培训费用，节约时间和成本，有利于缩短生产周期，提高企业的生产经营效率。当今时代已经进入技术的快速发展变革的新时期，人力资本的重要性越来越受到重视。发展当代职业教育继续有助于知识生产力的转移和提高。

（二）就业服务解决市场信息的不对称

人民生活水平不断提高，可支配收入越来越多。在这种情况下，第一产业的劳动力将流向第二产业；如果收入再提高一步，第三产业即开始承接大量的劳动力转移。这是因为第一产业和第二产业发展到一定的程度后很难再有新的突破，劳动者为了谋求更好的职业发展，就不得不转换就业思路，以其他的方式来谋求职业，而第三产业恰恰是需要大量的劳动力。在实际生活中，虽然第三产业需要大量的劳动力，但是劳动力市场却存在着严重的供需不匹配的问题：往往很多劳动者得不到相关的职位需求信息，导致他们不能获得更多的就业机会。就业服务产业的不断发展，中介行业、就业相关的电子信息系统的不断发展，相关新媒体的产生，都大大拓宽了劳动者获得就业信息的渠道，增加了劳动者的就业机会。

随着经济的不断发展，桂林、南宁等地一些落后、跟不上社会发展的产业将不复存在。有一部分相对落后的公司，急需进行产业结构上的调整，这就会导致一部分员工有失业的风险。同时，新产业、新技术、新组织方式对劳动者提出的技能要求越来越高，结构性失业、摩擦性失业问题逐渐明显，就业矛盾更加突出[1]。虽然近些年来我国经济形势一路向好，国家也出台了很多的就业政策，总体上来说，就业人数不断增加，当前劳动供给正在不断收缩，劳动需求却在持续扩张，二者交织使就业的数量型矛盾有所减弱，质量型矛盾则上升为主要矛盾，典型表现为低劳动生产率、低工资、高劳动强度、职业病危害等方面[2]。

在传统的企业招聘模式下，求职者往往是通过报纸、期刊等纸质版资料获取企业招聘信息，参加现场招聘会以实现与企业的求职面试。但是在新媒体背景下，求职和招聘都变得更加便捷，信息流动速度快、信息量大，求职者通过手机、电脑、网络电视等电子产品，或者微信公众号、微博、电子杂志等方式就能够准确获取各类就业信息，如企业岗位设置情况、用人标准。新媒体为就业服务带来了新的机遇，帮助人们解决就业难题。这些新的招聘平台确实在很大程度上提供了很多有效信息，公司招聘的广度得以延伸，公司与求职者双方相互满意的概率也得

---

[1] 张怀文：《关于新形势下推动就业服务发展的探索》，《劳动保障世界》2017 年第 30 期。

[2] 丁守海等：《中国就业矛盾从数量型向质量型转化研究》，《社会科学文摘》2019 年第 2 期。

以增加。总之，在新媒体不断发展背景下，人们将会获得更多的就业信息和就业机会。精准的就业匹配有利于实现就业质量的稳步提升①，从而为产业集群解决劳动力市场上信息不对称的问题。同时，逐渐建立和完善为产业集群提供服务的中介机制，如信息、技术、法律、产权交易等服务支持体系②，以及政府提供的劳动力市场的中介服务工作③，也增加了劳动者就业的机会，为产业集群区域化和全产业链建设打下了坚实的基础。

（三）金融业的发展提供了资金方面支持

金融业是现代经济的核心，是经济发展的重要组成部分，也是调节资源配置，推动经济发展的重要保障，具有配置资源、分散风险、价格发现等功能，为产业集群区域化及全产业链建设提供资金方面的支持。技术改造、创新需要大量的资金支持，同时，资金是促进国家科学技术创新、技术进步的重要动力④，二者的相互作用又促进了产业集群的发展。对于企业的经济发展而言，最基本的推动力莫过于资金。合理完善的金融政策，对企业的经济发展是大有裨益的。一个企业想要长久发展，资金是重中之重。资金的完善处理，将使企业的发展趋势不断向好，拥有更广阔的发展空间⑤。

广西通过金融发力促进实体产业发展。一是不断增加供给和再分配渠道，加大资金扶持力度；继续增强中小企业的创新服务能力，帮助小微企业实现债权融资；加大对小微企业直接融资力度，为小微企业信贷机构提供风险补偿，支持融资担保业发展；加大对企业的金融服务，严格执行减免收费政策；每年组织宣传活动，主要用于企业的政策宣传和资金对接。二是开展信用担保、贷款、风险补偿相互融合的方式，加大

---

① 姜霖：《新媒体背景下大学生就业服务研究》，《传播力研究》2020年第4期。
② 周旭霞：《新型工业化进程中产业融合的动力机制研究》，《中共杭州市委党校学报》2006年第4期。
③ 李春顶：《努力实现农民工稳定就业与产业升级的良性互动》，《21世纪经济报道》2020年4月1日第4版。
④ 耿宇宁等：《科技金融发展能否促进中小制造业企业技术创新？——基于中介效应检验模型》，《科技和产业》2020年第6期。
⑤ 王玉洪：《探究企业财税金融工作对企业经济发展的促进作用》，《时代金融》2017年第26期。

吸引金融行业进入广西发展的力度、激励资金向城镇流动，使金融资源更加全面合理地为实体服务。"十三五"时期在广西政府的支持下，中国进出口银行等较大金融机构进驻广西地区的数量达到了 14 个。自治区高度重视支持"引金入桂"和"引银下乡"工作，资金累计投入高达 1.1 亿元。106 家金融机构向县域和基础金融服务薄弱地区延伸，进一步优化广西金融生态。三是"十四五"将继续强化财政金融政策联动，综合运用贷款贴息、风险补偿、金融奖补、专项转贷、保费补贴、地方政府专项债券、政府投资基金、PPP 项目融资等财政金融联动方式，引导更多金融资源配置到经济社会发展的重点领域和薄弱环节[①]。一系列的金融政策为桂南高铁沿线产业集群发展提供了良好的资金支持。

桂林到南宁高铁沿线各企业与银行之间应该不断加强联系，完善银行融资担保制度，降低企业信用担保、贷款等方面难度，为企业进一步提供完善合理高效的政策。同时积极制定相关的行业制度、加强金融管理，各部门积极履行自身的职责，指导财政部门合理行使权力，使金融业的发展更进一步。不断加强金融机构监督体系的建设，制定明确的规章制度并严格执行[②]，进而促进产业的发展。同时桂南高铁经济圈的市场容量是有限的，随着贷款利率的不断降低，企业开展经济活动的积极性不断提高，会造成市场内企业数量增多，竞争加大。为了能够实现更好的发展，不同产业之间的企业互相寻求合作，开发更加具有独特性的产品，提升自己的竞争优势，从而有效地促进各产业的发展。

四　营商环境优化孕育新机遇新模式

营商环境主要包括政治环境、资源环境、市场竞争环境、技术环境等方面。桂南高铁产业集群区域化及全产业链建设的发展离不开营商环境的有力支撑，整体营商环境向好拉动桂南高铁产业集群的良性发展。第一，从政治环境来看，以国内大循环为主体，国内国际"双循环"

[①] 谭卓雯：《财政金融"组合拳"强健实体"硬支撑"》，《广西日报》2021 年 1 月 23 日第 6 版。

[②] 王玉洪：《探究企业财税金融工作对企业经济发展的促进作用》，《时代金融》2017 年第 26 期。

相辅相成，是目前发展环境的总趋势。因此，"双循环"新发展格局对我国"十四五"时期对外开放的要求更加严格。开放不仅包括制造业和沿海地区，而且还包括服务业和内陆地区；需要加快高水平开放，这就意味着越是开放，越要注重安全，确保产业链、价值链和供应链自主可控、安全稳定。现阶段的政治环境为桂南高铁产业及其延伸的制造业、服务业的集聚发展以及产业链的建设与延伸创造了良好的支撑背景。桂南高铁沿线城市政府部门也委托国内一流的咨询单位，按照城市空间形态、乘客出行等特点，合理布局不同层次、不同功能的客运枢纽，实行高规格、高起点编制相关规划，推动桂南高铁产业集群区域化发展。第二，从资源环境来看，桂南高铁沿线产业优质资源呈现集聚发展态势，桂林、南宁等地也都形成了一些产业聚集园区。第三，从市场环境来看，市场经济离不开竞争，竞争有利于企业在市场上占据优势地位。农民也可以在不断的竞争中不断创新发展、减少成本。有竞争就存在压力，企业在发展的过程中应该不惧压力、善于竞争。在新技术革命以及现阶段的大环境下，毋庸置疑，各个产业、企业之间存在着竞争关系，整体市场竞争环境以及压力拉动桂南高铁沿线城市的产业围绕高铁集聚发展，降低产品运输成本，以及降低企业和企业之间的交易成本，同时也有助于技术交流与合作，生产出更加符合市场需求的产品，进一步提升本企业、本产业在市场上的竞争力。第四，从技术环境来看，技术的不断革新，使市场生命周期变短，同时，也决定了产量的提升。生化环材、计算机网络等技术的不断创新，颠覆了既有的产业，也让桂南高铁沿线的新兴产业建立和发展了起来。在此基础上，自治区应重点培育龙头企业，激发市场主体活力，鼓励桂南高铁沿线生产和服务企业围绕提高产业集中度、延伸产业链开展产品生产，通过依托高铁核心优势资源建设高铁产业链，推动产业集聚发展，重点支持省内符合条件的高铁附近龙头企业在主板、中小板、科创板挂牌上市，打造具有广泛影响力和竞争力的高铁产业集团和区域特色产业集群。

第二节　推力分析

一　投资模式创新促进产业创新化转型

2008年全球金融危机以来，欧洲等发达国家和地区出现了很多问题，经济一直处于低迷的状态，经济甚至出现了负增长，失业率极高。为走出经济困境，重新激发经济发展活力，振兴实体经济，以美国为代表的发达国家掀起了"再工业化"的新浪潮。各发达国家重新审视制造业对经济的贡献作用，更加重视教育事业的发展，也更加重视新兴起的绿色低碳产业的发展。如今，这些发达国家的目的取得了一定的成果，国际经济环境开始逐渐发生变化，例如产能有所回升、出口量有所上涨、失业人口有所下降，同时导致中国外商的直接投资发生了明显变化，可将其称为投资回流。投资模式的创新推动了中国包括广西很多产业在桂南高铁沿线集聚发展，进行产业转型升级促进产业链的延伸，从而不断提高自身在国际上的竞争力。

面对严峻的国际环境，我国在国际上产业竞争不断加大，广西桂林、南宁等地外贸型企业的发展也受到很大影响。发达国家提出的"再工业化"会导致资源和资本重新流回发达国家，资本流出导致我国企业资金储备不足、技术不足，削弱企业投资热情。同时由于我国经济发展长期以来依靠出口拉动，而这些发达国家利用这些资源重新发展更高端的产业，阻碍我国制造业产成品的出口，这无疑给产业转型升级带来巨大的挑战。在此种国际大环境下，从外向型经济转变成内向型经济发展模式、调整经济结构、促进广西产业转型升级至关重要。广西第三产业发展水平远不如发达国家高，第二产业还处在生产力较低水平的发展阶段，因此，大力发展第三产业，发展高质量和高技术含量的工业化仍然具有很大的价值。这一发展目标迫切需要提升桂南高铁沿线整体制造业的水准，催化产生高新技术的中国制造，从而提升我国在国际上的竞争力。培育高端制造产业的竞争与技术能力，聚集全球的创新资源，布局全球的价值链，加大对技术创新和产品研发的投资力度，使信息化与工业化的深度融合得以快速发展①。

二 消费需求升级推动产业品质化发展

企业作为提供产品和服务的微观组织，只有所生产的产品和提供的服务达到消费者的需求，才能更好地生存。消费需求与技术革新是相互依存的关系，一方面，技术革新要以需求为导向；另一方面，技术革新的成果要满足消费需求。企业间消费需求信息的快速传播，能够促进产业品质化发展。消费市场的变动成为经济圈内企业创新的契机与源泉，进而推动产业品质化发展。

人们的需求具有复杂性和多样性，每个人拥有不同的心理感受，并且消费者需求是一个动态变化过程，每个不同的历史阶段和社会发展时期，人的需求都不一样。如今，我国社会主要矛盾已经发生变化，因此，能够带给人们愉悦感、舒适感的综合体验产品越来越受到消费者的喜爱②。比如说在市场总需求中，劳动强度大、技术含量低的产品需求将不断减少，对于技术含量高的，或者诸如住房、医疗方面的需求将不断提升。由于需求导致的产业结构完善，将促进产业结构调整，产品的市场竞争力将从低谷逐渐上扬。市场中表现为企业进行国外市场的拓展，如在国外建设工厂等。这种国外市场的拓展，增加了企业的发展机会。

当前，从大数据到"互联网＋"，从新能源到绿色经济，从新一轮科技革命到智能制造，我国正处在一个从无到有、从小到大的时代。大量的高新技术与生产模式前赴后继，以前的经济模式正在被取代。新经济在推动供给侧变革的同时也必然作用于需求侧，它通过塑造新型消费主体、新型消费客体和新型消费环境，带来绿色消费、共享消费、信息消费等新型消费方式，推动居民消费水平提高和消费结构升级，引起整个社会消费体系的重构。正因如此，现阶段人们的消费需求正在发生改变，企业为了满足人们的消费需求可能会寻求品质化发展，使得企业集

---

① 廖丽平、陈月明：《发达国家再工业化对广东经济的冲击与对策：投资回流视角》，《社会工作与管理》2019年第1期。
② 黄益军、吕振奎：《文旅教体融合：内在机理、运行机制与实现路径》，《图书与情报》2019年第4期。

聚发展以便进行相互配合、分工协作以生产出更高品质、更符合人们需求的产品并减少交易成本，同时在此过程中促进全产业链的建设。由于经济的改善，人们的需求也在不断地发生转变。生活必需品已经满足不了人们的要求，奢侈品的需求大大增加。第一阶段是实现基本需求，第二阶段是寻求产品完善的性能；最后一个阶段则是追求时尚与个性的阶段。消费者对商品与服务的消费正在向质量型升级，消费者越来越重视在技术提升下优化的产品，精神需求进一步提升，注重产品的创意设计和精心制作，追求消费场所的品质与个性。人们需求的不断提高和消费者偏好的多样性是产业品质化发展的动力①，对产品创新的内容与速度提出了更高的要求。

桂南高铁沿线的城镇乡村逐步实现城市化，百姓生活质量得到提升，需求也就相应地发生变化。城市居民对文化的需求更高，旅游业也因此得到发展，人们想要走出去开阔眼界，并通过高铁这种便利的交通方式到达目的地。旅游业的各企业为提升自身的竞争力，留住更多游客，会在高铁沿线区域化集聚发展，即随着旅游市场的多样化以及游客个性化的旅游需求，将推动旅游业在高铁沿线附近品质化发展。

三　绿色发展理念推动产业高级化发展

绿色发展是可持续的发展，是建立在保护生态环境基础上的发展。作为新发展理念的中心思想，绿色发展关乎子孙后代的发展利益。"绿水青山就是金山银山"的发展观必须贯穿发展的各个阶段。要实现永续发展，就必须保证人与自然和谐共生。在绿色发展观的推动下，上至政府下至企业及老百姓，他（它）们作为市场经济的参与者，各方的生产、消费行为都发生了不同程度的转变，这种转变对高铁经济圈的产业经济发展形成一股强大的动力进而催生了产业开放发展。这里说的产业开放发展，具有对科技依赖性较高、通过绿色生产机制实现节约资源、减少污染、保护生态环境平衡发展等特点，包括绿色农业、绿色工业、环保服务业和循环经济。随着资源利用、生态环境、废料处理等问题的

---

① 何卫华、熊正德：《数字创意产业的跨界融合：内外动因与作用机制》，《湖南社会科学》2019年第6期。

日渐严重,迫切要求各产业集群发展以进行产业转型升级,构建资源节约型和环境友好型的绿色产业体系①。

坚持产业开放发展,就必须保证生产和消费的绿色化。传统的以资源和环境为代价的发展模式早已不可取,加快技术革新,寻求新的、无污染的新型发展模式才是大势所趋。不仅如此,在消费观念上,也应该积极地向低碳、环保、节俭的新消费理念转变。

(一) 政府推动绿色发展政策贯彻落实

绿色发展理念之所以能较好地贯彻落实,首先得益于桂南高铁沿线各级政府部门的高度重视。尤其在地方政府的响应下,许多地方政府就把树立绿色发展意识作为地方经济的重要指导理念,引导各个经济体不断将这种思想理念与行动融合,明确走绿色发展道路,树立绿色可持续发展信念与信心,激发企业发展绿色产业的主观意愿与社会责任。现实中环境资源面临的巨大挑战表明,我国必须实现良好的经济转型以应对挑战,政府企业及民众必须意识到建立绿色发展机制是当前社会经济进步发展的必然导向、可持续发展的必经之路以及科学发展观落实的必要保障。政府科学发挥着在该理念中的主导作用,同时也注重绿色政绩观的强化。在科学技术创新方面,政府树立绿色产业的发展目标、研制相关政策促进高新技术成果在实际生产中的应用,为企业科技创新活动提供成体系的服务,孵化科技型中小企业,保护好创新型企业的知识产权,实现高新技术产业人力资源的多元化,对现行的分配制度除弊革新。鼓励企业进行原始创新,通过引进学习和自主创新,攻破重难点核心技术,不断提升核心产品的原始创新水平。在政府的引导和支持下,积极组织企业开展绿色产品的研发项目,努力掌握一批关键的、高端的、基础的核心技术,突破重大技术瓶颈,完善自主知识产权制度。要重视人才的培养,重视加强基础学科的学习,避免人才流失,尤其是核心领域高端人才。对于有重大技术突破的专业人才,要给予相应的奖励,调动人才创新研发的积极性。另外,通过大力发挥高校教育资源的功用,联合各区域实力较强的科研机构,促进生产部门、研究机构与高

---

① 刘波:《基于绿色经济的物流产业融合特点、动因及模式》,《商业经济研究》2019年第6期。

校三方联合,通过合作、订单、定向培养,为绿色产业提供优质的人才支撑,大力提高绿色产业生产者的整体素质。在绿色产业技术应用与普及方面,政府部门能较好地研制相关配套制度政策,结合绿色经济、资源节约、生态环保的理念,鼓励利用市场将各项技术创新转化为生产力及生产成果,推动科技创新技术在环境治理、废弃物利用、清洁生产等领域的应用,推动企业产品更新换代,增强科技产品核心的竞争实力。

这几年,广西壮族自治区柳州市绿色发展成果显著。柳州市加大环境保护力度,在河流治理方面成绩优异。柳江水质不断改善,常年维持国家地表水Ⅲ类到Ⅱ类水质,功能区水质全部达标。从2008年开始,柳州每年单独投入2000万元用于绿色发展体系建设。柳州目前是国家低碳试点城市、国家循环经济示范城市。来宾市也高度重视绿色发展,在同一纬度上,来宾市的环境保存最为完善。不仅如此,来宾市还大力发展旅游业,使生态环境与经济融合发展。到目前为止,来宾市的A级景区数量已经达到了26个,4A和3A级景区数量分别达到7个和18个。

(二) 消费者低碳消费方式的持续转变

物质条件和科技革新水平共同决定了人的需求。同时,人的需求也受到主观和客观等因素的影响。一些心理学家承认这样的观念,即一个国家的科技发展水平、经济发展水平、公民受教育的程度和文化水平都会直接影响到该国国民的需要层次结构。随着社会越来越和谐稳定、经济水平日渐提高,科技成果突飞猛进,国民教育水平及生活质量皆有显著改善,他们的消费结构和需求层次也因而相应提高。初级的物质条件甚至精神生活已落后于人民对更高水平生活的需求,他们开始追求高度便捷、高度舒适、高度满意并只需付出较低成本的消费方式,这种不止于现状与向往未来幸福生活的心理成为消费者绿色消费意识的源泉,也成为社会经济创新进步的原动力。随着人们消费需求的改变,环保节俭的消费方式开始盛行。低碳消费方式是消费者的消费观念与消费资料供给、利用结合在一起的方式,也是消费者本着对社会和子孙后代负责任的态度在消费过程中积极推进的低消耗、低排放、低污染的行为[1]。人

---

[1] 陈柳钦:《积极倡导并践行低碳消费》,《中国城市报》2016年7月25日第16版。

们所说的低碳消费是指积极地减少温室气体，如二氧化碳等，以及对环境友好的能源消费，不仅包括了消费者对能源消费和碳排放量的减少，同时也包括消费者从购买、使用到废弃的消费全过程[①]。低碳消费主要包含三个方面：一是在消费时尽量选择低碳环保的商品；二是处理好消费中所产生的垃圾，做到保护环境；三是消费者观念上的转变，更加注重资源与生态环境的保护。绿色环保的消费方式说明了应有的消费模式，以及如何满足个人生产、发展的同时进行环境保护和节约资源等问题。低碳消费方式注重解决人类生存的环境危机，其实质是使人类社会能够和谐生活、共同发展，实现代际公平与代内公平，使物质、精神和生态消费得到均衡发展，使人类的消费行为和结构更加科学化，使社会总产品的生产更加趋向于合理化[②]。

人的社会活动所产生的废物，不仅来自生产的排放，也来自生活的消费。在提高人们生活质量的同时，传统的高消费也使自然环境面临巨大的压力。可持续性消费观念认为，人类的消费行为应该尽可能地节约和保护自然资源，对环境具有充分友好性。随着经济的发展，人民生活水平的提高，带动桂南高铁经济圈的市场需求结构发生变化。不仅如此，绿色消费理念根植于民众心中，消费行为模式也发生极大转变，主要反映在低碳消费的模式上。新的低碳消费方式出现了，在这种需求趋势的指引下，企业为了获得更多的利润，为了占有更大的市场份额，获得更广阔的发展空间，积极开发新资源和新技术，不断积累资本进行新一轮的投资活动。

新经济背景下，随着新能源、新材料等战略性新兴产业的迅速发展，新能源汽车等一系列以低污染、低耗能为特征的环保型消费品层出不穷，且这些绿色产品的实际生产成本与销售价格也趋于下行。这些活动极大地推动了技术发展，促进桂南高铁沿线产业转型升级和产业集群区域化及产业链的发展以更好地满足消费者的低碳消费方式。那些创新能力强，灵活性强的企业就会存活下来，而这些企业之间的相互碰撞，

---

① 刘文龙、吉蓉蓉：《低碳意识和低碳生活方式对低碳消费意愿的影响》，《生态经济》2019年第8期。

② 陈柳钦：《积极倡导并践行低碳消费》，《中国城市报》2016年7月25日第16版。

又会产生新的发展。当前高科技产业中的高新技术令人们生活质量有了明显改善，消费需求的不断提升也推动着技术的革新和发展，生产出越来越多的新产品用以满足人们的低碳消费方式。

（三）传统产业向绿色产业的转型升级

产业转型升级是当前中国经济应对下行压力和跨越中等收入陷阱的必然性策略，其实质是一场以提高质量效益为内容、以发展质量为目标的"经济效率革命"，对整个中国经济的健康稳定发展具有决定性的作用。我们国家的经济已经从高速增长过渡到了高质量发展。我国经济发展中，产业结构的转变具有重要意义。目前我国经济亟须转变发展方式、优化产业结构、转换增长动力[1]。产业转型升级的要求迫使广西很多企业在桂南高铁沿线区域化集聚发展，产品生产、价值创造的环节也呈现出区域化聚集的趋势。

自20世纪70年代以来，我国通过引进海外先进的技术和产业，实现了经济的增长。但是一直以来，我国由于不能够掌握核心技术而受制于人，处在产业链的低端，技术含量较低，获益较少。不仅如此，在这种底层的产业中，对于环境和资源的破坏也较为严重。产业转型升级是我国经济高质量发展的关键一环，尤其是在此次新冠肺炎疫情进入常态化防控之后，在促进国际国内"双循环"、再造我国产业链的态势下[2]，产业转型升级形势更加严峻，桂南高铁沿线各产业的转型升级也是刻不容缓。中国工业在2015年5月19日发生变化。《中国制造2025》是工业4.0的一个起点。工业4.0是以信息、物联网等技术为基础，将实现产业智能化、高效化。桂南高铁沿线各企业必须紧紧抓住这一历史机遇，实现产业转型升级[3]，在产业转型升级过程中实现产业集群区域化以及产业链的延伸发展。

以营利为目的是企业持续生存和发展的根本，获取超额利润是企业

---

[1] 张鹏飞、谢识予：《长江经济带一体化发展促进了产业结构转型升级吗？》，《经济体制改革》2020年第6期。

[2] 陈明艺等：《减税效应、技术创新与产业转型升级——来自长三角上市公司的经验证据》，《上海经济研究》2021年第1期。

[3] 代慧等：《产业转型升级背景下智能制造专业群青年教师成长途径研究》，《湖北开放职业学院学报》2021年第1期。

从事一切经济活动的出发点和归宿。企业家们及时高效地预测产业发展走向，根据市场的需求精准进行技术变革，使企业得以生存。桂南高铁经济圈内的企业顺应时代趋势，不断推进低碳环保的绿色产业，以可持续发展为目标，实现了经济稳步健康发展，经济圈之间相互融合高端化。实施产业结构绿色转型是对现有产业进行整合、改造、提升和优化的过程，推动产业由依靠资源粗放开发向深度开发、精细加工转变，由外延扩张向内涵提升转变，由高耗、低效、单一发展向集约、低碳、高效、多元循环转变①，以跨区域的企业兼并、重组等方式进行产业转移，实现经济圈内外产业结构优化。

四 政府政策完善推动产业链群化延伸

在桂南高铁产业集群的发展过程中，起主导作用的还是当地政府的政策。政府为了改善经济，通常会对符合条件的企业出台一系列的扶持政策。利用高铁及周边资源发展经济，是比较合理且相对可靠的做法。在这一认识的主导下，地方政府会通过前期的勘查和宣传、对企业以及投资商进行相应引导、为高铁配备更加完善的基础设施、专业市场的培育以及人才引进和融资优惠政策的实施等方式来吸引资本和企业进驻当地高铁沿线附近，有时政府甚至会通过投资来直接推动高铁产业链群化延伸②。

产业链群化发展过程中政府政策是积极有效的，进一步促进产业链的发展和延伸。桂南高铁沿线城市的地方政府在产业链群化延伸的发展过程中，态度上发生了一系列的转变。从默许、鼓励到组织、参与，每次政策的出台大多都是在市场失灵导致的危机产生之后。这类面向产业集群的政策出台，不仅能解决集群内企业的矛盾，而且能有效地提高企业获得外部资源的能力。随着桂南高铁产业集群区域化的发展演化和政策实践的经验积累，政府的产业集群政策对推动产业链群化延伸的作用比企业间的相互作用更为重要③。

---

① 邱高会：《绿色发展理念下四川产业结构绿色转型研究》，《统计与管理》2016年第8期。
② 罗永乐：《特色农业产业集群形成与发展的动力机制分析》，《理论导刊》2015年第3期。
③ 梁天宝、程艳霞：《传统产业集群升级动力机制构建与分析——以增城牛仔产业集群为例》，《科技管理研究》2016年第11期。

第三节 本力分析

一 交通物流发展成为产业重要组成

如今，我国经济发展方向已由过去的高速增长转向了高质量发展。推动经济高质量发展，既是保持经济持续健康发展的必然要求，又是适应社会矛盾变化、全面建设社会主义现代化国家对经济规律的必然要求。当前，人民日益增长的美好生活需求与不平衡不充分的发展之间的矛盾是我国现阶段面临的主要矛盾，建设高速铁路对于解决这一问题具有重要意义。高铁建设将提高区域交通通达率，时空压缩效应将改善城市间联系，区域间分工更加紧密，能够有效缩小区域发展差距，有利于经济社会高质量发展。

交通物流的发展将促进产业区域经济的发展，经济的发展也需要交通物流业作为支撑，要注意把握这种因果关系在经济中的关键作用。但是，要注重适应性原则，即交通物流的建设需要和经济发展的水平相适应，交通设施如果过多则是资源的浪费，会阻碍经济的发展；相反，如果过少则不能促进经济的发展。因此要适当地协调，使二者相互促进发展。为了推进经济稳健地发展，在雄厚的资金支持下，我们更要合理、有效建设交通物流设施。交通物流设施的发展不仅将促进高速铁路经济的发展，也将对其他地区和整个国家的经济发展产生积极影响。本地效应与溢出效应同时存在。"十三五"时期是我国交通发展的战略关键时期，以高速铁路为骨架的铁路是以适度推进和协调各种发展方式的原则建成的，形成网络配套、技术先进、服务第一、安全系数高的海陆空立体式综合运输体系。京津城际铁路自2008年开通运营，我国始终坚持自主创新，结合高铁"走出去"的国际发展策略，近年来，我国高铁建设发展迅速，高速铁路运营里程已成为世界第一。随着我国高速铁路的迅速发展，我国的高铁建设已产生了巨大的国际影响。目前，俄罗斯、巴西、波兰等国家明确表示愿与我国在高速铁路建设项目上开展合作[1]。

---

[1] 韩伟、黄新民：《日本高速铁路发展启示》，《中国商界》2010年第1期。

在各类交通工具中，高速铁路的特点是速度快、运输量大，可以带动人员流动和资本流入。与空运和道路交通相比，对产业集群区域化的影响更为明显。2013 年，广西作为开通高铁最早的少数民族自治区，进入了"高铁时代"。截至 2019 年，全区高铁运营里程达 1771 公里，约占全国高铁总里程的 10%[①]。在交通基础设施不完善的时期或地区，广西各经济圈主要在其内部扩张。改革开放 40 多年来，广西铁路由"路网末梢"跃升为"区域枢纽"，其中南宁、柳州和桂林三个城市分别是南广铁路，广西区内铁路和贵广铁路的枢纽城市。特别是近十年来，广西铁路高速发展，迅速带动了广西人流、物流和资金的流动。随着"高铁时代"的到来，各生产要素流动变得更加快捷，高铁在空间上拉近了城市距离，在时间上缩短人们出行的时间，增强了城市对外交流的能力，加强了桂南高铁沿线城市之间的联系与沟通，促进了企业间的交流融合，有利于形成区域产业链，进一步促进产业发展的进程[②]，给桂南高铁沿线城市经济的发展带来显著的效益。

（一）推动高铁经济圈内产业布局优化

某一国家或地区的产业布局是某一产业在一定范围内的空间分布，对该国家或区域经济效益的实现和经济发展速度有一定影响。产业布局受许多因素影响，但最终是位置因素。不管理论如何，产业布局最重要的因素始终是距离以及由距离而产生的运费。我国高速铁路的快速发展极大地改变了原先铁路的面貌，不仅方便了人们的出行而且极大地推动了高铁产业的发展，并产生了高铁经济区，极大地提升了区域内要素资源的流动水平，缩短了区域之间的距离，促进了城镇化进程，加快了高铁经济圈内产业的布局优化。随着高铁的开通，桂南高铁沿线产业的集聚效应与辐射作用不断加强，人流、物流、资金流和信息流不断增多，产业在高铁沿线区域化发展，使得桂南高铁经济圈的联系与交流更加频繁，促进调整产业结构和优化产业布局。高速铁路通过路线给城市带来便捷的交通，在城市布局和定位上让中心城市辐射周边城市，产生全新的影响力。它不仅能促进城市之间的经济、文化、旅游，而且能帮助人

[①] 黄成英：《加快广西高速铁路发展的对策探讨》，《西部交通科技》2020 年第 3 期。
[②] 陈海友：《高铁在经济社会发展中的重要作用》，《财经界》2020 年第 7 期。

们在不同城市之间购买房产，同时还能推动相关投资市场发展。高速铁路建设是经济社会发展的必然趋势，对于区域协调发展、优化产业布局、构建综合性运输体系、减少社会成本、促进城乡一体化进程和经济可持续发展等方面，有着重要作用。

只有合理调整和优化区域产业结构，才能使经济得以快速高效发展。在传统产业的发展中，广西在高速铁路运营中，在高投入、低产出的情况下，低效率的增长方式往往不可取。高速铁路经济圈内产业集群之间的空间运输距离大幅缩短，运输便利程度明显提高。桂南高铁网络在推动产业区域分工的同时，对经济圈内的产业结构进行调整，进而形成知识型服务、文化创意、现代物流商业等特色鲜明的产业集群。高速铁路网络的扩展，促进了不同地点的生产要素流动，提高了资源配置效率，逐步减少了产业布局对铁路运输的依赖，变得越来越灵活。餐饮、住房、旅游、零售和其他服务行业在高速铁路沿线更快更好地发展，这也是金融、教育和房地产等第三产业有序发展的主要推动力之一，促进劳动力等要素在城市中的流动和发展，从而促进城市与城市之间、城市与农村之间产业布局的优化，加速城镇化的进程，也为经济圈内产业结构的优化升级提供坚强后盾。

同时，桂南高速铁路网的发展涉及很多领域行业，包括制造业、旅游业、电子通信等行业，并推动了许多相关行业的发展。高速铁路的发展对其相关的制造业产品的质量和技术含量提出了更高层次的要求，从而迫使制造业等传统行业向技术密集型和资本密集型产业转型，开发出新产品、新技术和新工艺以适应新时期高速铁路建设的新一轮要求，由此推动产业转型升级[①]。不断改善创新型制造业体系，增加新兴产业的比重，促进新的经济增长点的建立。不断增加资本投入，在关键领域这一过程有利于劳动力等要素的流动，有利于城市的发展，进而促进城市之间、城市与农村之间和核心技术上取得重大突破。可将新材料、新能源汽车和电子信息视为战略产业和高科技产业的主流，并促进互联网、人工智能和实体经济的深度融合与发展。利用好高铁的便利条件，开展

---

① 汪建丰:《沪杭高铁经济带城市产业布局研究》，《阅江学刊》2015年第5期。

持续性、高强度的招商引资，加快推进建设一批好项目①。

（二）促进市场资源配置效率不断提高

我国高速铁路的快速发展极大改变了原先铁路的面貌，不仅方便人们出行而且极大地推动了高铁产业的发展，并产生了高铁经济区，极大地提升了区域内要素资源的流动水平，带动产业集群区域化和全产业链建设，促进城镇化进程加快。日法两国8年后才修建了第二条高速铁路，相比于日本、法国等国家，我国高速铁路发展选择了"全面推进"的发展模式。近几年广西高速铁路建设越来越完善，城际铁路网络也在迅速扩张。随着交通基础设施的规划和建设，广西和其他各个省份的各方面的合作交流持续深化。"十三五"期间，广西和广东、湖南、贵州和云南等周边省份与高速铁路相连，形成了"12310"高速铁路经济圈，以南宁为中心。广西桂南高铁的开通节约了人们通行的时间成本，压缩了桂南高铁沿线城市与城市之间的时间距离，使得城市间人流、物流、资金流、信息流等各种要素在区域内的流动速度明显加快②。交通运输基础设施的改善降低了地区之间的交易成本，提高了地区之间的贸易效率，增加了市场规模，加强了市场竞争③。与此同时，高速铁路使城市间的时间距离压缩导致了可达性的改变，对区域内的各种资源要素进行了重新配置，将提高市场资源配置效率，重塑区域城市体系结构，整合区域经济，促进产业转型升级，从而在一定程度上带动经济的发展④。高铁对资源的重新配置发挥了十分重要的作用，高铁的开通促使城市间各种高素质专业人才和技术资源的优化再配置，推动人流、资金流等围绕高铁展开区域化分布，进而推动城市的产业转型升级。

随着交通基础设施的建设，桂南高铁带来的经济和社会价值，远远超过高铁作为交通工具的价值。便捷的交通可以促使地区间的生产要素

---

① 程博：《迎接高铁时代全面释放经济红利》，《环渤海经济瞭望》2018年第1期。
② 宋欣等：《长三角高铁网络时空演化格局及区域经济影响测度研究》，《长江流域资源与环境》2020年第2期。
③ 邓慧慧等：《高铁开通能否助力产业结构升级：事实与机制》，《财经研究》2020年第6期。
④ 宋欣等：《长三角高铁网络时空演化格局及区域经济影响测度研究》，《长江流域资源与环境》2020年第2期。

交流更为频繁，为生产要素提供成本更低的流动机会①。以高铁站点为基点促使建立新的城市中心和人口聚集区，从而促进人口集聚化、区域化发展，在一定程度上缓解了中小城市的人口流失问题。同时高铁有利于促进企业高级人才流动，改善企业资源配置。人力资源的集聚不仅可以缩短知识传播的距离、降低知识传播的成本、促进行业间的知识溢出效应，而且还有助于提高企业的技术水平。高速铁路的开通可以促进劳动力和其他生产因素的流入，提高当地市场的潜力，专业劳务部门带来的规模经济，有助于沿线城市的物流、旅游和高质量服务业的发展。延伸了高铁产业的产业链条，促进了产业集群区域化和全产业链的建设。

高铁经济时代的到来，正促进着人力资源在各大经济圈内的流动与分享。随着信息时代的到来，企业面临的重要的竞争之一为人才竞争，拥有最优秀核心人才的企业将更具备在竞争中获胜的资本与能力。高铁交通的建设将更快实现区域生产要素相对自由的流动，同时企业职工也将拥有更完善的生活及生产条件。高铁网络的布局加快城市化的步伐，人才的流动与集聚效应更显而易见。广西桂林到南宁的高铁开通后，铁路乘客运输量大幅度飙升，一些沿线城市因此变成瞩目地带，加上人口聚集效应的积极带动，城市化速度越来越快。城际高铁运营后冲击了以往旧的生活方式与行为选择，许多人工作地点与生活住宿开始分离，对空间布局、人力资源规划都将产生十分重大的影响。

二 资源要素开发吸引产业区域集聚

在资源中产生了产业区域集群，因此资源禀赋是形成集群的重要因素。市场价值包含在自然资源优势中，促进了产业区域的集聚。不同区域因为气候、交通、地质条件等方面的差异导致资源禀赋千差万别，这种资源的地域差异性，使得一些企业和农业组织为了更好地开发和利用某种特定资源不约而同集中于一地，进而孕育出桂南高铁沿线产业集群区域化发展②。桂南高铁经济圈经过较为悠久的经济发展历程，在人力

---

① 陈卫、王若丞:《高铁对中国城镇化发展的影响》,《人口研究》2020 年第 3 期。
② 罗永乐:《特色农业产业集群形成与发展的动力机制分析》,《理论导刊》2015 年第 3 期。

资源、基础设施建设、信息网络技术、创新水平、企业家管理才能、海洋资源等方面有着雄厚的基础。丰富的资源要素是产业集群的前提，促进着产业集群区域化的发展。广西的气候属于亚热带季风气候，年平均气温良好，为21℃。森林覆盖率很高，主要河流的空气质量和水质达标的天数居全国前列。它拥有丰富的药用资源，少数民族医药资源和海洋生物资源也很丰富。广西以其独特的地理优势，是中国沿江省区，中国西南边境线上最便捷的海上通道，是中国与东盟开放合作的窗口。近年来，中央政府明确赋予广西新的三大使命，即建设通向东盟的国际大通道、开拓和发展西南、中部和南部的战略支点、建设21世纪海上丝绸之路和丝绸之路经济带的重要门户。随着面向东盟的金融开放门户、西部陆海新通道、自由贸易试验区等重大国家战略和政策相继落地实施，广西迎来了政策红利密集释放的机遇期，为打造"畅通、高效、经济"的金融合作大通道提供了有力的支撑，为更好地促进广西产业结构调整升级、实体经济高质量发展提供了良好环境[①]，为桂南高铁沿线产业集群区域化和全产业链建设的发展打下了良好的基础。

近年来，广西紧紧扣住关键，积极进行创新探索，以科技体制改革为动力，大力推进科技创新，在多方面、全方位、多层次取得了一系列成果。桂南高速铁路沿线南宁市创新产业技术研究机构运行模式，依托高校院所、龙头企业、国内外高层次人才队伍，采取企业化经营、自主经营的方式组建新的产业技术研究所。

在过去的两年里，广西紧紧抓住机遇，积极创新研究，通过科技体制和机制改革，大力推进科技创新，取得了显著成绩。桂南高铁沿线南宁市创新产业技术研究机构的运行模式，依托高校、国内外公司和高层次人才队伍，新建产业技术研究机构，自主经营，要求核心团队持有研究机构股份且占主导地位，允许高层次人才团队以知识产权、现金等方式入股。与此同时，南宁市还出台了新的工业技术研究机构的建设和资金管理措施，并且从资金参与、业务费用补贴、平台建设支持、人力资源与安置资金以及技术的收入分配等方面，配套了一系列的扶持措施，如三年一度的、最高300万元的科研经费支持，大力扶持了新型产业技

---

① 宋军：《对当前广西金融业发展几个问题的认识》，《区域金融研究》2020年第4期。

术研究机构。同时，创新政府作为"天使投资人"的融资运作模式，对研发阶段、具备一定风险但意义重大的科技创新项目给予创投资金支持，最高可资助 4000 万元。

广西北部湾经济区，位于我国沿海西南端，区位优势明显、海洋资源丰富、劳动力较为充足，由桂南高铁沿线的南宁、钦州、防城港等地组成。北部湾位于中国—东盟自由贸易区的地理中心位置，在南海航线上航行后，可以直接通往太平洋和印度洋，到达世界各地的海岸。据说，11 个国家相互联系，该经济区五大洲相互联系。也是地缘经济上的"一日区"，使其能够在一日之内到达最偏远的沿海港口，促进了国家间的合作交流和经济发展。同时，这里的劳动力成本比其他国家低。世界经济的发展造就了东亚和太平洋地区最具活力的经济带。有一系列的海港和城市。从日本、韩国和中国东海岸到新加坡、泰国、马来西亚等。经济周转率高、发展势头强劲，环北部湾经济圈处于经济区内。相比之下，这里的劳动力成本最低，不仅可以承接经济带以外的产业转移，也承接本条经济带其他区域或者国家的产业转移[1]。2007 年，广西北部湾国际港务集团有限公司的成立，标志着三大港口北海、防城、钦州分散经营、无序竞争、资源浪费的局面正式终结。目前，广西北部湾港口已成为广西北部湾经济区非常重要的组成部分，港口的发展有利于通过货物的集聚效应扩大港口吞吐量，增加港口企业服务的额外价值，全方位提升港口核心竞争力[2]。广西北部湾应从国内外港口发展的历史与经验中学习，根据准确的定位和自我评估，发现经济的切入点，利用自身的地理资源优势，包括良好的地理位置、人才、技术等，根据自身情况发展成独具特色的现代化港口，加速推进桂南高铁沿线产业区域集聚发展。

三 区域协同发展拉长产业链群长度

区域协同发展指的是地理位置接近的某些国家或地区，为了获得生产、消费、贸易等利益，签订多边合作条款来共同制定和执行经济政

---

[1] 李欣广：《环北部湾经济圈的功能评价和发展前景》，《西部论丛》2007 年第 1 期。
[2] 陈扬：《北部湾经济圈下广西沿海港口的整合》，《当代经济》2010 年第 4 期。

策，以实现经济市场的开放、统一以及自由的贸易投资，联合起来形成一个区域性经济贸易集合体的过程。区域协同发展最早始于欧洲的学者，许多学者一致认为，区域协同发展不仅是一个状态，也是采取一系列措施消除不同国家间差别对待的过程。就是使这种差别形式逐渐消失。对于区域协同发展体制内的各个成员国而言，在区域协同发展范围的经济活动即是放弃成员国部分国家主权，以跨区域的市场为主。全球绝大多数的国家多多少少都参加了区域经济协同发展的组织，比如欧洲联盟、"丝绸之路经济带"和"21世纪海上丝绸之路"、世界贸易组织等[1]。

大形势下区域经济协同发展拉长广西产业链群长度以提升在国际上的竞争力，更推动着桂南高铁沿线产业链群的区域化发展。《区域全面经济伙伴关系协定》（英文简称：RCEP）于2020年11月15日签署。在谈判了8年之后，世界上最大的自由贸易区终于正式启动。RCEP由东盟10国、中国、日本、韩国、澳大利亚和新西兰15个国家签署，其总人口为22.7亿人，GDP为26万亿美元，出口额为5.2万亿美元，RCEP的签署代表着亚太地区经济协同发展的新时期，进一步促进贸易和投资自由化，深化区域产业和价值链，并对全球经济和贸易结构产生重大影响。RCEP签署后，将促进区域内技术、人才、资源等要素更便利地流动，提升各经济体对接产业转移的能力，有助于中国加强与东亚国家的深层次合作，推进构建"双循环"发展新格局，推动桂南高铁沿线的产业集群并且产业链有机会得到进一步延伸[2]。

基于国内区域经济协同发展四面开放的现状，我国逐渐加大开发开放力度，在国际上大范围地加强与我国相邻区域进行区域协同发展合作，共同发展经济，实现互利共赢。中国—东盟自由贸易区构想于2000年提出；中国与东盟自由贸易区谈判于2003年开始取得重大进展；于2010年正式成立。该自贸区的建成，意味着双方贸易壁垒的消除以及一系列关税优惠政策的落地，我国产品将可以以更优惠的价格进

---

[1] 胡毅翔：《国际区域经济一体化的原因、发展及未来前景》，《现代商业》2020年第8期。

[2] 李睿正、谭爱玮：《区域经济一体化建设进入新时期》，《金融博览》2021年第1期。

入东盟市场，拓宽了我国出口渠道，有利于提高我国产品在东盟市场的竞争力，有利于我国实现出口市场的多元化。中国和东盟各国，都属于发展中国家，经济发展水平远远落后于西方发达国家，在经济全球化不可逆转的趋势下，区域协同发展是中国和东盟各国发展经济的必然选择。区域协同发展在经济、政治和安全等方面的积极作用日益明显，以中国—东盟市场为例，在行政区域的划分下，不利于资源的合理分配，市场不能有机协调，各个经济体各自为政，造成资源的大量浪费。自中国—东盟自贸区成立以来，中国—东盟区域便可以充分整合资源，合理分配，并考虑到各区域资源禀赋的差异性，秉承互利共赢的态度，统一规划，共同受益。

中国—东盟自由贸易区的建立给桂南高铁经济圈的发展带来了前所未有的机遇，促进当地各产业的转型升级与产业集群发展。区域协同发展是降低贸易壁垒、降低或消除关税以及降低投资成本的根本途径。同时，商业集团高度整合，将加强政策合作。首先，桂南高速铁路邻近地区的国际公司通过采用一系列优惠政策可以在这些地区来降低运营成本，因为关税壁垒和程序性削减给公司带来了更低的生产成本，并帮助公司及时生产产品。其次，桂南高速铁路沿线的公司更容易进入全新的市场，推广公司生产的产品，增加销量。这也使国际公司能够利用区域经济一体化组织之间的合作，允许它们享受优惠的区域政策，并使得公司利用优惠政策进入贸易壁垒较高的市场。最后，企业可以利用各国多样化的资源来生产产品，不断提高生产产品的质量、降低生产的成本等。[1]

（一）区域协同发展促企业规模经济

规模经济是指通过增加生产规模来提高生产效率。规模经济反映了生产要素聚合带来的不断增长的利润。在规模经济国家，随着产出继续增长，长期平均总成本处于下降趋势。区域范围意义上的规模经济是通过相关地理范围、职能、分配模式、规模结构和内部关系内不同部门和行业的理性和经济等实现的。我国桂南高铁经济圈面向东盟市场的区域

---

[1] 罗嘉丽：《区域经济一体化背景下的中国企业东盟市场营销战略研究》，硕士学位论文，山东大学，2012年，第45页。

协同发展有利于打开市场，互利共赢。区域协同发展有利于打破行政边界和区域边界，有利于形成和建立区域性的商品市场和区域要素市场，有利于实现人力资源的地域性分工和专业化协作，有利于桂南高铁经济圈充分利用国内外资源，进行跨区域的资源和要素的整合与优化配置等。区域协同发展有利于中国—东盟区域共享先进的技术、一流的人才、丰富的资金和先进的管理，共同开发市场，促进相互发展，取长补短，实现互利共赢，实现广西桂南高铁经济圈的产业集群区域化的发展。

中国—东盟自由贸易区的建立极大地促进了桂南经济区的发展。因为中国和东盟国家之间的经贸关系趋于增长，因此可用比以前更低的价格从东南亚国家进口石油、铁矿石和煤炭等自然资源；促进产业集群区域化发展的同时，利用进口的资源促使高铁产业链更加完整，以支撑增长型工业。目前，这些资源主要是从广西进口的。把这些原材料加工成半成品，运往其他工业城市，工业成本就会大大降低。相反地，这里也加工大陆来的原料，可以销往东南亚及世界各地。广西沿海港口城市，例如北海可以利用良好的地域条件，发展靠海原材料制造业，将东南亚的资源优势变为成本优势，提供各省份经济发展中需要的原材料[1]。

中国—东盟自由贸易区的建立，不仅促进了中国与东盟关系的发展，营造和平、和谐的周边环境，维护本地区的和平与稳定，推动东亚地区的整合，更促进了广西桂南高铁经济圈的产业繁荣发展，促进区域内各地在资金、人员、信息等方面的流通共享，推动市场经济的发展，创造更多的价值，提升桂南高铁沿线与区域外国际组织之间的竞争力，推动产业的集群发展，提高人民的生活水平[2]。

（二）区域协同发展促产业结构优化

区域协同发展有利于推动桂南高铁经济圈产业结构的市场化整合。在中国—东盟区域协同发展的浪潮下，桂南高铁地区应该配合各区域的战略定位，发挥区域优势，根据独特的自然资源和产业发展情况，抓住

---

[1] 李欣广：《环北部湾经济圈的功能评价和发展前景》，《西部论丛》2007年第1期。
[2] 蒋琛娴：《中国—东盟合作的发展及其影响》，硕士学位论文，辽宁大学，2011年，第48页。

协调产业结构的机会，实现地区产业结构的互补。在中国—东盟区域协同发展的形势下，桂南高铁经济圈势必会抓住机遇实现产业区域协同发展，在区域内进一步消除重复建设、过度竞争，减少资源浪费。整合各区域产业结构，有利于各区域比较优势的发挥，生产符合整个大的区域内消费市场需求的产品，加强各子区域产业结构的互补，最终实现经济圈内产业转型升级。

区域协同发展可以使资源配置进行优化，通过在区域内降低企业成本，提高竞争力，促进产业结构优化升级。我国是一个发展不平衡的国家，要重视发挥区域资源禀赋的优势，不断优化区域产业结构和空间布局，加速桂南高铁沿线形成具有区域特点的产业链和供应链，进而推进区域经济协同发展，并在推进区域经济协同发展中促进产业链的升级[1]。中国—东盟自贸区建立后，自由贸易区会促进产业沿着自然资源密集型、劳动密集型、资本密集型、技术密集型和知识密集型的方向逐步升级，最终实现桂南高铁沿线产业结构的优化[2]。

（三）区域协同发展推动产业的转移

中国—东盟自由贸易区的建立对广西等地的经济活动带来了很大影响，包含产业转移。这类产业转移是一种区域性国际产业转移。国际产业转移指的是国家或地区之间的产业转移，也就是某些产业从一个国家或者地区转移到另一个国家或者地区的过程，它主要是通过国际投资表现出来，也就是说国际产业转移往往是通过对外贸易和投资进行的[3]。作为加快经济发展方式转变的必然要求，产业转移可以优化生产力空间分布，形成更具合理性的产业体系，从而促进产业结构的调整。经济不发达地区应该从实际情况出发，根据自身的区位优势、资源条件、人力资本等条件，积极主动进行经济改革，抓住当前经济发展的机遇，主动承接发达地区的产业转移，实现经济发展转型，促进产业聚集[4]。

---

[1] 迟福林：《立足扩大内需促进区域经济一体化》，《经济日报》2020年4月30日第11版。

[2] 陈秀莲：《中国—东盟自由贸易区对产业转移的影响》，《开放导报》2006年第5期。

[3] 陈秀莲：《中国—东盟自由贸易区对产业转移的影响》，《开放导报》2006年第5期。

[4] 胡书金、刘艳：《区域经济一体化背景下承接产业转移问题研究——以河北省为例》，《人民论坛》2013年第11期。

在中国—东盟区域协同发展的形势下，各成员国能够加强区域整体意识，打破传统的行政区域的分割。在中国—东盟区域内，各个国家的经济发展水平各异，产业结构也不统一，产业水平各异，自然资源禀赋也有较大差异，存在一定的产业梯度差。因而区域协同发展内的各个成员国应正确认识产业梯度差，积极把握住产业梯度差的规律，在中国—东盟的大的区域范围内整合资源，实现资源的优化配置和分工，积极实行产业转移。我国桂南高铁经济圈可以利用东盟部分成员国大量廉价劳动力的优势，将劳动密集型产业转移到这些区域，从而发挥各地的比较优势。将劳动密集型产业转移到东盟部分国家，才能够腾出更多的土地、人力资源和财力发展新兴产业，加大科技投入，提高产业的技术含量，提高产品的附加值，促使我国产业链深化发展。同时桂南高铁经济圈也可以承接部分东盟国家的产业转移，实现区域间的共同发展。因而，区域协同发展有利于解决桂南高铁沿线地区产业层次偏低、结构不合理等问题。高铁的出现在空间上将某地区纳入一个交通系统，冲破原有的地域障碍，区域间联系变得频繁快捷，进而有利于桂南高铁经济圈产业的发展。

另外，近年来南宁、桂林、来宾等地聚焦大健康、大数据、大物流、新制造、新材料、新能源，积极拓展面向粤港澳大湾区的招商引资，一批龙头企业和大项目相继落地，促进了当地产业转型升级和产业集群的发展。然而，当前广西承接的产业多处于价值链中低端，产业配套性和关联度较低，未能与现有产业形成完整产业链。同时粤西北地区、广西周边省份、东盟国家均竞相出台承接产业转移的优惠政策，广西面临的区域竞争压力日益加大[1]。因此，此种形势推动着桂南高铁沿线产业进行集群区域化发展，发展相关配套、关联度高的产业，不断补充完善高铁产业链条，提升其在区域协同发展中自身的竞争力。

四 市场竞争力提升增加产业附加值

市场竞争力是指企业在发展潜在市场、适应市场、战胜竞争对手、

---

[1] 李世泽、张卫华：《聚焦关键领域深挖合作潜能〈广西全面对接粤港澳大湾区实施方案（2019—2021年）〉解读》，《广西经济》2019年第6期。

占领有利市场的能力。中小企业的市场竞争力是中小企业驾驭市场的能力，是企业各方面能力的综合体现，同时也是企业生存和发展的保障[①]。随着经济全球化、广西经济的不断进步与发展以及广西各地区经济发展的政策支持，广西各行各业迎来了空前的发展。行业内部和行业之间的竞争日趋激烈，企业为了占有更大的市场份额，不断开展技术和管理创新活动，不断提高自身产品的品质、不断降低自身生产产品的成本、不断提高自身产品的知名度，即从自身产品出发来提高本企业在市场上的竞争力。随着各企业自身竞争力不断提升，促进企业所在行业的发展，促进产业集群区域化和全产业链的空前发展。因此出现了以南宁、柳州、北海等城市为中心的产业集群，尤其是以桂南高铁为核心的产业集群的大量涌现。

桂南高铁沿线城市的企业要想得到更好的发展，就必须从自身市场竞争力入手，降低企业之间的交易成本、提高生产效率，生产出更符合市场需求的产品，调整经济结构，促进产业转型发展，使经济发展从粗放型向集约型转变，大力发展服务业，提高经济发展质量，加强企业间合作。因此可以将各个产业相互联系，积极与别的企业、产业寻求合作，在价值链中融合多个产业，使得高铁产业链延伸发展，依靠附加值的提高来扩大利润空间。不同合作伙伴在研发、生产等各个环节更容易形成优势组合，进行信息共享、资源和能力互相补充，彼此互相学习，各自提高自己的创新能力和应对复杂多变环境的能力。应该在竞争中看到机遇，与其他企业积极谋求合作以促进企业发展，进而不断提升企业的竞争力，促进产业集群区域化发展，实现桂南高铁经济圈经济增长。

技术创新能力的强弱直接影响着企业在市场上的竞争力。有很强的技术创新能力的企业能够开发、生产出高科技、高质量的产品，满足市场需求，提高市场竞争力。为提升企业的技术创新能力，必须建立并补充企业的创新系统，不断加以完善。可通过开展各种形式的产学研合作，吸引高等院校和专业技术院校的科技力量，组织授权解决若干重大技术难题，实现技术突破和跨越式发展，把科技成果转化为生产力。将产业集群和高铁产业链的发展前景与人才前景相结合，更好地做到因事

---

① 王丽：《基于互联网的中小企业市场竞争力塑造》，《中国商贸》2011年第5期。

设岗、因才设岗。同时建立有效的技术创新机制，深化企业人事制度和分配制度改革，构架科学的薪酬体系，将关键人才的留存进行风险管理。在实现技术创新与进步中的价值时，科技人才可以通过技术份额、岗位报酬、设立重大报酬项目等方式体现出来，从而使其创新成果最大化，激发其创新潜力、创新热情等。

总而言之，在复杂多样的竞争环境下，企业要继续发展壮大，不断创新，更好地满足消费者的利益最大化需求，保持长期的竞争优势，就必须不断开拓发展产业集群的途径。在技术上满足多样化需求后，企业要寻求竞争与合作，以保持长期竞争优势，相互配合、分工协作，不断增加产业的附加值，进行产业集群的发展。产业集群与企业间谋求合作与发展，为帮助公司改变交易成本，企业须不断加强技术创新能力，在技术资源共享的基础上，促进技术创新在不同行业间的传播。通过产业集群的区域化，可以增强产业间竞争合作关系，降低研发成本，缩短研究与开发时间，提高企业的生产效率和竞争力，最终在竞争上形成持续的优势。

第四节 阻力分析

一 政府管理效率影响产业集群发展

政府是影响产业集群区域化和全产业链发展的关键外部因素，有能力为集群提供政策保障，在集群发展过程中，如果政府制定的政策和制度与集群发展过程不一致，无法进行产业政策的引导、行业和产权法规的保护、公共产品和服务的提供，势必影响产业集群的健康运行。地方政府应该精准定位所扮演的角色与职责所在，在产业集群过程中要以引导者、监督者、服务者的身份对产业发展进行调节与控制[1]。但个别部门却存在注重管理、轻视服务的现象，在地方政府缺乏统一的协调部门导致办事效率低下这一方面格外突出。在桂南高铁产业集群发展的过程之中，企业与组织部、宣传部、财政局等许多部门，在业务上是相互关联的，但相关信息在各部门之间并不交换，信息也无法传递或协调。与

---

[1] 陈玲：《文旅融合发展中的政府作用研究》，《广元日报》2019年12月8日第3版。

此同时，大多数部门过分强调自己的职责和管理规范，却忽视了企业的实际发展需求，新的业务所有者消耗了大量的人力、物力和时间，在应用程序、审批、土地使用和操作处理上，大大降低了办事效率。这些都是由于缺乏一个跨部门且可以协调处理业务的专门机构以统筹产业的发展[1]。

在市场经济中，为了克服市场本身的缺陷，桂南高铁沿线城市各政府部门应该以引导者的身份管市场管不了、无法管的事情，把公益性产业放在重要位置，有效地利用好人财物力等各种资源，协调好政府、市场、社会三者之间的关系，维持正常的市场秩序，特别是竞争秩序。另外，在产业集群区域化发展的过程中，地方政府应以监督者的身份，建立统一、竞争、有序的市场体系，规范企业运作，尊重市场资源配置的功能。由于存在着市场失灵问题，为了满足当地社会的基本需要，地方政府有责任为当地居民提供更多的公共产品与服务。为了不断从多方面、高层次上满足人民的需要，政府角色应充分体现出公共性和服务性，应该更多地承担服务者的角色，促进产业发展以保障人民群众的根本利益。建立健全人才引进和培养制度是产业发展的根基，大量的专业人才和合理的人才构成将大大促进产业集群的发展。同时完善用人制度，做到奖励和惩罚界限分明，对有突出贡献的人员进行物质上或精神上的奖励，出台相关的政策以保证专业人才在物质生活方面的待遇，促使人才留下来，以促进产业集群区域化和高铁产业链的建设[2]。

二 资源要素外流阻碍产业的区域化

产业的平稳发展需要大量相关技术、资金、人才等多种要素的支撑，以防止桂南高铁沿线企业资源要素外流。一般而言和高铁相关的产业，尤其是和高铁建设、运营相关的产业会集聚在高铁附近，但是很多企业缺乏与高铁相配套的技术或者资金，则集聚在高铁附近的可能性就大大降低，从而阻碍了产业集群区域化的发展。

---

[1] 查君：《农村三产融合发展中的政府作用研究》，硕士学位论文，山东大学，2019 年，第 33 页。

[2] 陈玲：《文旅融合发展中的政府作用研究》，《广元日报》2019 年 12 月 8 日第 3 版。

（一）人才要素的缺乏与流失

专业技术人才包括新兴产业与传统产业中的人才，是推动企业发展的重要动力。同样高层次创新人才持续为我国在区域经济发展提供动力与活力，带动区域经济繁荣协调发展。桂林到南宁高铁沿线的企业在相互关联的环境中面临许多挑战，包括重大的制度差异、复杂的种族和宗教矛盾以及不同的文化，对高质量的复合人才要求很高。对综合型人才在知识、能力、思维等多方面具有更高要求。知识经济和共享经济的到来，使得获取知识的途径和创新的方式有了新的突破，但这也要求聚集在同一个平台的人才之间对于知识和经验的储备应当达到一个共同的基准值，只有这样，才能促进交流和创新。所以，复合人才的最大特点是跨学科、多才多艺，可以在各个领域发光。随着高速铁路沿线产业升级的继续，第一产业和第二产业的建设有必要不断吸收人工智能、互联网大数据、电子信息、计算机、机械和现代管理技术方面的高科技成果，并将这些技术应用到实际生产和运营过程中。这要求企业人力资源支持体系中应当储备大量优秀的复合型人才，以提升转型升级的效率和效果，实现自动化、信息化、智能化、生态化和柔性化生产，取得更好的经济、社会和市场效果[①]。

专业技术人才和高层次创新人才以及高素质的复合型人才是推动产业集群区域化以及完善全产业链的重要力量，而南宁、柳州等城市和其产业链条配套的企业与人才并不多，尤其是科技人才支撑明显不足。入驻南宁、钦州港的企业共有11家，急需190个岗位，其中82个是在南宁地区，现代服务业、新兴制造业和金融业岗位所占比例位列前三名。就就业类型而言，在190个有迫切需求和短缺的工作岗位中，对于专业技术人才的需要最为迫切，所占比例为53.16%，管理类所需人才所占比例为29.47%。从学历要求来看，对本科学历的需求最大，占比62.63%；大专学历所占比例为30.53%。从年龄要求分布上来看，主要为22—30岁，占比高达42.63%；其次是31—40岁，占比38.42%。由于高校和科研院所较少，所以输出的人才也较少，计算机、金融、机

---

① 代毓芳、张向前：《中国产业转型升级之人力资源支持体系研究——基于互联互通与经济中高速增长背景》，《企业经济》2020年第39期。

械设计制造及自动化、化学工程、环境工程、经济学 6 个专业需求最大。与发达地区相比,企业经营环境、地理位置、人才培养环境等都有一定的差距;由于体制机制还未完全理顺、企业和企业家及技术人员的激励机制不健全,导致对金融、计算机、研发等高端人才吸引力不足,具有实际技术操作能力的技能工人也是桂南高铁产业集群发展的短板[1]。在创新型人才方面,即使有渠道可以满足企业对于人才的需求,也需要付出极高的用人成本。如果解决不了人才缺口问题,没有强有力的人力资源作为后盾,则无法实现产业转型后的长远健康发展。

(二)资金要素问题

广西各企业尤其是桂南高铁沿线各企业在融资方面仍然存在以下问题。

第一,缺乏科学的融资结构。广西属于经济发展落后地区,经济基础薄弱,集资压力大,资金短缺的问题存在于很多项目中。近几年,虽然广西企业迅速发展,但融资难依旧是制约企业项目建设的主要因素。企业融资结构不科学,主要体现在以下方面:一是许多企业特别是民营中小企业对资本内容缺乏足够的认识,仍根据传统观念进行融资,没有充分重视资金发展能力的培养和资金配置路径的合理性。二是传统信贷是当前企业融资的主要方式。企业向银行借款,通常是把硬性资金作为借贷的基础条件,这在很大程度上影响了企业的弹性力度,引发金融风险。第二,从总体上看,企业融资结构分散的现象比较突出,资金主要用于扩大企业规模和进行技术更新,导致企业资金链过长,影响企业核心竞争力的提升。第三,缺乏合理的投资结构。目前广西企业在治理过程中有很多问题,其中最突出的问题是不合理的投资结构,因为投资者不能够充分了解认识投资结构的重要性。不了解市场动态,盲目投资。其不合理主要体现在以下方面:一是负债结构不合理。许多企业对于资本的风险估计不够全面,在投融资过程中造成了资本链中的很多障碍。二是资产的结构不合理。企业的主要资产包括固定资产和流动资产,固定资产占企业总资产的比例非常大,主要用于扩大生产规模和购置生产

---

[1] 张玉:《基于技术创新的动力产业集群发展研究》,《合作经济与科技》2018 年第 16 期。

设备，导致企业发展方面继续扩大，企业资产的回收得不到很好的保障，长此以往，势必会影响企业的竞争力。三是资本结构不合理。很多管理者传统而片面地认为，只要有充足的资金，就能实现自身良好发展。然而，在当前高速发展的"新基建"（新型基础设施建设）时代，倘若资本结构不合理，则难以实现企业的持续进步和发展。四是投资管理效率低。投资在企业发展进程中占据着非常重要的地位，投资管理效率低主要体现在以下几个方面：其一是企业在发展进程中判断失误，导致投资失败，严重阻碍企业的健康发展。其二是企业过度谨慎或犹豫不决，失去了投资决策的最佳时机。其三是部门间相互推诿的现象普遍，一些企业的高层管理者由于害怕投资失败，在投资过程中踌躇不前，甚至有的以规避投资风险为名，设立多个内部机构，开展表面的评估投资风险工作，导致投资管理效率低下[①]。

广西是欠发达的沿海地区，经济体制改革步伐相对缓慢，市场化程度较低，很多桂南高铁辐射到的企业无法从市场中顺利融资或者将会承担极高的融资成本，仍有许多企业面临融资难、融资贵、融资慢等困难。加上地方政府较低的财政水平无法提供充足的资金扶持，企业承受风险的能力比较弱，当剧烈的变革风暴来临时，它们保全实力的欲望会比赶超竞争对手要强烈许多。综上所述企业资源要素外流是阻碍桂南高铁沿线产业集群区域化和全产业链建设的巨大阻力。

三 基础设施承接产业转移能力较弱

产业转移指的是某一产业从一国或地区转移到另一国或地区，在空间和位置上，产业发生了移动。产业转移有其规律，呈现梯度的转移趋势。首先，要达到加速产业优化和升级的目的，发达国家和地区按照从高到低的次序将边缘产业、公司和部门转移到发展中国家和欠发达地区，形成动态的产业转移。其次，随着产业生命周期的发展变化，生产中心已经从工业化国家和地区向其他发达国家和地区转移，向发展中国家和地区转移。最终，在产业不断转移的过程中，技术不断从转口地向

---

① 张倩：《新时期广西企业投融资管理存在的问题及优化策略》，《投资与合作》2021年第1期。

目的地扩散，而发展中国家和欠发达地区的产业技术、资本要素密度不断挺高，实现了产业升级、技术进步。

然而桂南涉及的地区基础设施水平相对于全国而言是较低的，为产业转移造成许多局限，因此也阻碍者产业在高铁沿线区城化的发展。一方面，相对于环面海经济圈、桂南长三角经济圈、珠三角经济圈，经济发展速度滞后，长期以来劳动人口大量流人各东部沿海经济圈，该经济区无法为劳动密集型产业的转人提供充足的劳动力，供不应求导致企业用工成本上升。另一方面，职业教育水平跟不止企业的需求变化步伐，较低的职工技能很难适应产业转移的需求。职业教育设置的专业对本地区重点行业的呼应不充分体现在以下几个方面：第一，对于区城经济导向和产业结构调整的反应较为缓慢。广西紧缺的专业开设不足，如资源和环境、能源和新能源、石油化工、纺织类等。而人力安源供给也不足以支持14个千亿元重点发展产业。第二，专业更新的速度缓慢，新材料、节能环保、新能源、生物医学、海洋经济、高新技术、新能源汽车、生物农业等战略性新兴产业发展迅速。所以，广西职业教育专业结构总体上存在着专业结构支撑产业结构发展能力不强，对新兴产业反应不够及时的问题。当然，企业可以为员工提供相应的技能培训，这样一来可以快速找到劳动力资源，随之而来的也是不断飙升的培训成本。另外，东部沿海经济圈生产的许多劳动密集型产品出口到国外的占比较高。由于其独特的区位地理条件、优惠的政策和良好的产业条件基础，东部沿海地区在产业转移领城有绝对的突出优势，因此东部沿海地区将继续是未来全球国际产业转移的主要地区之一。广西虽然具有较低的土地成本、劳动力成本优势，但由于区位优势不显著也不会成为这部分产业的转人地，目前桂南高铁经济圈不可能成为全球性国际产业转移的重点地区。

因为各地的地理位置、经济发展条件、文化底蕴和背景及外部的环境条件各不相同，造成了桂南高铁沿线地区承接产业转移的能力相对较弱。桂南高速铁路经济区必须将区域国际产业运输作为目前的重中之重，国际产业运输路径将成为桂南高铁沿线的发展开始，同时以南宁、柳州、桂林等城市作为承接地区。桂南高铁沿线城市由于具备一定的产业规模和较好的产业配套能力，总体投资环境在全区处于领先地位，在承接产业转移中也具有良好前景。

四 其他阻力因素

第一，集群的产业与产业间的不协调。在纵向上，广西南部高速铁路的沿线，供应商和生产者如果不经协调就可能出现产品质量问题。顾客和生产者如果缺少交流就可能导致一个产品在整个市场上的竞争力下降。在横向上，为了占据更大的市场比重，竞争对手经常发起价格战争，造成了低成本的竞争，产生了不好的影响，对于集群的发展形成障碍。

第二，集群的激励制度逐渐变弱。处于行业领先位置的企业如何从外部学习新的技术和知识，实施自主创新，在集群内传播它们所获得的知识，是集群所面对的一大挑战。因为集群中的每个企业都有独立的法人实体，所以企业之间的知识共享激励的制度无法通过管理实施。除此之外，集群企业的地理邻近性和企业文化相似性引发了模拟学习的产生，这使得企业间的知识更易于溢出，对集群企业创新热情造成阻挠，使集群失去了创新活力，失去了内部增长动力，不可避免地阻碍了集群的发展。

第三，集群成长的外部环境约束。在产业集群成长过程中，外部环境因素往往会对产业集群成长产生影响。在集群不断发展的过程中，由于外部环境中不可控制的因素太多，集群不可避免地受到影响。外部环境因素对集群持续成长的影响包括集群所在行业的发展演变；市场需求潜力；消费观念的转变；资源和环境的可持续性；集群之间的激烈竞争；国家政策和规章的限制。

第四，外部环境对集群增长的限制。可以控制或者不能控制的外部因素往往会对产业集群的增长产生或多或少的影响。如果外部环境的不可控的成分过多，那么集群的持续增长肯定受到制约。影响集群不断发展的因素有很多，其中外部的环境因素包括集群所在可能的市场需求；消费观念的变化；产业的发展进步；集群间的竞争；国家政策和法规的局限性；出口技术壁垒等[①]。

---

① 牟绍波、王成璋：《产业集群持续成长的力学运动机制》，《科技管理研究》2007年第4期。

第四章 桂南高铁经济圈产业区域化及其全产业链建设的演变历程

第一节 新中国成立前广西铁路①交通与商贸发展简述

一 广西铁路筹建始末

广西地处我国大陆最南部，南临北部湾，西南与越南接壤，陆地面积23.67万平方公里，北部湾海域面积约12.93万平方公里，广西的名称由来是因宋代置广南西路，后简称广西②。广西地理位置优势明显、自然资源丰富，但交通一直是限制广西发展的重要因素。广西最早进行筹建铁路规划是为了对抗法国强夺桂省铁路修筑权。总的来说，近代以来广西铁路筹建的步伐可以分为两步，第一步是龙州铁路的筹建。这是为了对抗法国对广西铁路修建自主权的夺取；第二步是商办铁路的筹建。这阶段是广西铁路发展的起步阶段，其间筹建了多条铁路，例如湘桂、桂梧、梧关、桂北、邕滇、柳邕等③。19世纪末期，迫于法国的压力，清政府答应法国可将同登铁路修至龙州，这可以看作是广西铁路建设的开端，其中当局政府要求广西本地进行部分线路的"自主建设"，但20世纪初该条铁路的修建便停止，最后仅仅完成路基部分的修建。

---

① 广西铁路是桂南高铁的前身和发展基础。
② 龙寻：《广西的历史发展和变迁》，《文史春秋》2008年第12期。
③ 袁文科：《清末广西铁路筹建始末（1895—1911年）》，《百色学院学报》2018年第31期。

后出于广西地理位置考虑提出广西边防部署规划,要在广西地区基于桂邕铁路修建以南宁为中心以周边市为重要节点的铁路网。后期广西铁路的修建也不断地重启,1907 年当局政府就同意滇桂铁路的修建并派人勘察,但因铁路修建的资金和技术等原因该条铁路规划不了了之。广西自然资源丰富,为便于物资的运输也有不少商业铁路的修建筹备。商业铁路发展可追溯到 1935 年的合山煤矿公司为对外销售煤炭,联合政府携手修建一条运煤线路,紧接着后面一年在当局政府的统一安排下广西与其他省份共同建设了湘桂铁路工程处,湘桂铁路开始了修建的进程。1937 年,抗战军兴,时局动荡,为沟通华中与西南通道并打通通往越南的国际路线,湘桂铁路从衡阳至镇南关分 4 段进行修筑,建成一段,通车使用一段,湘桂、黔桂铁路在战时调动兵力、运输物资、转移难民上发挥了重要作用,对于抗战及整个广西经济的发展意义深远[①]。广西最早的国家铁路线路是抗日战争期间修建的湖南省衡阳至广西桂林市的铁路,该线路于 1938 年建成投入使用,后扩展至柳州市,桂林至柳州段近二百公里,在后一年年底便建成投入使用。这段时期南宁市也有至柳州市和镇南关的两段铁路修建,但终因日军的破坏而放弃。20 世纪中叶,湖南至广西铁路已经达成六百多公里的规模,其中在广西境内的铁路段达四百多公里。广西最早的铁路支线是大湾支线,该支线由凤凰至来宾县大湾乡,线路近二十公里长,中华人民共和国成立之后拆除。

二 商贸业的起步萌芽

（一）清朝时期

清代前期时的广西还处于土司统治下的奴隶领主社会,其间封建的生产关系限制了广西农业和商贸业的发展,广西处于自己生产满足自需的封建经济之中。清代中期的时候,清政府出台相关利农和利商政策,此外还修建了兴安灵渠和临桂相思埭等水利工程,此时期的广西农业生产得到恢复,不仅扩大了耕地规模农业还得到发展。很快,广西农业经济呈现规模化和产业化趋势,粮食和经济作物成为广西的重要农业产品,市场上的粮食作物种类丰富、交易量大,在广西武鸣、平南等地区

---

① 廖建夏:《广西历代交通与通道商贸史略》,《广西地方志》2020 年第 1 期。

的农户把烟叶当作重要的经济作物耕种。广西农业经济在清朝后期慢慢呈现多元化的发展态势，后清政府在工业和商业上进行了放宽减税政策，广西的工商业也得到相应的发展和扩大。手工业以造纸和织布业最盛，土纸有梧州火纸和福纸、岑溪皮纸、南宁竹纸、融县棉纸等，乾隆年间，各地土布纺织手工业生产更为兴盛，乾隆初，全百开放矿禁，鼓励商力，调动了商人开矿的积极性，矿点普遍，矿产品种类多，产量增加①。

广西地处我国西南，与越南接壤，鸦片战争时期，国外的鸦片沿江流入国境内。广西区内的多地先后开通通商口岸方便货物流进，随着国外商品的不断流入原先自给自足的经济模式受到冲击，广西本土封闭经济逐渐瓦解。清政府当局为缓解广西受外来商品的冲击，施行了一系列惠农惠商政策，并且开始鼓励个人和政府经商。此后全国在外来经济的影响下，商贸业严重衰退，清政府为发展实业经济，在全国范围内都进行相应政策支持。广西也在积极开展相应的措施发展经济，当局政府制定的相关政策与措施如下：第一，为促进学生教育大力推进学校建设，在全区范围内开设学校；第二，推进花席、藤椅、土布、花扇、凉帽、卷烟、鞭炮等手工业工场的建设，同时在贺县建设煤矿、锡矿场；第三，为鼓励本地企业的发展，当局政府积极推动本外地人员在广西兴办企业；第四，为鼓励商业的发展，广西设立"劝业道"。同时在市场上专业市场的建立也很是繁荣，广西的糖类、豆类、油类等产品交易繁荣。但在 19 世纪末，国外侵略越发严重，广西发展起来的经济很快被国外侵略国所破坏，广西逐渐成为外国商品的倾销地②。

（二）民国时期

民国时期，广西的农业得到了进一步的发展。广西由于历史原因，荒地较多，农业发展滞后，又没有足够的资金，此时广西本地的部分富商和绅士利用自有资金投资农业、开办农林公司，虽然对整个广西本土经济的发展推动甚微但起到模范带头作用。在新桂系军阀统治时期，新桂系军阀为发展自己势力巩固已有统治，积极发展经济，加上广西自然

---

① 庞智声：《建国前的广西商业》，《广西商专学报》1988 年第 3 期。
② 庞智声：《建国前的广西商业》，《广西商专学报》1988 年第 3 期。

资源优越,很快一批特色产业在广西发展起来,这个时候广西的甘蔗、烟叶、桑蚕等经济作物已经有了较好的发展。据《苍梧县志》载,1917年调查:"春蚕年得茧9万余斤,值9.8万余元;夏蚕3万余斤,值34万余元;秋蚕17.2万余斤,值17.4万余元"。20世纪前期新桂系军阀同时注重工业的发展,大力发展官营企业,到了20世纪30年代,广西开始出现新兴工业,但广西经济大部分为新桂系军阀垄断和控制。其中广西政府独资经营的有印刷、硫酸、酒精、陶瓷、机械、制革、制药、制糖、染织、面粉、炼锑、炼油共12厂,与中央政府合资经营者有电力、纺织、机械、植物油等厂,官商合办者有制铁、火柴、卷烟等厂[1]。后抗日战争全面爆发,广西本地的工厂为躲避战火纷纷迁往后方,此时在桂林和柳州等地的工厂较多,在1943年,广西全区共有厂家近300家。后经过发展,广西成立了不少大型企业,在中华人民共和国成立前夕官僚资本的"广西企业公司"建立,该企业经营范围广泛,所属资产有矿业、工业和林场等。这个时期广西对外出口口岸也发展迅速,广西特有的区位优势使得广西的周边省份借助广西出口产品,例如湖南等省份的油类和农产品等货物都先通过湘桂铁路转运至广西再由龙州出口,这使得广西和周边省份的对外经济得到很好发展。20世纪,由于对外经济的发展,很多沿海企业搬迁至广西,由于国际市场对矿产品的需求加大,广西凭借资源和地理优势发展迅速。借助现代交通,广西进入历史上外贸发展最好的时期,广西组织大量桐油、家禽等农产品出口,这期间进口51361万元,出口55592万元,第一次出超4231万元[2]。中华人民共和国成立前广西先后经历封建经济、外强压制和军阀统治经济,虽然其间有发展但都处于起步阶段。

第二节 启蒙阶段(1949—1978年)

一 广西铁路发展迎来新机

在1949年中华人民共和国成立后,由于国内战争的结束,国内大环

---

[1] 庞智声:《建国前的广西商业》,《广西商专学报》1988年第3期。
[2] 廖建夏:《广西历代交通与通道商贸史略》,《广西地方志》2020年第1期。

境趋于和平，广西铁路获得新生，开始了正式发展阶段。中华人共和国成立后，我国政府高度地重视广西区内的铁路建设，为发展我区交通，中央政府先后几次拨付大量建设资金用于广西区内铁路的修复和建设。在这期间广西先后修建了湘桂、黔桂、黎湛、枝柳干线和屯秋支线[1]。中华人共和国成立至改革开放这段时期内，区内开始新修铁路干线，广西铁路建设迎来了启蒙阶段，1949—1978年间广西境内铁路修建时间轴如图4-1所示。

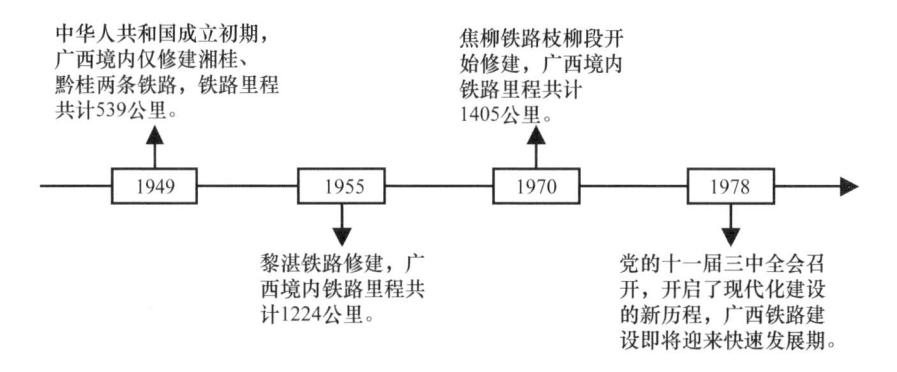

图4-1 1949—1978年广西境内铁路修建时间轴

资料来源：根据《广西铁路建设发展历程回顾》等文献资料整理而得。

1949年中华人共和国成立初期，在我区范围内仅仅有两条铁路，且运行等级较低，分别为湘桂和黔桂铁路，两条铁路合计共500多公里。这两条铁路一条是广西境内跨度最长的线路，一条是连通与贵州省的线路。湘桂铁路以广西的南宁、柳州、黎塘为出发点，先后与黔桂、焦柳、黎湛、南防、南昆、南广、贵广、京广、衡茶吉、怀邵衡、洛湛铁路相连接。广西特有的自然优势使得湘桂铁路成为一条旅游线路，在湘桂铁路沿线上风景优美、特产丰富。同时湘桂铁路又是我国通往东南亚国家的战略路线。黔桂铁路是联通贵州省与广西壮族自治区的关键路线，其经济意义和国家发展战略意义深远。后因为国家铁路网修建的需要，20世纪中叶国家对黔桂铁路金城江至都匀段进行修复，扩大该线

---

[1] 姬延钊：《广西铁路建设发展历程回顾》，《传承》2014年第2期。

路都匀至贵阳段，到1958年完成铺轨任务，1959年都匀至贵阳段完成修建投入使用，为国铁Ⅰ级单线电气化铁路。1955年修建了黎湛铁路，线路长度318.3公里，黎湛铁路是中国一条连接广西南宁市宾阳县黎塘镇和广东省湛江市的国铁Ⅰ级客货共线铁路，是西南出海通道的组成部分。1955年至1978年，广西区内的铁路交通建设发展较慢，新建成的铁路线路较少，仅有黎湛、焦柳两条线路。其中焦柳铁路是连接焦作市与柳州市的国家Ⅰ级客货共线铁路，对于广西发展影响深远，线路呈南北走向，其贯穿中国华北、华中和华南地区，为中国三横五纵干线铁路网的一纵。中华人民共和国成立初期至改革开放广西境内铁路里程如图4-2所示。

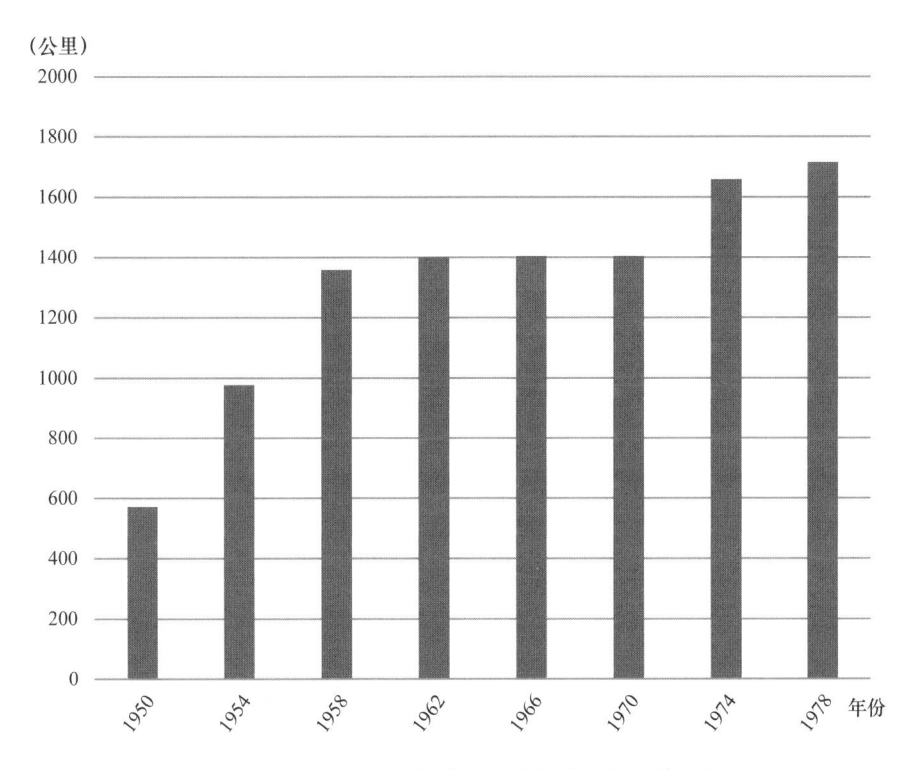

图4-2 1950—1978年广西境内铁路里程（公里）

资料来源：根据《八桂辉煌：广西六十年经济社会发展成就》资料整理而得。

二 推进重点产业发展

此阶段的广西,产业发展非常落后,当务之急是弥补产业空缺推进重点产业的发展。在全国范围内看,广西属于经济发展滞后地区,广西第三产业服务业还处于萌芽时期,发展较为落后,在我国的第一个五年计划时期,广西由于地理位置较偏并没有得到国家的重点发展支持,在"一五"期间广西全区没有一项全国重点建设项目。但就在总人口占全国近2%,基础设施建设费用只占全国1%的情况下,广西发展仍稳中有进。"一五"期间广西农业和工业都有所发展,增长速度超过全国平均值,其中广西农业、工业的增速分别为7.8%、18.6%。而按人口平均工农总产值,1957年即第一个五年计划时期最后一年,全国是218元,广西是129元,相当于全国的59.2%,接近1952年相当于全国的59.3%的水平[①]。

(一)完善基础农业设施

在农业方面,由于新中国成立前全区的农田都处于没有水利设施灌溉的发展困境,因此,新中国成立后,广西开始着力进行水利设施的建设,同时,国家在技术、材料和投资方面也给予了支持。广西当地群众积极进行农业建设,并进行农业技术改革等方面的工作。此阶段,农业基础设施开始慢慢完善,农业也开始缓慢地发展。工业方面相对落后,基础较差。中华人共和国成立初期至改革开放时期广西区内主要农产品及产量如表4-1所示。

表4-1　　　　　1949—1978年广西主要农产品及产量　　　　　单位:万吨

年份	粮食	油料	糖料	园林水果	水产品
1949	404.50	—	—	—	—
1950	432.45	7.00	42.75	—	1.79
1951	478.20	8.75	53.01	—	2.64
1952	529.30	11.16	87.53	8.77	4.33
1953	564.30	11.18	81.62	9.43	3.70

---

① 覃平:《对建国后广西经济建设的反思》,《改革与战略》1987年第3期。

续表

年份	粮食	油料	糖料	园林水果	水产品
1954	600.50	15.32	87.56	7.99	4.25
1955	596.95	13.71	86.84	4.97	5.05
1956	590.10	10.19	66.40	6.22	5.72
1957	584.90	13.00	87.38	7.74	6.21
1958	586.05	15.48	149.22	9.16	6.35
1959	544.60	14.14	99.64	15.45	6.70
1960	497.25	5.31	108.03	11.35	5.93
1961	499.50	6.75	39.25	9.96	4.82
1962	522.70	7.51	23.08	8.36	4.68
1963	474.45	8.05	33.93	10.47	5.16
1964	610.05	9.77	109.33	8.58	5.65
1965	666.65	11.36	154.17	12.15	6.91
1966	678.65	9.54	132.99	7.87	5.87
1967	718.25	13.39	172.65	3.13	5.90
1968	701.00	12.05	136.65	5.67	7.36
1969	751.95	19.81	153.98	2.27	7.31
1970	819.70	16.23	206.57	6.87	8.55
1971	897.40	12.35	185.70	9.17	11.14
1972	948.40	16.63	258.84	14.04	11.61
1973	1004.40	12.65	286.36	15.05	10.65
1974	1035.40	15.20	230.40	13.99	14.02
1975	1126.85	16.58	244.22	16.06	16.56
1976	1074.70	16.23	269.51	10.08	14.86
1977	1115.15	17.59	248.98	16.56	16.90
1978	1082.30	17.74	376.72	15.96	11.71

资料来源：根据《广西统计年鉴》《八桂辉煌：广西六十年经济社会发展成就》资料整理而得。

从表4-1中我们可以看到自中华人民共和国成立以来广西的粮食、油料、糖料、园林水果和水产品的产量总体增加，其中粮食和糖料的产量从1950年的432.45万吨、42.75万吨分别增长至1978年的1082.30万吨、376.72万吨，增长趋势明显。这是由于中华人民共和国成立后广西基础农业设施不断完善，农业得到较好发展。

(二) 推进基础工业建设

在工业方面，新中国成立后进行了大规模的建设，增加了新的工业部门，建立了一些重要的工业项目，特别是重工业有了较快的发展。例如发电装机容量在20世纪60年代时已经较50年代增长了3倍多，全区的发电量也可以满足工业用电以外的其他用电。机械工业的设备能力和技术能力也有了很大提高，已经可以承担地区农业发展所需。同时，冶金行业和化学行业也在不断地发展之中。这些重工业的发展不仅提高了该地区整体工业能力，也促进了农业的发展。例如制糖行业，已经建立了相当的规模，甘蔗行业的快速发展使得制糖行业的原材料充足，相互促进各自的发展[①]。也正因为制糖行业在此阶段打下了行业基础，所以使得制糖行业在21世纪成为广西地区支柱性行业之一。中华人共和国成立初期至改革开放时期广西区内主要工业产品及产量如表4-2所示。

表4-2　　　　　1949—1978年广西主要工业产品及产量

年份	原煤（万吨）	发电量（亿千瓦时）	钢（万吨）	水泥（万吨）	化学肥料（万吨）	成品糖（万吨）	十种有色金属（万吨）	卷烟（万箱）
1949	—	—	—	—	—	—	—	—
1950	5.20	0.22	—	—	—	3.02	0.18	0.56
1951	8.60	0.28	—	—	—	3.23	0.35	1.05
1952	9.74	0.35	—	—	—	3.54	0.45	1.59
1953	9.21	0.41	—	—	—	4.30	0.45	1.72
1954	14.19	0.55	—	—	—	4.82	0.41	1.93
1955	26.16	0.65	—	—	—	3.75	0.52	2.10
1956	42.03	1.11	—	—	—	3.76	0.55	2.82
1957	52.15	1.26	—	—	—	3.55	0.61	3.32
1958	253.44	1.76	1.41	—	—	3.90	0.67	4.18
1959	372.46	2.52	0.28	1.05	0.15	8.83	0.67	5.86
1960	362.30	3.91	0.72	5.03	0.24	3.20	0.61	4.45
1961	225.48	3.91	0.04	1.99	0.11	2.36	0.45	1.00
1962	166.14	3.80	0.01	1.89	0.17	2.06	0.41	1.25

---

① 韦国清：《为加速广西的经济建设而奋斗——纪念广西僮族自治区成立五周年》，《中国民族》1963年第4期。

第四章 桂南高铁经济圈产业区域化及其全产业链建设的演变历程 123

续表

年份	原煤 (万吨)	发电量 (亿千瓦时)	钢 (万吨)	水泥 (万吨)	化学肥料 (万吨)	成品糖 (万吨)	十种有色金属 (万吨)	卷烟 (万箱)
1963	128.25	4.06	0.00	4.20	0.39	1.76	0.45	2.20
1964	127.35	4.76	0.00	9.79	0.89	5.46	0.48	4.43
1965	143.02	6.37	0.01	43.40	3.61	10.53	0.51	4.65
1966	173.76	8.85	0.63	70.55	5.39	11.61	0.59	5.66
1967	166.41	9.48	0.56	55.12	3.86	11.97	0.52	4.09
1968	117.83	6.66	0.08	23.93	2.45	12.60	0.23	1.25
1969	229.04	12.83	1.06	73.48	6.05	11.59	0.62	6.00
1970	302.83	15.50	5.44	92.07	6.78	13.76	0.75	8.15
1971	392.66	19.69	11.19	110.63	8.36	16.34	0.91	9.31
1972	439.20	24.42	15.36	130.29	10.85	17.66	1.07	10.09
1973	456.67	27.59	17.43	140.54	14.42	25.17	1.31	12.48
1974	516.19	29.95	13.12	139.63	15.71	27.30	1.16	16.77
1975	605.47	35.19	12.89	165.23	18.58	19.41	1.30	20.68
1976	704.29	39.16	10.50	171.23	19.59	21.01	1.23	26.52
1977	749.89	44.79	14.66	190.50	22.71	19.86	1.56	32.16
1978	828.54	49.47	19.02	224.38	23.75	27.20	1.77	29.77

资料来源：根据《广西统计年鉴》《八桂辉煌：广西六十年经济社会发展成就》资料整理而得。

表4-2反映了广西主要工业产量情况。可以看出，在中华人共和国成立后各工业产品产量快速增长，原煤和发电量的产值从1950年的5.20万吨、0.22亿千瓦时增长至1978年的828.54万吨和49.47亿千瓦时，其他工业产品如钢、水泥和化学肥料的产量增长也明显。在1949年以前连年战事导致我国地区发展滞后且还存在发展不平衡的问题。广西在1949年以前水电装机容量只有不到120千瓦，只能是起到示范作用，根本不能大规模投入生产。1949年以后，国家大力发展基础设施建设，"一五"期间国家就规划发展电力工业限额以上的建设单位共107个，其中电站有92个，包括76个火力发电站和16个水电站，输电工程和相应的变电工程15个。1955年以前，广西区内是没有水电站修建的，这段时间里广西的电力发展几乎为零。从1958年开始，国家和区内政府开始规划建设大规模的水利工程，其后也修建了规模不同

的水电站。电力对于广西社会和区内经济发展的影响是巨大的,尤其是1960年以后,广西在发展水力发电的同时大力发展火力发电,基本满足了广西社会和经济发展的电力需求,电力事业的发展也为后期广西工、农业和商业的规模化运作与现代化发展打好基础。此时区内大型的产业和工业大都集中在南宁、柳州和桂林等市。后期,百色和河池两地的工业企业数量有所提高。但总的来说,这段时期内广西工业企业的数目和总产值的提高都主要源于电力发展的推动。

第三节 初期建设阶段(1978—1993年)

一 广西铁路"跨大步"发展

在1978—1993年期间,桂南铁路发展迅速迈入"跨大步"发展阶段。1978年党的十一届三中全会召开,开启了中国改革开放和社会主义现代化建设的历史新征程。在这期间,广西的铁路也迎来了发展期,取得了较好的成绩。广西自然资源丰富、地理位置优越,为了进一步做好资源配置利用区位优势,在1982年开始修建南防铁路。南防铁路以南宁市为起点连接防城港、北海,在1987年完成修建投入使用。该条铁路的建成对广西区内作用明显,也对全国发展有较大的影响。其后在20世纪末,广西又修建了湘桂铁路,该条铁路连通柳州至黎塘段,是广西境内的第一条复线路段。20世纪90年代,广西开始修建南昆铁路,该条铁路被誉为"国家最大的扶贫项目"。南昆铁路东起广西南宁,西至云南昆明,全长898.7公里,东与湘桂铁路、黎湛铁路、南防铁路相接,西与成昆铁路、贵昆铁路相连,纵横交错四通八达,构成了中国西南地区最便捷的出海通路,也是中国南方的东西向运输大干线[1]。在20世纪末叶,广西区内的沿海城市相继建通铁路,例如钦州至北海、钦州港、黎塘和南宁至防城港等,这积极地促进了广西沿海经济的发展。1978—1993年间广西境内铁路修建时间轴如图4-3所示。

1978—1993年间广西新建和修复的铁路干线,极大地促进了广西的发展,拉动了民族地区经济社会的快速发展。但此阶段的广西铁路设

---

[1] 姬延钊:《广西铁路建设发展历程回顾》,《传承》2014年第2期。

第四章　桂南高铁经济圈产业区域化及其全产业链建设的演变历程　125

1978：开启中国改革开放和社会主义现代化建设的历史征程。

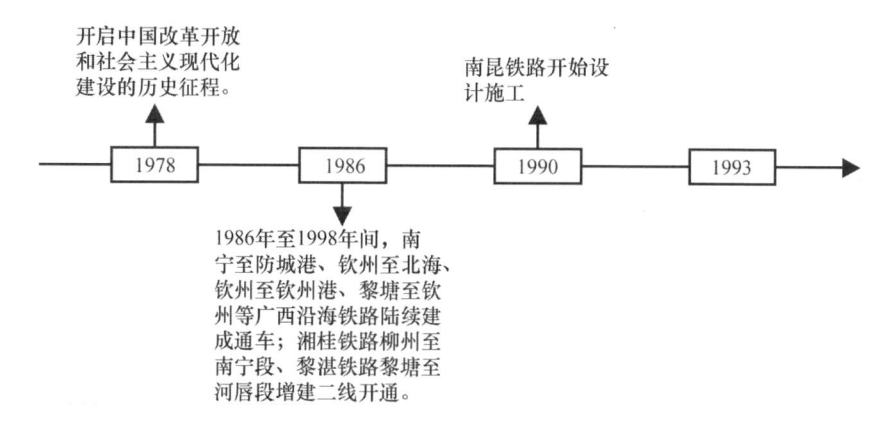

1986：1986年至1998年间，南宁至防城港、钦州至北海、钦州至钦州港、黎塘至钦州等广西沿海铁路陆续建成通车；湘桂铁路柳州至南宁段、黎湛铁路黎塘至河唇段增建二线开通。

1990：南昆铁路开始设计施工

图4—3　1978—1993年广西铁路修建时间轴

资料来源：根据《广西铁路建设发展历程回顾》等文献资料整理而得。

备基础差、线路等级低、路网结构不合理，有着"三低一小"问题，即：速度低、复线率低、电气化率低，体量小。改革开放到20世纪90年代广西境内铁路里程如图4-4所示。

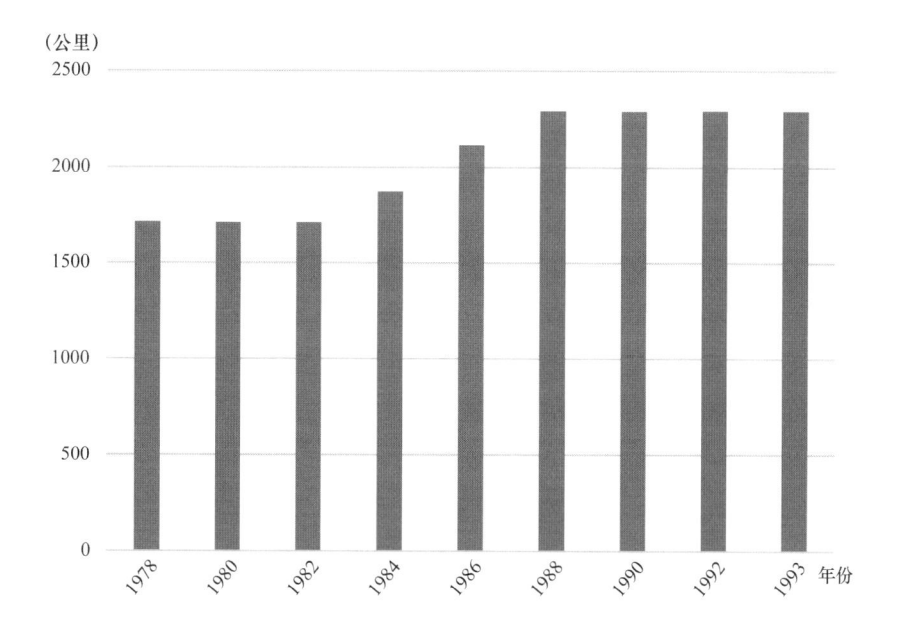

图4-4　1978—1993年广西境内铁路里程（公里）

资料来源：根据《八桂辉煌：广西六十年经济社会发展成就》资料整理而得。

二 产业区域化发展

在改革开放至 20 世纪末，此阶段广西产业结构有了一定的优化，农业和工业的产值大幅增加，朝着产业区域化发展。1980 年广西的第一、第二跟第三产业的比重分别为 47%、29% 和 24%，到 1987 年已经优化为 38%、36% 和 26%。第一产业比重下降 9%，第二产业跟第三产业的比重都有上升，分别为 7% 和 2%。劳动力结构由 1980 年的 83.6%、8.8% 和 7.6% 演变为 79.2%、9.41% 和 11.39%。在改革开放后的几年时间内，广西的经济结构有了一定的优化，但第三产业比重仍然较低，到 1987 年只有 24%。从整体上看，经济仍未能摆脱传统农业占主体地位的落后局面。农业人口仍占总人口的 87%，农业劳动力仍占社会劳动力的 80% 左右。

改革开放到 20 世纪 90 年代以来广西区内生产总值也在加速提升，由 1978 年的 75.85 亿元提升至 1993 年的 871.70 亿元。改革开放到 20 世纪 90 年代广西区内生产总值及第三产业增加值如图 4-5 所示。

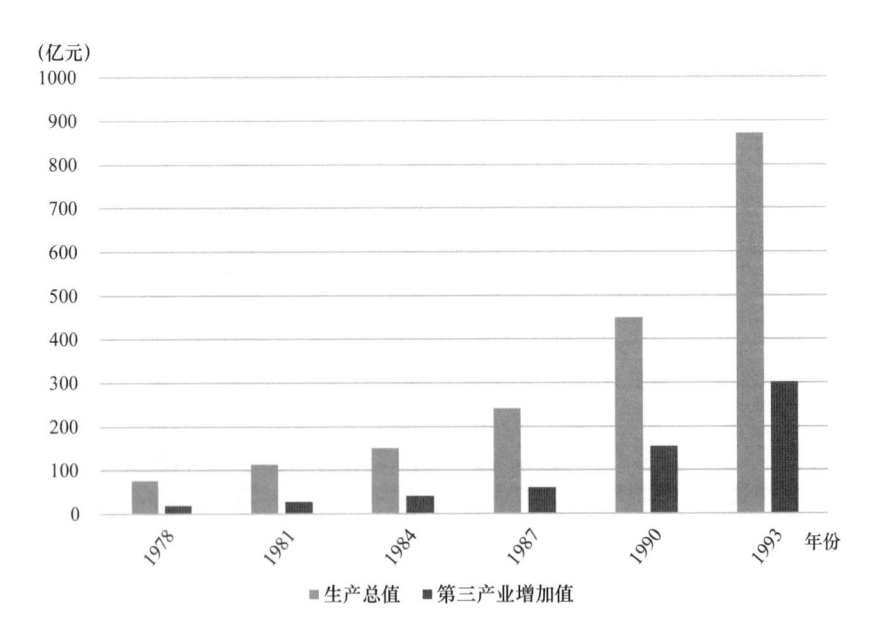

图 4-5 1978—1993 年广西区内生产总值及第三产业增加值（亿元）

资料来源：根据《广西统计年鉴》资料整理而得。

(一) 良性循环促进农业发展

在 1978 年至 1993 年期间，广西的农业得到了快速发展。广西农业的发展得益于轻工业的壮大，改革开放后广西轻工业产值大幅提升，在 1982 年广西全区的轻工业企业共有 7000 多家，企业的员工达到 40 多万人，轻工业的年总产值达到近 60 亿元，轻工业的产值达到广西全区工业产值的 60% 以上，轻工业的产品出口也不断递增，此阶段轻工业在广西的经济发展占有重要位置。而广西轻工业的发展也积极地带动了农业的发展，广西轻工业生产过程中的原材料大都来自广西的本土农业生产，在轻工业快速发展时，必将加大对农产品的需求，促进农业的发展。在改革开放以后，广西坚持施行了中央政府关于农村的各项优惠政策，积极调整关于农业农村结构，广西区内的农业经济积极转型。在改革开放以后，由安徽的实践经验得出家庭联产承包责任制是可行的、是可以借鉴的，家庭联产承包责任制推进了农业经济的发展，可调动农民的积极性，广西农业经济也得益于家庭联产承包责任的较快发展，在 1993 年广西全区的农业产值达到了 390 亿元，对比 1950 年已经增长了 6 倍，较 1975 年增长了一倍多，1993 年广西粮食总产量 1495 万吨，达到了广西的粮食产量的历史最高点。

广西此阶段的其他经济作物发展也较快，到 1993 年年底广西的蔗糖年产量已经位居全国前列，达到 2305 万吨，相较于 1950 年和 1978 年来说，分别增长了 53 倍和 5 倍。其他农产品例如肉类、水产品、水果、烤烟等都有大幅的增长，农产品慢慢出口海外和销往国内其他省份，广西农业经济逐步呈现规模化发展态势。广西的乡镇企业发展很快，改革开放以后乡镇企业犹如雨后春笋一般，增加乡村经济发展的推动力。截至 1993 年年底，广西全区共有乡镇企业 100 多万家，相较于 1978 年增长了近 30 倍，广西乡镇企业的生产总值达到近 700 亿元。乡镇企业是农村农业向外发展的衔接点，乡镇企业的发展有效促进了农业发展和城镇化率的提高，在 1993 年年底广西境内生产总值超过亿元的乡镇达到 200 多个。乡镇企业是农村经济发展的保障和"催化剂"，大力发展乡镇企业、积极发展农村也是乡村振兴的必然需要。这些乡镇成为广西农村城镇化、工业化的排头兵[1]。但是，农业的发展中还有很大的问题，例如对农业的发展认识不足。该地区对农业作为国民经济基础的认识很不明确，很多人认为农业问题已经解决，所以不重视农业的基础性地位。由于农业的利润较低，所以农民的生产积极性较低。再者，农业生产条件不好，比如农业的基础设施不到位，水利设施缺乏，生态环境破坏等问题[2]阻碍着农业的发展。1978—1993年广西主要农产品及产量如表4-3所示。

表4-3　　　　　1978—1993年广西主要农产品及产量　　　　单位：万吨

年份	粮食	油料	糖料	园林水果	水产品
1978	1082.30	17.74	376.72	15.96	11.71
1979	1173.00	15.26	381.00	15.61	9.60
1980	1190.45	13.73	401.93	20.91	11.13
1981	1149.45	14.24	527.49	27.66	11.75
1982	1374.01	17.43	722.85	31.62	14.82
1983	1368.81	18.57	680.65	29.10	16.62
1984	1208.50	21.93	721.97	33.25	17.12
1985	1117.10	22.82	982.88	38.82	18.90
1986	1118.13	23.74	1121.40	69.72	21.18
1987	1210.17	18.57	1167.42	93.95	24.03
1988	1055.71	17.25	1353.38	79.95	25.81
1989	1301.71	23.01	1410.70	74.88	28.03
1990	1402.57	25.19	1501.84	91.61	32.35
1991	1376.54	24.14	1990.74	113.92	36.87
1992	1457.09	29.29	2354.87	161.16	44.57
1993	1494.99	38.86	2305.29	184.35	56.51

资料来源：根据《广西统计年鉴》《八桂辉煌：广西六十年经济社会发展成就》资料整理而得。

1978—1993年广西的农业产品产量增幅较大，其中糖料和园林水

---

[1] 葛爱群：《建国45年来广西经济建设成就概述》，《计划与市场探索》1994年第11期。
[2] 何异煌：《广西农业的困境与出路》，《广西农村金融研究》1989年第3期。

果增长分别达到6倍和12倍。广西改革开放后的农业农村得到快速发展，优势产业呈现指数增速，糖类和园林水果已成为广西的特色农产品，农业经济呈现区域化和规模化发展态势。

（二）重点工业实现"弯道超车"

改革开放后的广西工业实现"弯道超车"，工业发展从落后发展至全国前列。广西的重要工业主要是水电、制糖业、矿业、机械和建材，这些工业依赖于广西独特的地理位置和自然资源优势快速崛起。在新中国成立后广西就注重于水电和火电的发展，电力发展推动农业、工业发展形成良性循环，1993年发电量相较于1950年发电量增长了近800倍；制糖业是广西的优势产业，广西的糖类产量居于全国前列；其他如木材、十种有色金属分别较1950年的产量增长16倍、84倍；建材方面，广西也实现了从无到有，1993年年底广西的水泥产量达到1426万吨。自党的十一届三中全会召开以来，广西的工业发展实现"弯道超车"，在20世纪末广西不断调整产业结构、优化资源配置，工业得到了提速发展，部分有色工业产业居于全国前列，主要工业品15年的产量超过了前29年的总和；发电量为前29年的4倍，生铁为2.93倍，钢为4.84倍，水泥为5.1倍，汽车为32.26倍，卷烟为5.17倍，令人振奋的是1993年我区机制糖产量达235万吨，比1950年增长76.8倍，提前完成了"八五"计划年产200万吨的目标，五年连跨两大步，跃居全国产糖省区的首位[①]。此阶段重工业技术落后、能耗高、成本高。在重工业方面，最有前途的是有色金属矿产业和建材产业，尤其是百色市的铝金属产业在广西遥遥领先。综上所述，现阶段广西是以农业为基础，轻工业为主体，以有色金属矿为动力的产业，以有色金属矿为动力的产业区域化格局[②]。1978—1993年广西主要工业产品及产量如表4-4所示。

[①] 葛爱群：《建国45年来广西经济建设成就概述》，《计划与市场探索》1994年第11期。
[②] 覃秀基：《在世界经济大格局中重构广西产业框架》，《改革与战略》1988年第4期。

表4-4　　　　　　　　1978—1993年广西主要工业产品及产量

年份	原煤（万吨）	发电量（亿千瓦时）	钢（万吨）	水泥（万吨）	化学肥料（万吨）	糖（万吨）	十种有色金属（万吨）	卷烟（万箱）
1978	828.54	49.47	19.02	224.38	23.75	27.20	1.77	29.77
1979	722.38	52.30	21.16	229.82	23.80	37.29	1.74	37.08
1980	589.66	53.64	20.82	225.00	27.42	41.61	1.76	50.62
1981	560.87	58.82	22.76	245.91	30.51	48.58	2.86	58.39
1982	643.34	60.25	24.50	274.49	28.91	49.84	2.89	58.75
1983	756.58	65.62	22.44	307.91	29.56	59.23	3.22	50.76
1984	729.24	70.60	29.20	337.88	29.65	57.55	4.02	58.00
1985	589.66	81.82	39.05	416.34	29.74	64.61	4.73	65.57
1986	598.90	90.97	38.60	457.67	38.17	97.06	5.14	74.67
1987	639.18	102.62	41.73	555.20	37.51	105.45	6.15	93.71
1988	797.97	102.43	38.29	572.76	35.65	101.76	6.38	98.09
1989	1035.3	109.29	41.67	639.07	36.03	120.35	6.62	105.74
1990	1140.4	125.62	52.41	76 5.2	41.35	138.64	8.68	108.45
1991	979.45	135.55	59.14	961.52	44.34	139.65	9.79	100.65
1992	992.91	153.06	68.60	1167.1	45.88	214.78	11.31	104.04
1993	1093.4	174.50	81.68	1426.4	41.58	234.92	16.09	104.45

资料来源：根据《广西统计年鉴》《八桂辉煌：广西六十年经济社会发展成就》资料整理而得。

到了20世纪末，广西的工业已经初具规模，实现"弯道超车"。原煤、发电量、钢、糖等工业产品增速较大。此阶段广西境内的企业数也在不断扩大，企业产值增速明显，其中以南宁和柳州发展较快。1990年广西各主要城市工业企业数目和工业总产值统计如表4-5所示。

表4-5　　　1990年广西各主要城市工业企业数目和工业总产值统计

内容	南宁	柳州	桂林	梧州	百色	河池
工业企业数（个）	6972	5327	3559	2967	1331	1646
工业生产总值（万元）	595996	795832	315990	187998	35482	39065

资料来源：根据《广西统计年鉴》资料整理而得。

虽然农业和工业都得到发展，但广西第三产业发展仍较慢，第三产业比重低于全国平均值，下阶段广西重点发展的应该是第三产业，凭借广西优越的区位优势，提高第三产业比重。广西的第三产业发展优势明显：一是广西拥有人口红利能够降低运营成本；二是独特的地理条件可以发展旅游业；三是适宜的气候，等等。此阶段第三产业主要发展的是旅游业，在广西境内风景名胜较多，南宁、桂林、柳州、梧州等市都在积极推进旅游业，大部分都处于柳江、邕江和漓江等流域内。其外，广西的服务业也处于起步阶段，酒店、影院、银行、体育馆和商店都处于发展之中。其中桂林市凭借旅游优势，发展迅猛，不断进行招商引资，完善基础设施建设，商贸业发展较快。城市经济改革推动了城市第三产业的发展①。

第四节　全面建设阶段（1994—2012 年）

一　广西铁路实现市级全覆盖

虽然经过长期发展广西的铁路建设已经具有规模，但在全国范围看广西铁路一直处于路线末梢，基础的铁路设施陈旧，运营里程短。我国的铁路建设历经多次发展和改革，先后经历了六次提速，但广西均没有参与。随着广西发展的"三大定位"确定以来，广西的铁路谋求发展已经十分必要。为此广西政府多次对铁路发展规划进行论证。广西的铁路建设历程起步、小步慢跑、大跨步阶段，现正进入提速发展时期。21世纪初，广西政府与铁道部就签订了《加快广西铁路建设会谈纪要》，提出广西铁路发展的规划与展望。2006 年，广西区政府正式与铁道部对广西发展铁路进行讨论会谈，积极促进"十一五"期间对广西铁路进行大建设、大发展，会后双方共同签署了《关于加快推进广西铁路建设的会谈纪要》，通过部区合作，全面实施部区"一揽子"计划，广西现代化铁路建设全面铺开，进入了历史上前所未有的最好最快的发展时期②。在"十一五"期间，广西的铁路建设取得重大成效。根据《中长

---

① 汪宇明：《广西城市第三产业布局问题》，《学术论坛》1985 年第 4 期。
② 姬延钊：《广西铁路建设发展历程回顾》，《传承》2014 年第 2 期。

期铁路网规划》，5年间，广西新建、改扩建及规划研究的铁路项目超过30个。到2012年，南宁至广州铁路（黎塘至肇庆段）等7条时速200公里至250公里的高铁建成运营，广西将迈入"高铁时代"。在国家有关部门大力支持和自治区党委政府高度重视下，"十二五"期间，广西铁路建设完成固定资产投资1287亿元，铁路建设配套资金到位率和投资完成量一直位居全国前列，创造了铁路建设大发展的"广西速度"。1994—2012年间广西境内铁路修建时间轴如图4-6所示。

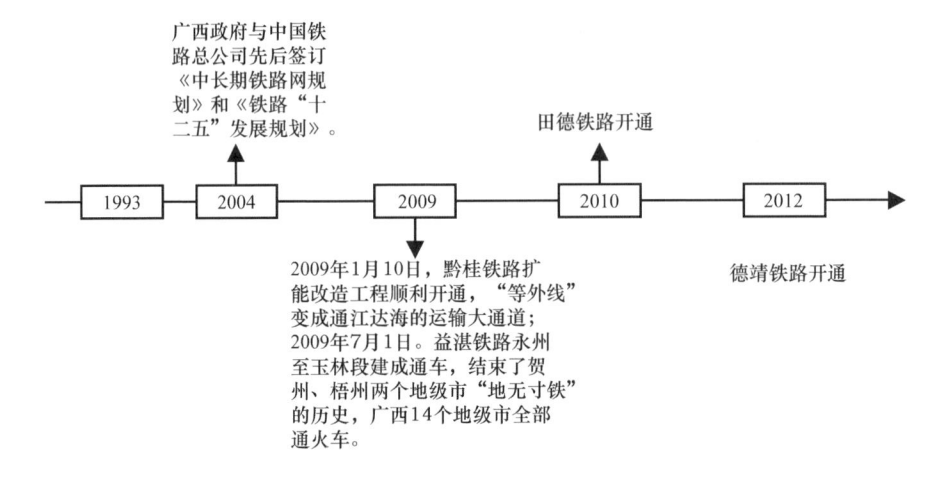

图4-6 1994—2012年广西铁路修建时间轴

资料来源：根据《广西铁路建设发展历程回顾》等文献资料整理而得。

进入21世纪以来，广西政府积极推进铁路建设进程，先后多次与铁道部进行讨论协商。其间广西政府与中国铁路总公司签订多项发展规划，例如签订《中长期铁路网规划》和《铁路"十二五"发展规划》等，积极协作推进广西铁路建设，随后广西铁路建设进入全面发展阶段，先后建设的铁路项目达30多项。这段时期内开通的铁路线段很多，2009年黔桂铁路改建项目顺利开工，这使得通往外省的通道更加便捷，黔桂铁路这次改建项目以柳州市为起点，途经多市进入贵州省的贵阳市。改建后的铁路全面提速、里程缩小、铁路等级提升，改建后的线路运行时间大幅度地减少，由原来的10多个小时减少到5小时左右。从全国铁路发展角度来看，新的黔桂铁路是我国铁路建设的重点工程，是

第四章 桂南高铁经济圈产业区域化及其全产业链建设的演变历程 133

我国"八纵八横"铁路线路运输主通道的"八纵"之一,可以说是我国最重要的铁路之一[①]。2009 年广西益湛铁路顺利完工并交付使用,这也标志着广西迈入 14 个地级市全通铁路的时代,结束了贺州、梧州两个地级市没有铁路的历史。其后在 2012 年广西又开通田德铁路和德靖铁路,广西地区的运输线路更加完善,运输能力大大提高了。但是这个时期旅客列车的时速还没有提速,大都在 120 公里以下,可以说广西铁路落后的局面并没有彻底地改变。1994—2012 年间广西境内铁路里程如图 4-7 所示。

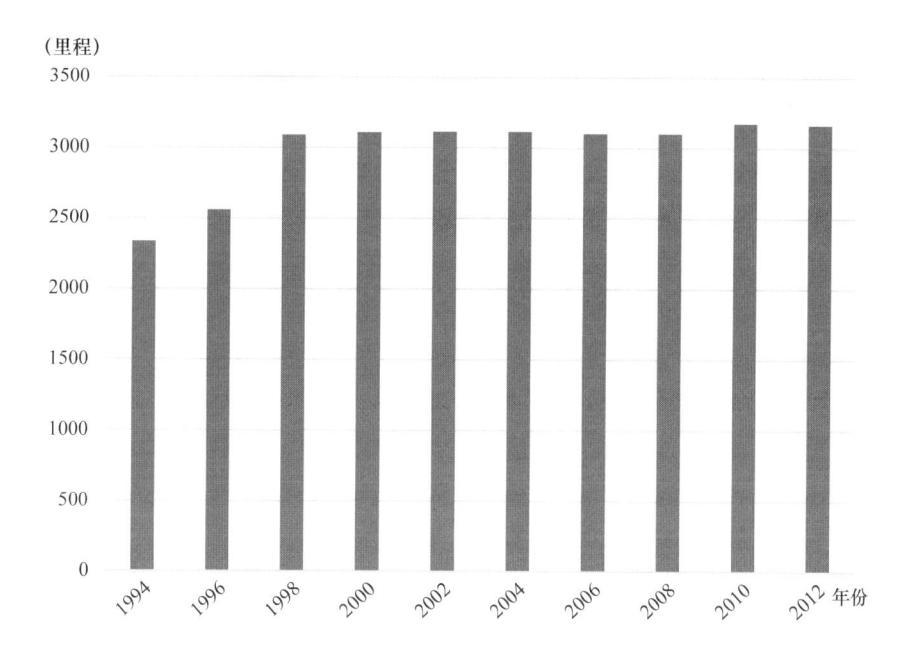

图 4-7 1994—2012 年广西境内铁路里程(公里)
资料来源:根据《八桂辉煌:广西六十年经济社会发展成就》资料整理而得。

从图 4-7 中可以看出,广西的铁路里程连年增长,铁路运输大大提升了广西的工业产值,促进地区制造业的发展。铁路的发展可直接推动沿线地区的经济发展、培育壮大战略性新兴产业,同时铁路线路可以

[①] 向志强:新华社《历时四年多的黔桂铁路扩能改造工程日前竣工通车》,2009 年 1 月 12 日,http://www.gov.cn/jrzg/2009-01/12/content_ 1202787.htm,2021 年 6 月 7 日。

辐射带动周边地区经济的转型升级。铁路线路对当地经济的影响是巨大的,首先,传统经济产业可以有效优化发展;其次,便捷的运输线路可以带动新兴产业发展、引入发展资本;最后,可以加大广西铁路沿线地区承接产业转移能力,为地区的发展创造条件[①]。

在广西的铁路沿线城市,大都受到铁路发展的带动,体现最明显的就是铁路沿线城市工业产值的提升和企业数目的增加,2012年铁路沿线部分城市的企业数量和工业产值情况如表4-6所示。

表4-6　　　　　铁路沿线部分地市2012年工业发展情况

地区	南宁市	柳州市	桂林市	梧州市	北海市	防城港市	钦州市	贵港市	百色市	贺州市	来宾市
工业企业单位数(个)	940	786	634	398	175	153	251	367	217	166	190
工业增加值(亿元)	706.11	1055.69	585.55	479.88	267.77	197.64	237.24	229.15	361.92	136.10	189.06
工业总产值(规模以上,当年价,亿元) 总计	2109.33	3426.89	1585.51	1366.63	1026.20	767.23	1093.36	624.08	882.74	303.51	563.65
轻工业	1007.02	388.18	618.85	243.90	199.02	419.47	27.39	231.26	90.11	64.56	210.55
重工业	1102.31	3038.71	966.67	1122.73	827.18	347.76	77.64	392.82	792.63	227.93	353.09
大型企业	409.16	1719.60	284.44	403.24	301.00	170.73	12.97	131.43	434.98	49.73	182.59

---

① 杜新等:《高铁背景下广西产业转型问题研究》,《广西经济》2014年第1期。

续表

地区	南宁市	柳州市	桂林市	梧州市	北海市	防城港市	钦州市	贵港市	百色市	贺州市	来宾市
工业总产值（规模以上，当年价，亿元） 中型企业	630.14	733.50	557.03	535.34	503.45	343.39	817.69	246.14	222.62	129.97	159.52
小型企业	1058.88	801.65	739.40	424.89	191.79	248.85	259.35	217.55	185.49	121.88	195.23
内资企业	1744.66	2633.79	1458.20	1212.94	81.00	453.18	911.05	523.36	833.78	263.64	489.30
港澳台商投资企业	190.00	40.69	17.30	90.70	152.00	28.21	131.19	60.44	48.96	30.78	28.11
外商投资企业	174.72	752.40	110.02	63.02	61.00	285.84	51.12	40.28	0.00	90.09	46.24

资料来源：根据《广西统计年鉴》《八桂辉煌：广西六十年经济社会发展成就》资料整理。

二 产业的"抱团出海"

随着中国加入WTO以及铁路的发展，此阶段广西产业呈现"抱团出海"的局面。广西发展服务业的历史较短，但是广西的地形和气候因素是利于发展服务业的。2000年广西第三产业增加值达789.90亿元，占全区生产总值（2080.04亿元）37.9%，不仅高于第一、第二产业水平（第一、第二产业分别占26.2%和36.2%），而且也高于全国第三产业增加值占全国国内生产总值的比重（33.2%），2000年广西第三产业增加值比上年增长11.6%，不仅是三大产业中增长最快的一个产业（第一、第二产业分别增长0.2%和8.6%），而且也快于全国第三产业增长速度（7.8%）[①]。1997—2012年间广西区内区内生产总值及第三产业增加值如图4-8所示：

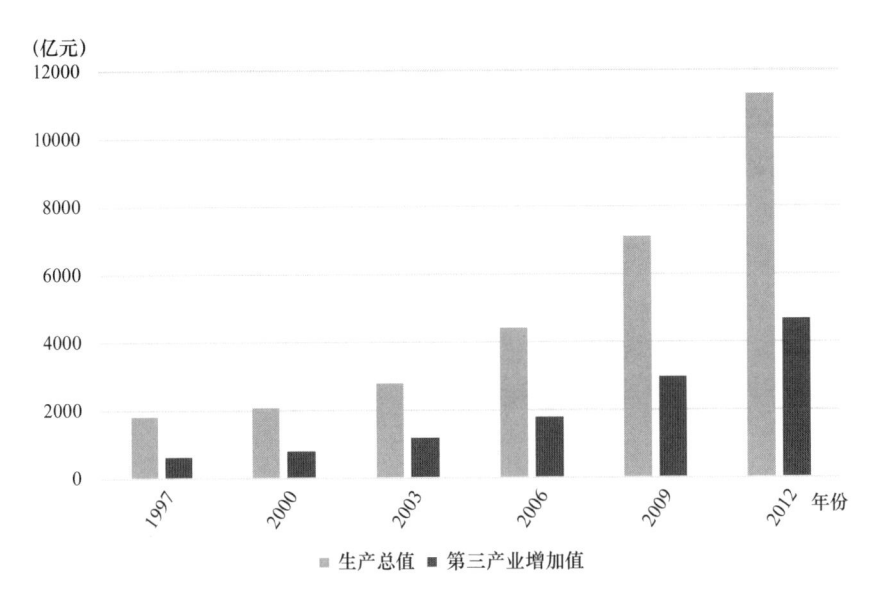

图4-8 1997—2012年广西区内生产总值及第三产业增加值（亿元）

资料来源：根据《广西统计年鉴》资料整理而得。

（一）特色农业快速发展

从广西1978年至2012年间的第三产业发展趋势图中可以看出，广西第三产业的产值比重在不断增加，服务业整体发展迅速，但是占比还需进一步提高。广西农业在改革开放后有了很大的提升，但后面就一直处于停滞阶段，农业产品的出口额也没有出现爆发式增长。广西1997年农产品出口额为4亿美元左右，而在21世纪初的时候不仅没有增长反而出现下滑，在2000年的时候更是下降至2亿美元。2001年底中国

[①] 凡兰兴：《加入WTO与发展广西服务业》，《桂海论丛》2002年第1期。

加入WTO，广西的农业进出口贸易迎来了黄金发展时期，在加入WTO的第二年至第十年间贸易额增长近6倍。中国加入WTO后，广西凭借沿海和靠近东南亚的地理优势，积极促进各类产业进出口发展。广西在2001年以后农业进出口呈现明显的稳定增长态势，但净出口额发展并不是平衡的，在2010年底广西农产品的进口额在25亿美元左右，而2010年底广西的出口额仅为8亿美元，相差近3倍。由于进口增速明显快于出口增速，从2001年起，广西农产品进出口从加入WTO前的顺差状态转变为持续的逆差状态[①]。在1994—2012年间广西农业发展优势明显，在种植业方面，粮、蔗、林、果等发展势头较好，此阶段主要在加强水利建设，改造中低产田，改进耕作技术，依靠科技进步提高单产上。在此阶段前期，该地区年产白糖已经超过200万吨，成为全国最大的糖业基地。水果业已有一定的规模。在水产业方面，前期发展还不太理想，全区海洋面积达12万平方公里，10米等深线以内的水面达600万亩，可以大量发展海水养殖。在畜牧业方面，该地区的畜牧业仅次于种植业，是农业总产值和农民人均收入的1/3，但是并没有达到规模经营的程度，结构也不合理[②]。1994—2012年广西主要农产品及产量如表4-7所示。

表4-7　　　　　1994—2012年广西主要农产品及产量　　　　单位：万吨

年份	粮食	油料	糖料	园林水果	水产品
1994	1397.91	35.88	2320.45	222.36	76.16
1995	1553.31	45.35	2555.73	266.60	103.29
1996	1606.04	51.60	2830.50	239.93	176.89
1997	1669.11	55.52	3242.38	315.52	191.68
1998	1702.11	54.41	3582.30	324.73	217.52
1999	1722.49	54.73	3220.64	405.19	230.93
2000	1667.24	58.61	2937.89	360.14	239.86
2001	1607.35	57.23	3653.33	406.28	247.77

[①] 郭绪全：《广西农产品进出口贸易十年（2000—2010年）变化史与发展对策》，《西南农业学报》2011年第24期。

[②] 颜训宣：《建设农业强省——"九五"广西经济发展的重大课题》，《桂海论丛》1996年第3期。

续表

年份	粮食	油料	糖料	园林水果	水产品
2002	1549.38	55.99	4593.38	455.78	255.15
2003	1484.82	55.70	4861.84	462.24	264.61
2004	1473.19	58.32	5003.87	526.44	274.31
2005	1516.29	63.19	5154.69	571.58	284.19
2006	1427.58	33.60	6376.40	612.86	236.36
2007	1396.60	33.82	7737.47	690.89	246.05
2008	1394.70	37.55	8215.58	660.06	249.98
2009	1463.20	42.08	7509.44	774.65	261.81
2010	1412.32	45.81	7119.62	841.77	275.09
2011	1429.93	50.14	7269.96	943.81	288.80
2012	1484.9	53.94	7829.71	1030.95	303.46

资料来源：根据《广西统计年鉴》《八桂辉煌：广西六十年经济社会发展成就》资料整理而得。

区域发展政策是区域经济空间差异演化的重要推动力，在区域经济的发展中扮演着十分重要的角色[1]。在1994—2012年间，广西的各类农产品发展较快，且呈现多样化发展样式，农产品种类增加产量加大。1994年时广西的粮食、油料、糖料、园林水果和水产品的产量分别为1397.91万吨、35.88万吨、2320.45万吨、222.36万吨和76.16万吨，农产品的产量已经初具规模。在2012年时同类农产品的产值分别为1484.9万吨、53.94万吨、7829.71万吨、1030.95万吨和303.46万吨，广西农产品产量增幅明显，其中以糖类的增幅为首，达到3.4倍。在2000年以后广西的进口农产品以水果为主，西瓜、红毛丹等水果进口量大幅增加，2010年广西进口木薯淀粉、木薯干、鲜龙眼、去壳腰果、鲜西瓜、鲜红毛丹分别达5839万美元、5060万美元、6127万美元、5536万美元、2786万美元、990万美元[2]。

同时此阶段广西的出口贸易也得到了较好的发展，农产品的大宗商

---

[1] 李红、丁嵩、刘光柱：《边缘省区县域经济差异的空间格局演化分析——以广西为例》，《经济地理》2012年第32期。

[2] 郭绪全：《广西农产品进出口贸易十年（2000—2010年）变化史与发展对策》，《西南农业学报》2011年第24期。

品的出口量都比较大。其中农产品出口以柑桔、绿豆和苹果等为主,在2010年时广西的主要农产出口种类为绿豆、蒜头、柑桔和鲜苹果出口额分别为1813、8156、6888和3903万美元[①]。这阶段的广西罗非鱼、中药材、洋葱等农产品出口也较多,在2010年的时候罗非鱼、中药材、洋葱的出口额已经达到了2亿美元、6889万美元和4054万美元。广西的其他出口商品主要是以大宗商品为主,在21世纪以后广西出口的大宗农业商品主要集中在家禽类和加工农产品等,如鸡、菜制罐头和猪等,但大宗商品的出口量都增幅不大,有些产品的销量甚至出现负增长。2010年,广西活猪、马蹄罐头、肉桂的出口额分别为1381万美元、1231万美元、853万美元,十年间分别增长11.3%、99.2%和150%,年均增速分别为1.2%、7.9%、10.8%,菠萝罐头、活鸡、菜豆罐头的出口额分别为540万美元、185万美元、152万美元,与2000年相比分别下降了19.6%、74.3%、76.7%[②]。在1994年至2012年间广西主要以发展特色农业为主,并在此阶段实现进出口农产品的规模化发展。

(二)推动工业转型升级

该时期,工业已经有了较大的发展,工业转型升级的成效明显。其中发展最为迅猛是有色金属,在此阶段广西的有色金属突破发展瓶颈,已然成为我国重要的工业金属基地。广西的自然资源丰富,当时已经探明的有色金属矿种就多达100多种,且矿大都相对集中、含量大,这样的自然条件给广西的有色金融基地发展带来独特的优势。在全国来看广西的有色金属种类和储含量都居于前列,尤其是其中的锡、锰等金属储量更是居于第一位。这时期广西将有色金属列为自治区的特色工业产业发展对象,广西政府不断在国内外引进先进技术和人才来创新金属加工技术,在2010年时已经形成勘采、冶炼、加工、运输的一条龙生产体系,借助铁路交通的发展,很快便在国内发展稳定。目前有色金属已经成为广西全区的重要产业支柱,在国家层面上中央政府也给广西在资

---

① 郭绪全:《广西农产品进出口贸易十年(2000—2010年)变化史与发展对策》,《西南农业学报》2011年第24期。

② 郭绪全:《广西农产品进出口贸易十年(2000—2010年)变化史与发展对策》,《西南农业学报》2011年第24期。

金、技术和政策上的帮助。例如在1994年，国家将大厂矿务局列为我国100家现代企业制度试点企业，给予一定的政策帮助和发展指导，现已形成了年采选200万吨矿石、年冶炼1.6万吨精锡和3000吨铅锑的生产能力[1]。

同时，随着2001年中国加入WTO，工业也有了较大的变化。首先，对于该地区制糖业来说，可以说是喜忧参半，糖业走向了国际竞争，促进糖业新发展，但也会使部分处于困境的糖厂倒闭。但是这个时期广西的制糖业还是依赖于传统技术，制糖装备较为落后，没有达到国际先进水平的生产线，因此对于制糖业来说，是一个巨大的冲击。对于建材和机械业来说，提供了难得的发展机会。当时的建材业有着几大优势，例如具有发展建材工业的地理比较优势，因为该地区山地多，石灰岩资源丰富，质地优良，易于开采。其次，具有廉价劳动力的优势，该地区有丰富的劳动力资源且劳动力价格低[2]。同时，广西柳州市汽车工业也开始驶入快车道，一个显著的特点是主机厂加强产品结构调整，形成了汽车、发动机产销总量大幅增长[3]。

此阶段的服务业迎来发展的机会，第三产业在国民经济发展中有着不可替代的作用，它对拉动消费、解决社会就业问题都起着越来越重要的作用，但是通常第三产业对第一、第二产业具有一定的依附性，其发展速度是受一定限制的，在工业化发展初期更是如此，只有当经济发展到一定水平，才会为第三产业提供更大的发展空间和更快的发展要求[4]。同时期，广西其他主要工业产品有原煤、钢、水泥等，各产品的增长速度都较快，此时广西的发电量已经有了大幅的提升，到2012年时已经达到1186.12亿千瓦时。1994—2012年广西主要工业产品及产量如表4-8所示。

---

[1] 刘水玉：《广西成为我国有色金属工业重要基地》，《技术经济信息》1996年第4期。
[2] 王广深：《加入WTO对广西工业的影响及对策》，《广西经贸》2000年第4期。
[3] 李萍：《广西柳州汽车工业驶入快车道》，《广西机械》2001年第1期。
[4] 黄岗：《从翻两番浅议广西经济发展》，《广西经贸》2003年第9期。

表4-8　　　　　　　1994—2012年广西主要工业产品及产量

年份	原煤 (万吨)	发电量 (亿千瓦时)	钢 (万吨)	水泥 (万吨)	化学肥料 (万吨)	糖 (万吨)	十种 有色金属 (万吨)	卷烟 (万箱)
1994	1196.08	186.69	76.55	1712.34	38.20	219.66	20.74	101.12
1995	1174.85	217.29	88.78	1980.47	43.12	179.66	27.27	98.35
1996	1391.42	226.14	87.26	1933.52	44.35	237.51	32.87	93.81
1997	1252.26	237.26	95.56	1893.00	47.04	244.90	39.54	90.68
1998	1114.33	245.00	112.82	2008.47	48.69	346.91	43.97	87.35
1999	1015.10	253.42	118.85	2062.55	46.14	374.30	52.31	82.75
2000	816.06	289.09	104.73	2198.35	53.30	325.76	60.59	72.33
2001	706.67	297.19	122.96	2140.45	73.75	270.37	71.58	81.87
2002	613.52	317.03	165.32	2401.18	71.84	480.03	61.03	88.90
2003	436.75	363.67	206.20	2665.19	68.87	601.41	65.93	98.90
2004	539.82	373.72	319.64	2812.09	76.68	606.87	64.02	102.04
2005	700.34	446.04	496.29	3306.13	84.02	504.34	66.63	106.90
2006	680.53	523.35	625.27	3654.94	102.42	566.02	74.73	110.00
2007	721.48	682.81	765.67	4350.48	91.08	771.16	81.31	120.75
2008	499.09	848.00	786.93	5191.52	85.88	931.52	100.25	130.75
2009	587.6	922.99	1003.09	6435.27	94.14	824.08	110.08	137.30
2010	757.57	1032.15	1204.57	7516.51	86.90	705.46	140.55	143.30
2011	784.52	1039.01	1212.11	8746.48	95.67	742.28	133.99	148.30
2012	753.61	1186.12	1341.65	6986.88	124.41	861.47	111.22	150.70

资料来源：根据《广西统计年鉴》《八桂辉煌：广西六十年经济社会发展成就》资料整理而得。

第五节　高速建设阶段（2013年至今）

一　迈入高铁时代

2013年是广西铁路发展史上不平凡的一年，在2013年年底的时候北京通往广西桂林的高铁正式完工并交付使用，从此便结束了广西没有高铁的现状，广西成为第一个开通高铁的自治区，可以说北京至桂林高铁列车的开通对广西发展具有里程碑意义，广西在迈入高铁时代后经济、社会将被带动发展。集快速、安全、舒适和高效于一体的高速铁路

(简称高铁),产生明显"时空压缩"效应,最有效地解决了大通道上大量旅客快速输送问题,成为当今时代世界"交通革命"的一个重要标志[①]。2013年间,广西其他的高铁列车同时在建项目达到7个,铁路建设方面涉及广西境内的里程达2000多公里,其中高铁里程1100公里。此时期广西铁路建设的发展位于全国前列,尤其是实现了湘桂、柳南、沿海等5个高铁项目的开通运营,在2016年实现14个地级市中的12个地级市通动车。迈入高铁时代后的广西,正在不断推进桂南高铁经济圈产业区域化的规模发展,不断完善全产业链建设。2013—2020年间广西铁路修建时间轴如图4-9所示。

2013:衡柳铁路开通运营,广西高铁实现"零的突破"柳南客专和南钦、钦北、钦防高铁开通运营,八桂大地开启"同城时代"

2014:南广铁路广西段开通运营,贵广高铁开通运营、南广铁路实现全线通车、南宁东站投入使用

2016:云桂铁路全线开通运营,黎湛铁路贵港至玉林段电化改造完成,玉林市开通动车。至此,广西14个地市中开行动车的达到12个

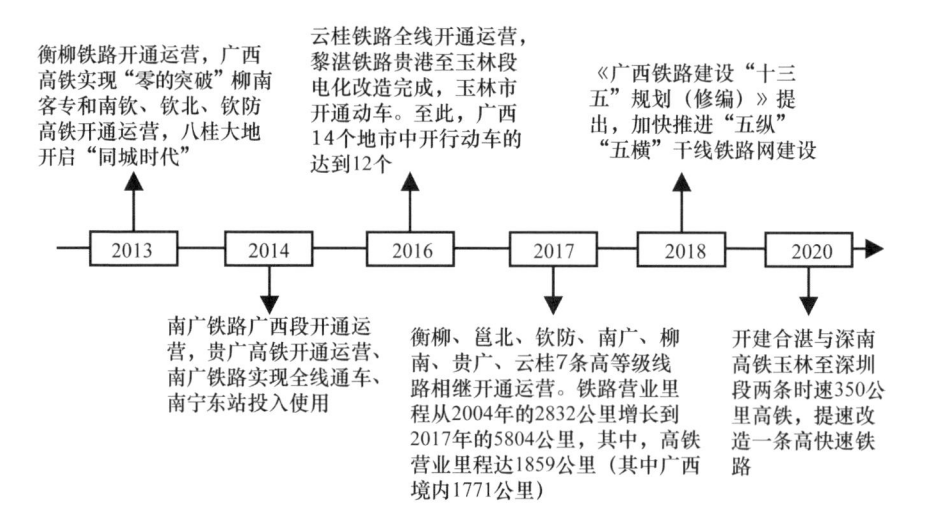

2017:衡柳、邕北、钦防、南广、柳南、贵广、云桂7条高等级线路相继开通运营。铁路营业里程从2004年的2832公里增长到2017年的5804公里,其中,高铁营业里程达1859公里(其中广西境内1771公里)

2018:《广西铁路建设"十三五"规划(修编)》提出,加快推进"五纵""五横"干线铁路网建设

2020:开建合湛与深南高铁玉林至深圳段两条时速350公里高铁,提速改造一条高快速铁路

图4-9 2013—2020年广西铁路修建时间轴

资料来源:根据《广西铁路发展历程回顾》等文献资料整理而得。

广西在此阶段铁路建设发展迅速,2013年年底广西迈入高铁时代,2014年南宁铁路西段开通运营,南广东站正式交付使用,2016年实现12个地级市开通动车。衡柳铁路开通运营,广西实现高铁"零的突破",广西成为全国首个开通运营高铁的少数民族自治区,衡柳铁路作

---

① 汪德根、钱佳、牛玉:《高铁网络化下中国城市旅游场强空间格局及演化》,《地理学报》2016年第71期。

第四章 桂南高铁经济圈产业区域化及其全产业链建设的演变历程 143

为广西地区联系华中、华北、华东等地区的重要运输通道，不仅从根本上解决运能不足问题，同时还可大大缩短客车旅行时间，使广西与中南、华东等地区的运输条件发生质的飞跃，提高铁路客货运输与其他交通运输方式的竞争力，并可实现北京、上海与南宁"夕发朝至"①。同时南钦、钦北、钦防高铁和柳南客专正式开通运营，这也就是实现了南宁、北海、防城港和钦州4个市的互通，根据运行时速基本实现了四市之间一小时达到，形成"1小时经济圈"，极大地促进了城市间的协同发展，八桂大地开启"同城时代"。2014年，广西境内的南广铁路段完成交付使用，南广铁路是国家Ⅰ级铁路，设计最高时速250公里，其运营线为南宁至广州，可以说南广铁路是桂南高铁重要的铁路之一，它贯穿广西东南方向，沿线城市众多，辐射西江经济带联通北部湾经济圈，同时南广铁路积极连接珠三角的高铁项目，南广铁路经南宁、贵港、桂平、平南、藤县、梧州、广东云浮、肇庆、佛山，最后到达广州，南广铁路全线长约600公里，4个小时内便可以跑完全程，其中广西境内的南宁至梧州段在2小时内即可互达，大大缩短了时间。随后的2014年南广铁路实现全线通车，紧接着南宁东站完成施工正式交付使用，同时期贵广高铁开通运营。2015年柳州至南宁段的湘桂铁路和黎塘至钦州铁路完成电气化改造，开始修建玉林至铁山港铁路，该铁路线路在2016年底完成施工并交付使用，后南昆铁路南宁至百色段增建二线工程在2017年竣工，在这以后广西基本铁路网络交通已经实现，广西交通运输能力进一步加强。2016年12月28日云桂铁路全线开通运营，云桂铁路是一条连接广西南宁市和云南省昆明市的高速铁路。2016年12月30日黎湛铁路贵港至玉林段电气化改造完成，玉林市开通动车，黎湛铁路电气化改造工程贵港（根竹）至玉林段开通运营后，通过贵港市境内的根竹站、贵港站与南广高铁相接，使广西玉林市融入桂南高铁网，为改善玉林市铁路交通出行条件，提升玉林市在区域经济中的竞争力、吸引力提供交通基础保障②。至此，广西14个地市中开行动

---

① 郭军、边禹：《衡阳至柳州铁路28日开通运营》，中国新闻网，2013年12月26日，https://www.chinanews.com/df/2013/12-26/5669086.shtml，2021年6月7日。
② 黄有贤：《黎湛铁路贵港至玉林段线路改造完成广西最大侨乡将通动车》，2016年10月12日，http://www.chinanews.com/cj/2016/10-12/8028943.shtml，2021年6月7日。

车的达到 12 个。桂南高铁是广西乃至全国交通网络的重要组成成分，2017 年桂南高铁开工建设，作为中国"八纵八横"计划的重要组成部分，桂南高铁从贵州贵阳站出发，经过贵州和广西的几个城市，到达广西南宁站①。到 2017 年的时候，广西各市已完成基本铁路网建设，柳南、贵广、邕北、钦防、衡柳、南广、云桂 7 条重要铁路线路先后完成建设投入运营。广西实现 12 个地级市通运动车，可前往全国 18 个省。集团公司铁路营业里程从 2004 年的 2832 公里增长到 2017 年的 5804 公里，其中，高铁营业里程达 1859 公里（其中广西境内 1771 公里）②。后在 2018 年广西政府当局积极推进铁路建设，力争在"十三五"期间实现铁路的超前发展和完善，预计在 2020 年左右使得广西运营里程达到 6000 公里左右，其中高铁的运营里程要超过 2000 公里，复线率和电气化率分别达到 56% 和 63%，路网密度达到 233 公里每万平方公里，高于全国平均水平。下阶段广西铁路建设的重点项目就是实现广西境内的地级市全通高铁，进一步扩大高铁经济产业圈，形成以南宁为中心的高铁经济产业经济圈，南宁周边城市实现 1 小时达，偏远城市争取在 2 小时内达。同时应积极扩大同周边城市的联通，对于周边省会城市至南宁线路要争取在 3 小时内到达，10 小时左右通达长三角和环渤海地区主要中心城市。自 2013 年广西实现高速铁路的"零的突破"以来，广西铁路建设已经具有规模，铁路建设不断完善，铁路里程数保持稳定地增长，货运量增长较大。2015—2020 年广西境内铁路里程如图 4 – 10 所示。

二 推进全产业链布局

该阶段的广西各产业都在迅猛发展。2019 年，广西第一、第二、第三产业比重分别为 16%、33.3%、50.7%，第三产业发展迅速。而在 2010 年时广西还是以第一、第二产业为主，第一、第二、第三产业

---

① 人生是一场旅游：《西南在建的一条高速铁路，斥资 757 亿，预计在 2023 年能正式通车》，2020 年 7 月 31 日 https：//baijiahao. baidu. com/s? id = 1673705275547044189&wfr = spider&for = pc，2021 年 6 月 7 日。

② 南宁铁路：《历史回顾！广西铁路的前世今生每一步都激荡人心》，2018 年 10 月 25 日，https：//www. 163. com/dy/article/DV00CE5H0514T3N7. html，2021 年 6 月 7 日。

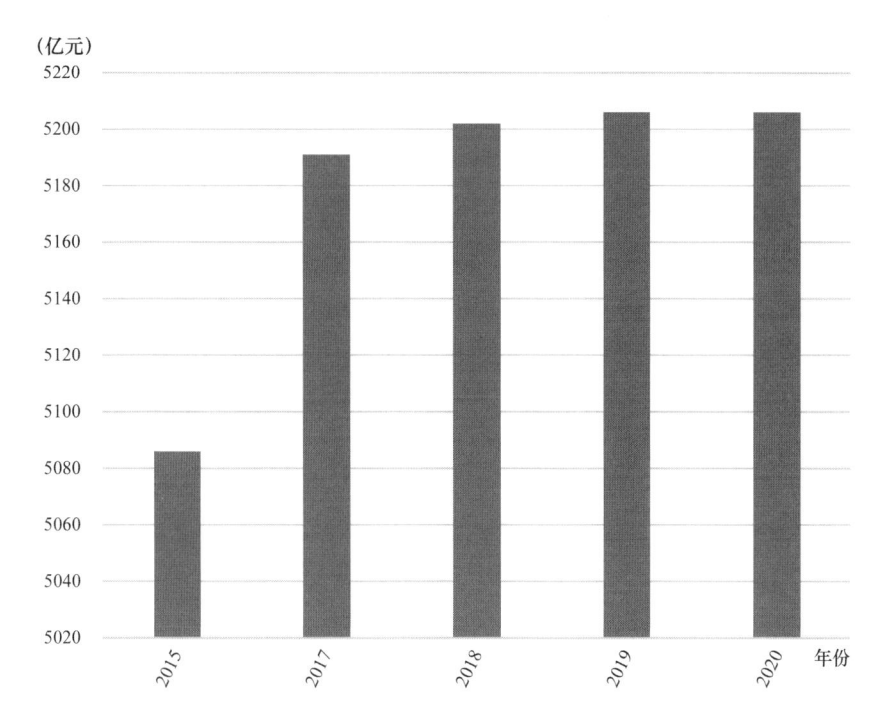

图 4-10　2015—2020 年广西区内生产总值及第三产业增加值（亿元）

资料来源：根据《广西统计年鉴》资料整理而得。

的比重分别为 19.2%、40.5%、40.3%。随着 2013 年广西实现高铁的"破零"，广西产业开始朝着区域化和全产业化发展。2013—2020 年广西区内生产总值及第三产业增加值如图 4-11 所示。

根据广西统计局发布的统计公报显示，广西全区 2020 年国民生产总值约为 22157 亿元，从图 4-11 中可以观察发现近年来广西 GDP 逐年上升，第三产业比重逐步趋于 50% 的稳定水平。2020 年广西的第一、第二、第三产业增加值分别为 3556 亿元、7109 亿元、11492 亿元，三大产业的产值增加值分别为 5%、2.2% 和 4.2%，第一、第二、第三产业增加值的比重为 16.0%、32.1% 和 51.9%，对经济增长的贡献率分别为 21.9%、19.9% 和 58.2%。可以说，到 2020 年广西的产业结构已经较完善，第三产业发展已经具有规模。

（一）新兴产业发展动力强劲

进入高铁时代后的广西积极发展新兴产业，全区新产业新业态发展

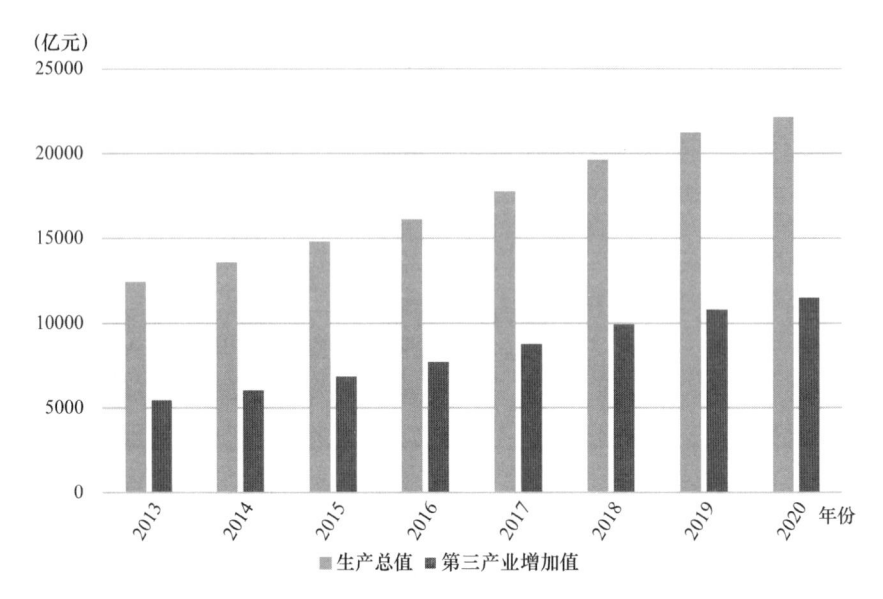

图 4-11　2013—2020 年广西区内生产总值及第三产业增加值（亿元）

资料来源：根据《广西统计年鉴》资料整理而得。

态势良好，此阶段广西的主要新兴产业集中在电子、医疗仪器、互联网和特色产业方面。根据《2020 年广西统计局统计公报》可知，2020 年全区电子与通信设备制造业比重有所提升。电子和通信设备制造业增加值比上年增长 13.2%，医疗卫生方面增长了 8%。广西服务业呈现多元化发展态势，软件和信息技术服务收入比上年增长 72.54%，专业技术服务收入增长 35%，互联网及相关服务收入增长 23.2%。广西政府高度重视科技产业发展，积极推动产业投资，高技术产业投资比上年增长 12.4%，其中高技术制造业投资增长 20%。全年新能源汽车比上年增长 1.9 倍，光电子器件增长 1.5 倍，锂离子电池增长 13.4%，电子元件增长 10.9%，全区限上批发和零售企业实现网上商品零售额 109.40 亿元，比上年增长 47.0%。全年全区新增市场主体 89.3 万户，比上年增长 47.8%。年末全区实有市场主体 376.1 万户，比上年末增长 19.8%。区内区域发展活力逐步增强，从不同的区域来看，全年北部湾经济区生产总值 8124 亿元，比上年增长 2.89%；西江经济带生产总值 10962 亿元，增长 3.9%；左右江革命老区生产总值 3259 亿元，增长 5.78%。

桂林国际旅游胜地、强首府战略等区域重大战略加快实施，北钦防一体化建设稳步推进。同时期，广西积极推进特色产业的发展。广西地处我国西南方地理位置优越环境较好，气候宜人，是很好的养生地。近些年来，广西高度重视和发展康养产业，在新兴产业的建设中大力推进康养产业建设，2015年便建设省级养老服务业综合改革试验区，在全国范围内居于前列，广西拟建设以休闲养生、休闲养老为主题，以综合改革为动力，全力建成一体化的康养产业，致力于在不久的将来打造国家养老产业基地、健康度假胜地和国际休闲度假胜地。广西的地理位置优越，在发展医疗和保健产业方面有得天独厚的条件。目前，广西共有25个"长寿镇"。其中，首先在全国各省市和自治区，具有独特的地方优势。生态优势、长寿品牌优势和"世界长寿之乡"的旅游优势已经吸引了大量国内外老年人来到广西。近年来广西在进一步完善传统旅游产品的基础上以工业企业为依托，以工业旅游资源为核心大力开发工业旅游产品。特别是柳州市作为广西的重要工业城市在重视山水旅游、文化旅游建设的同时充分利用柳州市特有的工业旅游资源优势打造了一批具有国家示范效应的工业旅游产品[1]。为广西医疗保健行业的发展提供了高质量的环境资源和广阔的市场空间，近年来广西的医疗保健行业已经发展到一定程度，广西的许多城市已经开始建立一系列的医疗保健产业集群，同时，这些城市也在积极筹建医疗保健产业集群，为健康养老产业的发展提供了优质的环境资源和广阔的市场空间。如今，广西的康养产业已有了一定的发展[2]。近年来广西各市已经开始分批建设康养产业集聚区，梧州、河池、南宁、贺州等市已经建设集康养、旅游和医疗保健为一体的产业集群，下一步各市正积极规划建设康养产业园区广西健康养老产业正在形成以点带面，层层推进的良好发展态势[3]。

---

[1] 毕燕：《工业旅游产品开发模式研究——以广西工业旅游产品开发为例》，《学术论坛》2005年第6期。
[2] 《桂台共寻康养产业合作商机》，广西壮族自治区人民政府门户网站，2019年4月26日，http://www.gxzf.gov.cn/sytt/20190426-745528.shtml，2021年6月7日。
[3] 《桂台共寻康养产业合作商机》，广西壮族自治区人民政府门户网站，2019年4月26日，http://www.gxzf.gov.cn/sytt/20190426-745528.shtml，2021年6月7日。

（二）农业全产业链融合态势

近几年来广西农业得到了有效发展，农业农村经济有初具规模，特色农业发展较快，广西一直坚持农业农村协同发展，全面实施乡村振兴战略，加大农村经济同其他产业的融合态势。通过农业发展的转换思路，广西已逐渐形成加工流通、物流配送、电子商务、休闲旅游、健康养生等全产业深度融合的现代农业经济，广西力求通过产业链条建设，进行统筹发展，全面提升本地经济。目前广西本地已经建设一批具有带头作用的农业企业，新型农业经营主体是发挥农业与其他产业融合的总要衔接点，是提高资源要素配置效率的重要力量，新型农业经济关系中新型经营主体是动力保障。建立新的经营主体已经成为现代化农业的必然要求。广西已经基本确定以农村农业为发展重点，以新型农业经营主体为连接点建立业大户、家庭农场、农民合作社共同跟进的产业融合发展框架。不断地优化资源推进产业融合，满足发展需要，同时积极地推广创新生态养殖模式。例如，推进农业内部之间的交叉融合，推动"稻鱼共生"等生态综合种养业态发展；推进农业与外部融合方面，广西积极推动大数据互联网农业并与文化、旅游、康养等产业融合重组。在新产业、新技术和新方式的参与下，广西新型农业经济发展迅速，农业科技创新不断进行攻坚，科技创新对农业的推动作用明显广西农业现代化水平不断提升。广西坚持加强促进田园综合体、农业产业强镇发展，现已经形成多处产业集聚区：以崇左、来宾等为重点的蔗糖加工集聚区；桂北果蔬加工、桂中南现代中药加工、桂东南畜禽产品加工、桂南水产品加工、桂西南香料加工、桂东南和桂西北林产品加工、以柳州螺蛳粉加工为主线的广西特色米粉加工等特色农产品加工产业带。

广西积极推进农产品产销对接，通过乡镇企业和政府参与完善农产品产销脱节和售卖难的问题。一是打造特色专业市场。到 2020 年的时候广西区内的大型农产品批发市场已经有 3 家，交易额均在 50 亿元以上，中型批发市场有 20 家交易额均在 10 亿元以上。形成了一批大型农产品批发和交易市场基地，以大型区域性农产品批发市场为节点、小农产品产地批发市场为支撑。二是积极推进组织农业展销会，广西多次举办各类农业产品专场会议和活动，例如粤桂扶贫协作消费扶贫活动和广西名特优农产品（广州）交易会，各类农产品推介会作用明显，交易额大成功率高。同时农产品的展销会还能宣传特色农业产业，为后续发展打下基础。广西政府也积极推进农交会的举办，进行政策和资源倾斜帮助。三是加强运输保鲜能力，桂南高铁建设的成效可以大大提高农产品的运输时效，西部陆海新通道、"南菜北运""粤港澳"等冷链物流大通道加快推进，一批重大项目正在加快落地建设，预计未来两年全区新增冷库容量30万吨。四是大力发展利益联结机制，深入促进农业产业长效发展，切实保障农民分享产业融合链条的增值收益，充分调动农户生产积极性。大力推广"企业+贫困户""企业+基地+贫困户""企业+合作社+贫困户""企业+家庭农场+贫困户"等多种机制；鼓励各地支持农业企业、农民专业合作社、家庭农场等农业新型经营主体，通过"土地托管、土地流转、订单农业、牲畜托养、产销对接、土地经营权股份合作"等方式，与贫困村、贫困户建立稳定的利益联结机制，形成利益共享、风险共担的利益共同体[①]。

（三）优势工业突破发展瓶颈

近些年来，广西积极推进优势产业的发展，力推优势产业的高速发展。广西立足区位优势，推动"三大定位"发展，积极发挥跟东盟国家陆海相邻的地理优势，构建面向东盟的国际大通道、打造西南中南地区开放发展新的战略支点、形成丝绸之路经济带和21世纪海上丝绸之路有机衔接的重要门户。在"双循环"的大背景下，广西立足高铁经济圈产业区域化发展，广西区内高铁的建设可积极带动地区经济和全区的经济，可以说高铁对于广西经济的发展有强大的助推作用，这种推动作用发挥强大的作用，就要持续推进高铁线路的完善和推动高铁沿线的产业链建设。现阶段高铁沿线经济圈已成为广西经济发展的重点，高铁经济圈下的产业链已经成为支撑广西经济发展的强大支柱。目前广西已经初步形成类齐全的全产业链体系，培育并初步形成了以机械、制糖、食品、汽车、康养、冶金、林浆纸产业等一体化为主的优势产业。

广西汽车制造产业以中低端市场为主攻方向，广西不断进行产业革新，在2017年通过政府与企业的协同发展实现新能源推广与应用模式

[①] 黄凯、廖芯瑀、王莹：《以全产业链融合发展为广西乡村产业振兴》，《市场论坛》2020年第4期。

在柳州率先试验。到2019年年底，柳州新能源汽车推广量超过5万辆，柳州电动化率即新能源车销售占比达到27%，位居全国首位。截至2019年末，汽车产业占全区规模以上工业比重达一成以上，对于广西工业稳增长的意义举足轻重①。到2020年，汽车产业将实现销售收入3400亿元，完成工业增加值800亿元，汽车整车年产销突破320万辆，其中新能源汽车10万辆，汽车产业规模和实力位居全国前列②。

广西作为中国最大的糖料蔗种植基地，近些年来蔗糖产量持续增加居于全国前列，耕种收综合机械化率达到65%③。2017—2018年榨季，广西食糖产量达945万吨，食糖产量不断提高，现已超过全国食糖产量的60%以及蔗糖产量的70%，为我国的食糖供给提供坚实的保障。与此同时，广西制糖产业的发展也带来了巨大的经济效益，2018年，仅贵港市的制糖业总产值就达到了14.3亿元，明显加快了该市周边乡村的脱贫速度④。2009—2018年榨季广西与全国甘蔗种植面积与食糖产量对比结果如表4-9所示。

表4-9 2009—2018年榨季广西与全国甘蔗种植面积与食糖产量对比

榨季	甘蔗种植面积（公顷）		糖产量（万吨）	
	广西	全国	广西	全国
2009—2010年	72400	1214000	548.30	1358.17
2010—2011年	968666	1531333	952.15	1479.02
2011—2012年	1017333	1556666	774.90	1264.00
2012—2013年	963333	1468000	722.90	1124.94
2013—2014年	988000	1494666	686.29	1077.15
2014—2015年	1037333	1559333	705.39	1162.13

---

① 《桂台共寻康养产业合作商机》，广西壮族自治区人民政府门户网站，2019年4月26日，http://www.gxzf.gov.cn/sytt/20190426-745528.shtml，2021年6月7日。

② 《2020年广西汽车产业力争实现销售收入3400亿元》，广西新闻网，2018年3月31日，http://www.gxnews.com.cn/staticpages/20180330/newgx5abe1b9e-17200959.shtml，2021年6月7日。

③ 中国新闻网：《中国—东盟糖业博览会在南宁举办推动糖业合作及数字化转型》，2020年12月19日，https://baijiahao.baidu.com/s?id=1685606530953771505&wfr=spider&for=pc，2021年6月7日。

④ 介文凝：《广西省甘蔗产业发展策略分析》，《辽宁农业科学》2021年第1期。

续表

榨季	甘蔗种植面积（公顷）		糖产量（万吨）	
	广西	全国	广西	全国
2015—2016 年	1056000	1666000	806.27	1219.42
2016—2017 年	1073333	1602000	861.00	1443.00
2017—2018 年	866000	1330000	629.00	1171.00

资料来源：根据统计年鉴、《八桂辉煌：广西六十年经济社会发展成就》资料整理而得。

广西制糖业除生产传统糖类产品外，已向产业上下游延伸，并不断开发新产品。糖业是促进广西地区发展、增加农民收入、促进民族团结等的重要支撑，是广西在全国具有影响力的传统优势产业和重要支柱产业。广西的主产糖县大多数是贫困县，制糖企业上缴的税收是地方财税收入的主要来源，也是这些地方实现精准脱贫的重要支撑[1]。高铁的建立使得交通运输进一步发展，由此使得制糖业的销售运输更为便利，促进糖业体制机制改革，有利于大力发展数字糖业和智慧糖业，加快推动糖业"二次创业"[2]。由表4-10可以看出，广西的制糖业在全国遥遥领先，因此，广西制糖业依托高铁，将会有着巨大的发展潜力。广西、云南、广东是全国成品糖的主要生产地区，数据显示，截止到2019年11月，三地成品糖产量分别为593.30万吨、226.74万吨和83.00万吨，合计占比达到83.37%[3]。截止2019年11月各地区成品糖产量统计如表4-10所示。

表4-10　　　　　　2019年11月各地区成品糖产量统计

地区	当月产量（万吨）	累计产量（万吨）	地区	当月产量（万吨）	累计产量（万吨）
全国	100.04	1081.98	广东省	2.98	83

---

[1] 黄世明、周善葆：《广西糖业改革发展与金融支持研究》，《改革与战略》2020年第36期。
[2] 中国新闻网：《中国—东盟糖业博览会在南宁举办推动糖业合作及数字化转型》，2020年12月19日，https://baijiahao.baidu.com/s?id=1686506530953771505&wfr=spider&for=pc，2021年6月7日。
[3] 《2019年中国成品糖产量统计及未来市场趋势分析》，中国产业信息网，2020年1月7日，https://www.chyxx.com/industry/202001/826089.html，2021年6月7日。

续表

地区	当月产量（万吨）	累计产量（万吨）	地区	当月产量（万吨）	累计产量（万吨）
河北省	2.98	33.42	广西壮族自治区	43.87	592.3
内蒙古自治区	13.92	35.15	海南省	0	13.14
黑龙江省	8.38	10.75	四川省	0.02	0.82
江苏省	0.17	1.86	贵州省	0.34	2.93
福建省	0.65	6.25	云南省	2.62	226.74
山东省	3.76	25.95	甘肃省	1.37	3.35
湖北省	0.01	0.04	新疆维吾尔自治区	18.96	46.21
湖南省	0.01	0.07	—	—	—

资料来源：根据博思数据发布的《成品糖市场分析报告》资料整理而得。

表4-10汇报了2019年11月全国主要产糖省区的成品糖产量情况，11月份全国共产糖100.04万吨，其中广西全区则产糖43.87吨，占比达到44%，广西产糖量居于全国前列，广西的周边省份如云南、贵州的产量为2.62万吨、0.34万吨。在2019—2020年榨季，广西全区的甘蔗入榨总量较2018—2019年度减少了近900吨，该榨季广西产混合糖600万吨，总产糖量减少34万吨，但混合产糖率提高了1个百分点，在产糖率方面较去年同期提高了近2个百分点，达到13%。在2020年一季度末广西本榨季累计销糖287万吨，产销率47.85%，较上年同期提高1.88个百分点；工业库存313万吨，同比减少9万吨，白砂糖含税平均售价5724元/吨，较上年同期增加586元/吨[①]。最近10个榨季广西产糖量如表4-11所示。

表4-11　　　　　　　广西近10个榨季产糖量

制糖期	2010—2011	2011—2012	2012—2013	2013—2014	2014—2015	2015—2016	2016—2017	2017—2018	2018—2019	2019—2020
广西产糖量（万吨）	672.8	694.2	791.5	855.8	634	511	529.5	602.5	634	600

资料来源：根据糖网讯相关资料整理而得。

---

① 新浪财经：《今日广西白糖现货市场糖价情况》，2020年4月9日，http://finance.sina.com.cn/money/future/agri/2020-04-09/doc-iirczymi5280260.shtml，2021年6月7日。

有色金属工业是广西一项国际竞争力强、对国际市场具备一定调控能力的产业。锰矿、锡、钨、锑、铝土矿、滑石、重晶石、镁、硫铁矿等矿产资源储量较为丰富,除以农业为代表的第一产业发展外,有色金属产业链在一定程度上支持了区域经济发展[①]。统计数据表明,2019年广西三次产业结构占比为16%、33%、51%,而有色金属产业则是工业发展的重要支柱。2016—2017年广西重要有色金属矿产资源保有储量情况如表4-12所示。

表4-12 2016—2017年广西重要有色金属矿产资源保有储量情况

矿产资源	保有资源储量（万吨）	
	2016年	2017年
锰矿（矿石）	47449	47634
锡（Sn）	70	70
钨（WO_3）	36	41
锑（Sb）	50	50
铝土矿（矿石）	88625	102606
镁（白云岩，矿石）	161	161

资料来源：根据《广西统计年鉴》资料整理而得。

广西地处西南,陆地与越南接壤,因此边贸发达,铁路的通达方便了沿边地区的交流以及货物的运输。广西不断与加强与"一带一路"沿线国家的交流合作,经济互融程度不断加深,2018年全年广西的进出口额为2245亿元,增速为4.6%。广西积极加强同东南亚国家的贸易协作,充分利用区位优势和"三大定位"战略优势,东盟连续19年成为广西最大贸易伙伴；广西对印度、乌克兰和伊朗分别进出口27.9亿元、10.3亿元和7.3亿元,分别增长35.9%、19%和63.1%,与此同时,随着与港澳贸易往来日益紧密,港澳成为广西对外开放发展高地,2018年,广西主动对接和融入粤港澳大湾区发展,与香港、澳门进出口增势显著,分别进出口409.3亿元和2.7亿元,增长56.6%和

---

① 刘明凯、张红艳、王新宇：《广西有色金属产业链关联测度与发展路径规划研究》,《中国国土资源经济》2020年第33期。

3.3 倍,成为广西外贸发展的一大亮点,在贸易方式方面,2018 年,广西边境贸易、加工贸易和保税物流进出口均实现增长,其中,边境小额贸易进出口 1076.2 亿元,增幅达 22.2%,拉动广西外贸进出口值增长 5 个百分点①。2020 年在建的一条连接广西百色、崇左和防城港 3 个地级市的边境高铁建成后可接通越南。这条高铁建成后,将方便中越之间的边境交往,促进边境地区的旅游业发展,边境贸易将会更加发达。广西边境小额贸易呈现逐年上升趋势,这不仅得益于政策法规的改进,也得益于交通运输的发展。

广西中草药资源丰富,仅次于云南,排在全国第二位。由此使得广西的药材产业发展势头较好,尤其中药壮瑶药产业发展较好,民族医药具有鲜明的区域特色,在防治地方常见疾病、多发病和疑难病方面具有独特作用②。同时,广西中药产业拥有"三金""玉林""天和""金嗓子""花红"等全国驰名中药品牌,已形成 10 多家大中型中成药工业企业带动一批新兴中小企业的良性发展趋势,发展潜力巨大③。高铁的建设,使得药材资源的流动更加便利,时间和空间距离都大大缩减,药材产业将依托高铁的建设更加迅猛地发展。

虽然各个产业都有着巨大的发展潜力,但是还存在一定的问题。例如在农业方面,还存在着农业技术培训和推广较少,农产品加工和销售渠道不够畅通等问题。由于地形地貌不平整,承包土地划分比较分散,难以集中大规模地种植,所以使得产业发展规模小且分散,农户种植积极性不高,产业生产规模效应不高,同时,农业的龙头企业带动能力也较弱④。在工业方面,首先是发展速度较慢、贡献较弱,近几年广西工业增加值总额先升后降,在 2017 年提高到 9 297.84 亿元后开始下降,

---

① 《广西外贸规模创历史新高 边境小额贸易出口首破千亿》,中国新闻网,2019 年 1 月 25 日,https://baijiahao.baidu.com/s?id=1623639500187024603&wfr=spider&for=pc,2021 年 6 月 7 日。

② 《广西多举措助力中药壮瑶药产业发展》,人民网,2020 年 5 月 22 日,https://www.sohu.com/a/396994522_114731,2021 年 6 月 7 日。

③ 戴斌、丘翠嫦:《广西壮族医药发展的回顾、现状与思路》,《中国民族民间医药杂志》2007 年第 1 期。

④ 何佳晨:《乡村振兴背景下民族地区农业现代化产业发展研究——基于广西 F 瑶族自治县的调查》,《南方农机》2020 年第 51 期。

2018年和2019年分别为8080亿元和7077.43亿元。以2018年为例，广西GDP增速与云南、贵州相比落后超过2个百分点，其中第二产业增长差距更加明显，因此，现阶段广西工业与其他省市相比还有较大差距。同时，工业的结构也不合理，广西的工业发展相较于中东部省份来说还比较落后，工业呈现重资产、高耗能等情况，轻工业、战略性新兴产业比重不足。轻工业以农副产品加工和木材加工为主，资源消耗大，附加值不高。从行业内部看，除了石油加工、炼焦及核燃料加工业的企业数量较少，企业集中度较高以外，其他行业从业企业个数过多，显示出该行业产业集中率较低，大中型企业规模总体较小，产值占比较低[①]。而且，科技创新能力较弱，尽管近些年科技创新投入力度有所加大，但从投入强度、产出效率及大型企业投入积极性等方面仍然处于较低水平，与其他省市还存在着较大差距。在第三产业方面，政府出台一些促进现代服务业、信息服务业、快递服务业、养老服务业等服务业发展的利好政策，这些政策对第三产业企业来说有助力发展的作用，但另一方面暴露出广西服务业自身水平比较低，新兴产业发展不够，优势不够突出。例如，服务业缺少技术创新，龙头企业和著名品牌等[②]。

（四）桂南高铁推动全产业链建设

桂南高铁建设使得市场距离论被打破，市场间距离被人为拉近，广西产业发展可做到与周边省份的协同共济发展，在2014年的时候广西政府审议并通过《〈国民旅游休闲纲要（2013—2020年）〉广西实施细则》，广西积极发展发展第三产业尤其是旅游业，让旅游业真正走入百姓生活。目前广西初步选定6个旅游发展规划区，分别是西江康体健身休闲片区、北部湾滨海跨国休闲片区、桂林山水文化休闲片区、南宁商务会展休闲片区、红水河人文生态休闲片区和边关文化山水生态休闲片区。积极促进旅游产业片区的发展可以更好地带动沿线地区旅游产业转型升级的步伐。外地游客在到达广西之后将有足够的时间分散到上述的六大休闲片区慢节奏地享受休闲度假养生，既大开眼界，又放松身心，

---

① 农宗武：《新时代广西工业高质量发展的若干思考》，《企业科技与发展》2020年第8期。

② 沈玉琼、李婷婷：《浅析广西第三产业"营改增"存在的问题及对策》，《纳税》2020年第14期。

还有足够的时间疗养身体①。这样的"快旅慢游"将会潜移默化地改变现代旅游的方式，同时强力推动广西休闲度假养生旅游的迅猛发展②。广西康养业的发展近年来也十分强劲，继巴马瑶族自治县获得"世界长寿之乡"称号成为中国北方老人长寿养生首选地之后，又有富川县、天等县、昭平县、岑溪市、东兴市、蒙山县、容县、永福县、扶绥县、上林县、金秀瑶族自治县、凤山县 12 个县被中国老年学会评为中国长寿县，全国 49 个长寿县有 13 个在广西，因此，广西成为中国长寿县数量最多的自治区③。广西独特的地理位置和自然条件优势造就了广西康养行业的发展，高铁的开通使得省外甚至国外的人员流量可以快速进入我区内，可以说高铁的建设促进了广西康养行业的发展。

高铁的开通，使得高铁沿线的旅游业迅速发展。例如三江侗族自治县的贫困山村——林溪镇冠洞村冠小屯摘掉贫困的帽子，成为远近闻名的旅游胜地。贵广高铁的开通，使得侗乡出行便利，可以享受到高铁建设带来的经济和社会利益。旅客的不断增加，使得高铁沿线的经济迅猛发展。同时高铁通达，沿海货运物流产业迅猛发展。桂林市依托粤桂黔高铁，建设高铁经济带合作试验区。2020 年桂林将重点培育电子信息、汽车和生物医药三大产业集群，重点发展旅游康养、"双创"服务、文化旅游、金融服务、商贸物流、高端电子信息、电子商务、智能制造装备 8 类产业④。同时，广西在汽车产业链、高端金属新材料产业链等方面拥有较好的资源优势和产业基础，依托高铁经济圈，最重要的是要打造培育完善"双循环"产业链供应链体系。因此，综合考虑现有产业基础，地区政府提出将"7+4"产业链作为关键产业链予以重点培育，将汽车等 5 条产业链培育成为中国重要的产业集群，"7+4"产业链分

---

① 王熙兰：《试论高铁时代广西旅游的重大变化》，《旅游纵览（下半月）》2014 年第 16 期。

② 王熙兰：《试论高铁时代广西旅游的重大变化》，《旅游纵览（下半月）》2014 年第 16 期。

③ 王熙兰：《试论高铁时代广西旅游的重大变化》，《旅游纵览（下半月）》2014 年第 16 期。

④ 广西新闻网：《从高铁沿线产业发展看广西变化：高铁经济"飞"起来》，2017 年 11 月 21 日，http://wzhd.gxnews.com.cn/staticpages/20171121/newgx5a135c36-16683967.shtml，2021 年 6 月 7 日。

别为汽车、机械、电子信息、高端金属新材料、绿色高端石化、高端绿色家居、生物医药 7 条重点支柱产业链，以及新能源汽车、5G 通信设备及应用、高端装备制造、前沿新材料 4 条战略性新兴产业链①。政策的加持，高铁的助力，将会使得产业链稳步提升，加快产业区域化发展。

2020 年，广西积极推进制造业发展转型升级，突破制造业的发展瓶颈，下阶段广西计划形成电子信息产业集群、机械装备制造产业集群、新材料产业集群、金属新材料产业集群、精品碳酸钙产业集群、汽车产业集群、高端家具家居材料产业集群、生物医药产业集群和轻工纺织产业集群等重大产业集群，推进产业集群的发展目的是形成产业区域化发展形成一条全产业链。重点产业集群的建设将重点发展有色金属、食品、建材、造纸、汽车、石化、电力、电子信息、医药制造、冶金、机械与木材加工、纺织服装与皮革、生物、修造船及海洋工程装备 14 个产业，推动产业区域化发展。广西现阶段主要产业集群如表 4-13 所示。

表 4-13　　　　　　广西现阶段主要产业集群一览

序号	集群名称	城市	行业
1	南宁经开区生物医药产业集群	南宁市	生物医药
2	梧州食品健康产业集群	梧州市	食品健康
3	梧州建材环保产业集群	梧州市	建材环保
4	梧州陶瓷产业集群	梧州市	陶瓷
5	梧州再生资源产业集群	梧州市	再生资源
6	梧州不锈钢产业集群	梧州市	不锈钢
7	广西罗汉果产业集群	—	农产品
8	广西三黄鸡产业集群	—	农产品
9	整车及关键零部件创新型产业集群	柳州市	汽车整车及关键零部件
10	柳州市柳南区现代物流产业集群	柳州市	物流
11	崇左铜锰稀土新材料产业集群	崇左市	新材料

---

① 《广西全面提升 11 条关键产业链打造"工业新名片"》，中国新闻网，2020 年 8 月 7 日，https://baijiahao.baidu.com/s?id=1674374339777952822&wfr=spider&for=pc，2021 年 6 月 7 日。

续表

序号	集群名称	城市	行业
12	崇左食品产业集群	崇左市	食品
13	崇左泛家居产业集群	崇左市	家居
14	崇左建材产业集群	崇左市	建材环保
15	钦州石化产业集群	钦州市	石化
16	机械装备制造产业集群	南宁市、柳州市、钦州市、贵港市、玉林市	机械制造
17	电子信息产业集群	南宁市、桂林市、防城港市	电子信息
18	金属新材料产业集群	南宁市、柳州市、梧州市、百色市、贺州市、池州市、崇左市	新材料
19	汽车产业集群	南宁市、柳州市、桂林市、贵港市	汽车
20	轻工纺织产业集群	南宁市、柳州市、玉林市、池州市	纺织
21	生物医药产业集群	南宁市、桂林市、梧州市、防城港市、玉林市	生物医药
22	高端家具家居材料产业集林	柳州市、崇左市	家居
23	绿色化工材料产业集群	北海市、钦州市	新材料
24	精品磷酸钙产业集群	贺州市	材料

资料来源：根据《自治区领导领衔推进重点产业集群工作专班方案》等资料整理而得。

2020年，广西力促第一、第二、第三产业深度融合，优先支持农产品加工龙头企业向前端延伸带动各类新型农业经营主体建设原料基地，向后端延伸建设物流营销和服务网络，打造全产业链生产经营体系[①]。统筹农产品冷链物流体系布局，加快建立自治区、市、县三级冷链物流体系和覆盖城乡的冷链物流网点。加强冷链物流装备设施建设，在农产品主产区加快配套建设一批地头冷库、田头贮藏设施。建设一批具备低温仓储、流通加工、交易展示、中转集散和分拨配送等功能的冷链物流园区，引进培育一批大型冷链物流龙头企业，建设完善"百色—

---
① 《广西力促一二三产业深度融合》，新华网，2019年2月24日，http://m.xinhuanet.com/gx/2019-02/24/c_1124155252.htm，2021年6月7日。

号"果蔬冷链专列、防城港铁路冷链专列等交通运输设施,大力发展休闲农业,加快推进农业与旅游、文化、教育、科普、康养等产业区域化发展①。

广西14个设区市多数还都属于欠发达地区,除一般性工业生产加工外,大部分工业生产活动为资源指向型、区位指向型或市场指向型,技术指向型与劳动力指向型较少。在产业链环分布方面,多数设区市产业客观上形成了以本地资源加工为主的产业链环,这些产业链环有不同的资源种类与产业需求,分属于不同的产业,往往处于产业链的上中游段,分布于不同的地市②。广西地处西南、中南、华南交会区域,是国家多类优惠政策汇集地,区位优势十分突出。这些优势使得各区域在产业选择方面出现了符合各自特点的产业指向与偏好,而其选择的产业链环,也往往只能是产业链中的某个环节或某几个环节。广西的制造业产业发展位居前列的包括:铝、汽车、机械装备、食品、有色、林浆纸等,产业链基本处于上中游段。存在产业规模不够大、产品档次不够高,关键性部件、材料、技术等还需依赖区外资源,产业基础整体比较薄弱等问题。而一条相对完整的产业链上中下游往往分属于资源指向、劳动力指向、资金指向、技术指向等不同类型的产业,这对于广西大部分城市来说是不可能依靠自己来完成的。产业链环(产业部门)是产业链基本构成单元,同一类型产业链的各链环在空间上通常是分散于若干区域。产业链环结合自身特点,分别布局或配置到适宜自身特点的地区从而获取地域产业化分工效益,是市场经济作用的必然结果。如欠发达区域布局或配置产业链的上游链环,相对发达地区布局或配置产业链的下游链环。因此,当区域空间规模较大时(如大规模经济带、经济区),产业链一般呈现出较为明显的完整性;当区域空间规模较小时[如市、县(区)、开发区等],一般难以包含产业链的关键、主导、配套等所有环节,产业链则表现出明显的断裂性、区域分散性。上述内容通常用于研判特定区域内优势产业培育发展的专业性和自身优势。因

---

① 《广西力促一二三产业深度融合》,新华网,2019年2月24日,http://m.xinhuanet.com/gx/2019-02/24/c_1124155252.htm,2021年6月7日。
② 韩亚男、周福全:《高质量背景下的制造业产业链发展研究——广西制造业产业链区域协同发展思考》,《中国工程咨询》2021年第2期。

此，广西制造业产业链的打造，应是在全自治区范围内通过不同产业链建设上的有序分工与协作，发挥各地对于不同产业所表现出的优劣特点，在有关规划的引导下，科学分工、协同发展，共同完成全区制造业产业链的打造[①]。

[①] 韩亚男、周福全：《高质量背景下的制造业产业链发展研究——广西制造业产业链区域协同发展思考》，《中国工程咨询》2021年第2期。

第五章　桂南高铁经济圈产业区域化及其全产业链建设概况

本章对桂南高铁产业的空间格局及主要特征，以及产业发展过程中存在的主要问题进行阐述。桂南高铁产业经济圈分为南北钦防地区、珠江—西江地区、桂南城市群以及其他城市。各个地区产业的空间格局及主要特征各不相同，南北钦防地区是片状集群，珠江—西江地区是带状协同，桂南城市群是条状衔接，其他城市则呈现散状延展的趋势。在产业发展过程中，桂南高铁经济圈主要存在着产业集群规模小、区域化程度较低、资源依赖性较强、产品附加值较低以及产业结构失衡等问题。

第一节　桂南高铁产业区域化空间格局及主要特征

桂南高铁产业区域化空间格局及主要特征将分为四大区域进行描述：南北钦防地区的片状集群、珠江—西江地区的带状协同、桂南城市群的条状衔接以及其他城市的散状延展。各个地区的特征各不相同，产业发展也各有优势。

一　南北钦防地区：片状集群

南北钦防地区包括南宁市、北海市、钦州市和防城港市，桂南高铁产业区域化空间格局及主要特征将分三大产业进行阐述，分别为农业全产业链绿色开发、工业全产业链稳步进步以及服务业全产业链发展迅速。

（一）农业全产业链绿色开发

1. 农业全产业链开发概述

2019年11月28日，2019年农业与农村基本情况新闻发布会上宣布南宁市将投1亿元扶持优质稻、特色水果、生猪、畜禽、蔬菜、茉莉花茶、桑蚕等七大产业的全产业链开发[①]。其中，香蕉、火龙果等产业的规模长年排名全国第一。同时，南宁市有着全国最大的沃柑种植区，位于南宁市武鸣区，国家级、自治区级农业产业化重点龙头企业在2019年分别新增了3家和5家，规模以上农产品加工企业的总数也已经超过120家。横县茉莉花复合栽培系统入选第五批中国重要农业文化遗产名单，新增广西现代特色农业核心示范区9个、自治区级现代农业产业园2个，横县现代农业产业园被认定为第二批国家现代农业产业园[②]。

2. 南北钦防地区铁路路网结构不断优化

目前，南北钦防地区的铁路路网结构不断优化，规模也在不断扩大，运输效率也有了大幅度的提升，服务质量较好，已形成一条由5条干线组成的铁路运输网络，即南北、南钦、南防、钦北、钦防。其中，南北钦防地区的沿海城际铁路网分为普速铁路和高速铁路，普速铁路网包含5条电气化铁路，总运营里程668.695km；高速铁路有南北高速线和钦防高速线，总运营里程260km。2013年，南宁到钦州、北海、防城港形成"1小时交通圈"，截至2019年，钦州、北海、防城港完成铁路客运量达2308.2万人，比高速铁路开通前的2013年增长了15.7倍，年均增速达到了60.1%，完成货物发送量5462.7万吨，同比增长了4.9%[③]。沿海城市及港口的铁路客货运输能力显著提升，为全区农业产业链加快发展提供了有力支撑。

[①]《南宁投1亿元扶持七大产业的全产业链开发》，广西壮族自治区人民政府门户网站2019年12月6日，http://www.gxzf.gov.cn/tzdt/20191206-782638.shtml，2021年6月6日。

[②] 周红波：《南宁市政府工作报告》，中国南宁网，2020年5月4日，http://www.nanning.china.com.cn/2020-05/14/content_41151862.htm，2021年6月6日。

[③] 窦卫长：《沿海铁路网促进北钦防一体化发展对策探讨》，《铁道运输与经济》2020年第9期。

(二) 工业全产业链稳步进步

1. 南宁市

南宁市作为广西首府，拥有较多发展良好的产业集群。2020年广西壮族自治区人民政府办公厅发布的《各城市九大产业集群的指导目录》提到，未来一段时间里南宁市将主要建设六个产业集群，形成产业区域化，包括机械设备制造产业、汽车产业、轻工和纺织产业、生物医药产业、电子信息产业和新金属材料产业[①]。南宁市产业发展始终贯彻创新、协调、绿色、开放、共享五个发展观。以电子信息产业，机械设备制造业和生物医学产业作为其主导产业。（1）产业发展主要围绕"三圈一带多支点"的空间布局；"三圈"是指北部工业圈，南部工业圈和东部工业圈；"一带"是指以湛江市为主体，江南江北为腹地，贯穿南宁市开发区和工业园区，沿湛江市向西向东辐射的产业带；"多支点"是指以现代工业园区，保税园区和空港经济区为产业集聚的核心，进一步建设具有市场竞争力的空港产业集群，形成现代产业集群基地。（2）加快"3＋4＋N"园区开发体系建设，充分利用广西与东南亚的地理位置优势，利用南宁市高新技术产业开发区、广西—东盟经济技术开发区、南宁市经济技术开发区来发展产业。（3）重点关注可以发展高新技术产业的载体，改善开发区的基础设施建设，继续优化商业环境，制定企业入园的规章条例，吸引龙头企业入驻，形成以3个国家开发区为核心，以周边园区为配套的产业集聚区，支持3个国家级开发区通过合资企业等方式促进园区可持续发展。其中，南宁市新兴产业园和江南工业园区是发展高新技术产业的载体，这两个产业园促进了产业集群加快全产业链和产业区域化建设，辐射带动南宁市及其周边地区产业区域化的高质量协调发展。（4）坚定不移地采用工业强市战略，坚持扩增量与优存量并进，重点关注电子信息、先进装备制造、生物医药这三大重点产业[②]。该地区的电子信息产业已经两年成为全市工业总量最大产业，产值占全市工业比重25.27%。（5）加快重大工业项目建设，

[①]《各市推进九大产业集群指导目录》，广西壮族自治区人民政府办公厅网站，2018年12月14日，http://fgw.gxzf.gov.cn/zwgk/wjzx/zyzc/t2453404.shtml，2021年6月6日。

[②] 周红波：《南宁市政府工作报告》，中国南宁网，2020年5月4日，http://www.nanning.china.com.cn/2020-05/14/content_41151862.htm，2021年6月6日。

推进区市层面"双百双新"重大工业项目80个①。(6)推出"投贷补"政策,缓解中小企业技改融资难的情况。扶持重点工业企业发展,全年6家企业产值首次突破10亿元,对工业增长的支撑作用进一步增强。2020年7月,广西出台35条措施来提升产业链的发展,市场仍然作为主导,政府作为辅助进行引导,政府强化企业的主体地位,形成一个全产业链发展的良好环境,计划到2022年年底,南宁市要形成电子信息产业链、新能源汽车产业链、通信设备产业链、生物医药产业链以及高端环保装备产业链等一批战略性新兴产业链,力争其中一批产业链成为全国重要产业链②。

2. 北海市

北海市的工业产业区域化主要是电子信息、石油化工、临港新材料、海洋产业等,电子信息产业方面,北海市着力发展惠科电子北海产业新城项目,200亿元投资、2000亿元产值、6.8万人就业、200家配套企业的移动智能终端项目和智能电视机项目也在有条不紊地进行中;100多家企业因为中电北部湾信息港而进入北海市,50—80家电商企业因为京东集团的存在而进入北海市,重点关注软件和信息服务业③。在石油化工产业方面,北海市开工建设北海市炼化结构调整项目,提升炼化生产效率,改善产品结构,增加经济利润;引进一批石化产业中下游项目,推进新兴能源、LNG冷能综合利用等配套项目,建成北海市至山口成品油管道项目④。在临港新材料方面,北海市引进一批不锈钢产业,其作为下游产业,可以有助于建设铁山港临港新材料产业园;坚定不移建设"填平补齐环保"项目,完善环保基础设施,促进企业可持

---

① 周红波:《南宁市政府工作报告》,中国南宁网,2020年5月4日,http://www.nanning.china.com.cn/2020-05/14/content_41151862.htm,2021年6月6日。
② 《广西壮族自治区人民政府办公厅印发关于提升广西关键产业链供应链稳定性和竞争力若干措施的通知》,广西壮族自治区人民政府门户网站,2020年7月2日,www.gxzf.gov.cn/zfwj/zxwj/t5689435.shtml,2020年7月7日。
③ 蔡锦军:《2020年北海市政府工作报告》,北海市人民政府办公室网站,2020年5月18日,http://xxgk.beihai.gov.cn/bhsrmzfbgs/jcxx_75643/zfgzbg/202005/t20200518_2212743.html,2021年6月6日。
④ 蔡锦军:《2020年北海市政府工作报告》,北海市人民政府办公室网站,2020年5月18日,http://xxgk.beihai.gov.cn/bhsrmzfbgs/jcxx_75643/zfgzbg/202005/t20200518_2212743.html,2021年6月6日。

续发展；重点建设光伏玻璃产业，促进信义玻璃产业园的发展[1]。在林纸产业方面，充分利用龙头企业的影响力，提升林纸和木材加工业的效率，延长下游产业链，改善产业结构，建设合浦林产循环经济产业园，扩大产业规模[2]。石油化工、新材料方面，石油化工、临港新材料是北海市工业区重点建设的两大千亿元产业，已经形成了一个工艺以及生态环保都已经达到国际一流水平的石化产业园区，是广西北部湾经济区规划面积最大的石化产业园区，面积已达60平方公里。农商冷链及物流产业方面，努力形成农商冷链物流产业集群，且达到广西最大规模，重点建设北海市国际农商冷链产业小镇；建设中国—东盟海产品深加工环保产业暨空港物流园区，促进海产品精加工、仓储物流等产业的发展。海洋产业发展未来将形成"四区一岛一带"的总体布局，"四区"中一是港口产业集聚区以铁山港东西两岸为主；二是现代海洋服务业集聚区；三是海洋战略性新兴产业集聚区；四是海洋生态养殖集聚区。其中，"一岛"是指涠洲岛周边海洋产业集聚区，包括涠洲岛、斜阳岛以及近海海域；"一带"是指滨海生态保护与旅游带，包括北海市全部管辖海域及毗邻海岸带地区，功能定位是滨海生态保护、休闲渔业和生态旅游发展核心区[3]。此外，铁山港区主要是石油化工产业集群；银海区主要是电子信息产业集群。

3. 钦州市

钦州市临海，作为"一带一路"南向通道城市，在北部湾城市群中有着重要地位。钦州港不仅是国家保税港，还是深水海港。南钦高速铁路不仅是北部湾地区的主要铁路运输通道，而且也是中国西南地区连接东南亚地区最便捷的出海通道。近年来，钦州市发展程度不断上升，吸

---

[1] 蔡锦军：《2020年北海市政府工作报告》，北海市人民政府办公室网站，2020年5月18日，http://xxgk.beihai.gov.cn/bhsrmzfbgs/jcxx_75643/zfgzbg/202005/t20200518_2212743.html，2021年6月6日。

[2] 蔡锦军：《2020年北海市政府工作报告》，北海市人民政府办公室网站，2020年5月18日，http://xxgk.beihai.gov.cn/bhsrmzfbgs/jcxx_75643/zfgzbg/202005/t20200518_2212743.html，2021年6月6日。

[3] 《北海构建"一岛两带三港四路五组团"发展格局 打造"向海经济"正当时》，广西壮族自治区人民政府门户网站，2019年4月1日，http://www.gxzf.gov.cn/mlgx/gxjj/bbwjjq/20190401-742063.shtml，2021年6月6日。

引了一批特大型企业来钦州市发展，其中不乏中国石油、国投电力、印尼金光集团等，与此同时，随着大型企业的进驻，该地区产业布局逐步清晰，建成了一批支柱产业，如石化、造纸、能源、冶金、粮油加工和现代物流等[①]。钦州市的临海大工业产业区域化效应基本形成，已建成多家规模以上工业企业，如大洋粮油、国投钦州燃煤电厂、中粮钦州油脂项目等[②]。钦州市现阶段的产业发展模式为以滨海新城建设为契机，把城市的外延及腹地大片联系，衍生出沿海产业发展带；以工业园区为带，把原先全市散落的工业资源联系一体，向港口位置高度转移形成了临海产业集群优势；得益城市框架向海拓进，培养起适合临海商居一体化的黄金地段，辐射带动区域地产快速升值发展；依靠全方位交通途径把主城区与沿海联通，带动了现代物流业的进驻和发展[③]。

按产业来看，在固定资产投资中，钦州市第一产业投资下降54.2%，第二产业投资增长5%，其中工业投资增长5.4%，第三产业投资增长17.6%[④]。按照行业来看，大部分行业都有所增长，如表5-1所示。石化产业是钦州市第一支柱产业和核心产业，同时重点发展乙烯及芳烃为主的化工、高档纸板为主的林浆纸、海洋装备为主的先进装备制造产业。如表5-2所示，钦州市的第一二三产业产值也在逐年增加。同时，钦州市继续在培植"工业树"、打造"产业林"方面下功夫，促进西部陆海新通道国际门户港和向海经济集聚区的建成。钦州市围绕钦南区经济开发区的华谊化工新材料和恒逸高端绿色化工化纤一体化等大型企业，努力改善产业结构、扩大规模、促进延伸配套设施的建立、扶持影响力强的现代产业形成集群及产业区域化的发展模式，推动钦州市

[①] 张冠年：《钦州10年经济发展亮点：从"神经末梢"到"魅力之城"》，广西新闻网，2012年10月20日，http://www.gxnews.com.cn/staticpages/20121020/newgx5082b53d-6264838.shtml，2021年6月6日。

[②] 张冠年：《钦州10年经济发展亮点：从"神经末梢"到"魅力之城"》，广西新闻网，2012年10月20日，http://www.gxnews.com.cn/staticpages/20121020/newgx5082b53d-6264838.shtml，2021年6月6日。

[③] 张冠年：《钦州10年经济发展亮点：从"神经末梢"到"魅力之城"》，广西新闻网，2012年10月20日，http://www.gxnews.com.cn/staticpages/20121020/newgx5082b53d-6264838.shtml，2021年6月6日。

[④] 谭丕创：《钦州市2020年政府报告》，钦州市人民政府办公室网站，2020年4月27日，http://www.qinzhou.gov.cn/zwgk_213/jcxx/zfgzbg/202004/t20200427_3215634.html，2021年6月6日。

石化产业成形成势,为全区经济持续健康发展提供有力支撑。高铁的建成将有利于该区域打造岭南文化底蕴、生态宜居的城市品牌。

表5-1　　　　　　　　2020年钦州市行业增长表

行业	比上年增长(%)
总计	12.0
农、林、牧、渔业	-54.2
采矿业	241.1
制造业	8.0
电力、热力、燃气及水生产和供应业	-6.4
建筑业	-41.5
批发和零售业	-10.9
交通运输、仓储和邮政业	11.3
金融业	126.9
房地产业	33.9

资料来源:根据市政府工作报告资料整理而得。

表5-2　1978—2019年钦州市第一、第二、第三产业产值及产值占比

年份	总产值(亿元)	一产产值(亿元)	一产产值占比(%)	二产产值(亿元)	二产产值占比(%)	三产产值(亿元)	三产产值占比(%)
1978	4.46	2.8	62.78	0.85	19.06	0.8	17.94
1979	4.8	2.93	61.04	0.99	20.63	0.88	18.33
1980	6.15	4.01	65.20	1.15	18.70	0.99	16.10
1981	6.5	4.15	63.85	1.26	19.38	1.06	16.31
1982	7.79	5.38	69.06	1.22	15.66	1.19	15.28
1983	8.2	5.39	65.73	1.34	16.34	1.46	17.80
1984	8.4	5.26	62.62	1.42	16.90	1.72	20.48
1985	9.72	5.93	61.01	1.76	18.11	2.03	20.88
1986	11.79	7.20	61.07	2.25	19.08	2.34	19.85
1987	14.48	8.66	59.81	2.78	19.02	3.03	20.93
1988	16.7	9.12	54.61	3.36	20.12	4.22	25.27
1989	18.85	10.03	53.21	3.60	19.10	5.21	27.64
1990	23.92	13.33	55.73	4.07	17.02	6.52	27.26
1991	28.5	14.91	52.32	4.97	17.44	8.62	30.25

续表

年份	钦州						
	总产值（亿元）	一产产值（亿元）	一产产值占比（%）	二产产值（亿元）	二产产值占比（%）	三产产值（亿元）	三产产值占比（%）
1992	38.79	21.28	54.86	7.19	18.54	10.33	26.63
1993	52.65	26.73	50.77	12.30	23.36	13.61	25.85
1994	70.12	37.74	53.82	15.03	21.43	17.35	24.74
1995	86.89	47.03	54.13	16.41	18.89	23.45	26.99
1996	97.82	51.81	52.96	17.54	17.93	28.47	29.10
1997	109.58	57.86	52.80	20.46	18.67	31.26	28.53
1998	118.23	62.98	53.27	22.29	18.85	32.96	27.88
1999	122.86	66.01	53.73	22.06	17.96	34.78	28.31
2000	131.25	68.69	52.34	23.49	17.90	39.07	29.77
2001	142.55	72.79	51.06	26.28	18.44	43.48	30.50
2002	148.12	71.02	47.95	29.02	19.59	48.08	32.46
2003	152.89	70.02	45.80	34.98	22.88	47.89	31.32
2004	171.25	72.67	42.44	43.99	25.69	54.6	31.88
2005	188.02	76.45	40.66	51.5	27.39	60.08	31.95
2006	235.95	84.29	35.72	79.5	33.69	72.15	30.58
2007	286.67	97.34	33.96	98.69	34.43	90.65	31.62
2008	345.75	107.77	31.17	124.85	36.11	113.13	32.72
2009	396.18	114.04	28.78	141.38	35.69	140.76	35.53
2010	520.67	132.21	25.39	218.51	41.97	169.90	32.63
2011	646.65	156.00	24.12	290.70	44.95	199.91	30.91
2012	691.32	166.81	24.13	289.15	41.83	235.35	34.04
2013	753.74	181.77	24.12	316.85	42.04	255.13	33.85
2014	854.96	193.95	22.69	338.94	39.64	322.07	37.67
2015	944.42	204.37	21.64	381.75	40.42	358.31	37.94
2016	1102.05	220.10	19.97	481.90	43.73	400.05	36.30
2017	1309.82	234.95	17.94	625.01	47.72	449.86	34.35
2018	1291.96	245.28	18.99	533.14	41.27	513.54	39.75
2019	1356.27	279.78	20.63	451.77	33.31	624.72	46.06

资料来源：根据1978—2019年《钦州市统计年鉴》资料整理而得。

4. 防城港市

防城港市现阶段的产业发展模式是"强龙头、补链条、聚集群"，重点发展的领域包括现代农业、口岸经济、海洋经济等,依靠一些大项目,充分发挥影响力,吸引一批产业链重点企业。依托该项目引进了其下游产业项目——防城港市五金铜材卫浴产业园项目,从而拓展、延长铜产业链①,促进铜的产业区域化发展。金属材料已经成为防城港市的支柱产业,所以防城港市将重点培育金属新材料产业集群②。

(三) 服务业全产业链发展迅速

1. 南宁市

2019年,"南宁·中关村"创新示范基地入驻了龙头企业90家、创新团队170个,"南宁·中关村"科技园入驻产业项目17个。一批研发创新平台和一批创新创业载体被建成,且层次不断提升,新增国家企业技术中心2家、国家级孵化器1家,引育一批高层次创新创业人才,实施一批高层次科技创新项目,落实"千企技改""三百二千"科技创新工程,实施科技计划项目272项,2个专利获中国专利优秀奖,2项科技成果获国家科技进步奖、其中一项实现南宁市国家技术发明奖"零的突破"③。南宁市成为全国首批国家物流枢纽中心,中国(南宁)跨境电子商务综合试验区的建立使得50家跨境电子商务企业进入南宁市④。全市公路客货运周转量增长了6.6%,水上客货运周转量增长了16.2%,3A级以上物流企业增加了8家,总体企业现在已经达到33家,全市新增、升级4A级景区6家、3A级景区7家,全市接待旅游总人数、旅游总消费分别增长16.11%、24.34%⑤。如表5-3所示,从1978年至2019年,南宁市第一、第二、第三产业迅速发展,总产值快速提升,由第一、第二、第三产业发展模式逐步转变为第三、第二、第

---

① 王秋真:《防城港市特色产业集群逐渐形成》,防城港市新闻网,2019年11月29日,http://www.fcgsnews.com/news/hot/2019-11-29/128712.shtml,2021年6月6日。

② 王秋真:《防城港市特色产业集群逐渐形成》,防城港市新闻网,2019年11月29日,http://www.fcgsnews.com/news/hot/2019-11-29/128712.shtml,2021年6月6日。

③ 周红波:《2020年南宁政府报告》,中国南宁网,2020年5月14日,http://www.nanning.china.com.cn/2020-05/14/content_41151862.htm,2021年6月6日。

④ 周红波:《2020年南宁政府报告》,中国南宁网,2020年5月14日,http://www.nanning.china.com.cn/2020-05/14/content_41151862.htm,2021年6月6日。

⑤ 周红波:《2020年南宁政府报告》,中国南宁网,2020年5月14日,http://www.nanning.china.com.cn/2020-05/14/content_41151862.htm,2021年6月6日。

一产业发展模式，科技服务业迅速发展。

表5-3 1978—2019年南宁市第一、第二、第三产业产值及产值占比

年份	总产值（亿元）	一产产值（亿元）	一产产值占比（%）	二产产值（亿元）	二产产值占比（%）	三产产值（亿元）	三产产值占比（%）
1978	14.74	6.19	41.99	5.22	35.41	3.33	22.59
1979	10.68	2.90	27.15	5.17	48.41	2.61	24.44
1980	18.01	7.01	38.92	7.00	38.87	4.00	22.21
1981	12.44	3.32	26.69	5.62	45.18	3.5	28.14
1982	13.72	4.11	29.96	5.99	43.66	3.62	26.38
1983	14.95	4.11	27.49	6.58	44.01	4.26	28.49
1984	15.38	4.12	26.79	6.51	42.33	4.75	30.88
1985	30.93	11.83	38.25	10.84	35.05	8.27	26.74
1986	35.15	12.64	35.96	12.72	36.19	9.79	27.85
1987	42.05	14.64	34.82	15.67	37.27	11.75	27.94
1988	53.78	17.88	33.25	19.13	35.57	16.76	31.16
1989	62.04	19.16	30.88	21.92	35.33	20.96	33.78
1990	70.88	23.10	32.59	24.84	35.05	22.94	32.36
1991	79.32	23.91	30.14	27.46	34.62	27.95	35.24
1992	91.81	27.77	30.25	30.47	33.19	33.56	36.55
1993	134.62	34.44	25.58	49.93	37.09	50.25	37.33
1994	187.23	49.10	26.22	67.51	36.06	70.61	37.71
1995	235.81	61.52	26.09	80.79	34.26	93.49	39.65
1996	267.20	69.05	25.84	84.59	31.66	113.56	42.50
1997	304.49	78.59	25.81	92.22	30.29	133.69	43.91
1998	339.55	83.44	24.57	99.73	29.37	156.38	46.06
1999	356.99	85.26	23.88	101.99	28.57	169.73	47.54
2000	377.94	87.66	23.19	105.37	27.88	184.91	48.93
2001	418.17	90.74	21.70	113.16	27.06	214.26	51.24
2002	436.18	94.35	21.63	125.56	28.79	243.27	55.77
2003	521.78	99.7	19.11	152.35	29.20	269.73	51.69
2004	619.12	107.68	17.39	193.38	31.23	318.06	51.37
2005	727.9	124.25	17.07	231.21	31.76	372.44	51.17
2006	880.11	144.34	16.40	297.31	33.78	438.46	49.82
2007	1089.07	178	16.34	372.27	34.18	538.80	49.47

续表

年份	南宁						
	总产值（亿元）	一产产值（亿元）	一产产值占比（％）	二产产值（亿元）	二产产值占比（％）	三产产值（亿元）	三产产值占比（％）
2008	1320.43	203.11	15.38	457.94	34.68	659.39	49.94
2009	1524.71	212.38	13.93	527.46	34.59	784.88	51.48
2010	1800.26	244.43	13.58	651.88	36.21	903.94	50.21
2011	2211.44	305.55	13.82	829.61	37.51	1076.28	48.67
2012	2503.18	322.96	12.90	960.75	38.38	1219.48	48.72
2013	2803.54	349.93	12.48	1110.89	39.62	1342.73	47.89
2014	3148.32	354.69	11.27	1251.54	39.75	1542.09	48.98
2015	3410.08	371.10	10.88	1345.15	39.45	1693.83	49.67
2016	3703.33	395.93	10.69	1426.50	38.52	1880.90	50.79
2017	4118.83	404.18	9.81	1599.50	38.83	2115.15	51.35
2018	4026.91	421.31	10.46	1225.78	30.44	2379.81	59.10
2019	4506.56	507.27	11.26	1044.97	23.19	2954.32	65.56

资料来源：根据1978—2019年《南宁市统计年鉴》资料整理而得。

2. 北海市

北海市是中国古代海上丝绸之路始发港之一，是国家"一带一路"倡议中连接东盟国家的重要节点城市，旅游是北海市闪亮的城市名片，十里银滩、百年老街、千顷红林、万年海岛，声名远播[1]。北海市旅游业迅速发展，产业占比迅速增加，如表5-4所示。北海市科技服务业的产业区域化围绕数字经济大数据信息、滨海旅游和现代金融等高端服务业，与此同时，依托月饼小镇建设，培育研发、检测、创意、设计、运营、会展、体验等生产性服务业，"强龙头、补链条、聚集群"，加快产业转型升级和创新发展，推动北海市经济社会高质量发展[2]。

---

[1] 尤紫璇：《王乃学：北海旅游产业迎来了发展黄金机遇期》，中国网，2018年5月14日，http://travel.china.com.cn/txt/2018-05/14/content_51291547.htm，2021年6月6日。
[2] 《中国沿海将建时速350公里高铁 北海预打造向海经济》，21世纪经济报道网站，2018年5月14日，http://finance.sina.com.cn/roll/2019-05-20/doc-ihvhiqay0024684.shtml，2021年6月6日。

表 5-4 1978—2019 年北海市第一、第二、第三产业产值及产值占比

年份	总产值（亿元）	一产产值（亿元）	一产产值占比（%）	二产产值（亿元）	二产产值占比（%）	三产产值（亿元）	三产产值占比（%）
1978	2.86	1.72	60.14	0.78	27.27	0.35	12.24
1979	3.21	1.82	56.70	1.92	59.81	0.47	14.64
1980	3.67	1.86	50.68	1.19	32.43	0.61	16.62
1981	3.77	1.94	51.46	1.16	30.77	0.67	17.77
1982	4.44	2.48	55.86	1.14	25.68	0.83	18.69
1983	4.79	2.51	52.40	1.28	26.72	1.00	20.88
1984	5.16	2.33	45.16	1.45	28.10	1.38	26.74
1985	6.83	3.04	44.51	2.27	33.24	1.52	22.25
1986	8.01	3.28	40.95	2.77	34.58	1.96	24.47
1987	9.47	3.98	42.03	3.02	31.89	2.47	26.08
1988	12.08	5.01	41.47	3.75	31.04	3.32	27.48
1989	13.81	6.30	45.62	3.94	28.53	3.57	25.85
1990	17.61	8.05	45.71	4.78	27.14	4.78	27.14
1991	21.21	9.52	44.88	5.92	27.91	5.77	27.20
1992	31.55	11.94	37.84	9.82	31.13	9.79	31.03
1993	54.31	15.03	27.67	20.51	37.76	18.77	34.56
1994	75.45	19.72	26.14	28.24	37.43	27.49	36.43
1995	88.26	26.16	29.64	27.61	31.28	34.49	39.08
1996	91.62	29.23	31.90	24.04	26.24	40.03	43.69
1997	95.33	29.99	31.46	26.03	27.31	39.31	41.24
1998	102.63	32.58	31.75	30.02	29.25	40.03	39.00
1999	107.63	34.96	32.48	29.75	27.64	42.97	39.92
2000	113.67	35.46	31.20	31.81	27.98	46.40	40.82
2001	123.44	37.39	30.29	33.87	27.44	52.18	42.27
2002	134.39	39.43	29.34	36.77	27.36	58.19	43.30
2003	140.14	39.08	27.89	42.82	30.56	58.24	41.56
2004	155.53	42.76	27.49	51.92	33.38	60.85	39.12
2005	164.61	51.76	31.44	49.81	30.26	63.04	38.30
2006	179.25	56.08	31.29	59.32	33.09	63.85	35.62
2007	225.95	63.53	28.12	71.79	31.77	90.62	40.11
2008	276.50	70.60	25.53	96.6	34.94	109.30	39.53
2009	321.06	77.07	24.00	118.4	36.88	125.60	39.12

续表

| 年份 | 北海 |||||||
	总产值（亿元）	一产产值（亿元）	一产产值占比（%）	二产产值（亿元）	二产产值占比（%）	三产产值（亿元）	三产产值占比（%）
2010	401.41	87.17	21.72	167.88	41.82	146.36	36.46
2011	496.60	115.50	23.26	207.4	41.76	173.80	35.00
2012	630.09	127.37	20.21	303.75	48.21	198.97	31.58
2013	735.00	142.81	19.43	373.65	50.84	218.53	29.73
2014	856.54	149.49	17.45	454.51	53.06	252.54	29.48
2015	891.94	159.35	17.87	450.13	50.47	282.46	31.67
2016	1006.98	175.09	17.39	516.14	51.26	315.75	31.36
2017	1229.84	190.54	15.49	668.66	54.37	370.64	30.14
2018	1213.30	201.22	16.58	583.19	48.07	428.89	35.35
2019	1300.80	211.70	16.27	557.82	42.88	531.28	40.84

资料来源：根据1978—2019年《北海市统计年鉴》资料整理而得。

3. 防城港市

防城港市的第三产业区域化和全产业链主要集中在旅游、物流、医疗等产业。如表5-5所示，2020年防城港市第二、第三产业都有所增长。如表5-6所示，1978—2019年防城港市的第一、第二、第三产业边境逐年增加。跨境旅游产业方面，已获批国家边境旅游试验区，防城港市有山有海，旅游资源丰富，当地政府不断释放政策红利，打造跨境游、边境游[1]。目前，防城港市已落户一批重大旅游项目，如广西"三月三"文化旅游度假区，"白浪滩·航洋"文旅综合体项目等，这些旅游项目将形成集群效应，推动旅游业的区域化发展[2]。冷链物流产业方面，防城港市拥有着优秀的区位优势、口岸优势等，这也使得该地区成为中国—东盟冷链物流枢纽基地，正重点发展百亿级乃至千亿级冷链产

---

[1] 班忠柏：《2020年防城港市人民政府工作报告》，防城港市政府网，2020年5月25日，http://www.fcgs.gov.cn/xxgk/jcxxgk/zfgzbg/szfgz/202004/t20200430_143448.html，2021年6月6日。

[2] 班忠柏：《2020年防城港市人民政府工作报告》，防城港市政府网，2020年5月25日，http://www.fcgs.gov.cn/xxgk/jcxxgk/zfgzbg/szfgz/202004/t20200430_143448.html，2021年6月6日。

业集群[①]。在生物医药产业方面，防城港市紧紧抓住防城港国际医学开放试验区建设的重大机遇，先后引进了北京市、深圳市等地多家企业的医疗用油、药品、药食同源食品加工及研发项目，以及广东协合生物技术有限公司生物制药产业项目，生物医疗将是防城港市重点产业，所以防城港市将重点培育生物医药产业集群[②]。

高铁开通后，将进一步推动防城港市区域经济发展，也将推动商贸旅游业的发展，使城际商务、旅游活动范围拓展至500—600公里，客运对象主要为商务人士和旅游人群，这也就意味着最先对商业、旅游产业产生有益的影响[③]。高铁线路的不断优化将有助于整合旅游资源，使南北钦防四市之间的时间距离大大缩短，增强了地区的可达性，促进物流业的发展。此外，高铁将改善现代服务业与新兴产业的发展，促进高铁沿线高新技术产业区域化的形成。结合实际情况来说，防城港市的高新技术产业还处于萌芽期，高铁建成后，同时结合交通便捷、低地价、环境好的优势，将会更大程度上吸引新兴产业集聚。

表5-5　　　　　　　　2020年防城港市行业增长图

行（产）业	比上年增长（%）
总计	8.0
第一产业	-71.6
第二产业	19.5
—工业	20.5
—建筑业	21.3
第三产业	0.9
—批发和零售业	-60.2
—金融业	-56.8
—交通运输、仓储和邮政业	39.2

资料来源：根据《2020年防城港市人民政府工作报告》资料整理而得。

① 班忠柏：《2020年防城港市人民政府工作报告》，防城港市政府网，2020年5月25日，http://www.fcgs.gov.cn/xxgk/jcxxgk/zfgzbg/szfgz/202004/t20200430_143448.html，2021年6月6日。
② 《防城港市特色产业集群逐渐形成》，防城港日报市人民政府门户网站，2019年11月29日，http://www.fcgs.gov.cn/zxzx/jrfcg/csdt/201911/t20191129_90408.html，2021年6月6日。
③ 杨佰升、彭中胜：《积极迎接高铁时代 努力拓展发展空间——关于防城港市应对南北钦防同城化进程加快的思考》，《广西经济》2013年第10期。

表 5-6 1978—2019 年防城港市第一、第二、第三产业产值及产值占比

年份	总产值（亿元）	一产产值（亿元）	一产产值占比（%）	二产产值（亿元）	二产产值占比（%）	三产产值（亿元）	三产产值占比（%）
1978	1.08	0.56	51.85	0.29	26.85	0.23	21.30
1979							
1980	1.26	0.68	53.97	0.3	23.81	0.28	22.22
1981							
1982							
1983							
1984							
1985	2.56	1.56	60.94	0.42	16.41	0.58	22.66
1986	3.09	1.73	55.99	0.62	20.06	0.75	24.27
1987	3.71	1.89	50.94	0.7	18.87	1.12	30.19
1988	4.68	2.34	50.00	0.86	18.38	1.48	31.62
1989	5.82	3.30	56.70	0.9	15.46	1.62	27.84
1990	6.98	4.02	57.59	1.04	14.90	1.92	27.51
1991	8.24	4.33	52.55	1.59	19.30	2.32	28.16
1992	12.38	6.08	49.11	2.02	16.32	4.29	34.65
1993	17.49	6.12	34.99	4.33	24.76	7.04	40.25
1994	24.66	8.95	36.29	7.51	30.45	8.20	33.25
1995	29.26	11.73	40.09	7.01	23.96	10.52	35.95
1996	36.66	13.96	38.08	10.27	28.01	12.43	33.91
1997	44.64	18.11	40.57	12.08	27.06	14.45	32.37
1998	49.04	19.27	39.29	13.12	26.75	16.65	33.95
1999	52.05	19.46	37.39	14.06	27.01	18.54	35.62
2000	55.03	19.99	36.33	14.28	25.95	20.77	37.74
2001	60.03	20.18	33.62	16.12	26.85	23.72	39.51
2002	66.53	20.40	30.66	20.05	30.14	26.09	39.22
2003	72.53	20.7	28.54	21.41	29.52	30.42	41.94
2004	83.32	21.67	26.01	27.38	32.86	34.28	41.14
2005	99.14	26.04	26.27	35.22	35.53	37.87	38.20
2006	122.78	29.54	24.06	48.55	39.54	44.7	36.41
2007	162.91	32.87	20.18	72.71	44.63	57.33	35.19
2008	213.34	36.45	17.09	99.38	46.58	77.5	36.33
2009	251.04	39.88	15.89	124.93	49.76	86.23	34.35

续表

年份	防城港					
	总产值（亿元）	一产产值（亿元）	一产产值占比（%）	二产产值（亿元）	二产产值占比（%）	三产产值（亿元）	三产产值占比（%）
2010	320.42	47.43	14.80	159.77	49.86	113.21	35.33
2011	413.77	57.79	13.97	217.63	52.60	138.35	33.44
2012	443.99	61.16	13.78	233.56	52.60	149.28	33.62
2013	530.40	67.30	12.69	295.36	55.69	167.74	31.63
2014	588.89	70.57	11.98	340.36	57.80	177.96	30.22
2015	620.71	75.49	12.16	353.00	56.87	192.23	30.97
2016	676.04	82.60	12.22	386.26	57.14	207.18	30.65
2017	741.62	89.27	12.04	421.23	56.80	231.12	31.16
2018	662.09	103.92	15.70	313.28	47.32	244.89	36.99
2019	701.23	109.42	15.60	330.83	47.18	260.98	37.22

资料来源：根据1978—2019年《防城港市统计年鉴》资料整理而得。

二 珠江—西江地区：带状协同

珠江—西江地区即珠江—西江经济带，该地区包括广西的南宁市、柳州市、梧州市、贵港市、百色市、来宾市、崇左市7市和广东省的广州市、佛山市、肇庆市、云浮市4市，区域面积16.5万平方公里[①]。珠江—西江经济带的空间布局为"一轴、两核、四组团"，"一轴"是以珠江—西江主干流区域为轴带，包括广东省的广州市、佛山市、肇庆市、云浮市4市和广西的南宁市、柳州市、梧州市、贵港市、百色市、来宾市、崇左市7市[②]；"两核"强化广州市和南宁市作为经济带的双核；"四组团"是指以区域内中心城市为核心，按照流域特点和区域联系，重点建设广州—佛山、肇庆—云浮—梧州—贵港、柳州—来宾、南宁—崇左—百色"四组团"，引导产业和人口集聚，促进产业区域化，

---

① 邓霓：《广西实施〈珠江—西江经济带发展规划〉情况及下一步实施的对策研究》，《市场论坛》2020年第6期。
② 祝琳：《〈珠江—西江经济带发展规划〉正式实施》，《梧州日报》2014年8月5日第4版。

形成各有特色、优势互补、分工协作的区域发展板块①。南宁市已在上一部分介绍，故此处不再对其进行归纳。

(一) 金属材料产业潜力大

1. 柳州市

柳州市阳和工业新区重点发展新材料产业，依托广西柳州银海铝业股份有限公司积极发展高性能铝材产品，延伸铝深加工产业链，推动汽车、机械产业轻量化发展。利用晶联光电公司 ITO 靶材产业化技术，加快发展 ITO 靶材系列产品。鹿寨工业园重点发展新材料、节能环保产业，积极发展珠光颜色材料和石墨烯材料产品，加快发展热电联产节能环保循环经济。

2. 梧州市

作为南方地区最大的冷轧钢带生产基地的梧州市，再生塑料、再生铜、再生铝、再生不锈钢等产业支链发展潜力巨大，再生资源产业作为全市最大的支柱性产业，产值已经达到 300 亿元②。与此同时，梧州市围绕再生资源产业，对于产业链进行建延补强，促进产业区域化发展，基本形成了"回收—拆解—粗加工—精深加工—终端产品及贸易一体化"全环节生产，同时建成了上中下游企业相互衔接配套的循环产业链条，并成功创建广西首个全国循环经济示范城市③。钛白制品行业发展较好，引进钛白制品上下游企业、关联配套项目，形成钛矿原料—钛白粉+精深加工—钛白粉应用的产业价值链④。梧州市当前有四大梯次的产业集群，再生资源产业集群就是第一梯次，再生铝、再生铜和塑料是再生资源产业集群的基础，同时再生资源产业集群拉动铝塑、铜塑等产

---

① 《珠江—西江经济带》，https：//baike.baidu.com/item/%E7%8F%A0%E6%B1%9F%E2%80%94%E8%A5%BF%E6%B1%9F%E7%BB%8F%E6%B5%8E%E5%B8%A6/14919621？fromtitle=%E7%8F%A0%E6%B1%9F%E8%A5%BF%E6%B1%9F%E7%BB%8F%E6%B5%8E%E5%B8%A6&fromid=15997539&fr=aladdin，百度百科，2021 年 6 月 6 日。

② 高传军：《从"无中生有"到全市最大支柱产业》，《梧州日报》2020 年 6 月 22 日，第 1 版。

③ 高传军：《从"无中生有"到全市最大支柱产业》，《梧州日报》2020 年 6 月 22 日，第 1 版。

④ 高传军：《从"无中生有"到全市最大支柱产业》，《梧州日报》2020 年 6 月 22 日，第 1 版。

业链发展，使其成为支柱产业。2015年，再生资源产业集群年产值已达1000亿元①。当前梧州市重点关注建设国家级循环经济示范园区，打造梧州市进口再生资源加工园区。

3. 百色市

百色市的农业产业集群和铝金属产业集群为该地区两大产业集群。在铝金属产业方面一直稳居广西发展前列，百色市重点培育金属新材料产业区域化。百色市的铝工业已初步形成一套完整的产业体系和产业链，铝产业集群基本形成。平果铝工业基地、德保铝工业基地、靖西铝工业基地、百色工业园区、田阳新山铝产业园区、田东铝配套基地等是全市主要的铝工业基地和园区，为整个百色市铝产业的区域化发展提供了有力支撑作用。百色市将以铝的终端应用为导向，重点围绕交通用铝、包装用铝、电子用铝，引进国内外铝精深加工领军企业和项目，推动广西百色市生态型铝产业示范基地高质量发展②。但是，目前百色市还存在着铝产业链短且发展不平衡的问题，一方面，产业链上、下游之间没有很好链接，与之合作的企业数量较少，尤其在生产制造环节，产业链的各个环节横向和纵向的拓展延伸能力不足，特别是产业链下游的铝材加工环节，许多企业目前还只停留在简单的初级产品加工阶段，研发创新能力不强，影响了整个产业向高端产品方面的拓展延伸；另一方面，整个产业的发展也不平衡，如2015—2019年，百色市氧化铝的年产量基本保持在800万—1000万吨之间，2017年产量为104万吨，占当年全国氧化铝总产量6901万吨的15.14%，产量位居全国第四位。铝材加工的产量也节节攀升，从2015年的214万吨提高到2019年的316万吨，与之相反的是电解铝生产环节由于受到电价偏高的影响，这几年的产能一直没能正常发挥，出现产能过剩，产量提高缓慢。整个铝产业链呈现出两头大中间小的"哑铃"式状态，影响了整个产业区域

---

① 许丹婷、容远昌：《刘志勇："雁行阵势"打造西江经济带产业集聚优势》，广西新闻网，2019年3月28日，http://news.gxnews.com.cn/staticpages/20100328/newgx4bae9df6-2825882.shtml，2021年6月6日。

② 《百色市铝产业集群式发展迈出新步伐》，新浪财经网站，2019年7月16日，http://finance.sina.com.cn/money/future/indu/2019-07-16/doc-ihytcerm4017406.shtml，2021年6月6日。

化的发展①。

4. 来宾市

来宾市重点培育精品碳酸钙产业集群②，助推产业区域化发展。碳酸钙产业是来宾市重点培育的新兴产业，其通过资源换产业的方式发展该行业，坚持"强龙头"的发展战略，来宾市碳酸钙企业超过100家③。2019年，新上规入统企业46家，较上年增加19家，增长70.4%，培规入统成效显著。"铝电结合""热电联产"模式趋稳成型，发电量和电力产值分别增长14.0%、13.7%④。汇元锰业技改全线投产，黑色金属冶炼业产值增长31.9%。此外，来宾市还推进碳酸钙"一中心五基地"建设，汇宾碳酸钙产业链项目建设加快，规上企业52家，产值增长11.5%，成功举办世界碳酸钙产业发展暨粤港澳大湾区产业投资对接会，荣获"中国绿色碳酸钙之都·非金属新材料产业示范区"称号⑤。

5. 崇左市

崇左市在铜锰、稀土金属产业方面一直都有优势，2020年崇左市重点培育金属新材料产业集群⑥，推进锰业高端化发展，推进稀土延伸产业链，大力发展新产业；高质量发展产业集群，加强特色产业园区建设，着力构建铜锰稀土新材料产业集群。2019年全年规模以上工业总产值593.21亿元，增长12.8%，增速排全区第二位；规模以上工业增加值167.47亿元，增长15.2%，增速排全区第三位⑦。崇左市重点关

---

① 农春光：《百色市铝产业集群发展的现状及对策研究》，《世界有色金属》2020年第9期。
② 《广西加快培育九大产业集群，14市都安排了》，广西头条网站，2020年5月8日，https://kuaibao.qq.com/s/20200508A037IO00，2021年6月6日。
③ 《来宾：打造产业集群 稳住经济基本盘》，广西广播电视台，2020年8月13日，http://www.gx.xinhuanet.com/newscenter/2020-08/13/c_1126361510.htm，2021年6月6日。
④ 雷应敏：《2020年来宾市人民政府工作报告》，来宾市人民政府办公室网站，2020年4月30日，http://www.laibin.gov.cn/xxgk/gzbg/t5269009.shtml，2021年6月6日。
⑤ 雷应敏：《2020年来宾市人民政府工作报告》，来宾市人民政府办公室网站，2020年4月30日，http://www.laibin.gov.cn/xxgk/gzbg/t5269009.shtml，2021年6月6日。
⑥ 《广西加快培育九大产业集群，14市都安排了》，广西头条网站，2020年5月8日，https://kuaibao.qq.com/s/20200508A037IO00，2021年6月6日。
⑦ 迟威：《2020年政府报告》，崇左市人民政府网站，2020年4月8日，http://www.chongzuo.gov.cn/xxgk/jcxxgk/gzbg/t5137246.shtml，2021年6月6日。

注园区发展,创建自治区级崇左市高新技术产业开发区,自治区层面重点关注铜锰稀土新材料产业集群。产业区域化程度加深,食品、铜锰稀土新材料、泛家居、建材四大产业集群协同发展[①]。

(二)食品行业市场广阔

1. 柳州市

柳州市螺蛳粉产业引发关注,据柳州市商务局此前提供的数据显示,柳州市螺蛳粉全产业链发展初具规模,2015年至2020年,预包装螺蛳粉销售收入年均增长率达86.12%,配套及衍生产品销售收入年均增长率高达140.28%,实体店营业额年均增长率达12.47%,袋装螺蛳粉的出现不仅拉动了当地的经济发展,还撬动了相关的产业链[②]。

2. 梧州市

食品加工行业是梧州市的特色产业链,是其第三梯次的产业集群,发展以粮食、蔬菜、水果为主的农副精深加工产品,同时开发葛粉、水果、茶油、肉桂、八角、坚果等精深加工产品。梧州市进一步提高食品的供给能力,延长食品行业产业链,积极发展美容护肤品、坚果油、调味料等精深加工产品。

3. 来宾市

来宾市结合自身糖业发展实际,全力推进糖业高质量发展,延长产业链,对产业链进行"补链",来宾市是全国最大的产糖基地,努力使得糖业全产业链可持续发展,形成"甘蔗—制糖—糖精深加工—废弃物—生物科技—甘蔗种植"循环经济产业链。现阶段已有"来宾甘蔗""象州砂糖桔"等知名品牌,忻城糯玉米被批准为地理标志保护产品,开工建设中国食品安全生产示范区。

4. 崇左市

制糖业是崇左市主要产业,崇左市有"中国糖都"的称号。接下来,崇左市将加快补齐产业链条,推进蔗糖全产业链开发。

---

① 迟威:《2020年政府报告》,崇左市人民政府网站,2020年4月8日,http://www.chongzuo.gov.cn/xxgk/jcxxgk/gzbg/t5137246.shtml,2021年6月6日。
② 佚名:《螺蛳粉产业链引关注》,《农家之友》2020年第1期。

(三) 工业制造业发展稳健

1. 柳州市

柳州市是广西工业第一大城市，制造业一直都是柳州市的强项，2020年柳州市将重点培育机械装备制造、汽车、金属新材料、高端家具家居材料、轻工纺织五大产业集群[1]，促进其区域化发展。柳州市的产业发展遵循"集群发展、垂直整合"的思路，将柳东新区和北部生态新区打造成为战略性新兴产业核心集聚区，沿城市外环路，以阳和、柳北、柳南、鱼峰和柳江工业园区作为重点布局产业环形发展带，在鹿寨县、柳城县、融安县、融水苗族自治县、三江侗族自治县促进战略性新兴产业点状发展，进而形成"双核带动，一环多点"的产业空间布局，促进产业区域化发展[2]。

"双核"是指加快推进柳东新区和北部生态新区两个战略性新兴产业核心集聚区的建设。一是柳东新区：重点发展新能源汽车、轨道交通、电子信息产业等。为了推动新能源汽车产业化，该区引入东风柳州汽车有限公司、上汽通用五菱汽车股份有限公司；利用柳州市轨道交通以及桂南高铁专线建设的机遇，大力推进智能交通产业园建设，加快发展牵引电机、制动系统等关键零部件，加快汽车产业的转型升级，积极发展动力控制、行驶控制等汽车电子产品[3]；重点建设新能源汽车产业示范基地、智能交通产业园、汽车电子产业园；加快形成完整的产业链，促进新能源汽车集群与电子信息产业集群的发展。二是北部生态新区：重点发展智能电网、智能装备产业。该区抓住广西智能制造城建设的机遇，重点发展与之相关的产业，例如智能关键部件、工业机器人等；加快发展智能物流与仓储装备、智能传感与控制装备，积极推进智能电网关键设备产业的发展，重点布建智能电网产业园。

"一环"是指以城市外环路为连接通道，依托阳和、柳北、柳南、

---

[1] 《广西加快培育九大产业集群，14市都安排了》，广西头条网站，2020年5月8日，https://kuaibao.qq.com/s/20200508A037IO00，2021年6月6日。
[2] 《柳州市战略性新兴产业发展"十三五"规划》，柳州市工业和信息化局办公室网站，2019年6月6日，https://www.smelz.cn/article/zhengce/detail-3012.html，2021年6月6日。
[3] 《柳州市战略性新兴产业发展"十三五"规划》，柳州市工业和信息化局办公室网站，2019年6月6日，https://www.smelz.cn/article/zhengce/detail-3012.html，2021年6月6日。

鱼峰和柳江工业园区，突出特色，差异化发展，建设的战略性新兴产业环形发展集聚带，主要包括以下工业园区的建设：柳北工业园区重点发展装配式建筑、节能环保产业，加快发展钢结构部件等装配式建筑材料，重点布建装配式建筑产业园，循环经济示范基地。柳南工业园区重点发展高端装备制造业，依托邻近广西柳工机械股份有限公司、上汽通用五菱汽车股份有限公司的位置优势，加快发展工业机器人、智能专用装备产品，积极推进智能装备在工程机械、汽车等领域集成应用。鱼峰工业园重点发展大健康产业，重点关注健康食品、医药、服务等产品。柳江工业园重点发展高端装备制造业，积极发展低能耗、低排放、高性能的发动机，加快发展工程机械、汽车关键零部件。

"多点"是指依托资源优势，在鹿寨、柳城、融安、融水、三江推动战略性新兴产业点状发展。柳城工业园重点发展生物与制药产业，加快壮药研发生产，发展酵母生物产品。融安、融水、三江利用丰富的风力资源，大力发展风力发电绿色环保新能源。不同地区重点发展当地优势产业，促进产业区域化发展。

2. 梧州市

梧州市的第二梯次产业集群由陶瓷产业和不锈钢产业集群组成，如表5-7所示。首先，在陶瓷产业上，藤县中和集中区定位为中高档陶瓷生产基地，最早入驻的新中陶陶瓷有限公司有两条生产线已经投产；岑溪大业集中区则定位为中低档陶瓷生产基地，已有一批陶瓷企业落户，总投资达十多亿元[1]。其次，在不锈钢产业上，梧州市将主要抓好长洲区工业集中区的新盈特钢等企业的进一步壮大，同时重点做好平浪不锈钢加工基地的规划建设[2]。

---

[1] 伍爱春、杨远航：《梧州分四大梯次发展特色产业集群》，《广西日报》2010年1月14日第5版。

[2] 伍爱春、杨远航：《梧州分四大梯次发展特色产业集群》，《广西日报》2010年1月14日第5版。

表 5-7　　　　　　　　　　梧州市产业集群

梯次	产业集群
第一梯次	再生资源产业集群
第二梯次	陶瓷产业和不锈钢产业集群
第三梯次	医药、食品和电子信息产业集群
第四梯次	林产林化、礼品、化工和机械制造产业集群

资料来源：根据《梧州分四大梯次发展特色产业集群》资料整理而得。

3. 贵港市

贵港市的产业区域化包括电子信息产业、生物制药产业，电子信息产业加速集聚，生物制药产业继续稳健发展。电子信息产业是贵港市招商引资的重点方向，2019年新签约重点电子信息产业项目17个，总投资162.09亿元，主要涉及自动化智能系统、汽车电子等领域，广西贵港战略性新兴产业城已初具规模[1]。在生物制药方面，覃塘新材料科技园是覃塘区拥有的贵港市唯一的化工产业园，重点布局精细化工、环保新材料、生物医药、水性涂料等产业，规划面积10.08平方公里，目前已有电镀产业园、江苏凯伦建材、奕安泰医药、利而安化工等35家企业落户发展，2019年园区产值达20亿元。2016年5月，芬兰赛尔康制造有限公司与贵港市签订投资协议，这使得贵港市成为该公司在中国建设的第二个生产区，项目建成投产后，年产值将达到40亿元以上[2]，紧接着，投资15亿元的嘉龙海杰电子信息项目、投资2亿多元的石药泰诺生物制药项目落户贵港市[3]。贵港市落实"13446"工作思路"强龙头、补链条、聚集群"产业发展策略，重点推进全市经济高质量发展[4]。

4. 来宾市

2019年，来宾市与区科技厅成功举办厅市会商会，科技专项实现新突破，新培育自治区孵化器1个、"双创"平台3个，新增备案高新

---

[1] 《广西贵港：正在崛起的战略性新兴产业城》，《人民日报》2019年3月8日第17版。
[2] 《广西贵港：正在崛起的战略性新兴产业城》，《人民日报》2019年3月8日第17版。
[3] 《从无到有！来看贵港这座正在崛起的新兴工业之城》，新浪广西，2019年1月4日，http://gx.sina.com.cn/news/2019-01-04/detail-ihqhqcis2947365.shtml，2021年6月6日。
[4] 《广西贵港：正在崛起的战略性新兴产业城》，《人民日报》2019年3月8日第17版。

技术企业17家，重大科技成果转化15项。数字产业逐步发展，引入华为、腾讯、京东等知名企业，推进"工业云"的发展，广西首家"互联网+"人力资源服务产业园建成运行。

（四）部分产业取得新进展

1. 来宾市

2018年，来宾市第一、第二、第三产业增加值占全市地区生产总值的比重由上年的24.1%、37.7%、38.2调整为23.8%、34.6%、41.6%，第一产业、第二产业比重分别比上年下降0.3个、3.1个百分点，第三产业上升3.4个百分点，经济发展结构进一步优化，"三二一"型经济逐步显现，与全国、全区发展步伐基本一致[①]。林产品加工业发展迅速，规上企业41家，增加值增长27.9%。服务业方面，2019年新增规上服务业企业10家、限上批零住餐企业32家，批发、零售销售额分别增长17.8%、3.4%，住宿和餐饮营业额分别增长4.9%、8.4%，电子商务进农村覆盖率达70%，象州县获批国家电子商务进农村综合示范县，全域旅游成效明显，成功创建国家4A级景区1个、3A级景区2个，新增二星级以上乡村旅游区9个，金秀县获评首批国家全域旅游示范区和"2019中国旅游影响力年度县区"、荣获"中国民间文化艺术之乡"称号[②]。汽配、新材料、电子信息等产业取得新进展。金融机构存款余额和贷款余额分别增长2.9%、12.9%。民营经济不断壮大，开展解决民营企业突出问题百日攻坚行动，解决问题167个。实现民营企业招商到位资金258.01亿元，增长29.7%。签约授信1196项50.63亿元，有效缓解企业融资难题。

2. 崇左市

崇左市着力构建部分产业区域化，如食品、泛家居、建材产业；大力发展轻工业，依靠地方资源发展服装纺织、家电产品制造等特色轻工

[①] 《经济增速好于预期、高于全区和全国》，来宾人大网，2019年2月21日，https://www.sohu.com/a/295338396_162336，2021年6月6日。

[②] 雷应敏：《2020年来宾市人民政府工作报告》，来宾市人民政府办公室，2020年4月30日，http://www.laibin.gov.cn/xxgk/gzbg/t5269009.shtml，2021年6月6日。

业;服务业发展取得新突破,2019年第三产业产值占GDP比重达49.5%[1],如表5-8所示。

表5-8 2003—2019年崇左市第一、第二、第三产业产值及产值占比

年份	崇左						
	总产值（亿元）	一产产值（亿元）	一产产值占比（%）	二产产值（亿元）	二产产值占比（%）	三产产值（%）	三产产值占比（%）
2003	104.22	40.96	39.30	24.97	23.96	38.28	36.73
2004	125.55	48.34	38.50	31.08	24.76	46.13	36.74
2005	151.13	55.34	36.62	43.63	28.87	52.17	34.52
2006	194.03	66.45	34.25	66.58	34.31	61	31.44
2007	231.87	76.24	32.88	78.12	33.69	77.51	33.43
2008	272.98	81.45	29.84	101.67	37.24	89.86	32.92
2009	304.36	86.94	28.56	107.41	35.29	110.01	36.14
2010	392.37	114.85	29.27	149.11	38.00	128.41	32.73
2011	491.85	144.98	29.29	197.42	40.14	149.45	30.39
2012	530.51	142.95	26.95	216.96	40.90	170.6	32.16
2013	584.63	149.44	25.56	248.24	42.46	186.95	31.98
2014	649.72	147.28	22.67	277.45	42.70	224.99	34.63
2015	682.82	155.06	22.71	274.61	40.22	253.15	37.07
2016	766.2	167.66	21.88	310.69	40.55	287.85	37.57
2017	907.62	181.25	19.97	398.2	43.87	328.17	36.16
2018	1016.49	189.31	18.62	449.72	44.24	377.46	37.13
2019	760.46	170.2	22.38	213.7	28.10	376.56	49.52

资料来源:根据2003—2019年《崇左市统计年鉴》资料整理而得。

三 桂南城市群:条状衔接

桂南城市群指广西南部包括南宁市、北海市、钦州市、防城港市、崇左市、玉林市6市所构成的城市群。鉴于前6市已在前面有所分析,因此,本节将重点分析玉林市的空间格局及主要特征,即四大千亿行业稳步发展。玉林市的四大千亿行业是指大健康、新材料、机械制造和服

---

[1] 何良军:《2020年崇左市政府工作报告》,广西壮族自治区崇左市人民政府门户网站,2020年4月28日,http://www.chongzuo.gov.cn/xxgk/jcxxgk/gzbg/t5137246.shtml,2021年6月6日。

装皮革。

(一) 三大产业产值稳步增加

玉林市着力抓好以玉柴集团为核心的动力机械产业,支持龙头企业做大做强,发展思路为"工业园区化、园区产业化、产业集群化",吸收新理念,学习新方法,努力培养产业区域化。粮食种植和产量稳步增加,工业发展循序渐进,服务业也在不断的发展。如表5-9所示,玉林市第一、第二、第三产业产值都有不同程度的增加。

表5-9 1978—2019年玉林市第一、第二、第三产业产值及产值占比

年份	玉林						
	总产值（亿元）	一产产值（亿元）	一产产值占比（%）	二产产值（亿元）	二产产值占比（%）	三产产值（亿元）	三产产值占比（%）
1978	9.12	5.79	63.49	1.66	18.20	1.67	18.31
1979	9.18	5.75	62.64	1.61	17.54	1.82	19.83
1980	10.42	6.76	64.88	1.66	15.93	2	19.19
1981	11.64	7.45	64.00	1.89	16.24	2.3	19.76
1982	13.86	9.01	65.01	2.17	15.66	2.69	19.41
1983	14.36	9.01	62.74	2.34	16.30	3.01	20.96
1984	15.45	9.41	60.91	2.58	16.70	3.46	22.39
1985	17.63	10.11	57.35	3.42	19.40	4.10	23.26
1986	20.74	11.55	55.69	4.32	20.83	4.87	23.48
1987	26.98	14.67	54.37	5.75	21.31	6.56	24.31
1988	33.57	18.31	54.54	7.31	21.78	7.95	23.68
1989	35.97	19.62	54.55	7.78	21.63	8.58	23.85
1990	41.13	23.99	58.33	8.24	20.03	8.90	21.64
1991	50.40	27.30	54.17	11.31	22.44	11.79	23.39
1992	65.31	30.29	46.38	18.97	29.05	16.04	24.56
1993	97.97	36.08	36.83	35.67	36.41	25.22	25.74
1994	134.92	52.92	39.22	49.25	36.50	32.75	24.27
1995	156.08	63.65	40.78	50.71	32.49	41.71	26.72
1996	168.34	72.91	43.31	51.46	30.57	43.97	26.12
1997	173.51	77.16	44.47	51.58	29.73	44.77	25.80
1998	187.40	80.87	43.15	57.77	30.83	48.76	26.02
1999	191.15	80.37	42.05	57.10	29.87	53.68	28.08
2000	199.64	78.42	39.28	60.70	30.40	60.52	30.31

续表

年份	玉林 总产值（亿元）	一产产值（亿元）	一产产值占比（%）	二产产值（亿元）	二产产值占比（%）	三产产值（亿元）	三产产值占比（%）
2001	213.91	81.59	38.14	61.17	28.60	71.14	33.26
2002	231.70	80.61	34.79	71.50	30.86	79.59	34.35
2003	258.45	79.68	30.83	84.99	32.88	93.78	36.29
2004	312.68	99.49	31.82	101.03	32.31	112.16	35.87
2005	352.6	100.62	28.54	120.8	34.26	131.19	37.21
2006	410.96	107.62	26.19	148.64	36.17	154.7	37.64
2007	501.39	128.88	25.70	187.06	37.31	185.45	36.99
2008	602.83	149.49	24.80	230.32	38.21	223.02	37.00
2009	683.49	152.06	22.25	277.14	40.55	254.29	37.20
2010	840.25	171.73	20.44	373.39	44.44	295.13	35.12
2011	1019.94	213.81	20.96	458.59	44.96	347.55	34.08
2012	1102.08	229.2	20.80	482.33	43.77	390.55	35.44
2013	1210.44	243.57	20.12	526.26	43.48	451.61	37.31
2014	1341.52	248.78	18.54	591.66	44.10	501.08	37.35
2015	1445.91	259.14	17.92	635.83	43.97	550.94	38.10
2016	1553.83	278.16	17.90	665.03	42.80	610.64	39.30
2017	1466.32	276.87	18.88	500.97	34.17	688.48	46.95
2018	1503.54	268.22	17.84	429.94	28.60	806.08	53.61
2019	1679.77	323	19.23	469.29	27.94	887.48	52.83

资料来源：根据1978—2019年《玉林市统计年鉴》资料整理而得。

（二）四大千亿行业稳步发展

机械制造是玉林支柱产业之一，2014年该市有机械制造企业70家，超亿元企业30家，机械产业总产值超过300亿元人民币[1]。2018年，玉林市重点关注玉林"二次创业"和广西先进装备制造城建设，建设千亿元机械制造产业[2]。

玉林的牛仔裤畅销国内外，但是随着行业中的竞争者不断增加，产

---

[1] 《玉林发展八大重点产业形成产业集群》，广西招商网，2014年1月2日，https://gx.zhaoshang.net/2014-01-02/124888.html，2021年6月6日。
[2] 黄俊鑫：《玉林四大千亿元产业加速集聚》，广西新闻网，2019年2月15日，http://www.gxnews.com.cn/staticpages/20190215/newgx5c65f499-18041723.shtml，2021年6月6日。

品结构单一，生产成本上升等因素，玉林牛仔裤行业的发展开始萎缩，产业转型升级势在必行①。近年来，玉林市积极探索创新性的发展模式，着力推动工业向园区集中，推动传统产业转型升级。在促进印染企业全部退城进园，加速本地服装产业的电商化升级，鼓励"线上+线下"销售模式。

健康产业也是玉林的一大支柱性产业，玉林拥有全国第三大中药材交易市场，被誉为"中国南方药都"，玉林的中草药行业发展势头较好，主要得益于其气候适宜，再加上行业发展历史悠久，同时资源丰富，有十多种地区特色中药材以及1000多种野生中草药，中药材产业化种植已具规模，玉林官方将目光瞄准大健康产业发展，重点改善产业发展园区布局，推动产业区域化和集群化发展②。成立于2014年5月的玉林中医药健康产业园，已有20多家知名药企落户园区，其中上市医药公司6家，形成了中药制药、中药饮片生产、植物提取、健康食品、仓储等产业，一个大健康产业集群正初现雏形③。

玉林全力加快广西先进装备制造城（玉林）建设发展，通过体制创新、技术创新、管理创新，培育核心竞争力，形成集内燃机产业、新能源汽车产业、智能制造产业、军民融合产业、商贸金融物流产业五大板块为一体的产业基地，打造以玉柴集团为龙头的千亿产业集群，推动产业区域化，促进制造业向中高端领域迈进，促进全市工业高质量发展④。

四 其他城市：散状延展

其他城市包括桂林市和河池市，桂林市和河池市的第一、第二、第三产业都处在协调发展的趋势中，尤其是旅游业保持稳定地发展。

---

① 黄俊鑫：《玉林四大千亿元产业加速集聚》，广西新闻网，2019年2月15日，http://www.gxnews.com.cn/staticpages/20190215/newgx5c65f499-18041723.shtml，2021年6月6日。

② 罗军：《玉林中医药健康产业园：正崛起的健康产业新城》，广西网，2018年9月12日，http://www.gxnews.com.cn/staticpages/20180912/newgx5b989598-17639417.shtml，2021年6月6日。

③ 黄俊鑫：《玉林四大千亿元产业加速集聚》，广西新闻网，2019年2月15日，http://www.gxnews.com.cn/staticpages/20190215/newgx5c65f499-18041723.shtml，2021年6月6日。

④ 黄俊鑫：《玉林四大千亿元产业加速集聚》，广西新闻网，2019年2月15日，http://www.gxnews.com.cn/staticpages/20190215/newgx5c65f499-18041723.shtml，2021年6月6日。

(一) 三大产业协调发展

1. 桂林市

桂林市的三大产业发展潜力巨大。如表5—10所示，从总体上看，桂林市地区生产总值不断增长，增长速度也在不断提高。在农业方面，虽然第一产业产值所占比例在逐年下降，但在经济中仍占据主导地位，水果和其他经济作物产业发展前景广阔、潜力巨大。例如，2018年前三季度桂林市水果产量同比增长7.8%，百香果产量同比增长137.3%，中草药材播种面积0.29公顷，同比增长10.4%。

在工业方面，桂林市一扫以往的低迷状态，发展迅速。以2002年和2006年为节点，桂林市第二产业产值占比分别超越了第一产业和第三产业，工业发展势头强劲，后逐步衰退。2018年，桂林市规模以上工业增加值经历了2月6.2%和3月6.3%的高速增长后，4月跌入谷底，仅增加3.0%，5月后开始逐月攀升，前三季度全市规模以上工业增加值同比增长6.7%，比上半年提升了3.1个百分点，工业稳步增长的支撑力量是非金属矿物制品业、计算机通信和其他电子设备制造业、木料加工业、医药制造业等行业，这些行业总产值占全市的49.4%，对全市工业增长贡献了自己的力量[1]。

桂林市是著名的旅游城市，服务业已经成为桂林市经济增长的动力。2018年前三季度，第三产业增加值对全市经济增长的贡献率达57.5%，拉动GDP增长4.5个百分点，其中旅游业仍是"领头羊"。主要是离不开结合桂林城市特色，开展"旅游+"的融合发展新模式[2]。2019年，桂林将服务工业企业列入重中之重项目推进机制，积极融入粤港澳大湾区、珠江—西江经济带。

---

[1] 《桂林经济创新高，这个产业的发展令人刮目相看》，桂林搜狐焦点，2018年11月7日，https：//gl.focus.cn/zixun/2089831744099936.html，2021年6月6日。

[2] 《桂林经济创新高，这个产业的发展令人刮目相看》，桂林搜狐焦点，2018年11月7日，https：//gl.focus.cn/zixun/2089831744099936.html，2021年6月6日。

表 5-10　1978—2019 年桂林市第一、第二、第三产业产值及产值占比

年份	桂林 总产值（亿元）	一产产值（亿元）	一产产值占比（%）	二产产值（亿元）	二产产值占比（%）	三产产值（亿元）	三产产值占比（%）
1978	11.22	4.87	43.40	3.96	35.29	2.39	21.30
1979	12.57	5.7	45.35	4.32	34.37	2.55	20.29
1980	13.76	6.11	44.40	4.73	34.38	2.92	21.22
1981	14.54	6.44	44.29	4.85	33.36	3.25	22.35
1982	15.96	7.36	46.12	4.95	31.02	3.65	22.87
1983	17.71	8.26	46.64	5.35	30.21	4.10	23.15
1984	19.69	8.54	43.37	6.02	30.57	5.13	26.05
1985	24.42	10.47	42.87	7.54	30.88	6.40	26.21
1986	28.54	11.30	39.59	9.31	32.62	7.93	27.79
1987	34.47	12.92	37.48	11.37	32.99	10.19	29.56
1988	41.82	16.08	38.45	13.21	31.59	12.53	29.96
1989	45.06	16.96	37.64	14.23	31.58	13.87	30.78
1990	49.88	20.45	41.00	14.44	28.95	15.00	30.07
1991	57.13	22.20	38.86	17.01	29.77	17.93	31.38
1992	70.87	25.95	36.62	23.27	32.83	21.64	30.53
1993	96.93	32.33	33.35	35.29	36.41	29.31	30.24
1994	134.28	50.33	37.48	43.41	32.33	40.54	30.19
1995	178.03	65.00	36.51	57.62	32.37	55.41	31.12
1996	223.11	80.71	36.17	69.17	31.00	73.22	32.82
1997	247.31	90.03	36.40	74.85	30.27	82.42	33.33
1998	259.64	90.67	34.92	82.92	31.94	86.05	33.14
1999	278.32	96.27	34.59	85.33	30.66	96.72	34.75
2000	302.49	99.50	32.89	93.57	30.93	109.42	36.17
2001	332.53	104.96	31.56	101.41	30.50	126.16	37.94
2002	360.78	107.50	29.80	112.47	31.17	140.81	39.03
2003	391.54	105.63	26.98	139.89	35.73	146.02	37.29
2004	459.16	118.05	25.71	170.73	37.18	170.38	37.11
2005	512.03	119.89	23.41	186.99	36.52	205.15	40.07
2006	595.52	133.42	22.40	234.83	39.43	227.27	38.16
2007	724.05	157.72	21.78	290.76	40.16	275.56	38.06
2008	851.59	171.42	20.13	357.46	41.98	322.71	37.89
2009	948.23	177.9	18.76	412	43.45	358.33	37.79
2010	1103.56	203.31	18.42	492.35	44.61	407.89	36.96

续表

年份	桂林						
	总产值（亿元）	一产产值（亿元）	一产产值占比（%）	二产产值（亿元）	二产产值占比（%）	三产产值（亿元）	三产产值占比（%）
2011	1327.57	247.11	18.61	615.08	46.33	465.37	35.05
2012	1485.02	271.84	18.31	697.46	46.97	515.71	34.73
2013	1657.9	299.44	18.06	792.87	47.82	565.59	34.11
2014	1826.27	320.63	17.56	865.05	47.37	640.59	35.08
2015	1942.9	339.59	17.48	900.98	46.37	702.33	36.15
2016	2054.82	361.27	17.58	916.74	44.61	776.81	37.80
2017	2045.18	381.83	18.67	791.94	38.72	871.41	42.61
2018	2003.61	393.51	19.64	621.83	31.04	988.26	49.32
2019	2105.56	486.9	23.12	474.98	22.56	1143.68	54.32

资料来源：根据1978—2019年《桂林市统计年鉴》资料整理而得。

2. 河池市

河池市产业结构较为单一，主要是农业，但是还是基本实现了第一、第二、第三产业协同发展，现阶段正从农业主导型向服务业主导型转变[1]，如表5-11所示。河池市依靠自身资源，依靠农业特色，重点发展"三农"，进行农业供给侧结构性改革，构建粮改饲统筹、种养加一体、农牧渔结合的现代农业结构，推进农林牧渔循环发展，大力实施产业兴村强县行动、种植业三年提质行动和现代特色农业示范区建设增点扩面提质升级三年行动，稳步推进"十大百万"扶贫产业工程，狠抓市级层面重点推进的"十大百万"扶贫产业高效农业标准示范区建设，推动优势特色产业升级，实现以产兴村、产村融合[2]。

2018年河池市地区生产总值已经是1950年的2319倍以及1978年的139倍，已达788.3亿元。改革开放初期（1978年），河池市经济以农业为主，三次产业结构为44.5∶29.8∶25.7。到2018年，第一、第

---

[1] 《坚定发展观念 坚守发展惠民》，广西日报网站，2019年12月11日，https://baijiahao.baidu.com/s?id=1652601575876504043&wfr=spider&for=pc，2021年6月6日。

[2] 罗联生：《新中国成立70周年河池市经济社会发展情况新闻发布会》，中华人民共和国国务院新闻办公室网站，2019年7月22日，http://www.scio.gov.cn/xwfbh/gssxwfbh/xwfbh/guangxi/Document/1660213/1660213.htm，2021年6月6日。

二、第三产业结构调整为 20.4：31.7：47.9，第二、第三产业比重显著提高，三产协同发展，产业结构日趋合理[1]。河池市矿资源丰富，有色金属产业在广西名列前茅，未来将重点培育金属新材料和轻工纺织两大产业集群。河池市抓住中国—东盟自贸区升级发展和西部陆海新通道建设机遇，为了培育千亿丝绸产业集群，建设辐射全球的丝绸产业中心，致力于将河池·宜州工业园区打造成中国西部最大的丝绸工业园区，同时，按照全产业链思维，推进桑蚕第一、第二、第三产融合发展，全力打造宜州刘三姐桑蚕高效生态产业核心示范区，推动桑园建设规模化、桑蚕养殖省力化、种养结合绿色化，不断延长桑蚕产业链[2]。

表 5-11　1978—2019 年河池市第一、第二、第三产业产值及产值占比

年份	总产值（亿元）	一产产值（亿元）	一产产值占比（%）	二产产值（亿元）	二产产值占比（%）	三产产值（亿元）	三产产值占比（%）
1978	5.67	2.53	44.62	1.69	29.81	1.4	24.69
1979	6.57	3.14	47.79	2.02	30.75	1.71	26.03
1980	7.82	3.89	49.74	2.19	28.01	1.85	23.66
1981	7.58	3.84	50.66	1.9	25.07	1.67	22.03
1982	8.44	4.52	53.55	1.89	22.39	1.68	19.91
1983	8.56	4.17	48.71	2.23	26.05	1.94	22.66
1984	9.84	4.71	47.87	2.68	27.24	2.23	22.66
1985	12.72	5.49	43.16	4.33	34.04	3.72	29.25
1986	14.25	6.02	42.25	4.74	33.26	3.83	26.88
1987	17.34	7.11	41.00	5.84	33.68	4.69	27.05
1988	20.78	8.90	42.83	6.74	32.44	5.70	27.43
1989	24.43	10.08	41.26	8.24	33.73	6.86	28.08
1990	27.91	11.43	40.95	8.65	30.99	7.43	26.62
1991	31.56	12.59	39.89	9.18	29.09	7.98	25.29

---

[1] 罗联生：《新中国成立 70 周年河池市经济社会发展情况新闻发布会》，中华人民共和国国务院新闻办公室网站，2019 年 7 月 22 日，http：//www.scio.gov.cn/xwfbh/gssxwfbh/xwfbh/guangxi/Document/1660213/1660213.htm，2021 年 6 月 6 日。

[2] 《"一带一路"背景下的丝绸产业合作高端峰会顺利召开》，广西大宗茧丝交易市场网站，2019 年 12 月 14 日，https：//www.sohu.com/a/360294560_100001230，2021 年 6 月 6 日。

续表

年份	河池 总产值（亿元）	一产产值（亿元）	一产产值占比（%）	二产产值（亿元）	二产产值占比（%）	三产产值（亿元）	三产产值占比（%）
1992	37.17	14.41	38.77	10.86	29.22	9.37	25.21
1993	51.33	17.86	34.79	18.12	35.30	16.04	31.25
1994	73.14	24.75	33.84	27.16	37.13	32.89	44.97
1995	98.89	30.24	30.58	37.70	38.12	31.34	31.69
1996	108.77	35.20	32.36	36.32	33.39	31.34	28.81
1997	122.84	39.04	31.78	40.90	33.30	34.00	27.68
1998	130.03	42.52	32.70	43.62	33.55	35.01	26.92
1999	137.75	43.70	31.72	46.08	33.45	37.37	27.13
2000	141.39	41.81	29.57	56.31	39.83	48.95	34.62
2001	145.31	43.05	29.63	54.58	37.56	45.53	31.33
2002	137.64	42.94	31.20	42.00	30.51	32.17	23.37
2003	148.58	44.34	29.84	46.08	31.01	58.16	39.14
2004	178.45	54.58	30.59	58.68	32.88	65.2	36.54
2005	206.96	58.55	28.29	76.08	36.76	72.34	34.95
2006	248.89	64.8	26.04	100.87	40.53	83.22	33.44
2007	319.31	73.86	23.13	144.43	45.23	101.02	31.64
2008	367.31	80.26	21.85	166.45	45.32	120.6	32.83
2009	382.77	82.2	21.48	1 65.86	43.33	134.72	35.20
2010	468.74	97.87	20.88	216.29	46.14	154.58	32.98
2011	511.96	119.81	23.40	211.65	41.34	180.5	35.26
2012	492.71	126.34	25.64	174.34	35.38	192.02	38.97
2013	528.62	133.78	25.31	189.78	35.90	205.06	38.79
2014	601.17	137.23	22.83	205.26	34.14	258.68	43.03
2015	618.03	140.81	22.78	200.01	32.36	277.21	44.85
2016	657.18	150.99	22.98	199.82	30.41	306.36	46.62
2017	722.59	158.92	21.99	219.11	30.32	344.56	47.68
2018	788.3	160.91	20.41	249.8	31.69	377.59	47.90
2019	878.1	188.99	21.52	247.32	28.17	441.78	50.31

资料来源：根据1978—2019年《河池市统计年鉴》资料整理而得。

(二) 旅游产业稳定发展

1. 桂林市

桂林市自古就有"桂林山水甲天下"的美誉，是世界著名的风景游览城市，是中国融贯西南、华南、中南最便捷的国际旅游综合交通枢纽、中国—东盟自由贸易区门户城市、世界旅游组织推荐中国最佳旅游城市之一，是"一带一路"和黔粤湘桂交界重要联接点[1]。桂林市利用自己的旅游资源，坚定不移地走"旅游+"战略，延长旅游业产业链，融合工业、农业扶贫以及商贸服务、健康养生、文化创意、体育休闲等相关产业，带动整个旅游业档次上升。同时，桂林市与赣州、吉安、韶关、永州、遵义组建"旅游联盟"，共同打造红色旅游品牌，形成旅游区域化发展[2]。

2. 河池市

河池市的旅游资源也很丰富，尤其健康旅游资源。中国首个地级世界长寿市，就是河池市。其中，巴马长寿养生国际旅游区（河池片区）5个县被评为"中国长寿之乡"，在国家乡村旅游"千千万万品牌榜"中，河池市有61项品牌上榜[3]。近年来，河池市依托资源禀赋，加强对康养产业的谋划，加快推动一批康养项目落地，促进康养产业区域化发展，推进大健康产业转型升级，为巴马长寿养生国际旅游区发展注入了强劲动力[4]。

第二节 产业区域化过程中存在的主要问题

由于桂南高铁经济圈发展还不是很成熟，因此产业区域化过程中一

---

[1] 宋婷婷：《桂林旅游产业集聚效应研究》，硕士学位论文，广西师范大学，2014年，第14页。

[2] 秦春成：《2020年桂林市政府工作报告》，广西壮族自治区桂林市人民政府门户网站，2020年1月11日，https://www.guilin.gov.cn/zfxxgk/fdzdgknr/jcxxgk/zfgzbg/202006/t20200612_1828307.shtml，2021年6月6日。

[3] 吴丽萍：《河池：做大做强康养产业》，广西日报网站，2019年12月6日，https://baijiahao.baidu.com/s?id=1652143492876555689&wfr=spider&for=pc，2021年6月6日。

[4] 吴丽萍：《河池：做大做强康养产业》，广西日报网站，2019年12月6日，https://baijiahao.baidu.com/s?id=1652143492876555689&wfr=spider&for=pc，2021年6月6日。

定会存在一些影响产业区域化发展的问题，本节将重点分析三个主要问题，一是产业集群规模小，二是区域化程度较低，三是资源依赖性较强。

一 产业集群规模小

产业区域化离不开产业集群，桂南高铁产业经济圈的产业集群规模小，数量不多，实力弱，有辐射能力的龙头企业少。理论上，如果占多数的产业集群是由民营企业和外企领导，那么该地区就会像发达地区一样实力很强。广西虽然有着广西糖业、百色铝业、柳州市汽车产业集群这些发展较好的产业，但是这些产业并不是由民营企业主导，同时，广西民众缺乏创新竞争精神，再加上没有吸引外资企业的适宜营商环境，所以除了糖业之外，未出现在全国有影响力的产业集群[1]。如表5-12、表5-13所示，将广西与浙江省相比，2020年浙江省的产业集群有近120个，且较多产业集群在全国都发挥着巨大的影响力，本书列举浙江省30个与广西15个产业集群相比较。由表5-12可以看出，广西部分产业集群集中在第一、第二产业，高科技产业、计算机产业少之又少，而从浙江省产业集群图可以看出，第一、第二、第三产业都有涉及，第一产业相对来说最少，高科技产业以及计算机产业也有，并且都在全国产生重要的影响。由表5-13可以看出，从数量上看，浙江省产业集群数量远远超过广西。从规模上看，广西也与浙江省有着相当大的差距。由此可知，广西的产业集群数量少，规模小。由此带来的是，在桂南高铁产业经济圈进行产业区域化的过程中，可利用的产业就相对来说较少，基础不牢，势必对接下来的产业区域化产生阻碍。

表5-12　　　　　　　　广西2020年产业集群部分汇总

序号	集群名称	城市
1	南宁经开区生物医药产业集群	南宁市
2	梧州食品健康产业集群	梧州市

---

[1] 粟增富，粟增富、陆凤莲、杨桦：《广西产业集群的问题与对策》，《广西经济管理干部学院学报》2010年第1期。

续表

序号	集群名称	城市
3	梧州建材环保产业集群	梧州市
4	梧州藤县陶瓷产业集群	梧州市
5	福州再生资源产业集群	梧州市
6	梧州不锈钢产业集群	梧州市
7	广西罗汉果产业集群	梧州市
8	广西三黄鸡产业集群	桂林市
9	柳州汽车整车及关键零部件创新型产业集群	柳州市
10	柳州柳南区现代物流产业集群	柳州市
11	崇左钢锰稀土新材料产业集群	崇左市
12	崇左食品产业集群（活性干酵母产业基地）	崇左市
13	崇左泛家居产业集群	崇左市
14	崇左建材产业集群	崇左市
15	钦州石化产业集群	钦州市

资料来源：根据中商情报网《2020年广西产业集群及轻工业园汇总分析》资料整理而得。

表5-13　　**浙江省2020年产业集群部分汇总**

序号	集群名称	地区
1	台州黄岩塑料模具集群	台州市
2	横店影视产业集群	金华市
3	丽水缙云带锯床产业集群	丽水市
4	舟山船舶修造产业集群	舟山市
5	宁波服装产业集群	宁波市
6	王江泾织造产业集群	嘉兴市
7	瑞安太阳能光伏产业集群	温州市
8	衢州氟硅产业集群	衢州市
9	宁波塑机产业集群	宁波市
10	萧山纺织产业集群	杭州市
11	义乌无缝针织服装产业集群	金华市
12	义乌线带产业集群	金华市
13	洪合毛衫产业集群	嘉兴市
14	义乌袜业产业集群	金华市
15	夏履非织造布产业集群	绍兴市
16	漓诸针织产业集群	绍兴市
17	横村针织产业集群	杭州市

续表

序号	集群名称	地区
18	马鞍化纤产业集群	绍兴市
19	新塘羽绒家纺产业集群	杭州市
20	濮院羊毛衫产业集群	嘉兴市
21	大麻家纺布艺产业集群	嘉兴市
22	党山化纤织造产业集群	杭州市
23	衙前化纤产业集群	杭州市
24	洲泉化纤产业集群	嘉兴市
25	乾潭家纺寝具产业集群	杭州市
26	杨汛桥经编家纺产业集群	绍兴市
27	绍兴纺织产业集群	绍兴市
28	兰溪织造产业集群	金华市
29	江泾织造产业集群	嘉兴市
30	马桥经编产业集群	嘉兴市

资料来源：根据中商情报网：《2020 年浙江省产业集群及轻工业园汇总分析》资料整理而得。

二 区域化程度较低

产业集群的程度决定着产业区域化的程度。桂南高铁产业经济圈内的产业集群程度较低，效应不明显。首先在空间聚集上，该地区的聚集度不高，例如，浙江省嵊州市的领带产业集群较为发达，其集群中就有千余家的企业，产量占据全国总产量的 80%[1]，在世界上也发挥着重大的影响，其产量占世界总产量的 33%，所以浙江省嵊州市的领带集群的程度非常高，在空间上高度集聚。但是桂南高铁产业经济圈内的产业集群程度并不高，即使柳州市的汽车工业发展势头较好，但是其空间聚集程度还有待提升，同样，虽然广西的糖业发展较快，但是其较为分散。所以现在就存在着产业空间聚集但是规模小，或者产业规模大但空间不聚集的问题，当产业区域化发展时，就会出现影响蔗糖业市场竞争能力的阻碍，导致没有很好的产业集群，缺乏知名品牌。其次是产业集

---

[1] 粟增富、陆凤莲、杨桦：《广西产业集群的问题与对策》，《广西经济管理干部学院学报》2010 年第 1 期。

群的整体协调能力弱,由于缺乏行业协会①,所以导致整个产业集群的组织能力不高,这就无法实现产能和效率最大化,扰乱行业秩序,就会出现恶性竞争。再次,由于该地区多为资金密集型和劳动力密集型产业,所以经济效益较差。最后,技术和工艺落后,资源没有得到充分地利用,就会导致销售利润率、劳动生产率、资金利税率等达不到全国平均水平,自主研发能力弱,管理落后。

三 资源依赖性较强

广西地处中国的西南部,经济较为落后。由图5-1、图5-2所示,在2020年全国各地区生产总值以及居民人均可支配收入中,广西经济处于全国经济的末端。同时城市化水平较为落后,基础设施有待完善,经济基础决定上层建筑,整体经济落后,势必给产业区域化带来阻力。纵观该地区整个产业结构可以发现,其发展路径依旧是传统模式,较多城市完全依靠第一产业和第二产业为支柱产业,依靠资源带动发展,这是产业区域化中最大的问题。而且,第一、第二产业本身就存在着不足。以第一产业为例,还存在着农业技术培训和推广较少,农产品加工和销售渠道不够畅通等问题,由于地形地貌不平整,承包土地划分比较分散,难以集中进行大规模种植,所以导致产业发展规模小且分散,农户种植积极性不高,产业生产规模效应不高,农业的龙头企业带动能力较弱②。

与浙江省、广东省、江苏省等地区作对可发现,这些地区的产业区域化类型主要是原生型和嵌入型,原生型产业是由本地企业家主导,嵌入型产业是指由外来资金主导,此两类产业区域化都不是国有企业领导,是以民营企业或外资企业为主,但是就广西而言,民营企业家创业意愿和能力差③,同时由于地区发展情况不好,对外资的吸

---

① 粟增富、陆凤莲、杨桦:《广西产业集群的问题与对策》,《广西经济管理干部学院学报》2010年第1期。
② 何佳晨:《乡村振兴背景下民族地区农业现代化产业发展研究——基于广西F瑶族自治县的调查》,《南方农机》2020年第22期。
③ 粟增富、陆凤莲、杨桦:《广西产业集群的问题与对策》,《广西经济管理干部学院学报》2010年第1期。

引力较低,所以广西产业区域化较单一。广西的产业区域化主要有产业链核心企业带动型、资源依托型以及传统技艺依托型。产业链核心企业带动型就比如柳州市汽车产业集群中,上汽通用五菱公司、东风柳汽、一汽柳特3个企业带动了全市130多家整车及汽配企业;资源依托型是指由本地资源优势而形成的产业区域化,这也是该地区较为显著的产业,如糖业、铝加工产业;而传统技艺依托型就例如北流陶瓷依靠传统技艺形成产业集群雏形,等等[①]。但是随着社会经济的发展,依靠传统行业来发展经济的地区势必会被淘汰。正因为此,所以很多企业缺少技术资源,导致产业运行效率低下,阻碍经济圈内的产业区域化发展。

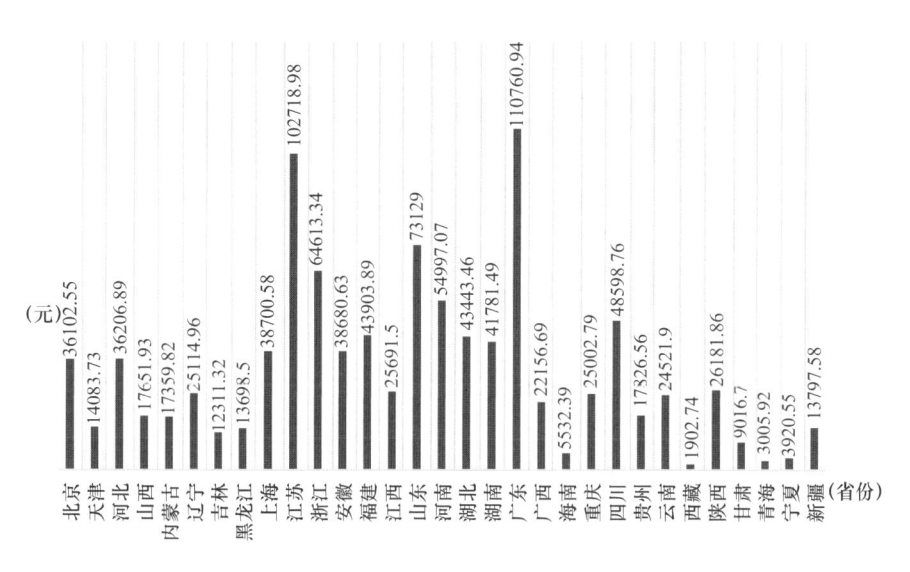

图 5-1 2020 年地区生产总值

资料来源：根据国家统计局《2021 年统计年鉴》资料整理而得。

中心城市是带动区域整体经济以及产业区域化的重要力量。目前,广西城市的经济发展呈现良好趋势,但各城市间缺乏横向经济联系,在一定程度上制约了产业区域化发展。广西的三大城市是南宁市、柳州市以及桂

---

① 粟增富、陆凤莲、杨桦：《广西产业集群的问题与对策》,《广西经济管理干部学院学报》2010 年第 1 期。

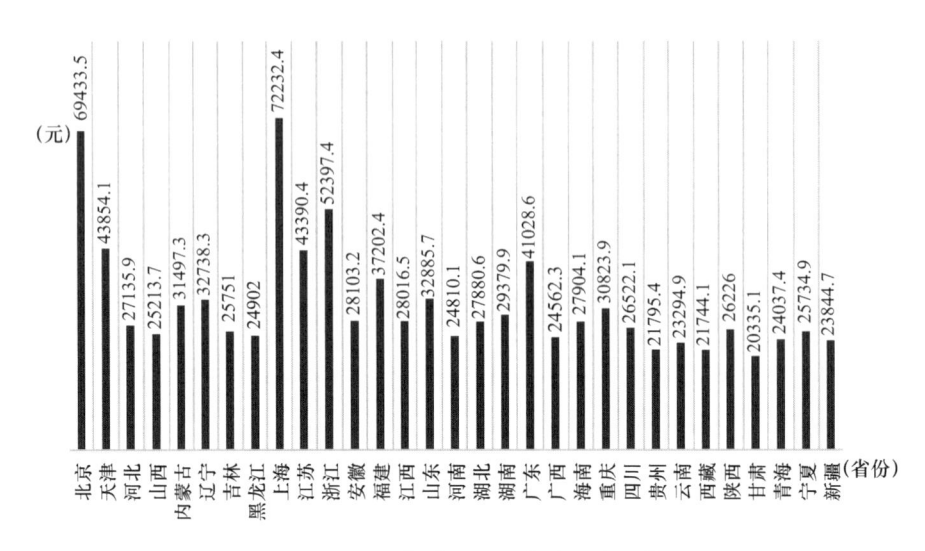

图 5-2　2020 年地区居民人均可支配收入

资料来源：根据国家统计局《2021 年统计年鉴》资料整理而得。

林市，南宁市是政治文化教育中心，柳州市是交通和工业中心，桂林市是旅游业和高新技术产业较为发达①，相对而言三者实力相当，但由于资源的分散，使得单个城市实力不强，辐射带动经济的能力较弱。在产业区域化的过程中势必会出现心有余而力不足的情况。因此，广西应形成以中心城市为核心，以次级经济中心为纽带和桥梁的区域城市、经济一体化的网络体系，利用中心城市带动能力改变过于依赖资源禀赋的状况。

四　产品附加值较低

广西的产业大多处于产业链末端，附加值低，产业层次低，高端产业少。现阶段，各大产业均已实现全球分工，而国内也均实现了专业化分工，由于广西经济水平低下，科技水平较低，人才储备不足，多为廉价劳动力，由此导致广西企业多处于产业链末端，多为劳动力密集型企业。而广西的主导产业则更加证实了广西的产业都为劳动力密集型产业。由图 5—3 产业链各阶段附加值可以看出，若地区产业处于生产和

---

①　田野、陈楠：《浅谈广西的发展——对广西经济的发展谈几点看法》，《现代经济信息》2019 年第 18 期。

组装阶段，那么产品的附加值最低，产业区域化将缺少动力，所以，行业应该努力向上下游延伸，增加产品的附加值，例如，广西制糖业除生产传统糖类产品外，已向产业上下游延伸，并不断开发新产品。

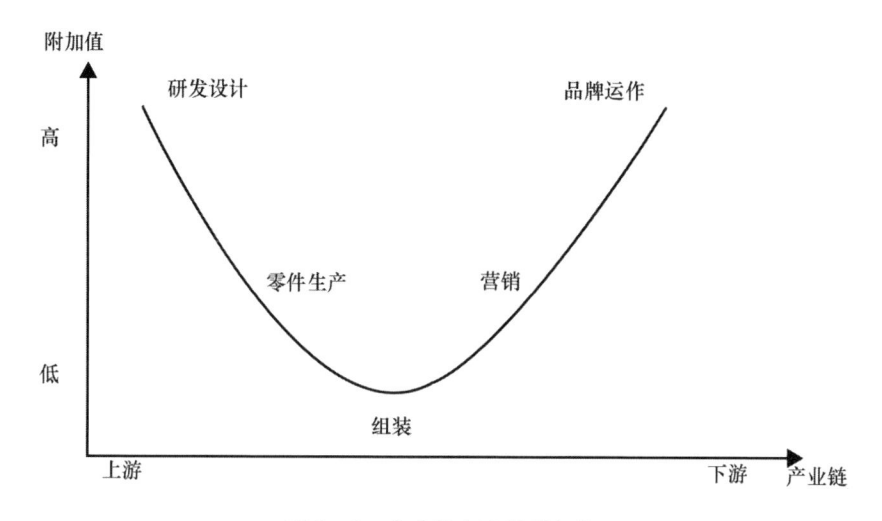

图 5-3 产业链各阶段附加值

资料来源：根据产业链的概念等资料整理而得。

同时，劳动力素质低下也是阻碍产业区域化的一大原因。劳动力要素是产业区域化的关键要素，在传统的资源要素"人、财、物"中，人是排在首位的，特别是对于一些创新类行业来说。劳动力缺乏是限制产业区域化的主要障碍，产业区域化发展所需要的劳动力不仅需要普通农民，也需要专业的管理人员和技术人员参与其中。但是目前，我国高素质的劳动力主要集中在发达的沿海大城市，较少劳动力愿意在广西地区工作，因此，该地区劳动力严重匮乏且老龄化问题严重。留守的劳动人员自身文化程度普遍偏低，仅依靠传统务农经验进行农事生产，加之很多观念已经固化，难以胜任产业区域化过程中的高科技以及技术工作。产业区域化是一个综合、一体化的新发展模式，需依仗足够的专业技术和科学管理经营体系，没有专业的技术人员作支撑，难以建设出一个布局合理、地区结构规整、服务设施便利的产业区域化格局。由图 5-4 所示，在 2020 年城镇非私营单位分地区就业人员年平均工资中，西南地区的工资水平与其他地区相比较低，由此导致对高素质人才的吸引力较低。受工资水平较低、科教文卫等生活配套设施不能满足要求等影响，该地区的劳动力大多选择到发达地区务工，不愿意在该地区生产生活，导致这些企业缺乏高端人才，产业无法延伸到产业链前端，形成恶性循环。

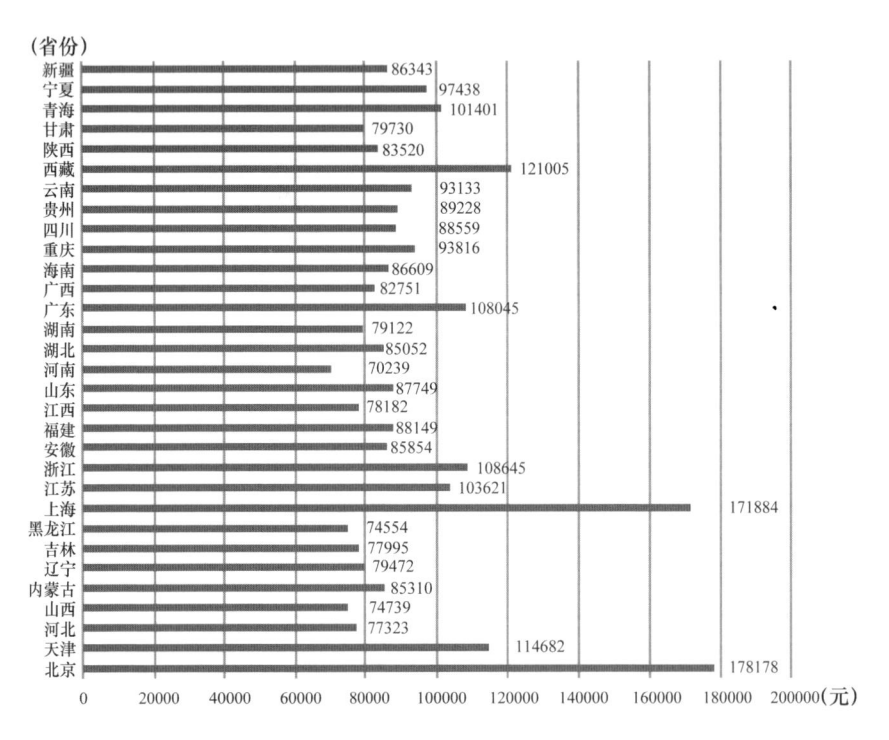

省份	平均工资（元）
新疆	86343
宁夏	97438
青海	101401
甘肃	79730
陕西	83520
西藏	121005
云南	93133
贵州	89228
四川	88559
重庆	93816
海南	86609
广西	82751
广东	108045
湖南	79122
湖北	85052
河南	70239
山东	87749
江西	78182
福建	88149
安徽	85854
浙江	108645
江苏	103621
上海	171884
黑龙江	74554
吉林	77995
辽宁	79472
内蒙古	85310
山西	74739
河北	77323
天津	114682
北京	178178

图 5-4　2020 年城镇非私营单位就业人员平均工资

资料来源：根据国家统计局《2021 年统计年鉴》资料整理而得。

同时，该地区对于技术的投入远远落后于其他省份，创新能力不足，从而导致产业一直处于产业链末端。如表 5-14 所示，2013—2018 年广西研发经费支出始终落后于广东省与江西省，且研发经费支出的增长速度总体落后于浙江省。以 2018 年为例，广西研发经费支出约 144.9 亿元，而同期广东省与江西省研发经费支出分别为 2704.7 亿元与 310.7 亿元，相比之下，广西高新技术产业研发经费投入较少，政府政策支持方面都远远落后于其他省份，必然会使得企业的力量不足，使得科技成果转化动力太低，自身未掌握核心技术，就会一直处于产业链的加工制造环节,以贴牌生产为主,产品品牌效应较差,无法拥有高效益和高附加值。

表 5 - 14　　　　　2011—2020 年各地区研发经费支出情况　　　　（单位：亿元）

	2011 年	2012 年	2013 年	2014 年	2015 年	2016 年	2017 年	2018 年	2019 年	2020 年
北京	936.60	1063.40	1185.00	1268.80	1384.00	1484.60	1579.70	1870.80	2233.60	2326.60
天津	297.60	360.50	428.10	464.70	510.20	537.30	458.70	492.40	463.00	485.00
河北	201.30	245.80	281.90	313.10	350.90	383.40	452.00	499.70	566.70	634.40
山西	113.40	132.30	155.00	152.20	132.50	132.60	148.20	175.80	191.20	211.10
内蒙古	85.20	101.40	117.20	122.10	136.10	147.50	132.20	129.20	147.80	161.10
辽宁	363.80	390.90	445.90	435.20	363.30	372.70	429.90	460.10	508.50	549.00
吉林	89.10	109.80	119.70	130.70	141.40	139.50	128.00	115.00	148.40	159.50
黑龙江	128.80	146.00	164.80	161.30	157.70	152.50	146.60	135.00	146.60	173.20
上海	597.70	679.50	776.80	862.00	936.10	1049.30	1205.20	1359.20	1524.60	1615.70
江苏	1065.50	1287.90	1487.40	1652.80	1801.20	2020.90	2260.10	2504.40	2779.50	3005.90
浙江	598.10	722.60	817.30	907.90	1011.90	1130.60	1266.30	1445.70	1669.80	1859.90
安徽	214.60	281.80	352.10	393.60	431.80	475.10	564.90	649.00	754.00	883.20
福建	221.50	271.00	314.10	355.00	392.90	454.30	543.10	642.80	753.70	842.40
江西	96.80	113.70	135.50	153.10	173.20	207.50	255.80	310.70	384.30	430.70
山东	844.40	1020.30	1175.80	1304.10	1427.20	1566.10	1753.00	1643.30	1494.70	1681.90
河南	264.50	310.80	355.30	400.00	435.00	494.20	582.10	671.50	793.00	901.30
湖北	323.00	384.50	446.20	510.90	561.70	600.20	700.60	822.10	957.90	1005.30
湖南	233.00	287.70	327.00	367.90	412.70	468.80	568.50	658.30	787.20	898.70
广东	1045.50	1236.20	1443.50	1605.40	1798.20	2035.10	2343.60	2704.70	3098.50	3479.90
广西	81.00	97.20	107.70	111.90	105.90	117.70	142.20	144.90	167.10	173.20
海南	10.40	13.70	14.80	16.90	17.00	21.70	23.10	26.90	29.90	36.60
重庆	128.40	159.80	176.50	201.90	247.00	302.20	364.60	410.20	469.60	526.80
四川	294.10	350.90	400.00	449.30	502.30	561.90	637.80	737.10	871.90	1055.30
贵州	36.30	41.70	47.20	55.50	62.30	73.40	95.90	121.60	144.70	161.70
云南	56.10	68.80	79.80	85.90	109.40	132.80	157.80	187.30	220.00	246.00
西藏	1.20	1.80	2.30	2.40	3.10	2.20	2.90	3.70	4.30	4.40
陕西	249.40	287.20	342.70	366.80	393.30	419.60	460.90	532.40	584.60	632.30
甘肃	48.50	60.50	66.90	76.90	82.70	87.00	88.40	97.10	110.20	109.60
青海	12.60	13.10	13.80	14.30	11.80	14.00	17.90	17.30	20.60	21.30
宁夏	15.30	18.20	20.90	23.90	25.50	29.90	38.90	45.60	54.50	59.60
新疆	33.00	39.70	45.50	49.20	52.00	56.60	57.00	64.30	64.10	61.60

五 产业结构失衡

目前广西的三大城市分别是南宁市、柳州市和桂林市。其中，南宁市是广西政治、经济、文化、交通中心，同时也是北部湾经济区的核心城市；柳州市是以工业为主、综合发展的区域性中心城市和交通枢纽，是西江经济带的龙头城市；桂林市是著名的旅游城市，是广西的最大空港。产业之间距离较远，联系并不是非常便利，产业空间距离失衡。因此，高铁线路的通达，将使得产业区域化的时间和空间距离缩短。广西的第一产业的占比较大，一定程度上占用了过多的资源，而且第一产业的附加值与第二、第三产业相比较低，会造成资源的浪费[1]。同时，广西的第三产业发展程度不够，与其他沿海城市相比还有较大差距，因此，产业结构并不合理。由于产业区域化发展的要求，地区开始盲目建设，导致重复投资和重复建设，使得地区优势不明显，反而挤压了产业之间的区域化发展，弱化了其他行业的竞争力，阻碍了产业演变格局。通过对桂南高铁经济圈产业的研究可以发现，产业多集中于金属、糖业等劳动力密集型行业，而电子信息、技术开发等新兴行业非常少，所以该地区将一直处于传统的末流发展阶段，没有高科技领导企业，高端行业少，这一巨大的产业结构问题将会制约产业区域化的进程[2]。

同时该地区产业区域分布不均。纵观中国其他地区可以发现，绝大多数产业集群都是由农村与小城镇兴起的，最明显的就是分布在浙江、广东、江苏等省的全国 38 个特色纺织集群，这些产业集群都是以镇为单位，密集而又联系紧密[3]，由此促进了区域化的过程中迅速集聚支撑力量。而广西的产业集群并不是从农村小镇发展起来，民营经济带头的也非常少，主要在工业基础较好的城市，如柳州市的冶金、机械、汽车

---

[1] 常荣荣、黄蔚：《FDI 对广西产业结构的影响研究》，《南宁职业技术学院学报》2019 年第 2 期。

[2] 傅泽风：《新常态下中国经济发展的特征、利弊和对策》，《中国人口资源与环境》2015 年第 11 期。

[3] 郭玉芳、李建中：《产业集群在推进农业剩余劳动力转移中的作用分析——以苏、浙、粤三省民营经济发展模式为例》，《资本论》与产业经济——陕西省《资本论》研究会 2007 年学术年会，陕西，2007 年 12 月，第 6 页。

制造产业集群,桂林市的生物医药产业集群;从区域上看,经济较发达的桂东南一些产业集群也在稳步发展,如玉林市福绵区服装业、北海市珍珠业、梧州市人造宝石产业等[1],但桂西部由于金属资源较为丰富,所以只有有色金属发展较好,其他的产业集群几乎没有,再加上民众缺乏创业经商的意识,大都以农业为主,奉行"靠山吃山"的理念,所以广西产业集群的区域分布不均衡[2]。

---

[1] 粟增富、陆凤莲、杨桦:《广西产业集群的问题与对策》,《广西经济管理干部学院学报》2010年第1期。
[2] 粟增富、陆凤莲、杨桦:《广西产业集群的问题与对策》,《广西经济管理干部学院学报》2010年第1期。

第六章 桂南高铁经济圈产业区域化水平及驱动因素分析

广西高速铁路建设将广西各地区连为一体,逐渐形成"北通中东北,南达大海东盟,东进珠三角,西连大西南"的高铁路网格局[①]。高铁网络的建设减弱了地区间地形地貌的地理屏障,给区域内的经济、社会、生活带来巨大改变,产业的协同发展促使周边城市逐渐形成高铁经济圈。在经济圈内,高铁由线成网,驱动了区域发展的经济脉搏,使得城市与城市之间的资源要素流通更加方便快捷,一定程度上打破原有的区域经济范围,对地区间产业集聚的空间格局具有一定的重塑作用。

首先,高速铁路的发展极大地促进了生产要素的流动,使得生产要素围绕着交通路线聚集,生产要素的优化配置对桂南高铁经济圈的产业集群区域化产生了深远影响。高铁建设整体上有利于产业集聚程度的提高,从而重塑其空间格局。其次,产业集聚程度的提高也大大增强了各地区的产业专业化程度和产业链各环节的协同配合,进而推动产业在全产业链模式下的整体升级。本章借鉴使用全产业链的分析方法,以全产业链的视角,重点研究高铁对于桂南高铁经济圈内产业区域化水平发展状况的影响及现实驱动因素。

---

① 庞革平:《广西力争7年实现"市市通高铁"总里程将达2500公里》,人民网,2014年5月16日,http://gx.people.com.cn/n/2014/0516/c179430-21223014.html,2021年6月6日。

第一节 指标设计与数据说明

本章第一节分为指标设计、数据说明两部分，依据相应的指标设计原则，对桂南高铁经济圈内产业区域化水平评估指标进行初步选择，并对相关数据进行分类搜集整理，为产业区域化水平评估及产业区域化水平影响因素分析奠定基础。

一 指标设计

本章在进行评估指标的选取和构建时，严格遵循指标设计的科学性、全面性等指标设计原则，在此基础上，综合考虑数据的可获得性和代表性，从高铁开通对桂南高铁经济圈经济增长的影响、桂南高铁经济圈产业区域化水平的驱动因素两方面出发，分别对评估体系的因变量和自变量进行选取。

（一）指标设计原则

在指标体系的选取和构建过程中，为了指标体系的实用性和可操作性，本节将遵循以下原则。

第一，科学性原则。桂南高铁经济圈产业区域化发展水平以及驱动因素的指标体系构建要遵循客观经济规律，构建的必须是定量指标，且指标的获取需通过观察、测试等科学方式得出，坚持科学性原则，使得确定的指标体系能客观真实地反映桂南高铁经济圈产业区域化发展水平以及影响因素，实验结果更加真实和准确。

第二，全面性原则。在考虑桂南高铁经济圈产业的实际情况的基础上，构建的指标体系尽量多元化、全面化，尽可能地包含相关指标，从而保证评估结果的客观性和准确性。

第三，可量化性原则。数据的真实性和可获得性是对数据进行探究分析的重要条件和必要保障。鉴于数据资料的可获得性，本书所选取的指标应该具有可量化的特点，并且是能够直接或者间接测算的指标数据，从而使得指标能够较好地反映桂南高铁经济圈产业区域化发展水平以及影响因素，提高结果的客观性。

第四，动态性原则。本章第二节所研究的桂南高铁经济圈产业区域化发展水平是一个动态的过程,其产业区域化的发展水平与沿线高铁的建设有一定的联系,因此以高铁建设为分水岭,产业区域化的发展水平呈现动态变化。由此,本书指标的选择既要能够静态地反映产业区域化发展水平的现状,又能动态地考察其发展潜力。除此之外,我们所选取的指标具有动态性,其能反映在不同时间段内同一指标的动态变化情况。

(二)因变量选择及测算方法

根据参考文献整理研究,考虑到数据的可获得性、权威性和代表性,本章综合选取因变量如下。

第一,分析高铁开通对桂南高铁经济圈经济增长的影响时,使用线性回归模型,将地区生产总值(地区 GDP)作为本节分析因变量。

根据已有文献,我们总结出地区总体经济状况的重要指标,主要包括地区生产总值(GDP)、第一产业增加值、第二产业增加值和第三产业增加值,这 3 个方面构成了地区总体经济状况的最佳表征,是对区域整体产出的最好描述。

第二,分析桂南高铁经济圈产业区域化水平的驱动因素时,使用邓氏灰度关联分析,因变量为区位熵。区位熵量衡量一个地区特定产业相对于上一级区域所具有的相对比重,以及产业在区域产业体系中相对集中度的重要指标。通常将工业总产值、工业增加值、就业率、企业数量作为衡量的指标。由空间经济学理论可知,产业相对集中程度可以用来衡量地区产业相对优势地位。本章在目前已有的测量方法的基础上,选择桂南高铁经济圈内 8 个城市三大产业的产值及占比来测算区位熵,由该指数作为桂南高铁经济圈地区产业集聚测度指标。

(三)自变量选择及测算方法

基于产业集群的机理分析和桂南高铁经济圈内产业区域化发展现状的分析,自变量的选择主要从以下两个方面设定。

第一,分析高铁开通对桂南高铁经济圈经济增长的影响时,首先采用多元线性回归模型,其次在变量的选择中,选取开通前各年铁路旅客运输量为研究变量,建立了在没有开通高铁的条件下,铁路旅客运输量与地区生产总值、第一产业增加值、第二产业增加值、第三产业增加值的回归方程,从而我们能根据上述结果关系式计算出在没有开通高铁的条件下铁路旅客运输量、地区生产总值、第一产业增加值、第三产业增加值的增长情况,并将预测的数值与实际有高铁情况进行比较,探讨高铁发展对于高铁经济圈经济增长带来的作用和影响。

第二,分析桂南高铁经济圈产业区域化水平的影响因素时,利用桂南高铁经济圈8市的相关面板数据,使用邓氏灰度关联模型进行研究,自变量从经济实力、基础设施状况和生活水平等6方面进行选取,具体情况如表6-1所示。

表6-1　　　　　　　　产业区域化影响因素指标

一级指标	二级指标
经济实力	人均GDP（元）
	GDP增长率（%）
	财政收入（万元）
基础设施状况和生活水平	养老保险参保人数（人）
	互联网宽带接入用户数（万户）
	职工平均工资（元）
产业升级	第三产业占GDP比重（%）
	第三产业从业人数（人）
科技基础	人均教育支出（元/人）
	专利授权数（件）
生态	一般工业固体废物综合利用率（%）
	工业烟（粉）尘排放量（吨）
	园林绿地面积（公顷）
	建成区绿化覆盖率（%）
交通	铁路客运量（万人）
	铁路货物运量（万吨）

二　数据说明

本章在数据收集中按照严格的统计标准进行数据采集,确保研究数据真实可靠,选用连续17年相关数据,根据2003—2019年《广西统计年鉴》《中国城市年鉴》《国民经济统计公报》等统计资料整理而得,并进行归纳汇总和处理。

（一）桂南高铁经济圈高铁建设与产业发展关系

本章在探究桂南高铁经济圈高铁建设与产业发展关系方面，选取 2003—2019 年广西高铁客运量、广西地区生产总值及三次产业各自的生产总值作为基础数据，研究分析高铁建设与产业发展的回归关系。

（二）桂南高铁经济圈产业区域化水平

本章选取广西整体以及桂南高铁经济圈内 8 个城市（南宁市、北海市、钦州市、防城港市、桂林市、崇左市、河池市、玉林市）的总产值、三次产业产值等数据，构建产业区域化水平评估体系，并测算桂南高铁经济圈 8 市三次产业的区位熵与空间基尼系数，根据测算结果对产业区域化水平进行评估。

（三）桂南高铁经济圈产业区域化的驱动因素

本章选取桂南高铁经济圈 8 市在经济实力、基础设施状况和生活水平、产业升级、科技基础、生态、交通六方面作为影响因素，在搜集相关数据的基础上，利用邓氏灰度关联模型，分别测算桂南高铁经济圈八市区位熵与六大影响因素之间的关联度，探究各因素对于桂南高铁经济圈内产业区域化的驱动作用。

第二节 产业区域化水平评估

基于本章第一节相关指标设计的考量，本节通过线性回归模型、区位熵、基尼系数等模型方法对桂南高铁经济圈内的产业区域化水平进行分析评估，并分别从三大产业方面进行总结分析，结果显示高速铁路开通使得桂南高铁经济圈内的产业区域化水平提高，桂南高铁经济圈内八市的三大产业聚集度也各有特点。

一 测算思路与模型方法选定

（一）测算思路

首先利用广西区未开通高铁的相关数据，建立无高铁情况下铁路客运量与地区生产总值、第一产业增加值、第二产业增加值、第三产业增加值关系的回归方程，从而计算出无高铁情况下，铁路客运量、地区生产总值、第一产业增加值、第二产业增加值、第三产业增加值的增长情况，并与实际有高铁情况进行比较，从而将有无高铁两种情况下高铁经济圈经济发展的状况做出比较分析。其次，构建产业区域化水平评价体系，先测算出桂南高铁经济圈 8 市三次产业的区位熵与空间基尼系数，然后对桂南高铁经济圈内产业区域化发展水平进行测度。最后，基于桂南高铁经济圈高铁发展对于高铁经济圈经济增长带来的作用和影响及产业区域化水平测算的结果，综合对桂南高铁经济圈的产业区域化水平进行评估。

（二）模型方法选定

1. 线性回归模型

高速铁路开通后，以其便捷高效的优点，对区域经济发展起到了积极的促进作用。广西高速铁路建设迅猛发展，有效突破了我国铁路运输能力不足的瓶颈，取得了积极成效，促进了商品与资金在需求侧和交易侧的双向流动，推动区域内技术、资本、劳动力等生产要素在区域间的合理流动，实现资源要素的优化配置，促进"一带一路"沿线国家以及地区协调发展以及共同富裕。国家为缓解新冠肺炎疫情带来的影响启动了"新基建"计划，地方政府将投资的重点放在轨道交通类基建项目，推动了沿海地区高铁的进一步发展，为沿海地区高铁建设带来了新的发展机遇。

本节力求通过建立线性回归模型的分析方法，来探析开通高铁对桂南高铁经济圈经济增长的作用和影响。首先，以广西桂南高铁经济圈未开通前的 10 年数据为基础，拟合得到广西无高铁假设条件下的铁路客运量与经济增长数值指标，建立回归分析模型；其次，以灰色预测法为基础，建立灰色预测 GM（1，1）模型，预测广西在无高铁假设条件下的铁路客运量[1]；最后，运用有无对比法，比较各指标在无高铁假设条件下的增长情况，定量分析高铁对桂南高铁经济圈经济增长的贡献。

通过利用 2003—2012 年广西铁路旅客运输量统计数据，建立了广西 2013 年高铁旅客运输量与地区生产总值（地区 GDP）、第一产业增加值、第二产业增加值、第三产业增加值的回归关系方程。更加直观地

---

[1] 张莹、孙瑞洁、赵临龙：《高铁对节点城市旅游业发展的影响研究——以西安市为例》，《甘肃科学学报》2019 年第 1 期。

看出因变量与自变量之间的实证关系。

其中,线性回归模型方程具体如下所示:

广西:$Y_{N,t} = \alpha + \beta X_t (n = 1,2,3,4; t = 2003,2004\cdots,2012)$ (式1)

各变量及参数说明如表6-2所示。

表6-2 变量及参数说明

序号		说明
1	X_t	第 t 年的铁路客运量(万人)
2	$Y_{N,t}$	第 n 个经济指标在第 t 年的数值
其中:	$Y_{1,t}$	地区生产总值(亿元)
	$Y_{2,t}$	第一产业增加值(亿元)
	$Y_{3,t}$	第二产业增加值(亿元)
	$Y_{4,t}$	第三产业增加值(亿元)
3	α、β	待估计参数

线性回归模型的优势在于其思路简单,建模迅速,操作比较容易实现。除此之外,线性回归模型十分容易理解,其结果具有一定的直观性,我们可以直接根据结果分析,有利于我们探究相关问题。但这是针对简单数据而言,线性回归模型很难清楚地解释高度复杂的数据,并且对于非线性数据或者数据特征间具有相关性多项式回归难以建模。

2. 区位熵与空间基尼系数

随着对产业区域化(集聚)水平研究的增多,产业区域化水平的测度方法也趋于多样化,根据已有文献研究,测度产业区域化水平的典型指标包括:产业集中度指数、赫芬达尔指数、区位熵系数(LQ)、空间基尼系数和 EG 指数等。

Duranton 和 Overman[1] 将产业聚集程度的测度方法划分成了三类,分别是第一、第二、第三代测度方法。

(1)第一代测度方法

第一代方法包括行业集中率(CRn)、赫芬达尔指数(HHI 指数)

---

[1] Overman D., "Testing for Localization Using Micro-Geographic Data", *Social Science Electronic Publishing*, Vol. 72, No. 4, 2005.

以及空间基尼系数（Gini 系数）。行业集中度指数（行业集中率）在实际操作中比较简单，是最常用的行业聚集程度测算的方法，主要是从市场角度上去测度一个产业在市场上地位的高低和对市场的支配能力。但是这种方法是基于传统大规模生产时代的市场情况，随着日益增加的产品种类和产品差异化，该指标所能说明的含义有限，较高的行业集中率（CRn）数值并不一定能够反映产业在该地区的集聚程度；赫芬达尔指数（HHI 指数）是衡量产业市场集中度的一种比较理想的指标，可用于衡量厂商规模在市场上的分散性程度，也可用于衡量经济领域和政府管制部门对更多指标的使用，尽管这一指标的行业集中程度反映得较为清晰，但是其最终含义不够直观，不能反映空间地理维度上的产业集聚。

（2）第二代测度方法

第二代方法主要为 Ellison 和 Glaeser（1997）[①] 提出的 EG 指数，EG 系数对空间基尼系数进行了改进，针对空间基尼系数没有消除产业内企业规模分布的影响这一缺陷进行了修正，综合考虑了企业规模和区域差异等因素对产业集聚水平的影响，但是这一方法计算难度较大，并且由于部分行业数据披露的局限性，较难获取相关数据，这也导致了许多研究无法运用该指数对产业集聚水平得出显著的结果。

（3）第三代测度方法

第三代方法采用 Duranton 和 Overman（2005）[②] 提出的对产业集聚进行度量，该方法满足了多种测量要求，且误差不大，但可操作性较差，且难度较大。受数据获取能力的影响，以及分析问题的侧重点的不同，研究学者在进行数据提取时选择的指标方法也有所不同。

本章上述产业集聚度的测度方法进行了综合的比较分析，结合广西地区数据获取的难易程度，最后选择区位熵系数（LQ）和空间基尼系数两个指标来衡量桂南高铁经济圈产业区的产业集聚水平。

[①] Ellison G., Glaeser E. L., "Geographic Concentration in U. S. Manufacturing Industries: A Dartboard Approach", *Working Papers*, No. 105, 1997.

[②] 朱光曦：《产业集聚与企业效率》，硕士学位论文，内蒙古大学，2009 年。

(4) 区位熵（LQ）

区位熵（LQ）又称区域专业化指数，该指标主要用来衡量某一区域的产业集聚水平和程度，是一种衡量和分析经济发展集中度的测量工具。它能较好地消除区域规模差异因素的影响，从而更真实地反映该区域地理要素的空间分布特征，同时也能判断该区域生产结构中某一产业相对于全国水平的相对优势。通过对区位熵值的估计，可以判断出该区域的聚集程度在上一层次范围内处于什么水平。并在满足"各区域各产业劳动生产率相等"假设条件的前提下，利用区位熵对不同区域某产业的集聚程度进行比较（分第一、第二产业）。

区位熵 $LQ_{i,j}$ 的计算公式为：

$$LQ_{i,j} = (q_{i,j}/q_i) / (q_j/q) \quad \text{（式1）}$$

其中，i 表示桂南高铁经济圈内的 8 个地级市，j 表示 j 产业。$LQ_{i,j}$ 为研究的 i 地区 j 产业的区位熵指数，$q_{i,j}$ 为 i 地区 j 产业的产值，q_i 为 i 地区所有产业的生产总值，q_j 为参照区域（一般指全国，在此指广西）范围内 j 产业的产值，q 为全国所有产业的生产总值。一般来说，$LQ_{i,j}$ 越大，说明该产业在该地区的集中度越高，从而产业聚集区域化水平比较明显，当 $LQ_{i,j}>1$ 时，表示地级市 i 地区的 j 产业的发展程度是高于参照区域相同产业的平均发展水平的，说明 j 产业在此地区的竞争优势较高，专业化、集中化程度相对来说比较高；当 $LQ=1$ 时，则说明 i 地区 j 产业的发展程度与参照区域的同产业的平均发展程度是相同的，其专业化、集中化程度不明显；当 $LQ_{i,j}<1$ 时，i 地区的 j 产业在该地区的聚集水平不具有集聚能力，且专业化程度不高，也缺乏产业竞争优势。

(5) 空间基尼系数

空间基尼系数是 Krugman（1991）在研究美国制造业的集聚程度时将洛伦兹曲线与传统基尼系数相结合之后提出的[①]。该指标简单易于操作，在反映某一产业在选定区域内空间分布的均衡性上更具优势。

空间基尼系数计算公式为：$G = \sum_{i=1}^{n}(Si - Xi)^2$ （式2）

---

① 王良虎、王钊：《战略性新兴产业空间集聚及影响因素研究——基于长江经济带的实证分析》，《经济体制改革》2020 年第 5 期。

其中，G 为空间基尼系数（$0 \leqslant G \leqslant 1$），$i$ 表示桂南高铁经济圈内的 8 个地级市，S_i 表示 i 市某产业（分一二三产业讨论）占桂南高铁经济圈（以广西区数据代替）该产业的比重，X_i 表示 i 市所有产业总产值占桂南高铁经济圈（以广西区数据代替）的比重。随着空间基尼系数值的增大，该区域内产业的空间聚集程度也随之增大，而该区域内的产业聚集程度则越小，空间分布上越均匀。

3. 熵权法

本书力求通过熵权法，探析桂南高铁经济圈高铁开通前后的产业区域化发展水平。选取桂南高铁经济圈 2007—2018 年经济实力、基础设施状况和生活水平、产业升级、科技基础、生态以及交通六个方面 16 种指标数据，利用熵权法测算出 2007—2018 年各年，桂南高铁经济圈 8 市产业区域化发展水平的权重，并进行评价分析。

（1）熵权法下指标的选取

具体而言，从经济实力视角来看，国内生产总值（GDP）一般被用来衡量地区经济状况，为了更加直观地表示广西区的经济实力，本章选取人均 GDP、GDP 增长率、财政收入三大指标来衡量地区的经济发展水平。

从基础设施状况和生活水平的视角来看，一个地区的发展是在其基础设施的水平上进行的，产业的发展、人才的流入都与当地的基础设施水平有着不可分割的关系，基础设施建设水平是产业向更好层次更高水平发展的坚实硬实力，本章利用养老保险参保人数、互联网宽带接入用户数和职工平均工资来衡量基础设施状况和生活水平。

从产业升级的视角来看，技术进步和政府推动等动因构成产业区域化发展的重要动力。而科学技术的进步即科技基础是产业集群区域化发展的重要推动力量，是产业区域化高水平发展的根本动力，刺激着各地区产业的特色化发展。因此，本章利用第三产业占 GDP 比重、第三产业从业人数来衡量产业升级，并用人均教育支出与专利授权数来衡量科技基础。

从生态的视角来看，"十三五"期间，一部分地区在经济发展的同时，面临着生态环境的治理与产业转型升级的挑战，注重生态环境与产业发展相结合,助推经济效益、生态效益、社会效益的统一与协调发展。因此,本章利用一般工业固体废物综合利用率、工业烟(粉)尘排放量、园林绿地面积、建成区绿化覆盖率来衡量生态,在治理生态环境的同时,注重考虑对生态本身的产业价值,把绿水青山变成金山银山。

从交通的视角来看,一是统筹规划广西的基础路线、交通设施等,激发交通设施在助推产业升级和经济发展中的服务作用。二是调整优化交通设施的空间布局,保障推进相关项目的落实。三是结合广西的产业区域化发展现状,促进交通、产业与区域整体经济的协同发展。因此,本章利用高铁客运量、铁路货运量来衡量交通。

综上,为了构建出全面反映区域产业区域化发展水平的评估指标体系,本章在遵循科学性、合理性、可比性和可操作性的原则下,结合实际情况,从经济实力,基础设施状况和生活水平、产业升级、科技基础、生态以及交通六个方面出发,最终选取16种指标,如表6-3所示,进行分析。

表6-3 产业区域化发展水平评估指标体系

	区域发展描述	指标符号	指标	测算方法
产业区域化水平评价指标体系	经济实力	X_1	人均GDP	人均GDP(元)
		X_2	GDP增长率	GDP增长率(%)
		X_3	财政收入	财政收入(万元)
产业区域化水平评价指标体系	基础设施状况和生活水平	X_4	养老保险参保人数	养老保险参保人数(人)
		X_5	互联网宽带接入用户数	互联网宽带接入用户数(万户)
		X_6	职工平均工资	职工平均工资(元)
	产业升级	X_7	第三产业占GDP比重	第三产业产值/GDP(%)
		X_8	第三产业从业人数	第三产业从业人数(万人)
	科技基础	X_9	人均教育支出	教育支出/总人数(元)
		X_{10}	专利授权数	专利授权数(件)

续表

	区域发展描述	指标符号	指标	测算方法
产业区域化水平评价指标体系	生态	X_{11}	一般工业固体废物综合利用率	一般工业固体废物综合利用率（%）
		X_{12}	工业烟（粉）尘排放量	工业烟（粉）尘排放量（吨）
		X_{13}	园林绿地面积	园林绿地面积（公顷）
		X_{14}	建成区绿化覆盖率	建成区绿化覆盖率（%）
	交通	X_{15}	高铁客运量	高铁客运量（万人）
		X_{16}	铁路货物运量	铁路货物运量（万吨）

上述指标选取的数据时间跨度为2007—2018年，根据《广西统计年鉴》、广西统计局、桂南高铁经济圈八市的国民经济和社会发展统计公报、统计年鉴等资料整理而得。相关基础数据经过EXCEL进行整理和计算后，使用SPSS软件处理补全缺失值，最终用于统计分析。

（2）熵权法的计算过程

Shannon于1948年首次在信息论中引进信息熵的概念，创建了信息熵理论：事物出现的不确定性用熵表示，熵值越大，则其涵盖的信息量越少，该指标对综合评价的影响（权重）就越小，反之亦然[1]。如果某项指标的值全部相等，则该指标在综合评价中不起作用[2]。

假设x_{ij}表示第i年第j项指标的原始数值，对指标x_{ij}进行归一化处理：

$$s_{ij} = x_{ij} / \sum_{i=1}^{n} x_{ij} \quad \text{（式3）}$$

其中：$i = 1, 2, \cdots, n$，$j = 1, 2, \cdots, p$。计算x_j的熵值：

$$h_j = -\sum_{i=1}^{n} s_{ij} \ln s_{ij} \quad \text{（式4）}$$

将熵值逆向化：

$$a_j = \max_j h_j / h_j \quad \text{（式5）}$$

---

[1] Shannon, C. E., "A Mathematical Theory of Communication", *Bell Systems Technical Journal*, No. 27, 1948.

[2] 马锐、葛慧、顾升高、王克克、靳骁、吴丹：《一种确定网络安全度量指标体系参考框架的方法》，《信息安全学报》2019年第1期。

其中：$a_j \geq 1$。计算指标 x_j 的权数：

$$w_j = a_j / \sum_{j=1}^{n} a_j \qquad (式6)$$

指标权数的大小反映此项指标在评价问题中贡献有用信息多寡程度的能力，指标权数越大，贡献的有用信息越多。对原数据进行无量纲化处理：

$$X_{ij} = (x_{ij} - Mean_j)/Stdx_{ij} \qquad (式7)$$

式6中：$Mean_j$ 是 x_{ij} 的均值，$Stdx_{ij}$ 是 x_{ij} 的标准差。于是第 i 年产业区域化综合发展水平的合成指标为：

$$X_{system} = \sum_{i=1}^{n} X_{ij} w_j \qquad (式8)$$

（3）熵权法的优缺点

熵权法的优点在于其指标的权重是依据各项指标值的变异程度来确定，因而属于客观赋权法。与主观赋权法相比，熵权法有更高的精确度，更强的客观性，规避了人为因素导致的偏差，从而能更好地解释分析结果。熵权法评价能够充分考虑信息获取量和信息质量，同时克服了传统评价指标权重确定方法中的主观因素[①]。因此我们将用该方法去探究广西区域产业发展水平，给出中肯客观地结果，从而充分客观的反映广西区域产业发展水平，对桂南高铁经济圈内产业区域化发展的宏观调控提供一定的思路。

但是该方法也存在一定的劣势，例如：不能控制测算确定的指标权数与预期结果的差距，可能会出现相差过大的情况；同时该方法在使用过程中不能够减少评价指标的维数，也就是说其符合数学规律并且具有严格的数学意义，而这就会让其忽视决策者主观的意图，如果研究对象的相关数据值的变动很小或者急剧增大减小，都会使得该方法用起来受到限制。

二 产业区域化水平测算分析

高铁建设对桂南高铁经济圈的经济发展起到了促进作用，从桂南高

---

① 王铮、李刚强、谢书玲、杨念、闫丹：《中国新经济产业区域专业化水平分析》，《地理学报》2007年第8期。

铁经济圈内的 8 个城市的三大产业聚集度出发，高铁的开通使得桂南高铁经济圈产业区域化水平呈现波动增长趋势。

（一）高铁对桂南高铁经济圈经济增长的影响

1. 线性回归方程结果分析

在 SPSS22.0 软件中分别估计出各个参数值，同时进行回归检验，回归结果如表 6-4 所示。由回归方程可以观察到广西铁路客运量与广西地区生产总值、第一产业增加值、第二产业增加值和第三产业增加值之间的关系是正向的，作用效果虽有大有小，但都是积极作用。

表 6-4　　广西无高铁客运量与各经济指标回归方程

方程名称	拟合回归方程
方程 1 地区生产总值	$y = 5.9421x - 8786.8$
方程 2 第一产业增加值	$y = 0.8716x - 970.22$
方程 3 第二产业增加值	$y = 3.1187x - 5186.8$
方程 4 第三产业增加值	$y = 1.9517x - 2629.7$

2. 沿海高铁经济圈无高铁铁路客运量预测结果分析

首先以广西 2003—2012 年的客运量数据为基础，构建灰色预测 GM（1，1）模型，进而预测广西 2013—2019 年在无高铁情况下的铁路客运量，如表 6-5 所示。通过灰色预测 GM（1，1）模型对广西无高铁情况下铁路客运量进行预测的结果可以看出，铁路客运量是呈现增长趋势。

表 6-5　　2013—2019 年广西无高铁铁路客运量预测结果

年份	2013	2014	2015	2016	2017	2018	2019
铁路客运量（万人）	3794	4061	4347	4653	4981	5332	5707

3. 有无高铁对沿海高铁经济圈经济增长影响结果分析

将广西 2013—2019 年在无高铁情况下的铁路客运量预测值分别代入表 6-4 回归方程，计算出了在未开通高铁的假设下各项经济指标的值，并对比实际的数值（即开通高铁的数值），进而测算出高铁对经济增长指标的贡献率，计算公式为：贡献率 =（有高铁指标—无高铁指标)/无高铁指标×100%，广西有无高铁经济增长指标对比结果分析如下。

从经济总量增长的视角分析，如表 6-6 所示，2013—2014 年广西在开通高铁情况下，其实际地区生产总值是大于无高铁的地区生产总值，但同时 2015—2019 年广西有高铁的实际地区生产总值是小于无高铁的地区生产总值，其说明高铁开通初期，其对经济增长具有促进作用，但随着时间的推移，高铁对经济增长的贡献率日趋减弱，说明广西地区未充分利用高铁带来的发展机遇，以区位优势带动经济发展。

从经济结构增长角度分析，2013—2019 年广西有高铁的第一产业增加值低于无高铁预测值，同时，在 2014—2019 年，有高铁的第二产业增加值也低于无高铁预测值，这从中可以反映出，高铁在一定程度上对广西第一产业、第二产业经济增长未起到积极推动作用，这可能由于高铁是以客运为主，所以对以农业、工业影响较小。但是，从表中我们可以发现，2013—2019 年广西有高铁的第三产业增加值高于无高铁预测值，高铁对第三产业促进作用较显著，可能是由于高铁的便利性促进了客流量，所以对于以服务为主的第三产业影响较为明显。

表 6-6　　　　2013—2019 年广西有无高铁经济增长指标对比

年份	全省生产总值			第一产业增加值		
	有高铁（亿元）	无高铁（亿元）	贡献率（%）	有高铁（亿元）	无高铁（亿元）	贡献率（%）
2013	14511.70	13757.53	5.48	2290.64	2336.63	-1.97
2014	15742.62	15344.07	2.60	2413.44	2569.35	-6.07
2015	16870.04	17043.51	-1.02	2565.45	2818.63	-8.98
2016	18317.64	18861.79	-2.88	2796.80	3085.33	-9.35
2017	20396.25	20810.80	-1.99	2906.87	3371.22	-13.77
2018	20352.51	22896.48	-11.11	3019.37	3677.15	-17.89
2019	21237.14	25124.76	-15.47	3387.74	4004	-15.39

年份	第二产业增加值			第三产业增加值		
	有高铁（亿元）	无高铁（亿元）	贡献率（%）	有高铁（亿元）	无高铁（亿元）	贡献率（%）
2013	6778.48	6645.55	2.00	5442.58	4775.05	13.98

续表

年份	第二产业增加值			第三产业增加值		
	有高铁（亿元）	无高铁（亿元）	贡献率（%）	有高铁（亿元）	无高铁（亿元）	贡献率（%）
2014	7378.14	7478.24	-1.34	5951.04	5296.15	12.37
2015	7766.34	8370.19	-7.21	6538.25	5854.34	11.68
2016	8273.66	9324.51	-11.27	7274.18	6451.56	12.75
2017	9297.84	10347.44	-10.14	8191.54	7091.72	15.51
2018	8072.94	11442.11	-29.45	9260.2	7776.76	19.08
2019	7077.43	12611.62	-43.88	10771.97	8508.65	26.60

资料来源：：根据《广西统计年鉴》数据手动测算。

（二）桂南高铁经济圈产业区域化发展水平分析

本节首先分析2003—2019年桂南高铁经济圈内8个地级市三次产业产值区位熵变化趋势及17年区位熵的平均值，得出表6-7至表6-9所示结果。将区位熵平均值小于1.000的地级市划分为该产业劣势区域，将区位熵平均值大于1.000的地级市划分为该产业优势地区。

2003—2019年桂南高铁经济圈各地级市第一产业专业化程度处于相对稳定的状态，其中区位熵大于1.000的地级市一直保持在5个，包括北海、钦州、崇左、河池和玉林，结合表6-7可知，这些地区在开通高铁前后的区位熵平均值也大于1.000，为第一产业具有相对优势的区域，第一产业的聚集水平是高于广西的第一产业聚集水平；其中崇左市的区位熵平均值最大，不论是在开通高铁前还是开通高铁后其第一产业区位熵都处于前列；区位熵小于1.000的地级市一直维持在2个，包括南宁市和防城港市，南宁市的区位熵平均值最小，无论是从高铁开通前后还是17年总地来看，这两个城市的区位熵平均值都小于1.000，为第一产业经济相对劣势区域，其第一产业的集聚水平相对广西整体来讲比较低。从经济发展水平来看，研究阶段内，南宁市和桂林市的GDP相对较高，桂林市的第一产业区位熵相对比较优势，高速铁路开通前呈现下降趋势，高速铁路开通后有所回温，并在1.000以上。

2003—2019年桂南高铁经济圈各地级市第二产业区位熵大于1.000的地级市有北海市、钦州市、防城港市、桂林市和玉林市。其中，防城港市、桂林市和玉林市的第二产业聚集度一直高于广西的第二产业聚集水平，具有相对竞争优势。这与各市的发展规划以及各地的主导产业有关，如防城港市的临港大工业经济发展势头正猛，园区产业也得到了快速发展，产业聚集效应凸显，防城港经济技术开发区规上工业总产值已突破1000亿元大关，在北部湾经济区12个重点园区中排第一位，工业投资总量在全区113个园区中排第一位①，并且该市大力推动产业转型和产业结构升级，其经济已经呈现出"二三一"的产业发展格局。

2003—2019年桂南高铁经济圈各地级市区位熵一直大于1.000的地级市只有1个，即南宁市，南宁市为第三产业具有相对优势的区域，第三产业的聚集水平是高于广西的第三产业聚集水平；其余7个城市（北海市、钦州市、防城港市、桂林市、崇左市、河池市、玉林市）的区位熵一直小于1.000，其中钦州市的区位熵平均值最小。因各地城市生产要素的集中不同，导致各地产业结构也各有偏倚。如今南宁市的资源和要素集聚能力强，发展服务业的优势逐渐突出，南宁市产业结构呈现出"三二一"的模式。随着经济和产品的发展，我国的产业结构不断优化，第三产业的占比也逐渐增加，经济增长由主要依靠第二产业带动转向依靠三次产业共同带动。

上述相关结论是相对优势的体现，反映了桂南高铁经济圈内各地级市的三次产业经济在广西产业体系中的相对地位和态势，而非绝对优势的显示。但是，本节是从相对优势的视角，以产业相对集中度的切入点入手，以便全面和深入地透视桂南高铁经济圈产业集群区域化的发展水平。

（三）桂南高铁经济圈内第一产业区域化发展水平分析

如表6－7与图6－4、图6－5所示，可得高速铁路开通前即2003—2012年间，钦州市、防城港市和崇左市的第一产业空间集聚度呈现较为明显的下降趋势；河池市的第一产业空间集聚度总体呈上升态势；南宁市、桂林市、北海市和玉林市的空间集聚度变化幅度较小，南

---

① 苏靖：《新特征新变化新机遇——防城港市产业发展成就综述》，防城港市新闻网，2019年6月11日，http://www.fcgsnews.com/news/hot/2019－6－11/121817.shtml，2020年6月6日。

宁市第一产业空间集聚度基本维持在 0.7 左右，桂林市基本维持在 0.96—1.10 左右，北海市和玉林市基本维持在 1.10—1.30 之间。这说明钦州市、防城港市和崇左市的第一产业的空间布局逐渐向均衡化发展；河池市第一产业逐渐具备集聚优势；南宁市、桂林市、北海市和玉林市第一产业空间集聚的发展模式相对稳定，同时桂林市、北海市和玉林市第一产业空间集聚程度稳定在较高水平，具有一定的空间集聚优势。

高速铁路开通后即 2013—2019 年，河池市第一产业空间集聚度稳定在 1.30—1.40 间的较高水平，南宁市第一产业空间集聚度稳定在 0.60—0.70 间；北海市第一产业空间集聚度波动较多，随时间推移呈波动下降趋势；钦州市、防城港市、桂林市、玉林市和崇左市的第一产业空间集聚度总体呈现上升趋势。由此可得，河池市第一产业逐渐具备集聚优势；南宁市第一产业空间布局处于相对均衡的状态；北海市的第一产业空间集聚的发展模式不太稳定，但空间布局正逐渐向均衡状态发展；钦州市、防城港市、桂林市、玉林市和崇左市的第一产业空间集聚程度逐渐提升，开始具备产业竞争力与空间集聚优势。

表 6-7　　2003—2019 年桂南高铁经济圈内城市第一产业区位熵

地级市	2003	2004	2005	2006	2007	2008	2009	2010	2011	2012
南宁市	0.81	0.71	0.71	0.71	0.74	0.70	0.70	0.71	0.71	0.69
北海市	1.18	1.12	1.30	1.35	1.27	1.16	1.20	1.13	1.19	1.07
钦州市	1.94	1.73	1.68	1.54	1.53	1.41	1.44	1.32	1.24	1.28
防城港市	1.21	1.06	1.09	1.04	0.91	0.78	0.79	0.77	0.72	0.73
桂林市	1.14	1.05	0.97	0.97	0.98	0.91	0.94	0.96	0.96	0.97
崇左市	1.67	1.57	1.51	1.48	1.48	1.35	1.43	1.53	1.51	1.43
河池市	1.27	1.25	1.17	1.12	1.04	0.99	1.07	1.09	1.20	1.36
玉林市	1.31	1.30	1.18	1.13	1.16	1.13	1.11	1.07	1.08	1.11

地级市	2013	2014	2015	2016	2017	2018	2019	平均（2003—2012）	平均（2013—2019）	平均
南宁市	0.68	0.63	0.63	0.62	0.61	0.68	0.71	0.72	0.65	0.69
北海市	1.06	0.98	1.03	1.00	0.96	1.08	1.02	1.20	1.02	1.12
钦州市	1.31	1.28	1.25	1.15	1.11	1.23	1.29	1.51	1.23	1.40

续表

地级市	2013	2014	2015	2016	2017	2018	2019	平均(2003—2012)	平均(2013—2019)	平均
防城港市	0.69	0.67	0.70	0.70	0.74	1.02	0.98	0.91	0.79	0.86
桂林市	0.98	0.99	1.01	1.01	1.15	1.28	1.45	0.98	1.12	1.04
崇左市	1.39	1.28	1.31	1.26	1.23	1.21	1.40	1.50	1.30	1.41
河池市	1.38	1.29	1.31	1.32	1.36	1.33	1.35	1.16	1.33	1.23
玉林市	1.09	1.04	1.03	1.03	1.17	1.16	1.21	1.16	1.10	1.13

资料来源：根据《广西统计年鉴》数据手动测算。

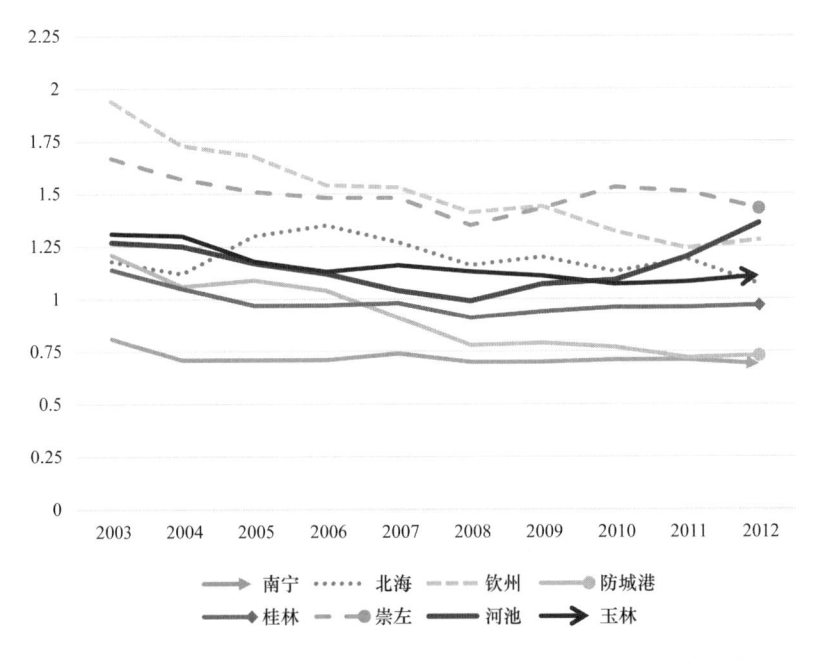

图 6-4　2003—2012 年桂南高铁经济圈内城市第一产业区位熵趋势图

（四）桂南高铁经济圈内第二产业区域化发展水平分析

如表 6-8 与图 6-6、图 6-7 所示，高速铁路开通前即 2003—2012 年间，北海市、钦州市、防城港市、玉林市和崇左市的第二产业空间集聚度呈上升趋势；河池市的第二产业空间集聚度呈现先升后降的趋势，且变动幅度相对较大；南宁市和桂林市第二产业空间集聚度相对稳定，

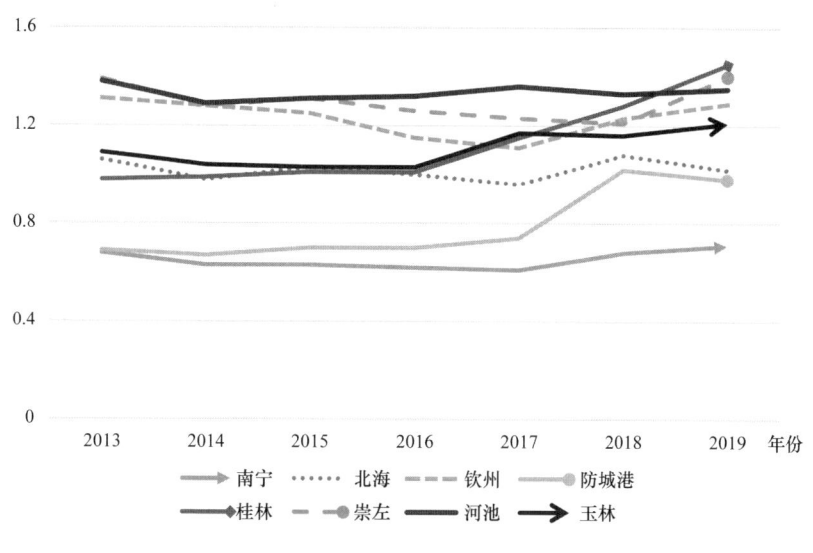

图6-5　2013—2019年桂南高铁经济圈内城市第一产业区位熵趋势图

南宁市基本维持在0.9左右，桂林市基本维持在1.00—1.18之间。由此可得北海市、钦州市、防城港市、玉林市和崇左市的第二产业空间集聚程度逐步提高，空间集聚优势越来越明显；河池市第二产业空间集聚的发展模式不太稳定，但空间布局逐渐向均衡化发展；南宁市和桂林市第二产业空间集聚程度稳定在较高水平，第三产业具有较大竞争力和较强集聚水平。

高速铁路开通后即2013—2019年，河池市第二产业空间集聚度稳定在0.85—0.95之间；南宁市、北海市、钦州市、防城港市和崇左市的第二产业空间集聚度整体呈现先升后降的趋势，且北海市和防城港市的第二产业空间集聚度处于较高水平；桂林市和玉林市的第二产业空间集聚度总体呈逐年下降的趋势。综上，河池市第二产业空间集聚度较为稳定，空间布局渐趋均衡；南宁市、北海市、钦州市、防城港市和崇左市第二产业空间集聚程度随时间推移有所降低，第二产业空间布局的均衡化水平提高，且北海市和防城港市的第二产业在桂南高铁经济圈各市中具备空间集聚优势；桂林市和玉林市的第二产业空间布局稳中向好，均衡化水平逐渐提升。

总体而言，2003—2019年桂南高铁经济圈各地级市第二产业专业化程度处于稳定上升的状态，其中，防城港市的第二产值区位熵平均值是最大的，南宁市的第二产值区位熵平均值是最小的。在高速铁路开通之前区位熵大于1.000的地级市有防城港市、桂林市、河池市和玉林市，开通高速铁路后区位熵大于1.000的地级市有北海市、钦州市、防城港市、桂林市和玉林市。

表6-8　2003—2019年桂南高铁经济圈内城市第二产业区位熵

地级市	2003	2004	2005	2006	2007	2008	2009	2010	2011	2012
南宁市	0.86	0.90	0.90	0.93	0.90	0.91	0.91	0.89	0.91	0.96
北海市	0.90	0.96	0.86	0.91	0.84	0.91	0.97	1.03	1.01	1.21
钦州市	0.67	0.74	0.77	0.93	0.91	0.95	0.93	1.04	1.09	1.05
防城港市	0.86	0.94	1.00	1.09	1.18	1.22	1.30	1.23	1.28	1.32
桂林市	1.05	1.07	1.03	1.09	1.06	1.10	1.14	1.10	1.13	1.18
崇左市	0.70	0.71	0.82	0.94	0.89	0.97	0.92	0.94	0.97	1.03
河池市	0.91	0.94	1.04	1.12	1.19	1.19	1.14	1.14	1.00	0.89
玉林市	0.96	0.93	0.97	0.98	0.98	1.00	1.06	1.10	1.09	1.10

地级市	2013	2014	2015	2016	2017	2018	2019	平均(2003—2012)	平均(2013—2019)	平均
南宁市	1.05	1.05	1.08	1.10	1.13	0.89	0.70	0.91	1.00	0.94
北海市	1.34	1.40	1.39	1.47	1.58	1.41	1.29	0.96	1.41	1.15
钦州市	1.11	1.05	1.11	1.25	1.38	1.21	1.00	0.91	1.16	1.01
防城港市	1.47	1.53	1.56	1.64	1.65	1.39	1.42	1.14	1.52	1.30
桂林市	1.26	1.25	1.27	1.28	1.12	0.91	0.68	1.09	1.11	1.10
崇左市	1.12	1.13	1.10	1.16	1.27	1.30	0.84	0.89	1.13	0.99
河池市	0.95	0.90	0.89	0.87	0.88	0.93	0.85	1.06	0.89	0.99
玉林市	1.15	1.16	1.21	1.23	0.99	0.84	0.84	1.02	1.06	1.04

资料来源：根据《广西统计年鉴》数据手动测算。

（五）桂南高铁经济圈内第三产业区域化发展水平分析

对桂南高铁经济圈八市2003—2012年、2013—2019年第三产业区位熵进行测算，如表6-9与图6-18、图6-9所示，高速铁路开通前即2003—2012年间，防城港市和崇左市的第三产业空间集聚度呈波动下降趋势；北海市的第三产业空间集聚度呈现先升后降的趋势，且下降

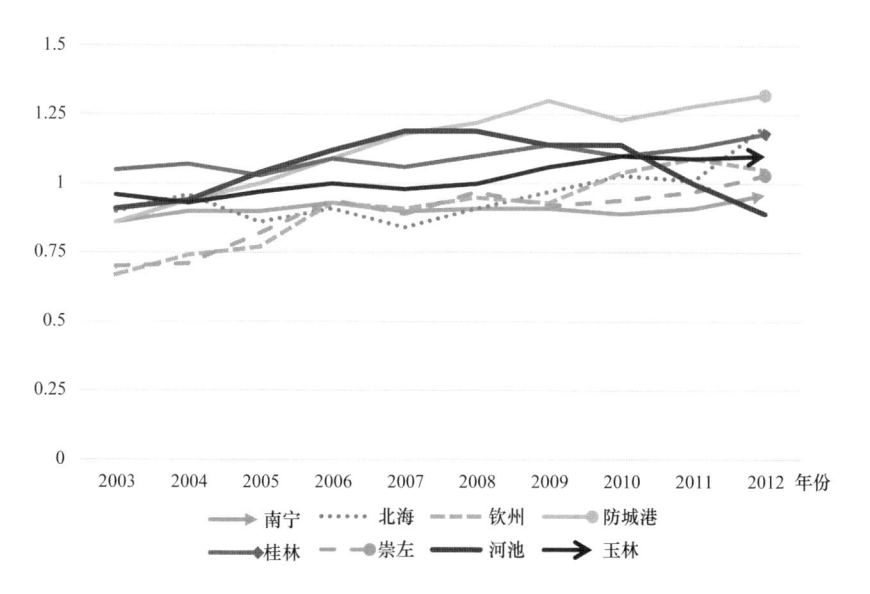

图 6-6　2003—2012 年桂南高铁经济圈内城市第二产业区位熵趋势图

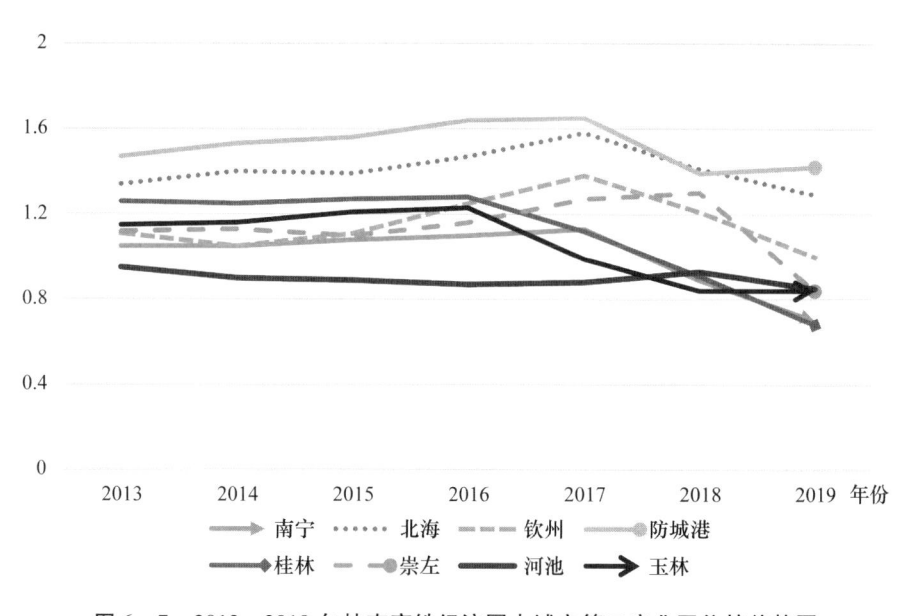

图 6-7　2013—2019 年桂南高铁经济圈内城市第二产业区位熵趋势图

幅度较明显；南宁市第三产业空间集聚度稳定在 1.20—1.30 的较高水平；河池市的第三产业空间集聚呈现先降后升的趋势，变动幅度相对较小；钦州市、桂林市和玉林市的第三产业空间集聚度较为稳定，钦州市总体维持在0.74—0.85之间，桂林市维持在0.84—1.00左右，玉林市基本保持0.86—0.93的区间内。可见防城港市和崇左市的第三产业空间布局随时间的推移变得更加均衡；北海市第三产业空间集聚的发展模式不太稳定，但空间布局逐渐向均衡化发展；南宁市第三产业空间集聚程度稳定在较高水平，具备第三产业发展的空间集聚优势与专业化优势；河池市第三产业空间集聚程度相对稳定，且逐步具备第三产业集聚优势；钦州市、桂林市和玉林市的第三产业空间集聚程度维持在稳定的水平，产业空间布局较为均衡。

高速铁路开通后即2013—2019年，南宁市、北海市、防城港市、桂林市和玉林市第三产业空间集聚度稳中有进，且南宁市第三产业空间集聚度维持在1.0—1.30之间的较高水平；钦州市和崇左市的第三产业空间集聚度总体呈先降后升的趋势；河池市的第三产业空间集聚度变动幅度相对较小，总体平稳。可见南宁市、北海市、防城港市、桂林市和玉林市的第三产业逐渐发挥出空间集聚优势与专业化优势，南宁市第三产业的竞争力与空间集聚优势更加突出；钦州市和崇左市的第三产业空间集聚的发展模式不太稳定，但逐渐具备了发展第三产业的空间集聚优势；河池市第三产业空间集聚程度相对稳定，产业空间布局较为均衡。

表6-9　　2003—2019年桂南高铁经济圈内城市第三产业区位熵

地级市	2003	2004	2005	2006	2007	2008	2009	2010	2011	2012
南宁市	1.22	1.26	1.27	1.23	1.24	1.26	1.23	1.25	1.24	1.18
北海市	0.98	0.96	0.95	0.88	1.00	0.99	0.94	0.90	0.89	0.76
钦州市	0.74	0.78	0.79	0.76	0.79	0.82	0.85	0.81	0.79	0.82
防城港市	0.99	1.01	0.94	0.90	0.88	0.91	0.82	0.88	0.85	0.81
桂林市	0.88	0.91	0.99	0.98	0.95	0.90	0.92	0.89	0.84	
崇左市	0.87	0.90	0.85	0.78	0.84	0.83	0.87	0.81	0.77	0.78
河池市	0.93	0.90	0.86	0.83	0.79	0.83	0.84	0.82	0.90	0.94
玉林市	0.86	0.88	0.92	0.93	0.93	0.93	0.89	0.87	0.87	0.86

续表

地级市	2013	2014	2015	2016	2017	2018	2019	平均(2003—2012)	平均(2013—2019)	平均
南宁市	1.09	1.10	1.07	1.06	1.04	1.17	1.29	1.24	1.12	1.19
北海市	0.68	0.66	0.68	0.66	0.61	0.70	0.81	0.93	0.69	0.83
钦州市	0.77	0.85	0.82	0.76	0.70	0.79	0.91	0.80	0.80	0.80
防城港市	0.72	0.68	0.67	0.64	0.63	0.73	0.73	0.90	0.69	0.81
桂林市	0.78	0.79	0.78	0.78	0.86	0.98	1.07	0.92	0.86	0.90
崇左市	0.73	0.78	0.80	0.79	0.73	0.74	0.98	0.83	0.79	0.81
河池市	0.89	0.97	0.97	0.98	0.97	0.95	0.99	0.86	0.96	0.90
玉林市	0.85	0.84	0.82	0.82	0.95	1.06	1.04	0.89	0.91	0.90

资料来源：根据《广西统计年鉴》数据手动测算。

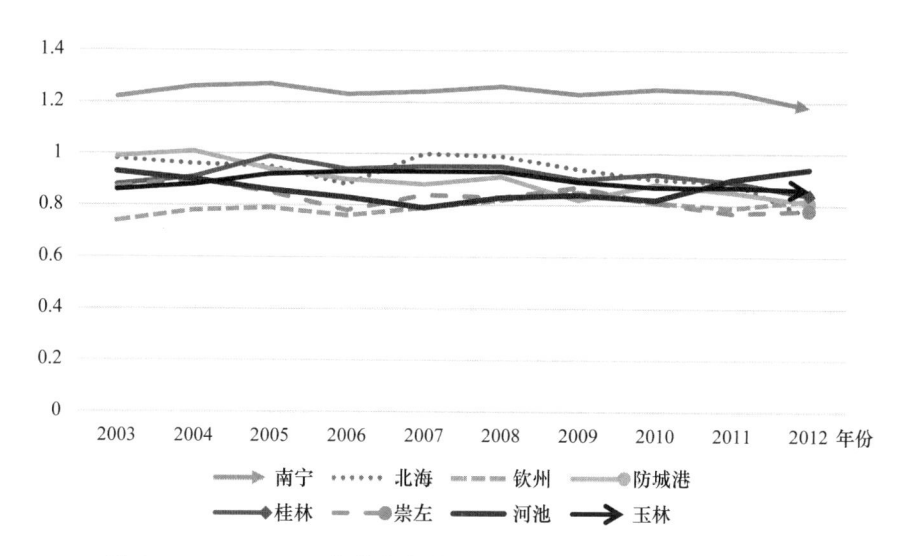

图 6-8　2003—2012 年桂南高铁经济圈内城市第三产业区位熵趋势

（六）桂南高铁经济圈内三次产业空间基尼系数分析

对 2003—2019 年桂南高铁经济圈 8 个地级市三次产业的空间基尼系数进行测算。G_1 表示第一产业空间基尼系数；G_2 表示第二产业空间基尼系数；G_3 表示第三产业空间基尼系数；所得结果如表 6-10 所示。

图 6-9 2013—2019 年桂南高铁经济圈内城市第三产业区位熵趋势图

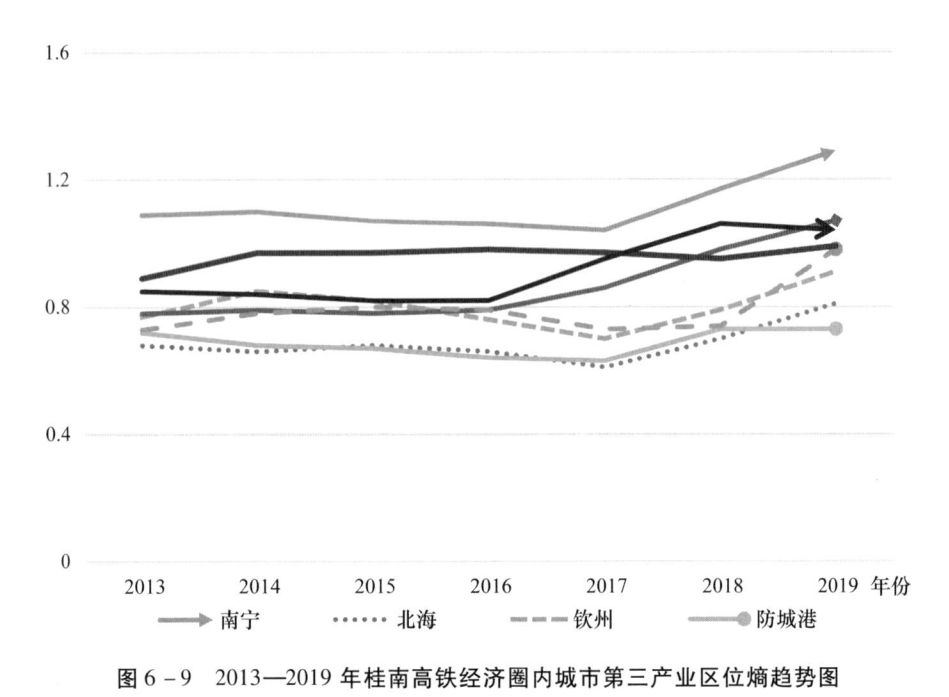

如表 6-10 与图 6-10 所示，桂南高铁经济圈三次产业 2003—2019 年空间基尼系数均较为稳定，呈现较弱的产业空间集聚现象，产业空间分布相对均衡。整体来看，桂南高铁经济圈三次产业空间基尼系数呈波动上升趋势，且第一产业、第二产业上升幅度较大，第三产业上升幅度较小。

表 6-10　　　　桂南高铁经济圈三次产业空间基尼系数

年份	G_1	G_2	G_3
2003	0.00605	0.001293	0.002405
2004	0.005921	0.000829	0.002879
2005	0.005451	0.000654	0.005423
2006	0.005088	0.00041	0.002605
2007	0.004285	0.000688	0.002671
2008	0.004898	0.000713	0.003067
2009	0.005528	0.000973	0.002968

续表

年份	G₁	G₂	G₃
2010	0.00495	0.000909	0.003298
2011	0.005127	0.000867	0.003354
2012	0.006047	0.001041	0.002653
2013	0.006465	0.002462	0.002389
2014	0.00804	0.002758	0.002457
2015	0.00816	0.003244	0.002178
2016	0.008409	0.004289	0.002268
2017	0.009343	0.004364	0.001997
2018	0.005809	0.001971	0.00206
2019	0.006923	0.005926	0.004166

资料来源：根据《广西统计年鉴》数据手动测算。

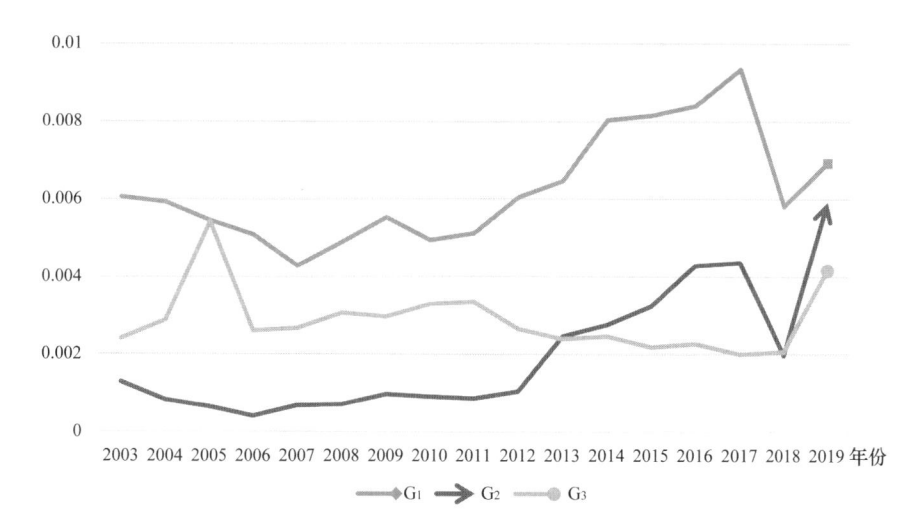

图 6-10 桂南高铁经济圈三次产业空间基尼系数趋势图

从三次产业来看，桂南高铁经济圈沿线各市第一产业空间基尼系数整体高于第二、第三产业，且呈现波动上升趋势。以2013年广西开通高铁为分界点，2013年之前，第一产业空间基尼系数有升有降，波动较为不稳定；2013年之后，第一产业空间基尼系数总体呈现较快上升趋势，在 2017 年达到最大值 0.009343，但在 2018 年回落至 0.005809，2018—2019 年，空间基尼系数再次回升。可见，桂南高铁经济圈第一产业相对第二、第三产业，集聚特征更加明显，具有一定的空间集聚优势，但是，第一产业空间集聚的发展模式尚未稳定，缺乏政府的统一规划。

第二产业的空间基尼系数在 2013 年之前整体较为平稳，但空间集聚程度低于第一、第三产业；2013 年之后，第二产业的空间基尼系数总体呈现上升趋势，在 2017—2018 年间出现下降，2018—2019 年出现较大幅度的增长，并于 2019 年达到最大值 0.005926。由此可见，桂南高铁经济圈第二产业空间集聚程度较低，空间分布相对均衡。但高速铁路开通后，第二产业空间集聚度逐渐提高，说明高铁开通对第二产业集聚有显著正向影响，同时可以看出桂南高铁经济圈沿线各市第二产业仍然有很大发展空间。

第三产业空间基尼系数在 2013 年前总体高于第三产业但低于第一产业，空间集聚程度相对较低，在 2004—2006 年起伏波动较大，2006—2013 年间波动较小；2013 年之后，第三产业的空间基尼系数整体较为平稳，并呈现小幅度的持续下降趋势，在 2017 年达到最小值 0.001997，随后在 2018—2019 年出现较大幅度增长。综上，桂南高铁经济圈第三产业空间集聚程度较低，产业的空间分布相对均衡。随着高速铁路的开通，第三产业空间集聚度逐渐降低，并开始低于第二产业的空间集聚度，空间分布越来越均衡。这可能是因为桂南高铁经济圈沿线各市消费及第三产业需求的增加而引起第三产业多极化发展，从而使得第三产业空间基尼系数逐渐下降。同时也反映出桂南高铁经济圈第三产业有较大的进步空间，因此，桂南高铁经济圈沿线各市之间应加强沟通协作，逐步提高该区域第三产业集聚程度，真正发挥新兴产业集群的规模优势。

（七）桂南高铁经济圈八市区域产业发展水平分析

运用熵权法对桂南高铁经济圈八市 2007—2018 年的数据进行熵权计算。将 2007—2018 年桂南高铁经济圈八市的 16 个指标数据依据式（3）所述步骤对数据进行归一化处理，按照式（4）计算出每个评价指标的熵值，然后遵照式（5）—式（6）得出每个指标的熵权。利用式

(7) —式 (8) 测度 2007—2018 年广西区域产业发展水平,计算出 2007—2018 年来桂南高铁经济圈八市区域产业发展水平高低得分。

如表 6-11 所示,南宁市区域产业发展水平的趋势以 2013 年为界限,前六年呈现上升趋势,后六年也呈现递增趋势,说明高铁的开通与发展对南宁市产业区块发展水平的提高起到了积极的推动作用,但产业区域化水平的影响因素不仅仅有高铁的开通,这是一个相对复杂的问题,需要继续深入探讨。

表 6-11　2007—2018 年南宁市区域产业发展水平测算结果

年份	2007	2008	2009	2010	2011	2012
区域产业发展水平	0.0755	0.0432	0.0559	0.0693	0.0929	0.1153
年份	2013	2014	2015	2016	2017	2018
区域产业发展水平	0.0667	0.0717	0.0785	0.0779	0.0997	0.1534

如表 6-12 所示,北海市区域产业发展水平的发展态势较好,呈现波动上升趋势,在 2010 年其区域产业发展水平的测算结果最高,达到 0.2189,从结果中可以推测,高铁的开通与发展对北海市的区域产业发展的影响较小,而影响北海市区域产业发展水平的因素还需要进一步探讨。

表 6-12　2007—2018 年北海市区域产业发展水平测算结果

年份	2007	2008	2009	2010	2011	2012
区域产业发展水平	0.0500	0.0079	0.0196	0.2189	0.0385	0.0439
年份	2013	2014	2015	2016	2017	2018
区域产业发展水平	0.0221	0.0598	0.0353	0.0418	0.0654	0.0677

如表 6-13 所示,钦州市的区域产业发展水平呈现波动上升态势,从 2013 年开始呈直线上升,在 2016 年达到一个峰点,2017 年稍微有

所下降，但是在2018年又以高速达到一个新的高峰，由表6-13的数据可以推测出高铁的开通与发展对钦州市区域产业发展水平起促进作用。

表6-13　2007—2018年钦州市区域产业发展水平测算结果

年份	2007	2008	2009	2010	2011	2012
区域产业发展水平	0.0459	0.0153	0.0267	0.0444	0.0434	0.0471
年份	2013	2014	2015	2016	2017	2018
区域产业发展水平	0.0277	0.0344	0.0468	0.0851	0.0641	0.0939

如表6-14所示，防城港市的区域产业发展水平较高，测算结果多年达到0.09以上，在2013年开通高速铁路之后，防城港市的区域产业发展水平持续提高，速度也高于开通高铁前，并且在2014年，防城港市的测算结果达到了0.1285，这与高铁开通带来的福利影响密切相关，为后面影响因素的探究奠定了一定基础。

表6-14　2007—2018年防城港市区域产业发展水平测算结果

年份	2007	2008	2009	2010	2011	2012
区域产业发展水平	0.0656	0.0330	0.0513	0.0697	0.0809	0.1021
年份	2013	2014	2015	2016	2017	2018
区域产业发展水平	0.0728	0.1285	0.1154	0.0932	0.0912	0.0963

如表6-15所示，桂林市2007—2018年各年的区域产业发展水平总体呈现波动上升的趋势，2013年高速铁路开通后，桂林市区域产业发展水平开始呈现较为稳定的增长态势，且增速逐渐提高，2016—2017年增速达高达32.49%。可见高铁的开通对桂林市产业区域发展水平的提高发挥了正向作用。

表6-15　　　2007—2018年桂林市区域产业发展水平测算结果

年份	2007	2008	2009	2010	2011	2012
区域产业发展水平	0.0318	0.0342	0.0474	0.0708	0.0776	0.1068
区域产业发展水平	0.0760	0.0751	0.0938	0.1034	0.1370	0.1461

如表6-16所示，崇左市2007—2018年各年的区域产业发展水平总体呈现波动上升的趋势。2013年高速铁路开通前，崇左市区域发展水平的波动较多，产业发展总体水平较不稳定；2013年高速铁路开通后，崇左市区域产业发展水平开始呈现加速增长的趋势，在2018年达到最大值0.1468。可见高速铁路的开通对崇左市产业区域发展水平的提高起到了积极的促进作用，但同时崇左市整体的区域产业发展水平仍处于较低的层次，有较大的发展空间。

表6-16　　　2007—2018年崇左市区域产业发展水平测算结果

年份	2007	2008	2009	2010	2011	2012
区域产业发展水平	0.0585	0.0420	0.0575	0.0563	0.0547	0.0870
年份	2013	2014	2015	2016	2017	2018
区域产业发展水平	0.0637	0.0901	0.1009	0.1215	0.1210	0.1468

如表6-17所示，河池市2007—2018年各年的区域产业发展水平总体呈现波动上升的趋势。2013年高速铁路开通前，河池市区域发展水平首先呈现较快的上升趋势，但在2011—2012年出现较大幅度的下降，区域产业发展较不稳定；2013年高速铁路开通后，河池市区域产业发展水平开始呈现稳定增长的趋势，年平均增速高达32.41%。可见高铁的开通成为河池市区域产业发展的较大推力，推动河池市区域产业保持稳中向好的发展态势。

表6-17　　2007—2018年河池市区域产业发展水平测算结果

年份	2007	2008	2009	2010	2011	2012
区域产业发展水平	0.0117	0.0201	0.0299	0.0384	0.0517	0.2830
年份	2013	2014	2015	2016	2017	2018
区域产业发展水平	0.0493	0.0765	0.0948	0.1025	0.1128	0.1292

如表6-18所示，玉林市2007—2018年各年的区域产业发展水平总体波动较多，波动幅度较大，相对其他市而言，区域发展水平较不稳定。2013年高速铁路开通前，玉林市区域发展水平呈现"降—增—降—增"的趋势，在2011—2012年出现大幅度增长，区域产业发展不稳定；2013年高速铁路开通后，玉林市区域产业发展水平呈现稳定增长的趋势，且增速逐渐提升，2017—2018年增速达到高速铁路开通后的最大值35.50%。可见高速铁路的开通与发展不仅提高了玉林市区域产业发展水平，同时使其区域产业发展模式更为稳定。

表6-18　　2007—2018年玉林市区域产业发展水平测算结果

年份	2007	2008	2009	2010	2011	2012
区域产业发展水平	0.0401	0.0392	0.0543	0.0614	0.0578	0.1797
年份	2013	2014	2015	2016	2017	2018
区域产业发展水平	0.0535	0.0644	0.0839	0.0943	0.1152	0.1561

第三节　产业区域化水平影响因素分析

一　测算思路与模型选定

（一）测算思路

基于本章第二节对于桂南高铁经济圈内八市的产业区域化水平评估结果，本节以区位熵为系统特征序列，选取6个维度，并进一步确定16

个指标作为影响因素,利用灰色关联模型测度每个因素影响区位熵的程度。

(二) 模型选定

1. 灰色关联度模型

模型的选取主要采用灰色模型进行相关分析,分析在有高铁的情况下产业增长的情况和无高铁的情况下产业增长的情况。目前使用较多的灰色关联度的计算方法有:绝对关联度、邓氏关联度、灰色 C 型关联度等。灰色模型又称 GM 模型,揭示系统内部不断变化的过程。就系统而言,该模型具备结构关系的模糊性、指标数据的不确定性、层次性、动态变化的随机性及不完全性等特性,上述特征统称为灰色,因此称其为灰色系统。灰色系统主要是通过数据的关联分析,建立模型,从而得到未来数据的过程。

其中,邓氏关联度是最典型的关联度计算模型,是当下关联计算的主要模型之一。

(1) 关联系数测算。设有参考序列 X_0 和有 m 个比较序列 $X = \{X_i/i =1, 2, \cdots, m\}$,参考序列和比较序列都是 n 个分量。

则关联系数的计算公式为:

$$\zeta_{0i}(k) = \frac{\min\limits_{i}\min\limits_{k}|x_0(k) - x_i(k)| + \rho man\limits_{i}man\limits_{k}|x_0(k) - x_i(k)|}{|x_0(k) - x_i(k)| + \rho man\limits_{i}man\limits_{k}|x_0(k) - x_i(k)|}$$

式中:$|x_0(k) - x_i(k)|$:表示序列 x_0 与 x_i 在第 k 点的绝对值。

$\min\limits_{i}\min\limits_{k}|x_0(k) - x_i(k)|$:表示两序列练级最小绝对值。

$man\limits_{i}man\limits_{k}|x_0(k) - x_i(k)|$:表示两序列的两极最大绝对值。

ρ 为分辨系数,用来减弱最大值过大对关联系数失真的影响,可以提高关联系数之间的分辨力。ρ 取值区间为 (0, 1),通常 ρ 取值 0.5。

$\zeta_{0i}(k)$ 表示参考序列与第 i 比较序列在 k 时刻的关联系数。它的定义是,第 i 比较序列与参考序列 x_0 在 k 时刻的相对差值,它揭示了不同比较序列与参考序列 x_0 在同一时刻点的相近程度[1]。

---

[1] 罗明明:《桥梁健康监测系统数据处理与分析技术研究》,硕士学位论文,重庆大学,2015 年,第 11 页。

（2）关联度测算。关联度主要反映比较序列与参考序列在整体上的接近程度。其测算公式为：

$$r_{0i} = \frac{1}{n}\sum_{k=1}^{n}\zeta_{0i}(k)$$

本次选用模型如下：

设有原始数列：$X^{(0)} = \{X^{(0)}(i)\} i = 1,2,3\cdots,n$

对 $X^{(0)}$ 作一次累加生成数列：$X^{(1)}(i) = \sum_{k=1}^{i}X^{(0)}(k)$，新生成的数列减少了随机波动性，强化规律性，并作指数规律检验和光滑度检验，那么就有：

光滑比为：$\rho_{(k)} = \dfrac{X^{(0)}(k)}{X^{(1)}(k-1)}$，

级比为：$\sigma_{(k)} = \dfrac{X^{(1)}(k)}{X^{(1)}(k-1)}$，

在 k > 3 时，如果 $\rho_{(k)} < 0.5$、$\sigma_{(k)} < 2$，数据满足指数规律和光滑条件，对 $X^{(1)}$ 建立 GM（1，1）模型。对生成数列 $X^{(1)}$ 建立一阶线性微分方程：

$$\frac{dx^{(1)}}{dt} + cx^{(1)} = u.$$

其中，1 表示变量数和阶数，c、u 为未知参数，而 c、u 可以通过下式求解：$[c,u]^T = (B^TB)^{-1}B^TY_n$

$$B = \begin{vmatrix} -\dfrac{1}{[x^{(1)}(1)+x^{(1)}(2)]} & 1 \\ -\dfrac{1}{[x^{(1)}(2)+x^{(1)}(3)]} & 1 \\ \vdots \\ -\dfrac{1}{[x^{(1)}(n-1)+x^{(1)}(n)]} & 1 \end{vmatrix}$$

其中，$Y_n = (x^{(0)}(2), x^{(0)}(3), \cdots, x^{(0)}(n))^T$.

将 (b) 代入微分方程可得：$\widehat{x}^{(1)}(k+1) = \left(x^{(0)}(1) - \dfrac{u}{c}\right)e^{-ck} + \dfrac{u}{c}$.

在 $k+1$ 处该数列的预测值为：$\widehat{x}^{(0)}(k+1) = \widehat{x}^{(1)}(k+1) - \widehat{x}^{(1)}(k)$.

在此基础上使用关联度和残差进行检验，以提高模型的精确度和可信度，如果精确度不够，将再次进行修正。

检验关联度。将建立的模型和指定函数进行近似度上的检验，测度出预测数据与实际数据之间的关联系数：$n_{(k)} = \dfrac{\min(\varepsilon^{(0)}(i)) + \rho max(\varepsilon^{(0)}(i))}{\varepsilon^{(0)}(i) + \rho max(\varepsilon^{(0)}(i))})$。

其中，ρ 为分辨率，取 $\rho = 0.5$，关联度 $\gamma = \dfrac{1}{n}\sum_{k=1}^{n} n_{(k)}$

若 $\rho = 0.5$，$\gamma > 0.6$，满足预测精度。另外，进行排序。按 R 数值判断关联程度。R 越趋近于 1，关联程度越大。当 $0 < R \leqslant 0.35$ 时，关联度较低；当 $0.35 < R \leqslant 0.65$ 时，关联度中等；当 $0.65 < R \leqslant 0.85$ 时，关联度较强；当 $0.85 < R < 1$ 时，关联度极强。

残差检验。将估计数据与实际数据进行比较，残差 $\varepsilon^{(0)}(i) = x^{(0)}(i) - \widehat{x}^{(0)}(i)$，计算百分误差项 MAPE：$MAPE = \dfrac{1}{n}\sum_{i=2}^{n}\left|\dfrac{\varepsilon^{(0)}(i)}{x^{(0)}(i)}\right|$。

如果 $MAPE \leqslant 10\%$，而原点误差 $\leqslant 2\%$，满足要求。

检验残差分布存在的统计特性。依据绝对残差值，对偏差较小点所出现的概率，与预测方差的关联指标进行检验，并且判断后验差比值 C 与小误差概率 P[①]。同时，后验差比值公式为：$C = S_2/S_1$，其中，S_1 为观测数据的标准差，S_2 为预测数据的绝对残差序列标准差。小误差概率为：$P = P\{|\varepsilon^{(0)} - \overline{\varepsilon^{(0)}}| < 0.6745 S_1\}$，精度预测如表 6-19 所示：

[①] 马林：《高速铁路：旅游经济与空间结构影响研究》，硕士学位论文，陕西师范大学，2013年，第18页。

表 6-19 预测精度标准值

预测精度	好	合格	一般	不合格
P	>0.95	>0.8	>0.7	≤0.65
C	<0.35	<0.5	<0.65	≥0.65

首先，灰色关联度分析模型是目前较为常用的模型，其所需要较少的数据，一般情况下只需要四个以上的数据就可以进行建模，不需要较多的关联因素，并且在处理数据上该分析模型较为灵活。其次，它的评价标准并不固定，仅利用历史样本之间的关系去评价样本，这就给它的使用带来了便捷性。最后，该模型的预测精确度高，可以较好地反映出实际情况。因此，根据本文的研究内容和目标，我们选用该方法进行测度。

二 产业区域化水平影响因素分析

随着经济的快速发展，全国各地都积极快速推动高铁基础设施建设，发展高铁经济，享受高铁发展带来的经济红利。为更清晰地表现出高铁经济圈地区自开通高铁后，高铁影响了哪些因素带动了其产业区域化的发展，我们将继续对桂南高铁经济圈内产业区域化的驱动因素进行探究。考虑到桂南高铁经济圈内数据的可获得性，本节选取 8 个主要地级市的要素数据，选取桂南高铁经济圈内的 8 个地级市的产业发展水平数据作为被解释变量。

（一）影响因素分析

本节选取桂南高铁经济圈内 8 个地级市的经济实力、基础设施状况和生活水平、产业升级、科技基础、生态水平、交通六方面作为产业区域化水平的影响因素，分别测算 8 个地级市区位熵与六大影响因素之间的关联度，探究各因素对于桂南高铁经济圈内产业区域化的驱动作用。

1. 经济实力

经济发展和产业发展有一定的联系，经济的发展给产业发展带来新的机遇和挑战，而产业的转型升级又给经济发展带来了动力。地区经济的增长，随之而来的是地区人民收入的增加，收入的增加刺激居民需求的增加，需求结构趋于多样化，这些变化都会使得产业结构向更高层次发展。如表 6-20 所示，桂南高铁经济圈 8 市的经济实力与城市的产业区域化发展水平关联度除南宁市和桂林市外，均保持在 0.83—0.97 的较高水平。同时，除桂林市外，桂南高铁经济圈 7 市的财政收入因素与区位熵关联度均保持在 0.91 以上的较高水平，这就意味着如果我们想提高桂南高铁经济圈的产业集群区域化水平，应提高当地经济实力，推动区域经济稳中向好地发展，从而使经济发展带动产业高质量集群发展。

表 6-20　　　　　　　　经济实力与各市区位熵关联度

城市	南宁市	北海市	钦州市	防城港市	桂林市	崇左市	河池市	玉林市
经济实力关联度	0.7982	0.9278	0.9319	0.8234	0.6335	0.9076	0.8334	0.9193
	0.8821	0.9375	0.9738	0.8538	0.7719	0.9566	0.9736	0.9497
	0.9109	0.9342	0.9683	0.9253	0.8169	0.9456	0.9592	0.9715

2. 基础设施状况和生活水平

基础设施状况和生活水平是保障地区产业稳定发展的重要因素。基础设施状况和生活水平发挥与资源禀赋条件类似的作用，每个地区的基础设施状况和生活水平都可以改善但是无法移动，并且由于各地政策以及资源的侧重，不同区域的优势也略有不同，因此就产生了专业区域化的发展现象。而当该区域的产业发展优势显著，高铁建设又使得要素流通便捷化，该区域对企业来说就会有吸引力，从而推动该地区的产业发展。住宅、公共服务设施、绿化面积、服务设施等基础设施状况也会增加对人才的吸引力，如表 6-21 所示，基础设施状况和生活水平对桂南高铁经济圈 8 市的产业集群区域化的影响相对较大，其中只有南宁市和桂林市的养老保险参保人数指标与当地区位熵关联度较小。由此我们可以推断，基础设施状况和生活水平与桂南高铁经济圈的产业区域发展有着密切联系，各地区在发展当地产业的同时也不能忽视地区基础设施的建设，做好产业发展的基础保障。

表6-21　　　　基础设施状况和生活水平与各市区位熵关联度

城市	南宁市	北海市	钦州市	防城港市	桂林市	崇左市	河池市	玉林市
基础设施状况和生活水平关联度	0.7773	0.9251	0.894	0.931	0.6548	0.886	0.8102	0.8439
	0.9409	0.9381	0.9703	0.9196	0.9178	0.974	0.9571	0.9802
	0.8288	0.9285	0.9476	0.8409	0.6895	0.9239	0.9217	0.9355

资料来源：根据《广西统计年鉴》数据手动测算。

3. 产业升级

产业升级就是使产品附加值提高的生产要素改进、结构改变、生产效率与产品质量提高、产业链升级[①]。在新冠肺炎疫情和"新基建"战略的双重推动下，我国产业发展不断优化迭代，三大产业的结构也在不断优化，各地产业协同发展，产业链逐渐完善，生产效率也不断提高。而在在产业发展中我们有个不能忽视的主体，就是企业。企业在面对不同市场时其策略及产业区域品牌都是当地产业发展的重要推力，企业大多坐落于对其产品有巨大需求的地方，而要想成为当地龙头企业，就必须要提高自身竞争力，产品的更迭更是要跟上时代的脚步，提升产业化经营水平。如表6-22所示，产业升级对产业区域化发展水平的影响是相对较大的。第三产业从业人数与产业区域化发展水平的关联度均在0.8以上，桂南高铁经济圈各市要想形成特色产业，乘时代之快风，应对自身的产业升级进行把控推动，以高标准严格地要求产业产出。

表6-22　　　　产业升级与各市区位熵关联度

城市	南宁市	北海市	钦州市	防城港市	桂林市	崇左市	河池市	玉林市
产业升级关联度	0.8531	0.9307	0.9479	0.8622	0.7067	0.9147	0.881	0.9362
	0.9078	0.9405	0.9694	0.9714	0.8499	0.9619	0.8908	0.9614

资料来源：根据《广西统计年鉴》数据手动测算。

4. 科技基础

科学技术是产业发展的主要推动力，科学技术的发展带动了产业创新结构的优化，丰富了产业的内容和形式，促进传统产业转型升级。互

[①] 李奕：《基于全球价值链分析的中国制造业升级路径及测度方法研究》，博士学位论文，上海社会科学院，2018年，第92页。

联网、物联网、电子商务等网络技术可以改变产业的经营方式，使得不同地区的产业交流更加高效方便。科技的进步使得产业的生产成本降低，生产方式得到改善，从而使产业往区域化和产业化方向发展。技术创新是地区产业区域化发展的重要影响因素。如表6-23所示，人均教育支出因素对钦州市、防城港市、桂林市和河池市的影响相对较小，关联度低于0.80；专利授权数与桂林市的产业区域发展水平关联度较低，其余5个城市的科技基础指标都与地区产业发展水平关联度均处于0.80以上的较高水平。

表6-23　　　　　　　科技基础与各市区位熵关联度

城市	南宁市	北海市	钦州市	防城港市	桂林市	崇左市	河池市	玉林市
科技基础关联度	0.8336	0.9374	0.7514	0.6353	0.793	0.8018	0.7157	0.9257
	0.844	0.9323	0.9414	0.8418	0.6737	0.9109	0.9125	0.9238

5. 生态水平

生态水平的概念不仅包括人类所生存的自然环境，还包括人类创造的人工环境。生态水平因素影响最大的就是人才要素的流动，也是留住人才的首要基础，自然环境除了满足我们的生理需求还满足我们的心理需求，广阔的自然环境能对劳动力要素的胸怀、眼界以及创造力起到促进作用。此外，随着经济的发展，随之而来的是环境问题，频繁报道的大气污染、水污染、放射性污染等现象，如"雾霾""癌症村"等，这就引起了地区内外人们对生态环境的关注，人们也更向往拥有良好自然环境的地区。如表6-24所示，生态水平与桂南高铁经济圈八市的产业发展水平的关联度相对较高，尤其是北海市、钦州市、崇左市和玉林市的关联度均处于0.90以上的高水平。因此这些地区要想提高产业区域化水平，在发展当地经济的同时，秉持"绿水青山就是金山银山"的发展理念，注重对广西生态环境的维护和改善，发挥生态环境因素对经济的价值，吸引更多要素的涌入。

表 6-24　　　　　　　　生态水平与各市区位熵关联度

城市	南宁市	北海市	钦州市	防城港市	桂林市	崇左市	河池市	玉林市
生态水平关联度	0.7946	0.9266	0.9242	0.8745	0.654	0.9159	0.7674	0.9074
	0.8408	0.9261	0.9462	0.947	0.7448	0.9431	0.9549	0.973
	0.8312	0.9263	0.9513	0.8894	0.6869	0.9142	0.7944	0.9576
	0.8346	0.9293	0.9404	0.8463	0.7023	0.9241	0.8957	0.9341

资料来源：根据《广西统计年鉴》数据手动测算。

6. 交通

如表 6-25 所示，在当代社会技术进步和经济发展的趋势下，高速铁路的开通在很大程度上促进了桂南高铁经济圈各市生产要素的流动，从高速铁路的修建开通所需的大量人力资源来看，其推动了地区就业；其修建过程以及开通后的运营，对材料的大量需求，实质上也带动了制造业、建筑业等第二产业的发展，但是其也为第三产业的优化奠定了基础。对于南宁市与防城港市来说，铁路客运量的影响程度比铁路货运量的影响程度较小，对于北海市和钦州市来说，两个因素的影响程度都很高，因此北海市与钦州市应抓住高铁开通的机遇，因地制宜发展区域特色产业，形成产业竞争优势。

表 6-25　　　　　　　　交通水平与各市区位熵关联度

城市	南宁市	北海市	钦州市	防城港市	桂林市	崇左市	河池市	玉林市
交通水平关联度	0.7647	0.9247	0.915	0.7938	0.8278	0.97	0.9362	0.9704
	0.8286	0.9293	0.9393	0.8425	0.6798	0.9225	0.8908	0.9328

第七章 内外双循环背景下桂南高铁产业区域化及其全产业链建设的战略思路

第一节 指导思想及基本原则

以习近平新时代中国特色社会主义思想为指导，深入贯彻落实党的二十大精神和中央经济工作会议精神，认真学习贯彻习近平总书记对广西的"五个更大"重要要求，遵循"建设壮美广西、共圆复兴梦想"的总目标总要求，紧紧统筹推进"五位一体"总体布局和协调推进"四个全面"战略布局，围绕一个中心任务。紧抓建设中国（广西）自由贸易试验区、西部陆海新通道、中国面向东盟的重要开放门户、沿边重点开发开放试验区以及全面对接粤港澳大湾区等重大机遇。以创新、协调、绿色、开放、共享的新发展理念引领高质量协调发展。深入融入以国内大循环为主体，国内国际双循环互相促进的新发展格局，充分利用国内国际两个市场，聚焦特色优势产业，突出优势与特色，积极培育"四新"经济，推动新兴产业"四化"发展，加快开放体制机制创新，加大政策支持力度，扩大现有产业集聚规模，促进桂南高铁沿线区域产业区域化与全产业链建设，积极推进全区产业的高质量协调发展。

桂南高铁沿线地区的产业区域化与全产业链建设应遵循以下几条原则：

第一，坚持龙头引领和产业集群相结合。桂南高铁沿线地区应积极承接粤港澳大湾区的产业转移，主动引进外来先进技术，吸引优质企业与项目在该地投资，扶持壮大重点龙头企业，进一步提高该区域的核心竞争力。培育特色产业集群，加快发展一批产业链完善，辐射带动作用强的产业集聚区。

第二，坚持统筹推进和重点突破相结合。发挥桂南高铁沿线地区的资源优势，选择重点发展领域和重要环节，加快要素资源在该区域的集中，实施重点突破战略。进一步强化政府导向作用，统筹规划、系统布局、全面推进，深化部门协调和区市联动，加强南宁、柳州、桂林、北海、防城港、来宾、河池、钦州等城市的产业互动，加强桂南高铁沿线产业带与珠江—西江经济带的衔接与融合，推动区域内的产业转移与产业融合，加快桂南高铁沿线地区产业区域化与全产业链的建设。

第三，坚持开放引领和需求导向相结合。抓住广西作为中国面向东盟的重要门户与中国（广西）自由贸易试验区的契机，加强面向东盟的产业国际合作，加快产业链、创新链和资金链在全球的优化配置与整合。以市场需求为导向，激发市场活力，加快新产品、新服务的应用示范，培育带动新消费、新业态的发展。

第四，坚持精准开发和差异发展相结合。充分利用桂南高铁沿线地区的区位优势，突出"精准投入、精准招商、精准扶持"的工作思路，促进该区域重点产业做大做强，产业结构不断优化升级。同时还应鼓励各地级市根据自身特色特点，积极培育具有自身特色的产业集群，找准方向，补齐短板，促使不同区域间产业区域化的差异化发展[1]。

第五，坚持新兴产业与特色优势相结合。桂南高铁沿线区域产业的发展既要重点发展新兴产业，加快新兴产业的集聚，还要根据该区域现有产业和企业已经形成的良好基础，通过技术、组织、管理上的创新与变革，实现传统产业与高新技术产业的融合，加快传统产业的转型升级。

第六，坚持市场主导与政府服务相结合。桂南高铁沿线区域产业的发展应充分发挥市场在资源配置中的决定性作用，巩固企业在产业发展与创新中的主体地位，激发企业的创造力，使企业成为推动产业区域化与全产业链发展的主体[2]。同时还要加强政府在产业发展中的作用，充

---

[1] 广西壮族自治区人民政府办公厅：《广西壮族自治区战略性新兴产业发展"十三五"规划》，2016年12月6日，桂政办发〔2016〕108号。

[2] 广西壮族自治区人民政府：《广西壮族自治区人民政府关于促进我区糖业可持续发展的意见》，2013年9月6日，桂政办发〔2013〕36号。

分发挥政府功能，努力打造市场与政府完美结合的发展格局。

第七，坚持绿色发展与可持续发展相结合。桂南高铁沿线地区的产业区域化发展的同时还要加强对该区域环境和生态的保护，走绿色可持续发展的路线。在进行产业区域化与全产业链建设的过程中应加快绿色发展模式的推广，建立绿色、循环、环保的发展机制。始终坚持绿色发展，加快产业转型升级，通过该区域的优质资源促进高端产业的发展。坚持"低碳、生态、绿色"的产业定位，走可持续发展的道路。

第二节　发展路径

一　补链强链，打造现代化全产业链

桂南高铁沿线地区应通过"补链强链"来进一步完善该区域产业集群区域化及全产业链的建设。可以通过扩大招商引资；培育新兴产业；优化产业布局；传统产业转型升级；发挥区位优势，打造面向东盟的特色产业链等路径来实现。具体路径如下。

（一）扩大招商引资，补齐全产业链短板

桂南高铁沿线地区存在产业链不完全、不完善的问题，现有产业链还比较低端、落后。因此可以通过扩大招商引资，吸引优质企业与项目在该地落地，进而补齐产业链短板。桂南高铁沿线扩大招商引资应做到：第一是要按照"高、新、优"的产业发展要求精准招商，明确项目引入标准。根据桂南高铁沿线区域产业的发展需求，确定该区域重点招商项目，加快引进优秀的跨国公司和重大项目，提升该区域产业发展的整体水平。第二是要对"以技引技"的方式进行创新。引进重大科研项目、核心技术及科研团队，为桂南高铁沿线区域的科技创新发展奠定良好基础。第三是注重产业链招商。针对桂南高铁沿线区域重点发展与培育的产业，找出原有产业链的缺失环节，对该区域的产业链招商进行更深一步的研究，加快引进具有重大带动作用的产业和项目，填补桂南高铁沿线区域全产业链建设中的重点缺失环节。第四是开展特色化招商。针对特定目标地域和群体，通过结合广西壮族自治区的发展现状、国家定位、区位优势、民族特色等，探索建立专业化、高端化、民族化、特色化的招商模式。第五是创新宣传推介手段。积极利用现代媒

体、现代技术与网络等新业态,积极加快推进桂南高铁沿线区域产业与国外知名媒体的推广合作。加快提升信息化的宣传推介,加快建设服务便捷、技术先进的投资推广资源共享平台。第六是联手园区合力招商。桂南高铁沿线产业的招商引资要与该区域重点产业园区投资推广工作紧密结合,积极推进与重点园区的合作与交流,有针对性地开展联合招商活动,进而为重点园区持续输入优质资源。加快推动重点园区资源与需求信息库的建设,形成与园区的长效合作机制。

(二)培育新兴产业,加快全产业链延伸

新兴产业是传统工业产业的延伸。桂南高铁沿线地区现有传统产业经济体量比例较高,产业门类齐全,是其近年来产业经济发展的基础,也是推动其经济社会发展的新动力,对广西经济的高质量协调发展也有非常重要的作用,为该地区产业发展提供了先天基础和前提条件。桂南高铁沿线区域既要加快对新兴产业的培育,还要加快传统产业的转型升级,传统产业与新兴产业相互促进,共同发展。通过新兴产业的快速发展推进该区域传统落后产业的转型升级。同时还要继续以传统的主导产业为龙头,不断扩展、延伸该区域原有产业链。目前,桂南高铁沿线区域的主导产业主要在产业链的上游集聚,因此要以扩展主导产业的产业链为重点,推动原有产业链延伸至下游,进而带动上中下游产业链的良性循环发展,弥补产业链缺失环节,在产业链发展的增值环节、配套环节、关键环节上进一步突破,强化对重大项目招商的引进,进一步延伸、壮大原有产业链[①]。通过激活现有传统产业技术创新和生产能力,为新兴产业的发展奠定良好的基础;通过推动传统产业的转型升级,为新兴产业开拓更加广阔的发展空间,进而将桂南高铁沿线区域现有比较成熟的优势传统产业进行重组转型,促进其换代升级,激发其产业发展优势,加快新兴产业从传统产业中剥离,为产业的发展创造新的经济增长点。加快完善原有产业链存在的漏洞,同时凭借新兴战略型产业的发展进一步对原有产业链进行延伸,加快桂南高铁沿线地区全产业链的建设。

---

① 王文俊:《广西传统工业产业转型升级:现状·模型·路径》,《广西科技师范学院学报》2018 年第 33 期。

（三）优化产业布局，加强产业集群建设

桂南高铁沿线地区的区域化与全产业链建设需要优化该区域的产业布局，通过对各产业的重新布局，形成集聚效应，促进产业融合，增强产业的影响力。以产业园区为载体，吸引优质产业和项目在该地集聚，促进高端产业的集聚，有利于加快该区域产业区域化的建设。

产业区域化是对该区域原有产业链的扩展。完善产业区域化，产生聚集效应，首先要向集中形态进行转变。第一是应在总体规划下对各地级市的产业分工进行调整布局，加快产业集聚水平的提升。加快创建具有民族特色的国家级高技术产业基地，强化国家级工业园区的建设，形成国家级产业园区的错位发展，进而带动桂南高铁沿线及周边区域产业园区发展的新格局，培育更多的优势互补、层次分明的特色产业集群与主导企业，进而促进产业由点状式发展转变为链条式发展，提高桂南高铁沿线区域产业的集聚水平。第二是要继续改善创新型产业集群的发展环境，为创新型产业集群提供一个更加公平的生产要素来源渠道，加快实施环保标准，组织相关部门和机构制定桂南高铁沿线产业发展标准体系，推动地方标准上升至行业标准或国家标准。第三是要加快引进和培育创新型项目及企业。通过政策引导等多种手段，从我国发达地区及发达国家引进大量创新型企业加入桂南高铁沿线的产业区域化与全产业链的建设中来。加强创新行企业与传统企业在技术、资金、创新等方面的交流与合作。第四是要积极承接粤港澳大湾区及发达地区的产业转移。深化桂南高铁沿线区域与广东、港澳台等地的合作，推动粤桂合作特别试验区、高铁经济带合作试验区的发展。加大对该区域重点园区的招商力度，促进优质项目及龙头企业落地，加快打造具有专业化、特色化、民族化的产业园区。第五是要加强区域间、产业间、行业间的合作交流。进一步发挥广西作为面向东盟的重要开放门户的地理优势，另外还要以北部湾为依托，打造具有国际竞争力的国际港湾，加快推进桂南高铁沿线区域与珠江—西江经济带及粤港澳大湾区的合作，提升桂南高铁沿线区域产业的集聚效应，进而促进该区域及其周边地区产业的转型发展，使桂南高铁沿线区域产业链更好地完成"补链强链"。

（四）转型传统产业，融合产业链与创新链

桂南高铁沿线区域现阶段产业发展存在的一个重要问题就是产业发

展落后，产业低端化明显。要想加快桂南高铁沿线区域化与全产业链的建设，就必须加快产业结构的优化升级，加快产业转型，增加产业的附加值与集约化，促进该区域产业的高端化、现代化。进而促进产业链的扩展与加强。而促进产业链的高端化，创新是必不可少的，如何促进该区域产业链与创新链的结合也就成了非常关键的一步。

产业链与创新链相互影响，相互作用。围绕产业链打造创新链。该举措强调了科技的支撑作用，这意味着产业的发展要根据产业链现代化水平提升的需求进行与之对应的安排，通过创新链更好地加快该区域产业区域化及全产业链的建设。而围绕创新链布局产业链，意在推动科技与经济发展的紧密结合。加速科技成果的高质量转化并推动产业结构转型升级。两者相互支撑，进而为推动桂南高铁沿线区域经济的高质量协调发展提供源源不断的动力。发展桂南高铁沿线区域产业链与创新链的融合首先要加快完善产业链生态体系，以"补链、强链"为重点，以提升产业核心竞争力与科技创新能力为主要目标，对原有产业链进行梳理，引导创新资源向产业链上下游集聚[1]。对于产业链缺失环节，应加快建设研发机构、研究院等创新载体，开展核心技术攻关。其次要提升创新链的科技供给。围绕该区域产业链的发展现状及发展需求对创新链进行部署，进一步突破产业上下游的关键核心技术，加快完善科技创新链条。加快建设企业与创新载体的对接平台，加快企业的创新发展，提高科技创新供给能力。再次还要进一步完善科技成果转化机制、分配制度和产权制度等，提高对创新创业的激励，调动创新创业的积极性。最后要优化双链融合的制度环境。综合运用科技立法、财税政策等手段优化创新资源的布局，提高其集聚高端资源的能力。通过加快产业链与创新链的结合，进一步促进桂南高铁沿线区域产业区域化与全产业链的建设。

（五）发挥区位优势，打造东盟优势产业链

广西作为"一带一路"重要节点以及面向东盟的开放门户，应充分利用西部陆海新通道的优势，推进优势产业与东盟市场的有机衔接。因

---

[1] 李晓锋：《促进天津产业链、创新链、资金链和服务链深度融合的战略研究》，《天津经济》2017年第4期。

此，在 RCEP 与"双循环"新发展格局的背景下，桂南高铁沿线区域产业发展应进一步拓展面向东盟的产业链发展空间，促进该区域的产业能够更好地融入东盟市场。

发挥区位优势，打造面向东盟的优势产业链。第一要结合桂南高铁沿线区域产业发展现状与东盟市场的需求及变化趋势，打造符合该区域高质量发展的产业链。把握东盟各个国家产业发展及工业化建设的需求，聚焦现代化产业及优势产业链，提升产业发展质量，使其能更好地融入东盟市场，进一步拓展桂南高铁沿线的产业发展空间。第二要改善营商环境，打造具有国际竞争力的营商环境。借鉴东盟先进国家营商环境发展的措施，聚焦南宁、桂林、柳州等中心城市营商环境方面的提升，加快产业集群区域化与全产业链建设，加快形成法治化、国际化的营商环境和公平、开放、统一、高效的市场环境。第三要加强与东盟各个国家在产业政策上的衔接，加快桂南高铁沿线区域与东盟各国产业链与政策链的融合。桂南高铁沿线产业的发展应积极对接"智慧印度尼西亚计划""泰国4.0战略""马来西亚生产力蓝图计划"和"2050国家转型计划"、菲律宾"大建特建"规划、新加坡"产业转型蓝图计划"和研究、创新与企业计划及"智慧国家2025计划"等，继续推进"文莱—广西经济走廊"的建设，密切跟踪相关政策，深化多元政策衔接，进一步落实产业合作[①]。第四要深化科技创新合作，打造面向东盟的优势创新链。积极开展科技交流、共建科技园区合作、技术转移等行动，扩展与东盟各个国家在科技合作的领域，建立面向东盟国家的科技创新合作机制，在产业、技术、创新的过程中开展多种形式的合作，打造面向全球的科技创新合作体系，培育国际科技创新竞争合作新优势[②]。通过扩大对外开放，加强与东盟各国的产业合作，从而使桂南高铁沿线区域的产业链进一步延伸，更好地完成"补链"。同时，通过打造东盟优势产业链，提高桂南高铁沿线区域产业的影响力，进一步完成"强链"，进而通过"补链、强链"加快促进桂南高铁产业区域化与全产业

[①] 张鹏飞、车吉轩、杨鹏：《积极融入RCEP，多措并举打造面向东盟的优势产业链》，《广西城镇建设》2020年第12期。

[②] 易春燕、黄珊：《面向东盟对外汉语教育服务质量的影响因素——以广西民族师范学院为例》，《广西民族师范学院学报》2019年第5期。

链的建设①。

二 激发要素活力，推动产业链延伸发展

桂南高铁沿线区域可以通过激发生产要素活力，进一步延伸产业链的发展空间，加快该区域全产业链建设。主要体现在营商环境的优化，区域创新能力的提升以及产业链与人才链的融合发展。具体路径如下。

（一）优化营商环境，释放市场发展动能

良好的营商环境是一个区域产业高质量发展的重要影响因素，因此，桂南高铁沿线区域应进一步优化营商发展环境，深化"放管服"改革，简政放权，优化政府与市场的关系，大力推进电子政务平台建设，全面提升服务发展水平，大力构筑主导产业集群发展。促进该地区产业区域化与全产业链的发展。具体应重视以下几点。

1. 进一步简政放权，深化"放管服"改革

桂南高铁沿线区域的产业的高质量协调发展第一要进一步简政放权，继续推动简政放权向纵深方向发展，进一步释放市场和社会的权力，进一步转变政府职能，提高政府的服务水平。第二要加快行政许可事项的落实，加快工程项目审批制度的改革，对审批流程、审批管理体系及监督方式等进一步统一。第三要深化商事制度改革，推行"一窗多审""一表申请"，努力实现线下服务"四个减少"，减少企业的办事环节和跑腿次数。第四要加强监管，围绕提升"放管服"的改革成效，强化第三平台评估，促进区域内各项改革任务的落地。推行"一公开、双随机"的跨部门联合监管方式与"互联网＋监管"改革，不断提升监管能力，进而促进桂南高铁沿线区域营商环境的进一步优化。

2. 加快电子政务平台建设

桂南高铁沿线区域还要加快电子政务平台建设，第一要加强同电信运营商的合作，进一步提升电子政务的网络服务能力。联合运营商成立电子政务网络支撑服务中心，建立一支服务覆盖面广、专业技术全面、服务水平高的专业团队。确保区域内电子政务外网网络运行与服务保障

---

① 易春燕、黄珊：《面向东盟对外汉语教育服务质量的影响因素——以广西民族师范学院为例》，《广西民族师范学院学报》2019年第5期。

工作有效开展。第二要加快建设一流的服务网站。完善在线办事、信息公开和公众参与等功能，为企业、群众提供"一站式"的服务网站。第三要建立健全电子政务的公共服务平台。提升网上办事效率，积极开展网上信访、网上评议和网上调查，使政府网站成为全心全意为人民服务的平台。第四要发挥电子政务在提高社会管理水平、市场监管效能、行政效能等方面的作用。整合城市规划、土地利用、劳动就业、社会保障等管理资源，形成全面覆盖的管理信息网络，增强综合治理能力。完善信息共享机制，促进各个部门的业务交流与合作，提高市场监管效能，规范市场秩序。同时，利用电子信息手段使其更好地接受社会监督，对行政审批、信访处理等政府行政业务全面实施监察。

3. 优化税收环境，激发市场活力

优化税收环境是优化营商环境的重要部分，也是促进桂南高铁沿线区域经济高质量协调发展及产业区域化与全产业链建设的重要举措。桂南高铁沿线地区的产业区域化与全产业链建设必须进一步创新优化税收环境，持续激发市场活力，为企业的发展提供更好的市场环境，进而促进该区域产业的高质量协调发展。同时，还要贯彻"以人民为中心"的发展思想的新要求，从人民群众的需求出发，不断优化税务部门服务举措，提升服务质效，提升纳税人缴费人的满意度，助推税收营商环境持续优化。税务部门要坚决推进"放管服"各项改革措施落地，优化整合办税模式，进一步转变征管方式，提高征管效能，缩减办税时间，强化税收执法的公正性。努力建成严格规范的税法体系，公平公正统一的市场体系、稳固强大的信息体系与高效廉洁的组织体系。同时还可以通过改革税收制度减轻企业的税费负担，推进税收工作高质量发展，为企业投资与发展提供更好的税收环境，进而打造更有利于桂南高铁沿线地区产业区域化与全产业链建设的营商环境。

4. 推进法治优化，打造法治化营商环境

建设法治化的营商环境首先要加强对法律意识的强化，为法治化的营商环境提供良好的思想支撑。其次要建立健全相关法律法规，为法治化的营商环境提供坚实的法律支撑。最后要进一步简政放权，为法治化的营商环境提供良好的政务支撑，努力维护市场的公平竞争，为法治化的营商环境提供市场支撑[1]，从而推动优化营商环境工作更加法治化规范化，统一标准、统一尺度、统一步伐、统一步调、确保全区域一盘棋，为桂南高铁沿线产业区域化与全产业链的发展与建设提供一个有形可效、有法可依的营商环境。

5. 正确处理政府与市场的关系

构建营商环境的主体是市场和政府。良好的营商环境的建立必须要处理好政府与市场关系、准确把握两者的界限。广西是典型的政府主导型营商环境，是在"有为政府"带动下打造的营商环境，市场缺乏灵活性和柔性，因此处理好政府与市场的关系是桂南高铁沿线地区优化营商环境的一个着力点。该地区可以通过"放管服"改革，建立高效、法治、让市场主体满意的服务型政府，继续推动"放管服"改革不断向纵深发展，满足新时代对"放管服"改革与优化营商环境提出的新要求。针对探索推进服务主动化、整体化，更加重视改革质量效益，建立统一的信息资源共享平台，更好发挥政府"守夜人"的身份和市场在资源配置中的决定性作用。使两者能够扬长避短、有效结合，都能充分发挥出各自的最优职能，促进桂南地区营商环境的进一步优化，为该地区产业区域化与全产业链建设的发展提供更好的市场环境[2]。

(二) 以创新为引领，加快区域产业创新

科技创新与产业集聚相互影响，科技创新可以促进产业结构的转型升级，促进产业集群的迅速发展，而产业集群的发展也将进一步促进技术的革新与进步，因此桂南高铁沿线地区产业区域化与全产业链的建设需要进一步发挥技术创新的作用，进一步提高自主创新能力，加强知识产权的保护，促进桂南地区高铁产业区域化与全产业链建设的高质量协调发展。具体可着重考虑以下几点。

1. 加强重大创新平台建设

加强产业创新能力，面向桂南高铁沿线区域经济社会发展的重大需求，瞄准关键核心技术、前沿技术、共性技术，以高新产业园区和高新

---

[1] 杨一丹：《秦皇岛经济技术开发区营商环境优化路径研究》，硕士学位论文，燕山大学，2019年，第30页。

[2] 李赞、刘学谦：《新时代建设良好营商环境的着力点》，《智库理论与实践》2019年第6期。

技术产业为依托，推进重点实验室和企业技术研发中心等平台建设。同时，进一步加快新兴产业孵化器、公共技术开发平台、产品检验测试平台等平台的建设，进而不断完善战略性新兴产业创新体系，提高桂南高铁沿线区域产业的创新能力。

2. 加强技术攻关，提升自主创新能力

鼓励区域内企业、高校、科研院所和个人在该地设立研发机构，鼓励企业、院所委托国内外企业、科研院所、高等院校共同研发核心技术。支持企业加强关键核心技术的研究，突破关键共性技术。针对具有全局性、战略性的重点产业和关键领域实施重大技术创新工程[1]。推动桂南高铁沿线区域科技创新资源的全新整合，引领产业技术创新和新兴产业的发展。

3. 推进重大成果产业化

抓住广西建设国家科技成果转化服务示范基地的机遇，加强科技成果转化平台的建设，建立和完善成果展示、产权交易、信息共享平台，组织开展各种科技成果转化活动，支持高校、企业、科研院所的科技成果转化。根据产业核心技术突破与产业化发展需要，选择产业科技含量高、市场广阔、产业链长、有龙头企业带动的重大技术创新成果，在有条件的专业园区和产业示范区规划建设一批重大成果产业化示范工程，加速科技创新成果转化为现实生产力。鼓励支持国内外重大产业化项目在该地布局[2]。

4. 强化知识产权的保护与管理

桂南高铁沿线区域必须要加强对知识产权的保护，鼓励建立专利及知识产权评估机制，加大对优质专利及科技转化成果的奖励力度，进一步推动自主知识产权产业化发展。加快形成一批拥有自主知识产权和核心竞争力的品牌企业。同时还要继续完善技术创新服务体系，强化知识产权服务链条，促进国内外知识产权资源向桂南高铁沿线区域集聚。健全科技成果转化机制，确保科技成果产生实实在在的社会效益。坚持严

---

[1] 刘倩：《供给侧改革视角下开发区产业政策创新研究》，硕士学位论文，广西大学，2017年，第24页。

[2] 广西壮族自治区发改委：《广西壮族自治区国民经济和社会发展第十三个五年规划纲要》，2016年6月27日，桂政发〔2016〕9号。

格保护、统筹协调、同等保护,深入实施强区战略,综合运用法律、行政、经济、社会等治理手段强化保护,打造桂南高铁沿线区域知识产权保护高地[①],为企业的发展创造更好的发展环境,进而促进桂南高铁沿线产业区域化与全产业链的建设。

5. 构建科技、产业、金融协同互促的政策体系

首先要健全科技成果转化收益分配机制,赋予科研人员科技成果所有权推动科技成果评价规范化,建设开放联动的技术要素市场,发挥市场在技术研发方向和创新要素配置的决定性作用,提高科技成果转化效率,建立良好的新技术准入机制,促进科技成果的规模化应用[②]。同时,还要加大金融市场和金融工具对科技创新的支持力度。完善覆盖科技企业全生命周期的信贷产品体系,发挥资本市场对科技型企业的直接融资作用,发挥政府创业引导基金和科技成果转化基金的引领作用,完善全链条的创业孵化载体建设,推动多元化创新创业[③]。

6. 大力推进"大众创业、万众创新"

大力推进"大众创业、万众创新"工程的具体政策,鼓励创办众创空间、大学生创业示范基地。通过创业创新基地、创新孵化等方式,支持万众创新。发挥行业龙头企业、创业投资机构的力量,实施"众创空间"建设工程,实现创新和创业、线上与线下、孵化与投资的紧密结合,为广大创新创业者提供良好的网络空间和资源共享空间[④]。大力倡导创新文化,营造勇于创新的氛围,进而更好地释放桂南高铁沿线区域产业发展的创新活力。

(三)聚人才集动力,加快人才与产业衔接

人才是一个区域产业发展不可或缺的因素,对产业集聚也有着重要的支撑与引领作用,对于加快桂南高铁沿线地区产业区域化和全产业链

---

① 张惠琴:《区域传统优势产业与战略性新兴产业协同融合发展探讨》,《产业创新研究》2020 年第 10 期。

② 钟兴:《完善科技创新体制机制有哪些重点》,《北京日报》2019 年 12 月 23 日第 13 版。

③ 徐义国:《金融要素如何服务上海科创中心建设》,《上海证券报》2015 年 7 月 28 日第 12 版。

④ 陈晓倩:《济宁市政府构建大学生创业服务体系的研究》,硕士学位论文,东北农业大学,2017 年,第 27 页。

建设有着举足轻重的作用。激发桂南高铁沿线地区的人才要素活力，应从以下几点着手。

1. 引进培育高层次创新型人才

桂南高铁沿线区域的人才引进应坚持"高精尖缺"的原则。首先要加快该地区产业链与人才链的结合，依托重大创新平台，加快对高层次人才的引进，加快人才的集聚。第一，可以通过完善各级政府决策咨询制度、自治区主席院士顾问制度，实施院士后备人选培养、促进八桂学者、特聘专家选聘规模和质量的提高，加快建设高水平科研团队[1]。第二，要聚焦特色产业，创新人才引进方式，围绕桂南高铁沿线区域产业重点发展领域及产业链缺失环节，重点引进有利于该区域产业集聚高质量协调发展的高端人才。第三，要支持优秀中青年人才主持重大科技专项，健全博士后科研流动站和工作站、院士专家工作站、海外高层次人才创新创业基地，促进高端科技创新人才在该区域集聚，进而促进桂南高铁沿线产业区域化与全产业链的建设。

2. 建设规模宏大的高端人才队伍

建立健全政府宏观调控、市场有效配置、人才自主择业的人才机制，统筹推进专业技术人才、高素质人才、高新技术人才等各类人才队伍的建设，培养一批具有创新能力与新鲜活力的人才队伍[2]。进一步完善人才评价、培养、激励机制，提高人才在桂南高铁沿线区域及周边地区的横向和纵向流动性。聚集领军人才。大力实施领军人才和高层次创新创业人才聚集工程，加快高层次人才集聚，形成一支有竞争力的人才队伍，吸引在产业核心领域有突出创新创业能力的领军人才，为桂南高铁沿线产业区域化与全产业链的发展提供强有力的人才保障。

3. 完善人才创新创造创业的有效机制

完善人才创新创造创业的有效机制应遵循人才发展的客观规律，激发人才发展的活力。第一要加快构建有效的分配机制，进一步利用好相关政策，鼓励人才参与到创新创业中去，强化中长期激励的途径，探索

---

[1] 广西壮族自治区发改委：《广西壮族自治区国民经济和社会发展第十三个五年规划纲要》，2016 年 6 月 27 日，桂政发〔2016〕9 号。

[2] 广西壮族自治区发改委：《广西壮族自治区国民经济和社会发展第十三个五年规划纲要》，2016 年 6 月 27 日，桂政发〔2016〕9 号。

要素参与收益分配的新途径[1]。第二是加快构建完善的人才评价体系。要做到以能力和贡献为导向改革职称评审方式，逐步增加专利及技术转让等要素的权重。第三是着力构建完善的成果转化机制。完善促进科技成果转化配套政策，搭建科技转化服务平台，引导更多的科技成果实现就地高效转化，推动高校院所建设技术转移机构，健全技术转移服务体系，实现与地方经济的深入融合。

4. 提高区域对人才的吸引力和号召力

桂南高铁沿线区域产业的发展要在加强经济生产总值等"硬实力"的同时，更加注重区域内"软实力"的建设，促使桂南高铁沿线区域产业品牌吸引大量高端专业人才。一是要提高区域内的产业规模。提升桂南高铁沿线区域的产业管理水平，深化住房供给侧改革，加快建立多主体供给、多渠道保障的住房制度，为人才提供良好的住房保障。二是提高区域开放度。积极融入"一带一路"、西部海陆海新通道、中国—东盟自由贸易试验区，在打造面向东盟重要门户和"一带一路"重要节点上迈出更大的一步，丰富该区域的国际化元素，提高国际化水平和国际知名度。三是集聚区域科研机构与高校。大力引进国内外知名高校与桂南高铁沿线区域的高校联合办学，推动知名高校在该地建设新校区，引进知名科研院所，并在该区域设立分支机构，巩固并拓展桂南高铁沿线区域的人才集聚效应。

5. 营造利于人才发展的良好环境

桂南高铁沿线区域人才高地的建设不仅要引进大量人才，还要营造良好的人才发展环境，使人才引得来、留得住。首先，桂南高铁沿线区域要完善科研管理政策及相关法律法规，在国家和广西政策及相关法律法规的指导下，尽可能地激励科研人员的积极性与创造性，将科技创新的政策激励措施落实到位，充分发挥人才的创造活力，大大提高人才的积极性[2]。其次要完善创新人才评价体系。科学的人才评价体系可以促进创新人才的成长，建立多维人才评价标准，对人才进行综合量化评

---

[1] 广西壮族自治区发改委：《广西壮族自治区国民经济和社会发展第十三个五年规划纲要》，2016年6月27日，桂政发〔2016〕9号。

[2] 邱丹逸等：《国内外建设创新人才高地的经验与启示》，《科技与创新》2018年第8期。

估,提高创新人才的创新和管理水平,促进创新人才更好地发挥自己的才能,营造良好的创新环境有利于人才充分发挥价值,因此要努力打造一流的宜居环境,营造人人愿意参与创新的人文环境①。最后要切实提高科技人员和广大知识分子的工资待遇,尽快缩小与我国发达地区的差距,使科技人员和广大知识分子有更好的工资待遇,更愿意为桂南高铁沿线地区的产业发展奉献自己的力量。

因此要加强高端人才的培养与引进,以人才高地建设及高层次创业创新人才开发为重点,激发劳动要素的活力,增强人才对桂南高铁沿线地区的开放合作、改革创新、产业区域化与全产业链建设的支撑作用,促进桂南高铁沿线地区产业的高质量协调发展。

三 创新体制机制,助推产业链转型升级

体制机制的创新有利于摆脱产业发展的束缚,释放创新动能,激发产业的发展活力。桂南高铁沿线产业区域化与全产业链的建设应进一步深化体制机制改革。通过对政策服务机制、创新机制、开放机制、环保机制等的创新,助推产业的转型升级,具体路径如下。

(一) 完善服务机制,引领产业转型升级

桂南高铁沿线产业区域化与全产业链建设要加快体制机制的创新,大力优化营商环境。一方面,创新政策导向可以通过政策引导和激励实现,对本地区的产业进行扶持和补贴,吸引国内外优质企业和项目在该地落地,从而带动相关产业的发展,把产业链做大做强;另一方面需要优化营商环境服务产业转型开放。桂南高铁沿线区域缺少"世界500强"企业及龙头企业,因此需要通过优化营商环境来促进企业的提升,改善政务环境,打造服务型政府,做到"企业有事不撒手、企业没事不插手",从而激发大众创业热情,创新金融环境,加强政银企合作,深化谋划建立产业引导基金,全力支持实体企业、小微企业发展,助力转型升级、动能转换。

---

① 李志清:《借鉴英国创新人才培养经验打造粤港澳大湾区创新人才高地》,《广东经济》2019年第1期。

(二) 完善创新机制，提升区域创新能力

桂南高铁沿线产业区域化与全产业链的建设要进一步完善创新机制，加大科研投入，提高区域创新能力，促进产业结构转型升级，打造高附加值的产业及产业链。首先要加快创新和完善研究体制机制。在完善基础研究布局，强化基础研究系统部署的同时，建立基础研究多元化投入机制，加大财政支持力度，和对高校、科研机构、专家学者等的支持力度。其次要加快创新型人才培养机制建设。一方面要对桂南高铁沿线区域现有的学科及培养体系进行改革，并针对桂南高铁沿线区域的市场及产业的实际需求进行人才培养；另一方面通过校企合作等方式，为创新人才培养提供更良好的成长环境[1]。再次要把握人才流动和聚集对科技创新及产业集聚的推动作用，通过建立完善的人才流动机制，促进人才有序流动。最后还要积极培育创新文化机制。一个良好的创新文化环境可以促进企业的创新，一方面要建立良好的创新生态环境；另一方面要进一步建立健全激励创新的运行机制，转变政府职能，坚持简政放权、放管结合，为企业创新发展提供更加高效的服务和更加公平便利的市场环境[2]。

(三) 完善开放机制，打造全面开放格局

桂南高铁沿线产业区域化与全产业链建设要抓好"一带一路"倡议"广西自由贸易试验区""东盟自由贸易试验区""RCEP""粤港澳大湾区"等战略机遇，加强桂南高铁沿线区域与国内外产业的交流与合作。通过进一步深化对外开放，更好地承接来自发达地区的产业转移，从而优化该区域的产业布局，促进产业集聚，从而促进该区域的产业区域化建设，同时还能弥补桂南高铁沿线原有产业链的缺失，促进产业结构的优化升级，使产业链向中高端发展。桂南高铁沿线区域可以发挥其"面向东盟开放门户"的区位优势，形成与东盟合作的特色产业链、民族产业链，把该区域的产业链进一步做大做强，更好地完成全产业链的建设。

---

[1] 帅扬：《完善创新机制激发创新活力》，《经济日报》2019年5月7日第12版。
[2] 帅扬：《完善创新机制激发创新活力》，《经济日报》2019年5月7日第12版。

（四）完善环保机制，促进产业绿色发展

桂南高铁沿线产业区域化与全产业链建设要遵循绿色可持续发展的原则。我们要突出生态环保、绿色增长，坚持疏堵结合，倒逼产业转型升级。第一要实现生态立法、行政和监管的三者统一，达到权力间的相互制衡。将各部门的权力与责任制度化，减少权利的错位和政策落实的随意性。第二要延伸环境管理链条，实现环境管理职能社会化，借鉴日本在环境管理方面的经验，向重点企业派驻环境监管员，让生产者也承担起保护生态环境的义务[①]。第三要加速构建生态环境保护运行机制，建设合理的协调机制与有效的制度纠偏机制，通过完善环保机制来约束企业的行为，进而逐渐淘汰落后高耗能、高污染的产业，提高产业的附加值，促进产业结构的优化升级，加快桂南高铁沿线产业的高端化与现代化发展。

（五）健全市场机制，打造透明开放市场

桂南高铁沿线区域应加快健全公平竞争的市场机制，引导产业转型升级。进一步强化竞争政策的地位，落实产业政策公平竞争审查制度，加大对不正当竞争等行为的执法力度，加大对知识产权的保护，提高侵权的违法成本和惩罚力度，为企业的可持续健康发展提供一个透明、公正的环境。强化标准体系的引导和约束作用，以技术标准、安全标准、环境标准等促进产业提质升级。加快落后企业的退出，加快建设落后产能退出的市场化、法制化长效机制。

四 建设基础设施，加快现代化产业体系建设

基础设施的建设，是桂南高铁沿线产业集群区域化与全产业链建设的重要保障。对于基础设施的建设主要从传统基础设施建设和新型基础设施建设两方面考虑。以基础设施建设为保障，以供给侧改革为突破点，加快该区域现代化产业体系的建设。具体路径如下。

（一）以传统基础设施为保障，确保产业发展后续动力

加强基础设施建设，是事关桂南高铁沿线地区产业长远发展的一项

[①] 梁红军：《生态文明制度体系建设之要义》，《民主与法制时报》2014年9月4日第8版。

重大战略任务，又是一项规模宏大的系统工程。桂南高铁沿线区域基础设施的建设应落实做好以下工作，加快综合交通运输体系的现代化建设。第一是完善机场布局，加快支线机场建设和改造，增强南宁吴圩国际机场与桂林两江国际机场的辐射范围，加快航空运输业的发展。第二是完善公路运输体系，加强桂南高铁沿线区域重点公路通道建设，进一步扩大公路网的覆盖范围，提高该区域的整体通达度和交通便利度。第三是构建综合化、立体化的交通体系，加强该区域内铁路、公路、机场、地铁之间的联系，逐步推行"零距离换乘"和"无缝对接"。第四是加快能源输送通道建设，结合桂南高铁沿线区域产业发展的电力市场需求，实施电网改造工程，推进电网智能化改造，提高电力输送的稳定性、可靠性和持续性，为该区域产业的发展提供充足的电力支持，加快适应国家能源基地建设需要，提高原油、成品油、天然气等能源管道运输能力。第五要加强水利基础设施建设。坚持统筹规划、高效利用、有效保护水资源，加强水利薄弱环节建设，强化水利基础保障能力；完善防洪减灾体系，提高防洪抗旱减灾能力；强化水资源配置能力建设，推进重点水利枢纽和大型水库建设。第六是加强信息基础设施建设[1]。完善信息网络服务，加强统筹规划和网络建设改造，加强产业信息化与工业化的融合，推进各行业及产业信息技术的应用。同时，大力发展电子政务，推进各级政府和政府部门间业务协同与信息共享，加快实现"并联审批"和"一站式服务"，加强数字化城市管理信息系统和城市空间地理信息库建设，加快城市基础设施建设，统筹桂南高铁沿线区域内各城市发展规划，注重完善各区域功能，增强综合承载能力，提高城市居民的居住条件[2]。通过以上基础设施的完善，为桂南高铁沿线产业的高质量发展提供保障。

（二）以新型基建为支撑，加快产业链与创新链的结合

新型基础设施与传统的基础设施截然不同，主要包括以下三个方面。第一是信息基础设施的建设，主要是以5G、物联网、互联网为代表的通信网络基础设施，以数据中心、智能计算中心为代表的算力基础

---

[1] 李学坤：《"五网"建设掀开跨越发展新篇章》，《社会主义论坛》2016年第6期。
[2] 李学坤：《"五网"建设掀开跨越发展新篇章》，《社会主义论坛》2016年第6期。

设施，以人工智能、云计算、区块链等为代表的新技术基础设施等①。第二是融合基础设施，主要指深度应用互联网和人工智能等技术，加快推进传统基础设施的转型升级，进而形成的融合基础设施，如智能交通基础设施、智慧能源基础设施等②。第三是创新基础设施，主要是指支撑产品研制、技术开发等具有公益特征的基础设施，如重大科技基础设施及产业技术创新基础设施等③。因此，桂南高铁沿线区域产业发展的基础设施建设不仅要加强传统基础设施的建设，还要注重新型基础设施的建设。

新型基础设施的建设是一个区域经济高质量协调发展的重要保障。加快新型基础设施的建设，是在加快未来经济高质量协调发展所需的基础平台的建设。新型基础设施主要是从两方面推动经济高质量协调发展：一方面体现在它的间接效应，通过发挥平台的网络效应、赋能效应和基础效应，催生大量的创新应用和产业形态；另一方面体现在它的直接效应，将为我国数字经济、战略性新兴产业、全产业链建设的发展提供载体④。同时，新型基础设施的建设也将带动产业链上下游以及各行业的发展，催生一系列新技术、新模式、新产品、新业态的产生。

"十四五"时期广西桂南高铁沿线产业区域化与全产业链的建设要加快推进5G技术、物联网、互联网等新型基础设施的建设进程，推进新技术在高铁产业中的融合与应用，加快对原有落后基础设施的升级改造，并加快推进传统基础设施的数字化进程，加快产业融合与发展。不断完善相关的制度和规则，鼓励企业进行建设投资，完善相关的激励机制，激发企业及社会主体进行新基础设施建设投资的热情和积极性。不断推进信息网络建设、新经济平台建设等基础设施建设，提升产业的信息化水平，推动生产向科技化、智能化方向发展。在国内外双循环经济体系的背景下通过加快新型基础设施的建设，引导高铁产业调整布局，

---

① 王鼎：《新型基础设施平台建设投融资模式研究》，《产业与科技论坛》2020年第17期。

② 杨进、汪洋：《"新基建"机遇下工程咨询企业亟需模式创新》，《中国勘察设计》2020年第7期。

③ 于凤霞：《"新基建"需要处理好四大关系》，《当代贵州》2020年第19期。

④ 钱春海：《对加强新型基础设施建设的思考》，《经济日报》2020年8月24日第11版。

加强产业关联，推进产业集群建设，促进各产业融合发展，促进桂南高铁沿线产业区域化发展，进而加快全产业链的建设。以新型基础设施建设推动数字化产业链的发展，推动基于新经济发展模式下的企业平台建设，加速新经济的发展。通过新经济的不断发展，推动科技成果向生产力的转化，提升产业的科技化水平和生产效率，带动产业的数字化转型。

对于桂南高铁沿线新型基础设施的建设还可以从以下几点考虑：第一，促进新型基础设施的智能化发展。广西桂南高铁沿线的新型基础设施的建设要以人工智能、大数据、互联网、区块链等信息技术的发展作为支撑，充分利用新技术、新业态、新模式，实现传统基础设施的智能化转型，进而促进产业结构的优化升级。第二，促进新型基础设施的创新型发展。广西桂南高铁沿线地区的新型基础设施建设要为其周边产业的发展提供良好的创新环境，为产业的发展建设创新平台，加快实现新型基础设施的创新型、数字化发展。第三，推动科技创新，以创新型"新基建"推动产业链与创新链的结合、带动产业结构转型升级，加快桂南高铁沿线产业区域化与全产业链的建设[①]。

（三）以供给侧改革为突破，加速构筑现代化产业体系

近年来我国一直强调深化供给侧结构性改革，坚持创新、绿色、协调、开放、共享的新发展理念。深化供给侧结构性改革可以调整桂南高铁沿线区域的产业布局，优化产业结构，解决该地区传统产业产能过剩、生态资源严重浪费等问题，通过加快供给侧改革推动桂南高铁沿线区域产业结构的转型升级；通过供给侧改革不断培育发展新动能，加快经济发展新旧动能的转换，改变传统的经济发展方式，推动经济的新发展。通过供给侧结构性改革降成本、补短板、去产能、去杠杆、去库存的五个方面，不断释放过剩产能，促进资源向新经济产业发展流动[②]，为桂南高铁产业区域化与全产业链建设的发展创造良好的宏观环境。

对于桂南高铁沿线地区现代产业体系的建设，我们可以从以下几方

---

① 任保平、豆渊博：《"十四五"时期新经济推进我国产业结构升级的路径与政策》，《经济与管理评论》2021年第1期。

② 姜长云：《推进供给侧结构性改革要拓宽视野》，《经济日报》2016年5月5日第14版。

面考虑：第一，调整和优化产业结构。通过供给侧结构性改革，培育新经济背景下新产业、新业态、新模式的发展，在新旧动能转换的发展过程中，不断调整高铁沿线的产业布局，大力发展新经济的主导产业，逐渐淘汰落后产业、夕阳产业，加快战略性新兴产业在桂南高铁沿线地区的集聚，推动产业结构的战略性调整。第二，坚持创新驱动发展。通过供给侧结构性改革促进制度和技术创新，实现创新驱动新经济的发展，推动高新技术产业的发展，促进传统产业的数字化转型，推动产业向智能化、信息化、融合化方向发展，增强不同行业、不同产业之间的紧密性，进一步加快产业融合的发展。同时，加强创新链与产业链的结合，提高产业链的现代化水平。第三，加快建立现代化的产业体系。以改革带动产业发展。第四，通过科技创新加快产业转型升级，进而加快该地区现代化产业体系的建设，通过改革引导桂南高铁沿线区域产业的高质量协调发展。

五 构建以内循环为主、外循环为辅的全产业链

中国正在构建以国内大循环为主体、国内国际双循环相互促进的新发展格局。桂南高铁沿线产业集群区域化与全产业链的建设既要立足于国内市场，又要进一步加快对外开放的脚步，加快打造国内外双循环的高质量全产业链。具体路径如下。

（一）立足国内市场，增强沿线区域产业核心竞争力

桂南高铁沿线产业区域化及其全产业链的建设需要利用好庞大的内需市场推动形成内外双循环的新发展格局，进而更好地融入我国的国内国外"双循环"新发展格局中。全产业链和产业区域化的建设与发展国内市场循环之间存在着密切的联系和相互促进作用。加快构建桂南高铁沿线区域各城市之间配套的产业链分工体系，进一步延伸产业链，提高该地区产业链发展质量，加快该区域地区间、城市间的产业融合与全产业链的建设，进而形成可观的循环效益。同时，充分利用广西及我国其他省份的市场将不仅会促进该区域产品生产的规模经济性，而且可以显著改善产品多样性，提高产业和产品的复合性，使桂南高铁沿线区域的产业、市场之间的联系更紧密。然后，还要加强产业链中企业之间的联系，使企业专注于产业链中的细分的专业化环节，桂南高铁沿线区域

各地区之间还要进一步细分产业分工，形成更加专业的全产业链和产业集群，进而生产出高度专业不可替代的产品，进而提高桂南高铁沿线产业的核心竞争力。因此，为了顺应以国内大循环为主国内国际"双循环"相互促进的新发展格局，桂南高铁沿线区域需要更加深入我国国内市场，逐步促进统一开放、竞争有序的国内大市场的形成。这种统一市场一旦形成，加上高度开放的世界市场，将进一步强化桂南高铁沿线地区乃至全国在产业链上的细化分工水平。

（二）深化区域合作，加快内循环为主的产业链建设

首先，桂南高铁沿线地区应加快构建以生产资本为主导的全产业链。针对产业链中处于劣势的关键环节，培育该地区企业自主研发能力。另外，由大量中小企业完成的加工制造环节也不能忽视，要充分发挥工匠精神、劳模精神，完善该地区生产配套网络。其次，构建商品资本主导的产业链集群。该地区企业应积极从"贴牌"走向"创牌"，从依赖国外提供的市场，到供应超大规模的内需市场，提高自主品牌制造能力。再次，构建货币资本主导的产业链集群。发动商业银行与各种金融机构成立支持创新的投资类基金推动产业发展。此外，在广西各个产业链集群内部，要保证三种职能形态的空间上的并存与时间上的继起，从而推动产业资本不同职能形态的有序循环，实现不同职能形态资本的保值增值，与此同时，还要建立不同产业链集群之间的内循环。应着力于广西经济的高质量发展，以及该区域全产业链的形成。同时还要加快构建桂南高铁沿线区域与我国东部沿海、中西部地区等区域的国内产业链集群大循环，使之形成充分的共振与互动，发挥各区域的比较优势。还要做好对粤港澳大湾区的产业承接，从而拓展桂南高铁沿线产业区域化及其全产业链建设的回旋余地。最后，要充分发挥市场与政府在构建产业链集群的协同效应。在对桂南高铁沿线全产业链的建设上，政府要采用财政、货币、人才引进、知识产权保护等政策，培育具有潜质的企业成长为产业链龙头，并且采用产业保护政策维护其在产业链上的主导地位。同时，政府还要协助该区域产业链上下游链条的协同，实现产学研、产供销的有机衔接。对关键性领域进行投资与政策扶植的同时，在竞争性领域要破除玻璃门、弹簧门等行政限制，促进统一透明的市场环境的形成，激励资本在追求剩余价值过程中孕育出技术创新力，促使本

土产业在平等的市场竞争中脱颖而出。

（三）加快引资紧链，构建国内外双循环的全产业链

广西地区拥有独特的区位优势，作为面向东盟的对外开放门户，应积极扩大招商引资，让外资更好地为我所用，引资紧链加强本地化联系。只有工业化程度高，满足外资工厂对原材料与零部件需求，才能增加本地的商业机会，推动现存企业的发展，促进新企业的建立，拉动本地经济的增长。因此，高水平地引进外资，补齐该区域产业链的短板，一方面要完善本地的产业链集群；另一方面还要加强产业链上下游之间的协作，全面梳理产业链的关键流程和关键环节，有的放矢地招商，避免盲目性和无序性。一是应积极构建并主导"西部路海新通道"沿线区域的全产业链建设，对该区域的产业布局进行宏观规划与布局，创造沿线国家的有效需求，进而充分利用国内的生产要素，助推自身向研发、营销等高附加值的产业升级，促使国内产业链集群、西部陆海新通道沿线产业链集群与桂南高铁沿线产业链集群形成良性循环，并深度嵌入全球产业链集群的大循环。二是要通过数字技术强链高效融入全球产业链。随着科技的不断发展，数字经济逐渐融入全球产业链的建设中去。对于产品内不同零部件生产的水平分工，数字化模块因其便捷高效的数字网络，可以使复杂技术相对标准化，降低了分散零部件有效连接的技术门槛。对于跨境数字贸易，数字平台可以利用算法对消费者的需求进行分析和预测，提高制造企业的生产效率与交易效率。区块链等技术压缩空间降低交易成本，帮助企业了解零部件背后的海量信息，物联网等技术能降低监控、匹配成本。因此，桂南高铁沿线区域应尽快研发数字技术在产业链中的应用，高水平嵌入全国产业链乃至全球产业链中去，在产业链集群的构建中抢占先机[①]。

第三节 空间格局

根据桂南高铁沿线各城市产业空间布局与未来的发展趋势，结合该

[①] 富丽明：《全球产业链重构趋势与中国路径选择的政治经济学分析》，《商展经济》2021年第6期。

区域主体功能区规划与区域产业发展现阶段的特征，优化桂南地区产业的空间布局，加快产业集群与全产业链的建设，从而进一步促进桂南地区产业的差异发展、特色发展和高质量协调发展。

一 总体布局

桂南高铁沿线地区的产业发展将着力打造"一极一带"的新格局，"一极"是指充分利用南宁市作为广西首府的自身优势，规划建设南宁市作为桂南高铁沿线地区产业发展的核心增长极，充分发挥其作为"增长极"的引领作用，加快南宁市及周边地区人才、技术等要素的集聚，从而促进桂南高铁沿线地区其他城市的产业集群的发展。"一带"是指桂南高铁沿线地区，桂南高铁的建设将加快西部陆海新通道的建设，促进其沿线地区各产业的发展，加快产业朝桂南高铁沿线集聚，因此要充分利用桂南高铁建设带来的交通优势，把握南宁市、桂林市、柳州市、北海市各自的重点产业与特色产业集群建设，着力打造桂南高铁沿线产业集聚带，进一步加快桂南高铁沿线地区产业区域化及其全产业链的建设。

二 各地级市产业空间布局

（一）南宁市：机械设备制造产业与生物医药产业

南宁作为广西首府，拥有众多的产业集群，并且发展良好。未来，南宁市将主要建设6个产业集群，包括机械设备制造产业、汽车产业、轻工和纺织产业、生物医药产业、电子信息产业和新金属材料产业。[1]

南宁市产业发展始终贯彻创新、协调、绿色、开放、共享五个发展观。以电子信息产业、机械Z设备制造业和生物医学产业作为其主导产业。其产业发展主要围绕"三圈一带多支点"的空间布局，"三圈"是指北部工业圈，南部工业圈和东部工业圈；"一带"是指以湛江为主体，江南江北为腹地，贯穿南宁市开发区和工业园区，沿湛江向西向东辐射的产业带；"多支点"是指以现代工业园区，保税园区和空港经济

---

[1] 广西壮族自治区人民政府办公厅：《2020全区制造业发展攻坚突破年实施方案》，2020年5月7日，桂政办发〔2020〕26号。

区为产业集聚的核心,进一步建设具有市场竞争力的空港产业集群,形成现代产业集群基地。同时,要加快"3 + 4 + N"园区开发体系建设,充分发挥广西—东盟经济技术开发区,南宁高新技术产业开发区和南宁经济技术开发区的引领作用[1]。南宁市要加快发展高端产业,完善新型基础设施的建设,继续优化营商环境,提高企业的进入门槛,吸引产业链带动能力强的企业及项目入驻南宁市,形成以国家开发区为核心,以周边园区为配套的产业集群区,进而促进园区集约化、高端化、现代化的发展。以南宁新兴产业园、江南工业园区等为载体,充分发挥现有产业的优势,实现产业区域化建设,加快全产业链建设,带动南宁市及桂南高铁沿线区域产业的高质量协调发展。

(二)柳州市:金属新材料产业与轻工纺织产业

柳州市的产业发展遵循"集群发展、垂直整合"的思路,将柳东新区和北部生态新区打造成为战略性新兴产业核心集聚区,沿城市外环路,以阳和、柳北、柳南、鱼峰和柳江工业园区作为重点布局产业环形发展带,在鹿寨、柳城、融安、融水、三江促进战略性新兴产业点状发展,进而形成"双核带动,一环多点"的产业空间布局。未来一段时间里柳州市将重点培育机械装备制造产业、汽车产业、金属新材料产业、高端家具家居材料产业、轻工纺织产业五大产业集群[2]。

1. "双核"是指加快推进柳东新区和北部生态新区两个战略性新兴产业核心集聚区的建设。

(1)柳东新区:该地区重点发展新能源汽车、轨道交通、电子信息产业等。依托上汽通用五菱汽车股份有限公司、东风柳州汽车有限公司,加快推进新能源汽车产业化。利用柳州轨道交通以及桂南高铁专线建设的机遇,大力推进智能交通产业园建设,加快发展牵引电机、制动系统等关键零部件。加快汽车产业的转型升级,积极发展动力控制、行驶控制等汽车电子产品。重点布建新能源汽车产业示范基地、智能交通产业园、汽车电子产业园。加快形成完整的产业链,促进新能源汽车集

---

[1] 韦静:《南宁将打造成高新技术产业和先进制造业基地》,《搜狐网》,2017年1月18日,https://www.sohu.com/a/124622068_394134,2021年6月3日。

[2] 广西壮族自治区人民政府办公厅:《2020 全区制造业发展攻坚突破年实施方案》,2020年5月7日,桂政办发〔2020〕26号。

群与电子信息产业集群的发展。

（2）北部生态新区：该地区重点发展智能装备产业。紧紧抓住广西壮族自治区智能制造城建设的机遇，积极推进智能电网关键设备的研发和制造，重点发展工业机器人、智能关键部件等产业，加快发展智能传感与控制装备、智能物流与仓储装备，重点布建智能电网产业园[①]。

2."一环"是指以城市外环路为连接通道，依托阳和、柳北、柳南、鱼峰和柳江工业园区，突出特色，差异化发展，建设的战略性新兴产业环形发展集聚带。主要包括以下工业园区的建设：

（1）阳和工业新区：重点发展新材料产业。依托广西柳州银海铝业股份有限公司积极发展高性能铝材产品，延伸铝深加工产业链，推动汽车、机械产业轻量化发展。利用晶联光电公司 ITO 靶材产业化技术，加快发展 ITO 靶材系列产品。

（2）柳北工业园区：重点发展装配式建筑、节能环保产业。加快发展钢结构部件等装配式建筑材料。重点布建装配式建筑产业园，循环经济示范基地。

（3）柳南工业园区：重点发展高端装备制造业。依托邻近广西柳工机械股份有限公司、上汽通用五菱汽车股份有限公司的位置优势，加快发展工业机器人、智能专用装备产品，积极推进智能装备在工程机械、汽车等领域集成应用。

（4）鱼峰工业园：重点发展大健康产业。积极发展健康食品、健康医药、健康服务、体育健身产品。

（5）柳江工业园：重点发展高端装备制造业。积极发展低能耗、低排放、高性能的发动机，加快发展工程机械、汽车关键零部件。

3."多点"是指依托资源优势，在鹿寨、柳城、融安、融水、三江推动战略性新兴产业点状发展。

（1）鹿寨工业园：重点发展新材料、节能环保产业，积极发展珠光颜色材料和石墨烯材料产品，加快发展热电联产节能环保循环经济。

（2）柳城工业园：重点发展生物与制药产业。加快壮药研发生产，

---

① 柳州市人民政府：《柳州市战略性新兴产业发展"十三五"规划》，2018 年 4 月，柳工信通〔2018〕48 号。

发展酵母生物产品。

(3) 融安、融水、三江利用丰富的风力资源，大力发展风力发电绿色环保新能源①。

(三) 桂林市：电子信息产业与先进装备制造业

1. 总体空间布局

立足于桂林市工业园区和集中区的产业基础、区位优势、交通优势和区域发展要求，根据"一轴两带"经济社会发展总体布局，战略性新兴产业应按照"集聚、集约、集群、循环、生态"发展的原则，推进"一核双驱动，全面齐协调"的空间发展布局，重点培育电子信息产业、汽车产业和生物医药产业三大产业集群②。同时，通过开发区的建设带动中心城区发展，依据自身资源禀赋特点加快各县及特色工业园区发展，进一步加快桂林市产业集群的建设。

2. 核心发展区域

桂林市产业核心发展区主要集中在中心城区与临桂及永福等区域，产业发展重点是以桂林中心城区、经济技术开发区与国家高新区"一核两区"作为依托，重点建设一批产业高端化、现代化、创新能力强、辐射范围广、产业链齐全的特色产业集群③。

桂林国家级高新技术产业开发区应加快扩大该区域的产业发展空间，扩大信息产业园、英才科技园、铁山工业园三大园区的产业规模，建设花江生态科技园等特色园区，重点发展智能制造、新一代信息技术等高端产业，突出培育高端软件和物联网、大数据、云计算等新一代信息技术，加快产业集群和全产业链的建设，着力打造总部基地和智慧产业基地。

桂林经济技术开发区应加快对苏桥和西城经济开发区的整合，重点发展智能制造产业、大健康产业等，努力将其升级为国家级经济技术开

---

① 柳州市人民政府：《柳州市战略性新兴产业发展"十三五"规划》，2018年4月，柳工信通〔2018〕48号。
② 广西壮族自治区人民政府办公厅：《2020全区制造业发展攻坚突破年实施方案》，2020年5月7日，桂政办发〔2020〕26号。
③ 桂林市发改委：《桂林市战略性新兴产业发展"十三五"规划》，2017年3月7日，市发改规划字〔2017〕8号。

发区，与高新区形成"两翼齐飞"的发展格局。灵川县要加快建设桂林市粤黔高铁经济带合作试验区（简称广西园），以高铁辐射片区，促进产业向高铁沿线集聚，进而形成城北发展的"新动力"。

3. 辐射发展区域

兴安工业集中区重点打造光伏产业园区，形成原材料生产，装备制造、系统集成和产品应用等上、中、下游完整配套的全产业链。雁山低碳经济区利用科教资源优势，为"大众创业，万众创新"提供发展平台。龙胜、资源、兴安、恭城等县重点发展风能发电，建设桂北风能基地，阳朔、永福、荔浦等县结合桂林国际旅游胜地和桂林国家服务业综合改革试点区域建设，大力发展旅游产业与大健康产业[1]。

（四）河池市：金属新材料产业与轻工纺织产业

河池市矿资源丰富，有色金属产业在广西名列前茅，未来一段时间河池市将重点培育金属新材料产业和轻工纺织产业两大产业集群。未来一段时间河池市产业布局将按照生态发展方向，大力发展绿色经济和循环经济，坚持产业发展的生态化建设、以产业生态化为主线，实现该区域产业的可持续发展。按照"河·路"（即红水河流域、龙江河流域和高等级公路、高速铁路）的产业布局，依托区位条件和资源优势，以工业园区为载体，加快形成"两带经济"的工业布局，进一步完善和优化提升现有产业布局，促进全市优势产业和特色产业的发展壮大[2]。其中，"两带"主要指龙江河流域产业经济集聚带与红水河流域产业经济带。

龙江河流域产业经济集聚带。坚持通过资源促进产业的发展，充分发挥该区域的资源优势、产业优势和区位优势，加快资源、技术、人才等要素的流动与集聚。金城江、宜州、罗城、环江和南丹等区域应重点发展有色金属新材料产业、化工产业、特色农产品产业、特色酒业和林产加工产业等产业，加快形成一个发展速度快，开放程度高，辐射能力

---

[1] 桂林市发改委：《桂林市战略性新兴产业发展"十三五"规划》，2017年3月7日，市发改规划字〔2017〕8号。

[2] 河池市人民政府：《河池市工业和信息化发展"十三五"规划》，2017年5月24日，河政发〔2017〕20号。

强的产业集聚带，引领整个河池市及其周边地区产业的高质量协调发展①。

红水河流域产业经济带。充分利用该区域丰富的水力资源和生态资源，大力发展特色种养产业、绿色长寿食品产业、生物制药产业和清洁能源产业等，做大做强红水河长寿绿色品牌，加快构建合理的产业布局，形成优势互补，生态环保的产业体系和特色鲜明、富有活力的产业经济带。天峨、大化重点发展清洁能源产业，推进龙滩水电站二期工程建设，建设清洁能源基地②。东兰、巴马、凤山、都安重点发展特色种养、绿色食品、制糖、制酒、生物制药、机械制造、碳酸钙和其他劳动密集型产业。

（五）钦州市：新一代信息技术产业与新材料产业

根据钦州市产业发展基础、发展环境和发展趋势，按照产业区域化发展的理念，重点提出"4+4"的产业空间布局。即：重点建设钦州港经济技术开发区、钦州保税港区、中马钦州产业园区、钦州高新技术产业开发区4个战略性新兴产业核心区；建设钦南金窝工业园、钦北皇马工业园、灵山工业区、浦北县工业集中区4个体现产业差异化发展的战略性新兴产业特色基地③。

钦州市未来发展重点是高端装备制造业、新一代信息技术产业、新材料产业和生物制药产业④。重点培育新能源产业、节能环保产业、新能源汽车产业、大健康4个产业。逐步形成"4+4"的战略性新兴产业发展体系，各产业布局如下：

①高端装备制造业集中在钦州港经济技术开发区、中马钦州产业园区、钦州保税港区、钦南金窝工业园（钦南进口资源及新材料加工

---

① 河池市人民政府：《河池市工业和信息化发展"十三五"规划》，2017年5月24日，河政发〔2017〕20号。
② 《河池市工业和信息化发展"十三五"规划》，河池市人民政府，2017年5月24日，河政发〔2017〕20号。
③ 河池市人民政府：《河池市工业和信息化发展"十三五"规划》，2017年5月24日，河政发〔2017〕20号。
④ 钦州市人民政府：《钦州市"十三五"时期战略性新兴产业发展规划》，2017年8月14日，钦政办〔2017〕89号。

区)、钦北皇马工业园区（钦北进口资源加工区）等园区[①]。

②新一代信息技术产业主要布局在钦州高新技术产业开发区、中马钦州产业园区、钦州保税港区、灵山工业区、浦北县工业集中区等园区。

③新材料产业集中布局钦州港经济技术开发区的石化产业园、钦州保税港区、钦南金窝工业园（钦南进口资源及新材料加工区）、钦州保税港区、钦北皇马工业园区（钦北进口资源加工区）、灵山工业区、浦北工业集中区等园区[②]。

④生物制药产业主要布局在中马钦州产业园区、钦州高新技术产业开发区、钦北皇马工业园区、灵山工业区、浦北工业集中区等园区。

⑤新能源产业主要布局在钦州高新技术产业开发区、钦州港经济技术开发区等园区。

⑥节能环保产业集中布局在钦州港经济技术开发区、中马钦州产业园区、钦南金窝工业园（钦南进口资源及新材料加工区）、钦北皇马工业园区（钦北进口资源加工区）、钦州高新技术产业开发区等园区。

⑦新能源汽车产业主要布局在钦州港经济技术开发区。其中：新能源整车及零部件制造业主要布局在钦州港经济技术开发区的综合物流加工区，并以构建整车、零部件配件等产业集群为重点。

⑧大健康产业主要布局在灵山县、浦北县、钦南区、钦州港区、三娘湾管理区。

（六）防城港市：高端家具家居产业与生物医疗产业

防城港市产业布局将遵循主体功能区规划和市县空间规划，发挥主体功能区国土空间开发保护基础制度的作用，加快扩大该区域的产业发展新空间，加快推进沿海经济带的建设，构建沿边沿海发展新格局，大力发展六大经济业态，推动产业转型，形成开放度高、关联紧密、竞争力强的边海经济带。引导各生产要素向沿海沿边经济带集中布局，形成"生产空间集约高效、生活空间宜居适度、生态空间山清水秀"的国土

[①] 广西壮族自治区人民政府办公厅：《2020 全区制造业发展攻坚突破年实施方案》，2020 年 5 月 7 日，桂政办发〔2020〕26 号。

[②] 钦州市人民政府：《钦州市"十三五"时期战略性新兴产业发展规划》，2017 年 8 月 14 日，钦政办〔2017〕89 号。

空间格局。以主体功能区规划为基础统筹各类空间性规划，逐步推进"多规合一"。未来，防城港市将重点培育生物医药产业、金属新材料产业和高端家具家居材料产业集群①。

防城港市的产业区域化与全产业链的建设要充分发挥防城港市沿边沿海的独特的地理优势，优化产业发展布局，进一步扩大产业发展的新空间，培育产业发展的新动力，通过新动力继续开拓经济发展新空间。按照沿海经济带建设要求，以沙企一级路—北部湾大道—边海大道为发展主轴，以中越跨境经济合作区、大西南临港工业园、东湾物流加工园区、企沙工业区、冲仑物流园区等工业园区、现代海洋渔业（核心）示范园区、高新技术产业开发区和现代服务业集聚区为主要节点，优化提升港口经济、沿海经济、口岸经济、旅游经济，培育拓展现代海洋产业集群，形成边海联动、点轴配合、产业集聚的经济发展新格局②。

防城港市应认真贯彻落实自治区"强龙头、补链条、聚集群"的产业发展战略，重点围绕钢铜铝、旅游康养、冷链物流、生物医药、现代农业、口岸经济、海洋经济等重点领域、重点产业，依托重大产业项目，充分发挥其示范带动作用，精准发力，成功引进一批产业链节点项目，特色产业集群逐渐形成③。

（七）北海市：绿色化工新材料产业与电子信息产业

立足于北海市独特的区位优势与区域发展要求，向海经济是北海市的发展重点，未来一段时间北海市将主要培育建设绿色化工新材料产业和电子信息产业两大产业集群④。同时，其海洋产业发展未来将形成"四区一岛一带"的总体布局。其中"四区"包括以下4个区域。

北海市的港口产业集聚区主要集中在铁山港东西两岸，将区域性国际航运物流中心、现代渔港经济区、先进装备制造业基地作为其功能定位，其中现代海洋服务业集聚区包括海城区和银海区西南，主要定位是

---

① 王秋真：《防城港市特色产业集群逐渐形成》，《防城港日报》2019年11月29日。
② 防城港市人民政府：《防城港市国民经济和社会发展第十三个五年规划》，2016年12月9日，防政发〔2016〕11号。
③ 王秋真：《防城港市特色产业集群逐渐形成》，《防城港日报》2019年11月29日。
④ 广西壮族自治区人民政府办公厅：《2020全区制造业发展攻坚突破年实施方案》，2020年5月7日，桂政办发〔2020〕26号。

邮轮经济区、出口加工区及涉海金融服务业集聚区[①]。海洋新兴产业集聚区包括北海高新区海洋生物产业园、海洋生物科技集聚区及北海海洋产业科技园区，主要定位是北部湾地区海洋药物和生物制品基地、海洋高新技术产业基地，海洋生态养殖集聚区主要包括廉州湾内合浦县管辖海域及相邻陆域，主要的定位是海产品育种、生态养殖、休闲渔业区[②]。

"一岛"是指涠洲岛周边海洋产业集群。包括涠洲岛、斜阳岛以及近海海域，主要的定位是现代海洋渔业区和北部湾海岛休闲旅游。

"一带"是指滨海生态保护与旅游带包括北海市全部管辖海域及毗邻海岸带地区，功能定位是滨海生态保护、休闲渔业和生态旅游发展核心区[③]。

(八) 来宾市: 高端家具家居产业与精品碳酸钙产业

来宾市遵循经济总体规划、土地利用规划、主体功能区空间发展规划、经济社会发展规划等，统筹考虑该区域的经济开发强度、产业发展现状、资源环境承载力和开发潜力，按照珠江—西江经济带建设的总体要求，来宾市产业应以西江黄金水道、柳南高速公路和区域快速通道为纽带，加快形成"一带两廊两群五区"的空间发展格局。

"一带"：沿红水河滨江发展带。包括两个部分：一是上游区域，即以忻城、合山、迁江等沿江城镇和各类工业园区为支撑，以临港产业的发展和产业转型为发展动力，沿红水河岸线为该区域产业发展的横轴；二是红水河—柳黔江发展带，即以来宾中心城区为支撑，推动城市向东扩展，与红河工业园相连，打造来宾市市区到石龙区域的快速通道，沿红水河和区域高速路构筑来宾市横向发展带，增强中心城市的产业集聚和经济辐射能力[④]。

"两廊"：柳来工业走廊和柳武物流走廊。柳来工业走廊将沿柳南

---

① 北海市人民政府：《北海市海洋产业"十三五"发展规划》，2017年2月14日，北政办〔2017〕7号。
② 北海市人民政府：《北海市海洋产业"十三五"发展规划》，2017年2月14日，北政办〔2017〕7号。
③ 北海市人民政府：《北海市海洋产业"十三五"发展规划》，2017年2月14日，北政办〔2017〕7号。
④ 来宾市住建委：《来宾市城市总体规划（2017—2035）》，2018年2月15日，来建发〔2018〕8号。

高速路，打造柳来工业大道，将凤凰工业园区、来宾高新区、河南工业园区、迁江工业园区等园区紧密连接起来作为柳州市与来宾市产业发展的纵轴。柳武物流走廊，即由柳州—象州县城—石龙半岛—武宣县城，沿柳黔江沿岸，将打造临港经济区和物流枢纽，通过港口建设，加快产业园区和城镇发展，建设集三江交汇、区域交通、港产城互动等多种要素的流通纵轴[①]。

"两群"："中心城市城镇组群"和"泛石龙半岛城镇组群"。中心城市城镇组群包括来宾中心城区、河南工业园、红河工业园等，是来宾市城镇化发展最好的区域，是来宾市区沿江向东延伸、城镇化建设、辐射整个区域发展的核心地区。泛石龙半岛城镇组群包括象州县城、石龙镇全域、兴宾区的高安、大湾部分区域以及武宣北部区域和武宣县城，是来宾市未来的产业聚集区，依托沿江工业区和物流园区带动城镇化进程，形成以产业为支撑的城镇群[②]。该城镇群将作为来宾市未来推进国家新型城镇化综合试点的主要区域

"五区"：来宾都市区、石龙—武宣港产城互动发展区、合山—迁江转型发展区、忻城—金秀民族生态旅游休闲区、凤凰—柳来合作工业区五大区域。

来宾都市区是来宾西江经济带建设的核心区域，也是来宾市加速城镇化、产业结构高端化的重点区域。石龙—武宣港产城互动发展区是来宾市推进新型工业化和新型城镇化的主战场之一。将以港口及临港产业园作为该区域的经济增长点，以柳黔江航道和桂南高铁沿线为产业发展轴，以城镇区域为支撑面，大力推进港产城良性循环。合山—迁江转型发展区以资源型产业转型为主要任务，按照循环经济、低碳发展、绿色发展的要求，以电铝结合、电冶结合为发展动力，做大做强电力能源、建材等行业，打造成来宾市的重工业基地。忻城—金秀民族生态旅游休闲区集中了来宾市优质的民族风情和生态景观资源，是来宾市生态环境保护和休闲养生产业发展的重点区域，该区域要突出生态保护的发展主

[①] 来宾市住建委：《来宾市城市总体规划（2017—2035）》，2018年2月15日，来建发〔2018〕8号。

[②] 来宾市发展改革委员会：《来宾市西江经济带发展规划（2015—2020）》，2015年12月14日，来政发〔2015〕49号。

题，大力培育旅游综合体和旅游小镇。凤凰—柳来合作工业区是以循环经济和清洁生产为组织模式，打造资源节约和环境友好型园区，是柳来产业合作的重要载体和配套柳州工业发展的重要基地，将积极探索"柳来共建园区"和"区域经济飞地"的模式，打造再生资源循环利用的园区和柳来产业紧密合作的先行区[1]。

未来，来宾市将大力培育八大产业集群，提升产业集聚效应，其中包括：铝及精深加工产业集群、碳酸钙及绿色建材产业集群、冶金和化工新材料产业群、智能制造产业集群、制糖及综合利用产业集群、木材加工及高端家具家居产业集群、丝绸纺织服装产业集群、生物医药产业集群[2]。

---

[1] 来宾市发展改革委员会：《来宾市西江经济带发展规划（2015—2020）》，2015年12月14日，来政发〔2015〕49号。

[2] 来宾市人民政府办公室：《2020来宾市"产业发展年"制造业攻坚突破年实施方案》，2020年8月5日，来政办发〔2020〕19号。

第八章 国内外经验与启示

第一节 国内经验借鉴

一 云南高铁的经验借鉴

云南省，尤其是丽江、大理、西双版纳、香格里拉等地旅游资源以及其他自然资源极其丰富，但是因其处于西南边境地区并且海拔相对较高，因此云南省的交通状况一直是相对落后的，这就制约了云南经济发展状况的改善与提高。2016 年云南高铁时代伴随着南昆高铁的开通运营而到来。南昆高铁和云南高铁的开通运营促进了高铁沿线产业集群区域化和全产业链建设；对第二、第三产业的发展也同样起到了一定的正向影响，使云南省产业结构更加合理化。

（一）构建综合交通网促产业集聚发展

基础设施的建设发展带动整个社会经济的迅速发展，是经济社会发展的基础动力。近年来，云南省加速基础设施的建设，包括滇中城际铁路、昆丽高铁、渝昆高铁、昆明国家物流枢纽等逐步建设完成渝昆高铁、成昆铁路等改造项目，重视县级节点互联互通建成昆明至倘甸等高速公路，构建综合交通网以促进产业集聚发展。截至 2019 年年底，云南省已经开通 5 条高铁线，里程约 1100 公里，高铁开行范围覆盖全国 26 个省、区、市[1]，2020 年，云南铁路旅客发送量突破 4000 万人次[2]。云南省在综合交通网络建设的过程中，重视高速铁路和不同交通网络体

---

[1] 王绍芬：《五网建设半年完成投资 255.18 亿元》，《昆明日报》2018 年 9 月 7 日第 1 版。

[2] 胡晓蓉：《云南铁路发送旅客逾 4000 万人次》，《云南日报》2020 年 12 月 9 日年第 1 版。

系的衔接以及中转换乘，重视综合交通枢纽的管理与运营、乘客和货物的转运和集散以及信息的流通等功能，促进优化高铁交通运输方式的整体布局，实现整个综合交通枢纽的优化[1]，带动了高铁系统整体的优化升级，为产业集聚在高铁沿线提供了极大的便利。同时，随着交通便捷性的提高，越来越多的企业为降低生产成本、提高生产效率，会集聚在高铁附近，这也深刻影响着产业集群区域化的发展，从而促进了全产业链的建设。

资本、技术、人才等是经济社会发展必不可少的要素，要素在流动过程中促进了资源的优化配置以及生产效率的提高。资本在产业发展过程中起基础性作用，人才能够促进信息、技术的流动。一个地区获取生产要素的难易程度关乎其生产力的发展。高铁的开通则为要素的流动提供了良好的基础条件以促进产业集群区域化和产业链的建设。高铁的开通运营主要是对高铁建设运营发展相关的产业起到联动作用，尤其是对资金、信息、技术等要求较高的第三产业发展起到促进作用。

1. 旅游业

2014年以来，随着铁路、公路、民航网络不断完善，打造世界知名旅游地等"三张牌"战略开始实施，为了深入整顿旅游市场，云南省旅游业进入到由主要发挥经济功能向发挥综合功能转变的融合发展期，2014—2019年，云南省的旅游收入已经超过万亿。云南省开通高铁以后，城市和城市之间的可达性大大提高，旅游目的地和客源地实现直接连通，区域间的空间优势明显突出，大幅减少了旅游交通时间成本和增加了舒适性，扩大出行范围，增加出行频率，显著改善游客的出行便利性，云南省迎来更多中远程客源，旅游人次也随之大幅上升[2]。云南高速铁路的开通运营带动了旅游业的蓬勃发展，使得旅游业在高铁附近集聚。比如成昆铁路经过永仁县、元谋县等多个相对贫困的乡镇，很多游客乘坐高铁来当地旅游，兴起了民宿、农家乐等的高潮，促进当地脱贫户持续脱贫与当地经济的不断发展。

---

[1] 何海军：《沪昆高速铁路对湖南沿线产业发展的影响》，《合作经济与科技》2015年第5期。

[2] 唐娇、陈畅：《高铁（动车）对云南省旅游发展影响研究》，《云南地理环境研究》2020年第32期。

云南的旅游市场因为高铁的开通运营已经发生了改变。第一，伴随着高铁的开通使得人们的短途旅游更加方便，增加了人们在旅游方面的需求，国庆、五一等节假日出游的旅客也逐渐增多。沪昆高铁开通仅仅一年，贵阳北站乘坐高铁出行的人数比往年翻了好几倍。第二，高铁开通以后城市之间的时空距离被大大压缩，同城之间的旅游人数也迅速增多。第三，我国高铁沿线的很多城市旅游资源丰富，有大量的人文和自然景观，方便了民众观光休闲，促进了沿线城市旅游经济增长，高铁沿线变成了旅游通道，催生了一批新的旅游城市[①]。云南高铁的开通运行为当地的旅游业带来了全新的发展机遇，尤其是成昆铁路扩建改造后，促进了昆明与周边城市的交流，带动了昆明经济的发展。

2. 新兴产业

云南高铁借力数字经济的发展，依托人工智能、物联网、大数据、区块链等新基建建设云南数字开发区，带动智能制造、智慧城市、智慧医疗、智慧交通等全面发展。昆明与华为签署了共建产业园、培育产业集聚区的相关协议，云上云信息中心、紫光芯云产业园、5G产业园等项目不断推进实施，力争打造全省产业集群基地，支撑产业项目不断运营发展，发挥产业集群区域化的辐射带动作用。通过高铁布局加速新兴产业布局，促进新兴产业在高铁沿线附近区域化集群发展，再通过新兴产业带动其他产业区域化集群发展。新兴产业带动性强而且有着巨大的辐射带动效应，带动产业结构升级、企业转型等。因此我们要通过高铁带动新兴产业集聚发展，促进经济社会高质量发展。要不断完善产业营商环境，降低产业交易的成本，不断激发市场和社会的活力以及创造力。要不断对高质量复合型人才进行引进和培养，推动创新类要素的集聚发展，促进自主创新体系的建设完善，最终形成可持续发展的创造力与创新能力。

（二）跨区域合作推动高铁产业区域化

沪昆高铁全长约2300公里，是中国东西向高铁中线路最长、经过省份最多的高铁，其中主要经过湖北、湖南、贵州、云南4个省份。沪昆高铁在促进沿线产业集群、旅游业发展等方面发挥了重要的辐射带动

---

① 黄喜：《借力高铁加快产业转型升级》，《投资北京》2017年第3期。

作用。为加速高铁时代区域经济的协调发展，2014 年湖北、湖南、云南、贵州四省签署协议共同打造沪昆高铁经济带，促进区域协调发展。四省共同推进沪昆高铁沿线基础设施的互联互通，通过高铁带动其他资源的发展，推进沿线电子制造、汽车零部件等一系列产业的合作发展，建设整合具有沿线资源优势的产业集群，建设延伸高铁产业链。四省利用高铁加快沿线资源流动的特点，加大省份之间的旅游交流与合作，深度挖掘沿线旅游资源，开拓旅游市场的新发展空间，共同构建旅游经济带。四省还将在生态环保、推进市场体系建设、建立健全合作机制等方面开展合作。

自从 2014 年以来，粤桂黔合作建设了广东园、广西园、贵州园等，跨区域合作推动广东、广西、贵州高铁产业区域化新发展格局。2019 年云南也纳入粤桂黔高铁经济带的合作发展中，经济带由 13 个城市扩展到现在的 21 个城市。四省致力于破除区域间旅游发展的阻碍，致力于将区域间的资源要素进行整合发展，合作搭建旅游宣传网络平台和营销平台，促进沿线区域间合作发展旅游业，开发旅游业的新动能，致力于打造区域品牌，形成跨省份的高铁经济带。同时推出惠民政策，建立城市间游客凭身份证进入景区享受门票优惠机制，推进粤桂黔滇高铁产业区域化旅游线路建设。

（三）应对突发事件为产业提供新空间

2020 年受新冠肺炎疫情影响，云南省交通运输行业的客流明显大幅降低。为应对疫情影响，保证节假日期间旅客的出行需求，云南省相关铁路部门提升运输时效，实行高峰期网络运行图，分析客流量的变化情况，科学合理安排增开动车等，满足乘客出行需要，以更优质的服务对待出行旅客。截至 2020 年 9 月，云南高铁的客流量已经大约恢复到往年的八成。去年国庆期间，随着客流逐渐回升，云南铁路相关部门进行动车重联、增开动车等，满足旅客短途旅行、返程客流的需求，乘高铁游云南的旅客持续增加，逐渐恢复到往年的八成以上，到丽江、西双版纳等地旅游的游客也不断迅速恢复。为了给旅客提供多种方式的选择方式也恢复大理至丽江、昆明至丽江路段的普速列车。2020 年国庆中秋假期云南省交通、旅游、酒店餐饮等行业迎来全面复苏，旅游等出行客流持续增加，促进高铁沿线高铁游、商场购物等市场行情的快速发展。为确保旅客出行的便捷性，昆明站在高铁出站口设置相关人员进行地铁换乘、公交乘坐等交通服务引导工作，部分高铁站为旅客提供交通、景区推广介绍等一系列服务，延伸了高铁的产业链，为产业发展提供了新空间。

二 湖南高铁的经验借鉴

湖南省现阶段已经基本形成了水陆空共同发展的综合交通网络体系，长沙作为湖南省会，区位优势明显，自然地理环境优越，生态建设成效也十分显著。长沙机场和湖南高铁是现代化服务业和制造业建设的主体，沪昆高铁和京广高铁在此交会，轻轨、地铁、高速等交通方式也十分便利。从机场到高铁南站的中低速磁悬浮列车，把航空和高铁两个枢纽连成一体①。但湖南经济发展水平相对于沿海发达地区还有欠缺，在中部崛起、产业转移和湖南高铁不断发展的大背景下，湖南省的产业转型和经济社会发展得到加强。2009 年和谐号列车沿着武广高铁的开通运行标志着湖南进入了高铁时代。武广高铁跨越广东、湖北、湖南，其中在湖南省设有 8 个站，是运行速度最快、密度最大的高速铁路。十余年来，湖南的高铁网贯穿南北、横跨东西，与其他各省份的时空距离越来越近，交流联系也越发密切。沪昆高铁促进了湖南省的经济发展，同时加快了承接密集型产业、农林产品深度加工、沿线特色资源精加工的特色产业集群发展进程。

随着"八纵八横"高铁网的建设，中国步入以高铁为代表的轨道交通时代。湖南省是最早开通高铁省份之一，具有"一带一部"区位优势，高铁对湖南区域经济发展有着很大的影响②。随着湖南高铁的开通，使得长沙与周边城市的同城化效应日渐明显，城市的自然资源、人力资本等资源要素跨区域流通，各个城市的公共服务以及基础设施建设实现了与其他城市的共享，高铁沿线城市的空间结构也在不断改进完善，区域之间的文化不断融合交流，就业、医疗、休闲娱乐、教育等方

---

① 赵本纲：《湖南建立空港高铁服务贸易自贸区的路径分析》，《天津商务职业学院学报》2018 年第 3 期。
② 何天祥、黄琳雅：《高铁网络对湖南区域经济协同发展影响》，《地理科学》2020 年第 9 期。

面同城化效用相对明显。长沙是湖南的中心城市,其经济发展速度明显快于周边的城市,尤其是在城市扩张以及基础设施建设方面。长沙市一些基础制造业、加工业等产业转移到周边城市,也为周边城市的旅游、房地产等行业增加了大量投资,带动了其发展[1]。

(一)提高制造业水准建设延伸产业链

从长沙南站到达株洲西站是湖南高铁网中最短的一段。高速铁路的发展使得株洲和长沙之间的时空距离被大大压缩,促进了当地居民生活的方便程度,同时也出现了很多新的产业。由此,当地政府部门率先认识到高铁的发展为装配制造业带来了全新的机遇,出台相关和产业相关的政策带动制造业的发展水平,大力扩展高铁产业链,推动产业重组和集群化发展,进而加速了湖南工业化的进程。与此同时,首列虚拟轨道智能列车、首台储能式电力牵引轻轨车辆、最大功率的六轴电力机车等重大科技成果,先后在此问世。

自从武广高铁开通以来,湖南株洲不断研发生产轨道装备如磁悬浮列车、动车组、单轨等核心部件,其年产值早已经突破千亿元。同时,株洲也是世界上最大的轨道装备的出口和生产基地,一方面,以高铁的建设运营为依托,以中国南车电力机车有限公司为龙头企业,湖南在株洲高铁沿线附近形成了高新技术产业集群,带动了附近制造企业的联系与发展,促进了高铁制造业的产业链的延伸;另一方面,工业的发展需要大量的原材料作为生产资料进行补充消耗。湖南盛产金属矿物,将其输出湖南和其他资源输入湖南都需要强大的交通运输体系来运送,高速铁路的大力发展对湖南工业化的发展进程起到了促进作用。同时人才流动的加速带来了科技、信息和先进管理理念的传播,从微观角度来看可以促进企业的发展,从而促进产业发展,加速工业化进程。

(二)借力高铁发展旅游业促三产发展

湖南省服务业相对于其他省份较为落后,服务业占湖南省 GDP 的比重也相对较低,总体低于全国平均水平。因此,湖南通过沪昆高铁大力发展旅游业以带动第三产业占 GDP 的比重,促进产业集群区域化发

---

[1] 门利娟、谌叶娟:《高铁对城市发展影响分析——以长沙为例》,《产业创新研究》2018 年第 11 期。

展。高铁产业的发展对高新技术、制造业等产生了拉动作用，同时促进了高铁沿线房地产业、物流业、旅游业等第三产业的发展。因为湖南有着丰富的旅游资源，高铁的开通缩短了游客到达湖南的时间，带动高铁联通区域之间人流、资金流、现金流的流动，进一步开发了湖南的旅游资源，能够快速带动湖南经济的发展。此外，沪昆高铁发展也将推动东西部科技的交流，使产业转移变得更加便捷与高效，科技信息的升级更加快速，劳动力转移更加便利，服务质量、运营水平等都将实现与发达地区的快速接轨①。

随着经济社会的发展和人们对精神生活的追求，时间以及距离是约束旅客进行目的地选择的重要因素，沪昆和京广高铁的开通运行恰巧能够增强湖南交通的通达性。目前为止，长沙到周边9个城市的时间都在两个小时以内。高铁的运营使得城市与城市之间的时空距离被压缩，乘客到达目的地的时间被大大压缩。这样一来，高铁运输效率的提高吸引了很多游客的出行，增加了人们出行的愿望，带动湖南省旅游市场的发展，扩大旅游客源市场，而以前因交通不便而被忽略的地区将成为新的旅游热点，这将对湖南省的区域旅游经济产生重大影响。

对于旅游业而言，高铁的多元化布局促使旅客住宿地点不再仅限于本城市，高铁连接的其他城市也是可供选择的地点，因此能够带动沿线城市旅游业共同发展，促进湖南旅游结构的升级。自从武广高铁开通后，国内以及入境旅游人数大幅度增加，旅游收入也是不断增长，特别是对衡阳、郴州等城市的旅游经济产生了重要影响。由此，对比高铁开通前后，发现各城市与其他城市的旅游经济联系总量均有较大幅度增加。

（三）拓宽融资渠道带动产业集群发展

产业集群的发展离不开资金的流通。一方面，融资是货币资金在金融市场上的流通，也就是需要资金的一方通过不同的渠道，在市场上利用不同金融工具进行资金的筹集；另一方面，融资是企业结合自身的经营情况和未来的经营需求，凭借一定的技术进行预算和决策，运用某种

---

① 何海军：《沪昆高速铁路对湖南沿线产业发展的影响》，《合作经济与科技》2015年第5期。

手段进行资金筹集的决策过程和经济行为以保证企业正常运行。

湖南高铁的建设以及开通运行同样也面临融资渠道狭窄、负债率过高、投资主体单一等问题，如果这些问题得不到解决，将会大大阻碍湖南高速铁路的迅速发展，阻碍高铁沿线产业集群区域化以及全产业链的建设。湖南高铁积极拓宽融资渠道，确保高铁建设有足够的资金流以带动周围产业集聚发展。2020年，长沙相关政府部门和有关投资公司签订投资长沙高铁西站PPP项目合同。该项目占地约5平方公里，建设内容涉及建设和高铁相匹配的基础设施建设以及公共服务设施等。相关投资公司和政府共同出资建立相关公司，负责PPP项目的规划、融资、管理运营等一系列相关工作。

湖南高铁积极拓宽融资渠道可以带动高铁本身的发展，进而带来更大的客流、信息流、资金流和产业流，既实现了多个经济圈之间的联动发展，还给沿线产业培育发展形成重大助力，为产业区域化发展打下良好的基础。武广高铁满足了人们对于快速出行的愿望，沿途停留站点不断减少，同时发车时间间隔也逐渐缩短。快速运营的高铁网极大提升了地区可达性，快速实现着从一个区域到达另一个区域的转移[1]，生产要素交易需要付出的成本降低，加速着城市与城市之间产业的互补与集群，进而发挥了中部地区发展优势及其对其他地区乃至全国的辐射与带动作用。

三 广东高铁的经验借鉴

多年来，为了适应经济的高速发展，广东省重点发展基础交通设施建设。2014年，贵广高铁和南广高铁开通运营，将东西部地区以及沿海和内陆地区相连，带动了黔中经济区、北部湾经济区等区域一体化发展。南广高铁和贵广高铁正式开通促进了两广地区以及贵州高铁经济带的发展，三省区政府为此签订了相关协议。2016年，国务院提出"大力推进粤桂黔高铁经济带合作试验区建设"为贵广高铁、南广高铁沿线的广东、广西、贵州的合作提供了新的发展空间。然而高铁建设的投资金额大、回报率低，缺乏多元化建设的活力。

---

[1] 陈海友：《高铁在经济社会发展中的重要作用》，《财经界》2020年第7期。

京广高铁武广段在2009年正式建成通车，广东省因此步入了高铁时代。厦深高铁、贵广高铁等也先后开通，此举极大改变了广东省交通发展相对落后的现状。而此时广东经济增长动力已经严重不足，产业结构也不尽完善与合理。同时，广东省的交通运输状况与其经济发展状况不相匹配。另外广东省劳动年龄人口占总人口的比重逐渐降低和土地租金的日益增加，促使很多制造业生存困难，因此需要寻找新的动力促进经济发展。在劳动力和资本都充足时，高铁的建设发展是寻找新的经济增长动力的途径之一。

在此背景下，广东省大力发展高速铁路，为广东省经济发展注入新的活力，从而加速了广东省经济走向追求更高品质和效益的可持续发展道路。2017年，贵广高铁沿线所有城市的可达性水平在4小时以下，进入4小时交通经济圈。高铁的开通使得沿线城市彼此之间的到达时间大大降低，有效提升了沿线城市之间的可达性水平。

（一）引进人才促进沿线产业提质升速

高质量人才的引进能够加速产业升级进程。首先，在高铁开通后，广东沿线城市政府积极主动地增设相应的就业岗位，采用多种合理有效的人才引进模式，刺激高速铁路开通带来人才"逆向流动"效应。其次，完善社会保障制度吸引高科技人才，既是人力资本的投资，也是人力资本的储备。最后，坚持以发展战略性新兴产业和地区支柱产业为中心，优先引进科研人才助力发展高科技铁路。同时通过建高铁来提升就业率、刺激旅客消费，促进经济快速增长。

此外，广东省通过采取人才引进模式吸引更多高质量人才，促进高铁产业集群区域化以及产业链的发展，促进沿线产业的发展提质升速，从而带动了广东产业自身发展。高铁沿线城市人才引进对于广东产业结构调整和产业转移的作用主要表现在：第一，高科技专业化人才为高铁的发展奠定了良好的基础，促进高铁上下游产业链的完善。高铁以及高铁相关的产业技术含量相对较高，综合建立在现代化技术水平上，会带动新材料、新技术等一系列高新产业的发展，促进产业结构的优化与升级。第二，高铁在速度以及运量方面都是远远高于普通铁路和高速公路的，并且高铁产业链的完善会带动金融、旅游、文化等产业的进一步发展，因此高铁的运营会加强区域之间的沟通、打破区域之间的限制，带动珠三角等地区产业的优化升级。此外,高铁促使广东各个城市的交通、区位优势,使得人才等要素向广东集聚发展,广东省的经济结构也因此不断优化升级。

总而言之,自从广东开通高铁以来,广东内部各个城市之间的时空距离被大大压缩,政府采取了一系列人才引进措施促进产业集群区域化的发展,同城化效应也因此逐渐明显。第一,高铁的开通运行促使城市辐射范围逐渐扩大,生产要素跨地区流动的速度不断增加,进而要素流动成本会大大降低,因此会改善甚至改变经济活动的空间布局。高铁本身是技术含量相对较高的产业,通过高质量人才的不断引进,广东各个城市可以不断高质量修建铁路并且带动相关技术产业的良性发展,促进以运输业为代表的传统产业的提质升速。第二,通过高素质人才的引进可以更高质量建设高铁,减少了区域之间的交易成本,促进了区域间的经济交流合作以及创新能力的提高。第三,高铁对于区域间资本、技术、人才等要素的流动具有强化和优化配置的作用,要素促进了产业在高铁沿线转移,促进产业转型升级和优化,加速社会运行效率提高,进一步带动了旅游、金融等第三产业的进一步集聚发展。

(二) 出台高铁政策带动产业区域化升级

由于社会历史等原因,高铁周边城市的人口增长率具有较大差别。部分城市早年依靠天然的地理优势、良好的交通基础设施,经济发展较快;而部分城市由于先天发展潜力不足,需要政府出台相应的政策,鼓励人口流动从而带动高铁附近产业集群发展。但是科技的投入需要雄厚的资金和人才支持,单纯依靠企业自身的能力是不够的,需要政府增强对高科技研发的政策补助,为科技创新高效率提供有力的政策保障。

现如今,广东省已经通过《2015—2030年广东、广西、贵州高铁经济带合作试验区规划》,该规划指出现阶段试验区的主要任务是促进产业的转移以及省份之间的优势互补,推动重大基础设备的建设,探寻高铁经济带的新路径。目前,高铁经济带合作试验区大约占地90平方公里,其中佛山西站枢纽新城是约9平方公里的中心区。但在2025年合作试验区的地位将得到大幅度提升,将形成制造业和高端服务业为主的现代化产业体系,广东高铁经济带的发展模式也将在我国高铁的建设发展过程中得到推广和应用。

广东省为带动产业的区域化出台《广东省综合交通运输体系发展"十三五"规划》，该规划指出到2020年高铁运营里程要达到2000公里，形成以高铁为主的铁路网，交通基础设施要达到国内以及世界先进水准，建成向全国、面向世界的现代化综合交通运输体系，珠三角与粤东、粤西和粤北山区陆地2小时内达到、与周边省会城市陆地3小时到达。同时，2020年广东省相关政府部门出台发布《广东省交通运输领域省级与市县财政事权和支出责任划分改革实施方案》，该方案指出2020年投入90亿元用于高速铁路的建设。因此，近年广东、广西以及贵州多次召开以高铁经济带为主题的合作会议，促进高铁经济带的全方位发展。例如，2019年以"携手合作推动乡村振兴"为主题，全面贯彻落实习近平新时代中国特色社会主义思想和党的十九大精神，围绕深入实施乡村振兴战略、区域协调发展战略和国务院发布的《关于深化泛珠三角区域合作的指导意见》，进一步凝聚粤桂黔高铁经济带沿线各地政府发展共识，并以高铁经济带为纽带，携手推动乡村振兴，为全国跨省（区）合作推动高铁经济带产业建设提供有益借鉴。

此前，广湛、赣深、广汕高铁等高铁项目正在建设当中，2021年赣深高铁将正式建成并通车。在2020年国家发改委发布了粤港澳大湾区城际铁路建设的相关规划中指出未来将建设"一二三小时"的交通经济圈，其中主要城市之间1小时到达，主要城市与地级市间2小时到达，主要城市与邻省中心城市3小时到达，构建完善的综合性交通网络体系。在规划中，珠海也将会和澳门实现互联互通，促使澳门融入高铁网络的建设发展。此外在2035年大湾区铁路网里程将达到5700公里并且会全部覆盖县级以上城市。

优良的交通基础设施对于城市化和工业化等具有十分重要的推动作用，可以促使企业运输成本的降低，厂商也因此愿意把企业建设在交通基础设施完善的地区，因为交通基础设施的建设能够推动产业集群区域化升级。所以，高速铁路的修建可以极大改善高铁建设联通区域的交通基础设施状况，从而让其他区域的厂商更加愿意将工厂建立在高铁联通区域，引导地区的产业结构不断优化升级，有效地促进了高铁联通区域的经济发展。并且生产要素可获得性的不断提高大大缩短了高铁沿线城市的时空距离，时间和运输成本的降低促进了资本、劳动力、技术等要素的流动,使得区域间的交流与合作更为频繁,加速企业寻求要素流通的便利性。由此看来,高铁的建设与发展不仅带动了机械、通信、电子、环保等高铁产业发展的上下游相关产业的发展,就业机会也在不断增加,吸引居民到高铁沿线就业与发展,进一步为产业发展提供了充足的劳动力以促进产业集群区域化升级。与此同时资本要素在各个区域之间的流动可以有效改善产业布局,促进资源的优化配置。况且随着高铁政策出台以及高铁开通运营,区域可达性的提升与地区的基础设施、投资环境的改善,会吸引更多外地企业到该地区投资,促进资本要素向该地区流动。所以广东需要不断加速当地高铁建设和运营以带动产业要素的不断流动,加速优质产业向广东集聚发展,促进广东商业活动的发展和当地经济的增长。而广东省积极出台与响应高铁政策,促进高铁发展、完善当地基础设施建设可以一并降低当地厂商交易成本而促进产业集群区域化升级和全产业链的建设。

(三) 融合新技术助力沿线产业集聚

在 5G 不断建设发展以及应用的背景下,并且随着高铁乘客的逐渐增多以及人们对于多样化完善服务需求的增加,对于高铁 5G 覆盖的需求也日渐迫切。中国高铁里程约占全球的百分之六十,是中国人出行的第一大选择,由此可见铁路建设的快速化和信息化已经成为趋势。现阶段,随着乘坐高铁的人数日渐增长并且人们对高铁信息化的要求越来越高,运营商应该努力用 5G 覆盖高铁,促进乘客体验不断提升。第一,高铁的速度快、环境舒适、运输能力强,是运营商进行 5G 覆盖的重要展示窗口;第二,高铁用户中商务人士所占份额较大,高端乘客较多,对于提升网络品牌具有重要意义,是 5G 时代网络建设的重点[1]。

因此,广深港高铁开通运行带动了大湾区人才以及信息的流动,是我国运行最密集、最繁忙、速度最快的高铁线路之一,截至 2018 年 3 月,广深港高速铁路广深段累计发送旅客 1.84 亿人次[2]。可以得知 2019 年,广东移动、广铁集团和华为开始开展广深港高铁 5G 全覆盖项

---

① 林铁力:《5G 时代高铁覆盖解决方案研究》,《邮电设计技术》2020 年第 10 期。
② 周雪婷、陈寂:《广深港高铁香港段进入试运行》,《人民日报》(海外版) 2018 年 4 月 3 日第 4 版。

目，使其成为世界上第一条 5G 全覆盖的高铁，从而促进粤港澳大湾区的加速发展。在 5G 高铁全覆盖完成以后，旅客将会在高铁上获得舒适流畅的通信体验，与此同时在候车厅等场景中，旅客可以体验 VR、8k 视频等。由此可见广深港高铁 5G 全覆盖将加速高铁沿线人才和信息的流动，将进一步推动广东、香港、澳门三地的人才流动与沟通、经济发展以及文化交流，推动城市与城市之间人才与技术沟通，助力沿线要素流动以及产业集聚。

第二节　国际经验借鉴

20 世纪下半叶高铁的发展是客运技术取得的突破性重大进展，日本和欧洲是高铁发展历程的先行者，建设高铁的时间最早，技术也相当先进。当时全球三大高铁分别是日本新干线、德国 ICE 以及法国 TGV，如 1964 年开通运行的日本新干线标志着全球高铁时代的到来。在日本新干线投入使用的最初 40 年，每年的客运量超过 1 亿人，日本高铁的开通运行对欧洲国家高铁的研究、设计、运营等产生了相当重要的影响。可以说，现在几乎每一个发达国家都有高铁在运营[1]。

一　日本新干线的经验借鉴

"二战"以后有限的铁路供给能力和客货需求迅速增长之间的矛盾严重影响了日本经济的复苏，迫使日本在 1964 年开始进行时速超过 200 公里的新干线的建设。新干线的建设与运行对国民土地的平衡发展以及经济增长做出了贡献，因此日本建设全国性的新干线铁路网也逐渐提上了日程。最终 1970 年日本制定了关于新干线铁路的相关法律，制定了全国约 5700 公里的基本计划线路[2]。单从客观数据来看，日本新干线在建成通车的 8 年时间就将投入成本全部收回，为日本经济结构转型升级提供了机遇，为日本人均 GDP 在全球仅次于美国打下了坚实的基

---

[1] 贾善铭、覃成林：《国外高铁与区域经济发展研究动态》，《人文地理》2014 年第 2 期。

[2] 李红昌、林晓言、陈娟：《日本新干线建设管理体制及其对我国的启示》，《数量经济技术经济研究》2002 年第 1 期。

础。所以日本新干线通车后，一方面加快了交通的通达度，另一方面加快了产业集群区域化和全产业链建设的发展，促进了工业、农业的进程以及人民生活水平的不断提高，产生了巨大的经济以及社会效益。

日本在最初建设高铁时就高度重视高铁和其他交通运输方式的有效衔接，但是要实现二者的无缝完美衔接，就要对车站进行一系列合理的布局。东京、大阪、京都等城市的车站都是交通转换的车站，可以实现高铁和地铁、高铁和机场等多种交通运输方式的良好转换。因此，交通枢纽可以实现多种交通方式的转换，多种运输方式之间的良好合作和衔接，提高运输效率，整合交通资源，减少换乘时间，提高运输速度，方便旅客①。但是在日本新干线开通以前，大阪到东京的时间距离约为7小时，开通以后时间却缩短了4小时，此外大阪和东京的交通层次都实现了全方位多层次的扩展与提升。并且东京到横滨绝大多数地区可在1小时之内到达，很多地区甚至可以半小时到达，促进了经济一体化的发展；同时大阪与东京之间的交流与合作也较之前更为密切②。日本新干线建成以后使得沿线城市之间的时空距离被大大压缩，所以从一个城市到达另一个城市的时间成本降低、乘客出行的范围逐渐扩大、旅行办公等更加便利，邻近的中心城市之间一日往返成为可能，同时带来巨大的人才、资金、信息等。这些生产要素大量集聚于高铁枢纽地区，要素的空间集聚流动形成了巨大的规模效应，为产业集群提供了基础条件③。

（一）重视沿线空间利用提升产业活力

1. 高效利用城市发展空间

在沿线空间利用上，日本改造扩建原本车站，并且将新干线的新建车站和原本车站相结合，通过地下以及高架将轨道和土地进行同步开发。例如名古屋在日本新干线开通以前，名古屋站已经有中央本线和东海道本线等，在日本新干线经过名古屋站时，高铁线和原本的线路并行

---

① 吕忠扬、李文兴：《国外高铁建设发展对我国高铁可持续发展的启示》，《物流技术》2013年第5期。

② 杨策、吴成龙、刘冬洋：《日本东海道新干线对我国高铁发展的启示》，《规划师》2016年第12期。

③ 石海洋、侯爱敏、高菲、李鸿飞：《发达国家及地区高铁枢纽站周边区域产业发展研究》，《城市》2012年第2期。

开通。所以名古屋站既保持了原本的交通的布局，也高效利用了原本的建设用地，与原本的线路融为了一体，高效利用了城市沿线空间。随着日本城市内部铁路建设不断高架化的发展，可以充分利用更多的空间。因此日本在城市内部也修建了许多涵洞和高架桥，为日本拥有狭小的国土面积提供了可持续发展的方向，同时保持着城市原本道路网的完整和联通以及城市发展空间的一体和连续。仙台站是典型的例子，通过在站台周边设置多个涵洞和高架桥，将东北新干线设计为高架线，将东北本线、仙山线设计为地面层面，将仙石线设计为地下层，多条线路错落有致，有条不紊，保持了城市空间的一体性[①]。通常来说如果车站附近客、车流量较大，往往会产生交通拥堵，为防止这一情况，新干线铁路车站采用步行平台将车站附近的建筑物等进行一体化整改，从而加强车站和周边建筑以及空间的统一性与整体性。另外设计与地铁、公交、车站等互联互通的地下街，能够促使旅客更加方便地到达其他地区。由于新干线车站建筑大多设计成办公楼形式，集交通、办公和商业等于一体，车站建筑和城市建筑的风格也大体一致，所以车站附近成功成为交通和人流密集的城市中心。为了改善与缓解巨大的人流量，新干线将交通和商业空间进行一系列的结合，促使车站内部和周边建筑的风格大体一致，在车站周边人流密集地开发了很多商业区，促使客流分散，有效利用车站空间和巨大的人流量，产生一定可观的经济效应。例如京都站、东京站等是日本新干线车站的代表，都以车站为核心进行开发利用，在高铁沿线城市建造住宅、公共设施等，促进了高铁以及高铁站点更加便利、舒适以及效率，同时带动了高铁站地区的整体开发[②]。

2. 完善城市功能区布局

日本高铁开通最受益的城市是大阪，因为规划建设者在进行高铁规划的同时，将车站与城市商业中心相连接实现了其融合发展。正因如此，高铁南北两个车站中间，便利的交通促使了城市 *CBD* 涌现。此外，高铁沿线城市是功能区的集合，是城市 *CBD*、商业中心、也是经济中

[①] 李传成、赵宸、毛骏亚：《日本新干线车站及周边城市空间开发建设模型分析》，《城市建筑》2015 年第 5 期。

[②] 杨策、吴成龙、刘冬洋：《日本东海道新干线对我国高铁发展的启示》，《规划师》2016 年第 12 期。

心，对人民的生活影响较多，所以应该注重在沿线开发前的合理规划布局，完善城市功能区布局。新干线沿线是功能繁杂、建设以及发展周期相对较长的地区，日本政府在高铁建设初期就注重研究制定具有弹性的高铁发展规划。例如横滨站规划了住宅用地、商业用地等4类土地以满足周围功能区发展的要求，促进了土地资源的利用，为高铁发展提供了良好的空间和经济支撑。因此，通过城市合理布局引导城市功能平衡，不仅要注重对商业用地、居民用地的规划，还要设置相应的配套用地，满足各种功能的发展需要，配置酒店服务区、办公区、商业区和住宅区。日本新干线中，各大特色功能分区齐全，功能互补性强，为城市的发展提供了动力，为地区发展提供完备的功能区，促进区域产业区域化和产业链的建设发展，提升区域竞争力。然而不能进行没有规划的盲目用地造成资源的浪费，应该从长远的角度为后续循序渐进的发展打下坚实的基础，促进城市经济集约化发展。日本领土较少、土地资源稀缺，珍惜每一寸土地的观念深入人心，因此新干线地铁及周边城市的建设大都采用了紧凑节约的设计理念，建设用地总面积不大，但是开发的强度极高，规模不大的建筑群里面功能齐全。

3. 沿线产业活力不断提升

日本新干线充分利用高铁沿线空间进行功能区的合理规划布局，为高铁的发展提供相关功能区的配备等，不但促进了人员流动以及平均就业增长率的增加，为信息、知识、文化、技术的传播提供了机遇，促进高铁沿线产业集群区域化，同时由于各种工业区的配备使得高铁产业链得到延伸发展，对于提供各种生产生活性服务的第三产业的发展也带来了前所未有的机遇[1]。高铁的发展对于经济的带动作用主要是通过人才、技术、信息等的流动来实现，因此对于第三产业的影响要大于第一、第二产业。高铁的发展促进沿线就业人数以及就业率增加，尤其是在酒店、零售业等消费性服务业以及信息等生产性服务业影响较为明显。高铁的发展促使企业生产成本不断降低，产品的营销影响范围不断扩展，厂家的市场竞争力不断加强。日本新干线推动高铁沿线产业以高

---

[1] 石海洋、侯爱敏、高菲、李鸿飞：《发达国家及地区高铁枢纽站周边区域产业发展研究》，《城市》2012年第2期。

铁促进第三产业发展，第三产业再推动第一、第二产业发展[①]。日本新干线的开通带动日本城市化并促使人口不断迁入城市内部，带动东京都市圈的发展[②]。随着第三产业的不断发展以及资金、人口、技术等资源的不断集聚，产业集群区域化现象逐渐出现。例如日本新干线的品川站附近最初是以生活为主的服务业，逐步成为高端酒店、购物以及写字楼等融合发展的商务中心，实现了不同产业的区域化发展。高铁的发展不仅带动沿线第三产业及其他产业的发展，同时为商业、金融和服务行业的发展提供了充足的劳动力，解决了沿线地区用工荒的困境。据不完全统计，新干线开通后，增加的客流量产生的食宿、旅游等消费量约5万亿元，帮助50万人实现就业。

高铁的运营发展促使沿线可达性大大提高，经济活动也逐渐突破了地域上的限制，生产部门交流的机会不断增加，促使高铁沿线原本的产业结构、特征或者布局发生改变，因此高铁沿线有可能会产生新的产业带。特别是太平洋工业带是由新干线将中京、京滨等工商业地带同冈山、广岛等工业带相连，可能会产生更大的经济效应。高铁的发展大大改变了原有的产业格局，促进分工更加明确、产业链更加完善，提升经济发展活力和经济实力。同时，高铁吸引企业搬迁到高铁沿线附近，很多生产企业转移到高铁沿线经济基础相对雄厚的城市，不断提高企业与大城市之间的联系，进而提升自身产业的竞争力。高铁还促进了汽车、医药和化工等产业的里昂博览会业和物流业快速发展，延伸了产业链，推动原有产业升级和产业集群区域化的发展[③]。

(二) 利用城市资源优势带动产业集群

日本新干线的开发与运营主要采取政府主导，同时多方共同参与的形式，重视政府和市场的合作运营。在新干线开发过程中，当地政府根据各个城市的特点针对性制定城市交通基础设施建设的规划，并因地制宜制定税收优惠政策招商引资，促进沿线城市资源的利用以带动产业集

[①] 杨策、吴成龙、刘冬洋：《日本东海道新干线对我国高铁发展的启示》，《规划师》2016年第12期。

[②] 蓝宏、荣朝和：《日本东海道新干线对城市群人口和产业的影响及启示》，《经济地理》2017年第8期。

[③] 陈建军、郑广建：《集聚视角下高速铁路与城市发展》，《江淮论坛》2014年第2期。

群区域化发展。高铁沿线交通便利，会促进产业的集聚以及产业集群区域化，也就是会促进同一产业的各个企业以及不同产业相互配合、分工合作。此外，日本新干线高铁枢纽站周边地区更多地会聚集一些第三产业，这些产业由相对简单低端的餐饮等服务业转型升级转变为旅游业、咨询业、会展业等融合发展的高端化现代服务业。新干线沿线有很多城市，由于每个城市之间经济发展水平不同，自然地理环境以及自然资源等不尽相同，每个城市利用好高铁的优势，因地制宜发挥出自身城市的特色，在高铁枢纽站周边地区形成以基础产业为发展基本点又独具特色的产业集群[1]。在高铁开通初期，原有的产业发展可能比较薄弱，但如果能根据高铁开通分工进行区域化集群发展，就能为新产业的导出创造条件，创造出各具特色的产业集群。

产业集群是当前产业发展非常重要的形式，也是一种效率极高的企业以及产业合作模式，具体是指与特定产业相互关联的在地理位置上相对集中的若干产业和企业的集合，是为创造产业竞争优势而形成的一种产业空间组织形式，产业集群已成为衡量一个地区经济发展水平的重要指标[2]。第一，高铁开通后新干线附近城市以及地区会将产业、人才等利于当地经济发展的要素以及资源吸引过来。第二，高铁的时空压缩效应促使资本沿着高铁流动的空间范围不断扩大，促进对运输时间要求较为严格的产业的加速发展，而集聚效应所带来的成本节约和效益增长也进一步促进高铁时空压缩效应不断增强。第三，新干线的建设离不开不同行业的支持，促使日本土木建设、制造业、原材料加工等相关产业的发展。而且新干线延伸地区根据自身城市特点其工业布局发生了巨大的变化，使钢铁、石化等传统的重工业开始向汽车、机电等工业方向逐渐发展。如 1975 年新干线从大阪进一步延伸到九州后，冈山、广岛、大分乃至福冈、熊本等沿线地带的工业布局迅速发生变化，汽车、机电、家用电器等加工产业和集成电路等高端产业逐渐替代了传统的钢铁、石化等产业，促进了日本产业结构的调整。如此一来，新干线沿线的企业

---

[1] 石海洋、侯爱敏、高菲、李鸿飞：《发达国家及地区高铁枢纽站周边区域产业发展研究》，《城市》2012 年第 2 期。
[2] 于雪、田柳：《产业融合视域下辽宁旅游商品产业集群发展路径探究》，《辽宁科技学院学报》2017 年第 1 期。

在其开通以后其数量在原来的基础上增加了近2倍,为地方财政收入的增加提供了保障。因此,新干线的开通带动了沿线及周边地区第三产业的不断快速发展,为服务业、不动产业以及运输通信业的快速成长提供跳板,产生了新一批的金融保险商务中心、高科技信息中心城市,为东京、大阪等城市发展新方向创造了条件。

二 法国 TGV 的经验借鉴

1981年,法国巴黎到里昂段高铁的通车运行,欧洲高铁时代也随之到来。1984年,法国 TGV(法国高速列车)开通,速度约为270 km/h。法国邮政、SNCF、法国铁路路网公司是法国 TGV 所涉及的企业主体。SNCF 设计运行的货运专列在提高速度的同时,大幅提高了效能,为法国中长距离快件运输提供服务[1]。法国 TGV 的运输时刻、高铁的维修以及运营工作主要由 SNCF 负责。法国铁路路网公司作为路网提供方,主要提供路网建设、更新改造和路网维护服务[2]。

自从法国高铁开通以来,城市的通达性显著提高,TGV 周边是商家、企业进行投资、开展业务的首选之地,使得不同产业不断集群发展。巴黎至里昂线是法国 TGV 的第一条线路,自从该条线路开通后增加了巴黎和里昂之间商务活动往来。员工因为高铁的便利性也可以在巴黎公司和里昂公司间便利往返,同时里昂的很多公司也为巴黎的大公司提供专业性的服务,由此双方的商业活动因高铁的开通而不断拓展。此外1993年巴黎至里尔高铁的建成,里尔依托其位于重要的枢纽地位,主动吸纳巴黎、布鲁塞尔、伦敦三大城市的经济辐射,成功实现了转型升级,成为一个以商务办公为主的现代化城市。根据法国数据统计显示,乘坐高铁人数每增加7%,高铁沿线的社会和经济效益大约会增加14%,对地区经济发展起到了不容忽视的促进作用。

高铁的开通主要以客运为主,对货物流动性推动作用较小,但是对第三产业生产要素的流动影响较为显著。TGV 开通以后沿线地区的城市

---

[1] 刘仁:《对我国开展高铁快运的探讨》,《经营者》2016年第16期。
[2] 梁晓红、刘倩、谭克虎、王永:《法国高速铁路快运发展研究及启示》,《铁道货运》2017年第4期。

交通更加便利、区位优势更加明显，沿线城市也因此会得到更多的投资机遇，旅游资源会得到更好的开发利用，沿线景区也不断增加。与此同时，因景区的不断开发利用，酒店、购物、餐饮等也逐渐集聚到景区或者高铁沿线附近，使其逐渐向旅游型城市过渡。于是高铁站附近逐渐成为城市中最具有优势的位置，大型商场、高端酒店等也大量在高铁站附近集聚，进一步促进当地旅游业的发展。旅游业的范围随着高铁线路逐渐延伸发展，游客的需求也逐渐沿着高铁线转移发展，相关旅游业、房地产业、餐饮业等带来的经济效益也会逐渐提高。随着行业的不断融合，逐渐形成购物旅游、旅游地产等融合发展的产业。同样，沿线城市的第三产业，则由于高铁带来的市场延伸机制从而带来消费人群的空间延伸，成功实现消费市场结构的升级。

(一) 发展工业为依托带动产业链建设

产业链建设需要以工业发展为依托。最初里尔高铁站附近工业所占比例较大，因此为了推动工业的转型升级对其进行了物流业的配备。此外，里尔高铁站注重外在形象的建设与发展，因此引入了会展业以展示区域良好形象以带动城市经济发展。随着工业的不断转型升级发展，里尔高铁站配备的相对低端的物流业已不能满足其转型升级的要求，因此在高铁站附近开始进行商业的发展，紧接着发展餐饮、购物、旅游、娱乐等第三产业以配套当地商业发展的需求。与此同时进行公园广场等公共区域的建设，通过高铁带来的大量人流、物流等，在原有工业的基础上，不断发展服务业。因此实现了里尔高铁站餐饮、购物、旅游、会展等各个产业一体化融合发展，促进了产业集群区域化和全产业链的建设。

TGV东南线高速铁路建成通车以后，拉近了城市之间的时空距离，高铁连接的两个或若干个城市之间的地域边界逐渐模糊[1]，但是产业链的延伸对该站周围的房地产发展影响较为明显。高铁开通对法国城市经济的发展作用最大，例如城市及城市边缘的房地产价格不断上涨。因此考虑到高速铁路为员工带来的便利性、快捷性，许多公司将办公地点纷

---

[1] 殷平、何赢、袁园：《城际高铁背景下区域旅游产业的深度融合发展》，《新视野》2016年第1期。

纷搬迁到里昂站沿线附近。于是里昂车站附近成为发展最快的商务办公区，也成为很多工作者向往的办公地点，据统计全市近一半的商务办公大楼都聚集在了里昂。在 TGV 建成的最初 10 年，里昂站附近的商业办公区大幅度增加。此外，旺多姆是一个法国的普通城镇，在高铁建成通车以后当地旅游业迅速发展，开通后短短 3 年内房价以及房屋交易率也大大提升；勒芒市与巴黎不到 1 小时的距离，便利的交通使小时经济圈的作用明显。后来为满足需要又增设了商务办公面积，以期实现高铁通车后 5 年内地价和租金翻倍增长。

交通基础设施的建设情况是影响房地产价格相当重要的因素，其影响是明显且直接的，无论是公路的修建还是公交车线路的增加都会对当地房价产生直接影响。高铁的迅速发展无疑会带动当地经济的发展，与此同时会促进当地房价的提升。与城市当地的公交和地铁等相比，城市交通对房地产价格会产生直接的影响，而高铁对于沿线城市房地产的价格产生的影响是长期且全面的。因此，从长远看来高铁对于房地产业的影响是其他轨道交通都无法比拟的，促进人流、信息流等的迅速传播，带动沿线经济的迅速发展。比如高铁开通前兰斯的房价、物价均低于法国首都巴黎，很多人向物价、房价相对较低的兰斯流动，然而高铁建成通车后，人流向兰斯流动量加大，使兰斯站沿线房地产价格明显上升，部分城市的房价甚至是翻倍上升的。

（二）规划周边空间布局推动产业集聚

高铁的建成运行影响着城市的空间格局以及空间布局，车站的功能布局和它的开发形态息息相关。交通基础设施和站点服务设施与车站周边的关联度最高，由于选址区位及车站功能定位的不同，高铁车站及其周边的开发在城市发展过程中发挥着不同的作用。高速铁路加快了站点周边产业的区域化集聚发展与产业的转型升级。比如欧洲在经历了 20 世纪的经济危机以后，很多城市经济相对萎靡，原本进程良好的工业发展也遭遇了滑铁卢。因此欧洲很多城市开始进行高铁的建设以作为经济发展新的增长点，首先是法国先对主要城市进行改造以推动 TGV 的建设。

TGV 的南特站距离市中心相对较近，在 TGV 开通以前，车站北侧是四五层的住宅区，并且也有少部分的零售业和办公区，西南部、东部、南部主要是工业区。TGV开通以后，对原本的住宅区进行了一系列的拆迁与改造更新，并且新建了多层的办公区。因此北部对住宅和办公区进行了开发，南部建设了酒店以及办公场所，原本大面积的工业厂区也迁到了新的工业区，不断加强车站与周边地区之间的联系。改善升级以后，随之而来的是站区内办公租金的提高，人口的聚集，城市中心的质量与活力显著提升以及产业的集聚发展。总而言之，南特高铁的建设发展吸引了大量企业入驻南特，重新规划了高铁周边空间布局，促进了高铁站周边产业的集聚与经济的发展[①]。高铁带来的大量的客流量促进了高铁站周边第三产业的迅速发展，然而由于建设用地以及工业用地等不足，迫使原本的工业向高铁外围移动，对高铁附近空闲土地进行开发与利用以进行服务业以及其他相关配套设施的建设，从而大大推动了高铁沿线产业的转型升级。TGV的建设对法国城市站区用地再开发起到了促进作用，特别是在促进商业、办公的增长方面，带动了高铁沿线产业集群区域化的发展。随着产业的不断转型升级以及产业集群区域化的发展，沿线城市的基础设施建设也在不断完善，生活品质不断改善。同时新建的很多住宅的品质也相对大幅度提升，环境也进一步完善，促使城市吸引力不断提升，进而吸引人才、技术等生产要素，促进产业集群区域化发展。

以往许多看不到发展前景的小城镇因TGV的建成而获得经济发展。例如旺多姆相比勒芒离巴黎车程更近，高铁站建成后仅需42分钟就可实现两地的往返。旺多姆作为法国众多小城镇中的一个，因为高铁的开通，镇内的房屋价格提高了1/3以上，房地产交易率也迅速提升，曾经名不见经传的小城镇因此成为巴黎"后花园"。由此可见因高铁而带来的劳动力使城市发展充满活力，解决了以往城市发展缺乏人才的困境。第一，高速铁路的开通使各个城市与巴黎的联系更加密切、频繁，使部分城镇成为商家、企业，尤其是国际性机构投资选择的重要地点。第二，高速铁路对产业要素配置的影响在于通过交通条件的改善改变了区位的优劣价值判断，从而引发产业要素向更优的区位配置。其四通八达

[①] 李建东:《高速铁路对沿线区域经济产业的影响》，《合作经济与科技》2012年第9期。

的交通体系，成就了更繁华的商业中心和更适宜居住的居住中心，随之而来的将是城市经济的进一步提升。第三，高铁的开通促进 TGV 站点周围规划空间布局，而周边空间布局的规划发展又促进了产业集群区域化，同样产业集群带动空间的规划利用以及城市功能的完善。所以一个城市过度的强调产业的发展而忽视生活配套设施的建立，城市未来的发展就会没有动力，变成"孤岛"，反之，如果只注重住宅区等的建设规划就会缺乏产业的支撑，也会沦为"鬼城"。高铁开通增加的人流量为周边城市的发展带来新的机遇，促进城市不同特色产业的发展，形成城市自己的竞争力，强化自身发展优势。

三 德国 ICE 的经验借鉴

德国 ICE 自从 1991 年开通运行以来已经开通了四条线路，总长大约 1600 公里，是德国进行客运以及货运的十分重要的交通运输工具。首先，德国的高速铁路几乎连接了德国大大小小的乡镇城市，能够最大限度地实行覆盖，方便人们的出行，对区域发展与经济建设起到了关键作用。其次，德国高铁最大限度地覆盖催生了新工艺、新技术等的迅速发展，和高铁建设相关的机械制造、冶金、电力生产、石油等制造业集聚在沿线城市，将原本高铁的产业链大大延伸和完善。最后，德国的 ICE 运量大、速度快、客流高端等特点将带动高铁沿线城市第三产业的迅速发展，如旅游、金融等服务业。因此，德国高铁对促进产业集群区域化产生了深刻影响。目前我国经济发达以及人口密集地区的高速铁路大多建成通车，如长江三角洲地区、环渤海地区、东北地区、珠江三角洲等地区。同时对客运站进行扩建和新建，已经在很多城市有了新型现代化高铁客运站以配合高铁建设的迅速发展，如天津、上海南、武汉、北京南等客运站。客运站大多采用设备导向系统、新型空间结构技术等，与其他交通运输方式进行了良好的衔接，致力打造现代化的交通枢纽以带动当地经济迅速发展。社会的进步离不开科技的推动。高铁是新时代高科技的产物，给物质交换提供载体、给社会文化传播提供新的动力。然而新的事物代替旧的事物的过程不是一帆风顺的，对相对落后的社会、政治、经济体制带来了严峻的挑战。站在改变的十字路口，要有审时度势的智慧、与时俱进的动力，我们的生活才会越发美好。

第三节 对桂南高铁产业集群区域化及其全产业链建设的启示

1999年中国的高铁开始投入建设，经过了20多年不断借鉴、研究、完善和发展的历程，到现如今的2021年，我国的高速铁路的速度和整体的运行水准都达到了世界先进的水平。2003年秦沈客运专线开通，是我国首个开通的高铁线路，该线路往返于北京和长春两地，同时标志着我国因此进入了高铁时代。后来我国又设计了其他类型的高铁，在实验阶段就达到了极高的速度，促进了我国高铁迈入快车道，为我国高铁的迅速发展做出了极大的贡献。目前，国内已经建成的高速铁路线有港深广、哈大线、武广线、汉宜线、京广线、京津线、沪宁线、京沪线等，形成了纵横我国领土的高速铁路网[1]。

第一，高铁产业是技术含量相对较高的产业，一个地区高铁的建设和发展可以带动相关的上下游产业的集聚。随着城市高铁的大量建设和开通，该地区的创新能力会不断加强，反之带动高铁产业的转型升级，促进高铁沿线产业区域化的进程，促进上下游产业的发展，带动产业链的完善与转型升级。第二，高铁的建设开通与发展降低了区域间的运输成本和交易成本，进而促进了沿线企业创新能力的提升，进一步带动了区域间产业的创新与合作交流。此外，高铁的开通运营促进了生产要素的优化配置，如技术、资本、人才等，带动了产业沿着高铁转移以及转型升级和集群区域化的发展。第三，高速铁路可以加速社会的资源整合，深化社会分工，促进社会的运行效率，带动了信息咨询、旅游、金融等第三产业的发展。因此，由国内外高铁的经验借鉴得到我国发展桂南高铁产业集群区域化及全产业链建设的启示。

一 加强政府引领协同作用

高铁开通使城市间的联系愈加密切，城市经济的辐射范围显著扩

---

[1] 吕忠扬、李文兴：《国外高铁建设发展对我国高铁可持续发展的启示》，《物流技术》2013年第5期。

大，所以政府在产业发展的过程中起到统筹全局和指明发展方向的重要作用。第一，为了避免城市间经济发展的盲目竞争，趋向同质化发展，政府应加强领导，兼顾高铁周边产业的梯度发展与系统效益，制定相应的促进城市间经济合作的政策，引导高铁周边城市向区域整合转变。第二，在城市产业发展的现状上，对产业布局进行统一规划，优化配置高铁流动带来的资源要素的流动，发挥区域的整体效应。第三，在加强铁路沿线周边城市经济合作的前提下，各大城市结合自身产业优势，寻找经济合作的突破口的同时，应转变从传统要素合作为制度合作，从制度出发保障小城市的发展和加强商务联系，从高铁的建设发展影响生产要素的配置转向生产要素配置带动生产要素的流动。

在资源沿着高铁沿线转移发展的过程中，政府要加快推动合理规划完整产业链的土地使用、为产业落地打下坚实的基础，为高素质人才引进牵线搭桥、净化银行信贷环境、减少高铁的税收额度等相关政策，为其高铁经济圈的产业集群区域化及其全产业链建设发展提供良好的氛围。同时警惕高铁建设所带来的"虹吸效应"，进一步强化自身对要素的吸附性，加快制定适应高铁时代发展的人才政策，促进高素质人才落户，并且要进一步完善地区医疗、教育等基础设施建设，从根本上吸引生产要素回流，实现高铁建设对区域经济协调发展的积极作用[①]。然后在发展过程中小城市应该有选择性的承接产业转移，政府要审时度势，重视城市间产业转移是否能缩小区域间产业发展差距带来经济效益的同时，不忘回馈社会带来社会效益。因为我国是人民民主的社会主义国家，政府具有推动经济建设和为人民服务的工作职能，所以在高铁建设过程中，应加强政府主导，积极鼓励多方力量参与。一方面为高铁的建设制定方向和目标；另一方面为高铁的招商制定优惠政策，吸引具有能力的企业为高铁的建设出一份力，用政策为企业的有序竞争保驾护航，各尽其能共同为建设高铁而奋斗，为经济发展打下坚实的基础。

---

① 纪玉俊、郝婷婷：《高铁对制造业集聚的效应分析》，《天津商业大学学报》2020年第5期。

二　完善高速铁路网的规划

在原有高速铁路网的基础上,要不断完善高铁网的规划建设,重视高铁对于生产要素的优化配置以促进产业集群区域化及其全产业链的建设。高铁开通以后优势在短短几年内已经凸显出来,但是对于产业转型升级以及经济发展的作用还没有完全凸显出来。因此桂南高铁沿线城市亟须不断完善高速铁路网的规划建设,注重因为高铁的开通与否而产生的城市之间资源分配的不平衡、城市与城市之间竞争力的不同,并且注重高铁产生的经济效果的扩散,改善区域经济的不平衡发展,促使高铁附近区域经济的一体化发展。另外我国虽然领土面积庞大,但是人均耕地面积较少且耕地面积后备开发不足,因此日本节约土地资源的做法为我国高铁开发及周边地区的功能分区提供了较好的借鉴。中国高铁技术现阶段处于世界先进水平,但是在车站建设规划上与西方国家存在较大的差距,因此我们可以学习借鉴日本的车站与城市周边建设一体化模式,完善高铁站区的开发建设,合理利用沿线城市空间,做出更好的城市规划和调整。

三　合理规划沿线产业布局

由于高铁的出现,站点附近集聚的生产要素和资源等带动周围经济圈的形成与发展。通常而言,距离高铁站点最近的区域会有餐饮、酒店、旅游等产业;距离高铁站点稍微远一些的区域会分布有居住、工业、教育、商务等产业。所以当地政府应该利用好高铁产业运营发展带来的资金流、信息流、人才流等,在高铁站点附近发展相应的产业园,打造一批高起点高标准发展的现代化产业,并合理布局规划这些产业,将其作为未来城市经济发展的增长点与突破点,带动周边区域经济的发展。在离高铁站点最近的区域应该加强交通基础设施的构建以及其他配套设施的建设,促进高铁和地铁、公交等交通工具的衔接。在距离高铁站点稍微远一点的区域可以对高铁站点各种功能进行补充,重点发展餐饮业、零售业、旅游、休闲娱乐等消费性和生产型服务业。距离高铁站点再远一些可以发展一般办公、居住、文化、教育等产业①。

四 培育发展高铁新兴产业

高铁的建设和发展本身就是一个新兴产业的发展过程，高铁产业包含了对技术的集成、高铁的制造装配以及建设运营，同时其中包含了资本和金融的融集。因此高铁沿线各城市应大力培育高铁产业，推动装备制造业以及高铁产业结构的优化升级。为促进桂南高铁产业链的完善和发展，在推动装备制造业发展的过程中要注重高铁的设计、零部件、配套基础设施以及电气技术、新材料技术、新型制造等产业链的发展。第一，相关高铁制造部门要重视高铁运输效率的提高、综合运输服务效率的提高以及在全球价值链中的地位；第二，沿线的中小型城市要依托高铁站点，对外承接核心地区转移的部分制造业，利用本地区的要素优势形成新一轮集聚，实现与其他地区的错位互补；第三，重视生产性服务业的多样化集聚发展，不断促使其成为新的经济增长点和发展点，不断将供给进行优化以促进制造业的转型。

因此应当重视以制造业为核心依托对生产要素与资源进行优化配置，培育发展一系列原本发展基础薄弱的新型服务业，形成服务业发展的新的增长点。并且不断促进金融业、科学技术等产业的集聚发展，不断推动服务业的区域化。与此同时，在高铁开通后城市与城市之间的时空距离不断压缩，应该因地制宜规划制造业等产业的空间分布，充分利用多样化服务业的集聚效应，积极避免周边城市生产性服务业专业化集聚而产生的负外部性②。

---

① 黄喜：《借力高铁加快产业转型升级》，《投资北京》2017 年第 3 期。
② 乔彬、张蕊、雷春：《高铁效应、生产性服务业集聚与制造业升级》，《经济评论》2019 年第 6 期。

第九章　桂南高铁产业集群区域化的政策建议

广西位于我国西南边境地区，是衔接我国西南、中南地区与东盟国家发生贸易往来的经济桥梁，更是在"一带一路"的战略中发挥了至关重要的连接作用，桂南高铁的建立为沿线各个城市的经济和产业结构的优化发展提供了新的契机，更重要的是给整个广西地区的经济发展带来了机遇，通过广西政府采取产业政策提供引导和帮助，基于本地区产业结构的现状在一定程度上调整和优化桂南高铁沿线地区的产业，这是一项长期的调整过程[①]。因此，政府首先要坚持构建桂南高铁沿线现代化产业体系，优化桂南高铁产业集群布局。其次，要聚焦桂南高铁沿线特色产业发展，依靠优质项目带动发展。再次，要强化桂南高铁沿线综合交通枢纽建设和优化桂南高铁沿线产业生态和营商环境。最后，通过完善人才培养与招商引资机制，推动桂南高铁沿线范围内同一产业归聚，成功打造为大型现代产业集群。

第一节　构建桂南高铁沿线现代化产业体系

一　优化桂南高铁沿线产业布局

桂南高铁的发展，带来了大量的人力、物力、财力，很多企业在高铁沿线发展，占据良好的区位优势以抓住资源、人力资本等优势。企业根据区位、交通、资源优势和区域发展要求，遵循集聚、集约、集群、循环、生态发展的原则，实现分工协作、错位竞争、优势互补、共同发

---

① 陆道芬：《广西产业结构现状及其调整》，《市场论坛》2016年第10期。

展。桂南高铁带来的新机遇，广西应该结合自身发展的实际情况及时把握，根据产业定位和发展目标，及时地优化高铁沿线产业布局，战略性发展新材料和钢铁等先进制造业和电子信息等新兴产业，并构建新兴产业发展体系，提升广西先进制造业和新兴产业的附加值，实现区域优势最大化[①]。

第一，应立足全局，提升产业整体水平。在桂南高铁的沿线产业集群发展的过程中，不仅仅要关注单个区域周边的产业发展，更需要立足于全局，将单个区域产业和广西全区产业发展连接起来综合考虑，需要充分研究产业间的联动效应以及产业的上下游关系，利用好桂南高铁带来的要素资源流动。

第二，积极引导产业间融合发展。广西各个城市产业发展相对独立，由于桂南高铁的开通加快了各个城市的生产要素的流动，桂南高铁的建设除了打破距离壁垒，还能积极引导产业融合发展，提高全区的产业效益。通过借鉴其他地区的发展经验，再根据广西全区的具体情况实施计划，促进桂南高铁沿线的产业发展。

第三，现代服务业要突出发展。随着城市化的进程不断推进和广西全区的产业结构不断调整，现代服务业的发展也随之被推动，着力发展以物流、电子商务等为代表的现代服务业是提高产业核心竞争力的重要途径，使得现代服务业可以有效地与工业、农业等融合发展。

第四，加快农业信息化。随着手机移动端和互联网的快速发展与不断普及，世界各地开始发生翻天覆地的巨大变化，社区已经开始步入全新的移动信息时代，大数据、云计算等对社会各个方面的发展都有着非常重大的影响。由于广西地理位置的原因，广西农业发展水平相对于东部沿海地区差距比较大。而桂南高铁的开通，将会带来突破性发展的好机遇，政府应该顺势抓住这个依托，提高农业劳动力素质，加快农业信息化发展，更好融入"一带一路"战略，实现广西农业飞速发展的目标。

第五，抓住国家政策。国家大环境的发展影响着高铁产业经济的发

---

① 卢斯妤：《贵广高铁对沿线区域要素流动的影响研究》，硕士学位论文，贵州大学，2019年6月，第16页。

展，因此高铁产业经济的发展要跟紧国家大环境的变化。桂南高铁产业集群的发展不仅仅是要广西全区内的产业发展，而是通过高铁建设促使广西产业走出全国乃至全世界。

（一）依托地理位置优势

广西自身具有沿海、沿边的地理位置优势，应该充分发挥东南亚区域性的核心地位，"一带一路"政策以及东盟平台带来的利好，大力促进广西产业的发展。桂南高铁的建设更是为广西全区发展带来了全新的机遇，以市场为导向去发展"外向型"的产业集聚区，实现规模效应。统筹做好南宁、北海、钦州、防城港具体的专项规划，明确产业发展方向、产业发展重点和产业发展布局的规划，做好城市功能定位、城市管理、城市空间的规划[1]。作为广西首府的南宁应致力于发展为连接整个东盟的枢纽城市；北海市应该致力于发展为适合观赏自然风景的滨海旅游城市；钦州市应该致力于发展为现代化工业的大城市；防城港立足港口产业发展成为现代港口城市[2]。

以桂南高铁沿线的南宁市为例，首先，南宁市是广西壮族自治区的首府，根据其首府地位应积极推动现代服务业发展，形成优势产业发展态势。其次，南宁市的服务业需要重新统筹谋划，发展方向要以国家政策为导向，还要满足中国大西南出海通道的要求，加快推进南宁市成为一个具有区域性的市级现代物流服务业创新中心的建设步伐，重点建设一个智能化和信息化的现代综合物流业、商贸物流服务业的现代物流服务创新的产业体系。最后，根据桂南高铁的建设，南宁市应以市内交通线路为基础，加快以高铁站点为中心的现代服务业集群的形成，使其特色化、集中化。另外，吴圩空港经济区要重点发展，同时加快空港物流产业园建设，构建空中地面联网的全方位物流供应体系，构建空中联通地面金融互联网的现代全方位临空物流金融供给服务体系[3]，创新性地

---

[1] 杨丛丛：《新型城镇化与新型工业化协同发展的模式及路径研究——以广西北部湾经济区为例》，《北方金融》2016年第2期。

[2] 杨丛丛：《新二化协同发展的模式及路径研究——以广西北部湾经济区为例》，《南方论刊》2016年第4期。

[3] 汪军能等：《高铁时代西部大城市服务业发展路径调整－以南宁市为例》，《广西师范学院学报》（哲学社会科学版）2015年第2期。

加快发展空中加工出口贸易、加工型的临空高端装备制造业、加工出口贸易型中小企业及新兴区域生态旅游产业，建设了技术先行又向前进的空中综合产业改革开放试验区以及一批产业化创新示范建设用地。

（二）发展现代特色农业

在农产品贸易产业方面，桂南高铁的沿线地区根据当地自身的农产品特色着力打造一张农货销路网，桂南高铁的开通使得沿线地区过去由于出行条件落后而长期无法出运的本地区特色农货得到了物流便捷性，使得广西全区的各大特色农产品有更多的机会被世界发现。不仅推动广西农产品贸易发展，发展现代特色农业，而且推进了绿色、有机蔬菜标准化生产基地建设，推进畜禽、奶水牛和特色优势水产品规模养殖、生态养殖，打造广西的特色农产品优势区。广西的特色产品有荔枝、三黄鸡、生猪、水产养殖等，应重点发展这些特色优势产业，为了打造出一个全国闻名的广西健康高端农产品品牌，首先，我们需要不断地推进广西健康农产品的品牌化认证工作进程，同时建设方便农产品、水产品运送至全国各地的装配中心及南北果蔬的流通集散基地和水产品的空中交通运输走廊。其次，大力发展农产品冷链物流，提升农产品冷链流通标准化水平。再次，加快构建"互联网+农业"生产经营模式，抓住桂南高铁所带来的机遇，开辟农副产品绿色通道，打造特色农产品主要集散地。最后，更要加快升级农业机械产业，以广西地区的玉柴集团和五丰机械为中心企业，主抓先进农机装备项目，依靠广西现代农业装备产业园区等重大平台，创新发展农机产业，促进广西农业高速发展。

二　打造绿色临港产业集群

根据产业链条的完整性，需要加快延长产业链，加快补齐产业链断层产业和缺位产业，实施产业链培育发展行动，突出重点项目和龙头企业的带动作用，强化上下游企业配套协作，推动行业之间跨层次、跨环节和跨系统的大整合。

首先，着力围绕补短板、促升级、增后劲、惠民生，研究推出一批重大工程和项目发展。利用桂南高铁沿线的区位优势，充分利用桂南高铁沿线的海洋资源，使得我们在"蓝色经济"中的空间得到拓展，在现代海洋生物医药、现代捕鱼渔业、设备制造、滨海旅游以及海水综合利用和海洋能源综合开发等重点领域积极引入新兴产业项目。同时通过建设科技创新基地和完善其基本设施，打造我们在海洋上的现代海洋经济产业集群，提高国际竞争力。

其次，为了升级发展高铁沿线的沿海传统产业，要重新科学调整产业目标，优化海洋经济产业布局，构建广西区域的沿海高铁产业体系，加快成为国内大循环的重要节点和国内国际"双循环"的战略联结。还要加快发展临港高铁的产业集群，以先进的装备制造、电子信息、高端金属新材料以及硅材料产业为主体，打造绿色临港高铁产业集群，重点建设海洋数字经济和海洋生物医药以及海洋能源等新兴产业，使临港的优势产业项目的服务与质量保障有所提升。

再次，根据广西区域的沿海临港的区域优势，可以围绕海洋技术的装备制造业和海洋服务业等新兴产业为重点去发展，深化海洋科学技术研究，不断增强对海洋资源的利用，积极与其他国家深入开展海洋资源的投入，加快广西区域的海洋经济繁荣强区的建设。

最后，通过建立自由贸易试验区和沿线海洋经济合作试验区，探索了新的国际合作模式，创造出了"一带一路"建设和发展所需要的国际经济合作创新高地。把桂南高铁的重点区域建设工程作为突破，积极地引进了具有较强的竞争力、良好的生态成长性以及辐射和带动效应大的轻工业龙头企业，打造出轻工业产业集群。重点加快以梧州轻工业制造城、柳州轻工业园等为重点的园区建设，形成了具有自身特色鲜明、集聚效应明显的轻工业特色小镇，使得其他地方轻工产业逐渐向园区集中转移。同时以技术创新为重点，加快促使传统优势轻工产业升级，提高产业附加值，拓展轻工产业链，培育可持续发展并且具有良好优势的支柱性轻工产业，突出广西老字号品牌，打造广西著名名牌商标，培育一批具有影响力的品牌企业。

三　培育大健康产业集群

广西应全面用好桂南高铁辐射带动效应，根据中国中药协会和中国医药保健品进出口商会等国内行业协会的最新政策为向导，充分利用桂南高铁沿线的中药材资源，依托广西全区龙头企业和本地龙头企业的优势，打造一条围绕桂南高铁的全新的中药材产业链，包含药材种植、药材交易、中药生产和中药饮品加工、储存、物流运输、质量监管等多领域一体化的产业链。通过桂南高铁，使其不仅仅面对广西地区还要面临全国、辐射带动东盟的南方中药生产基地，形成桂南高铁健康产业集群，打造成"工业化"和"品牌化"重点工程。

首先，补齐健康食品产业链的缺位。随着经济的发展，越来越多的人对生活品质的要求越来越高，对食品的要求也越来越高，因此必须加大对食品质量的监管力度。其次，桂南高铁的建设增加对健康食品产业的招商引资力度，以果蔬类和粮油类以及畜类和禽类等特色化产品资源为重点，加快构建与加工业高效融合发展的种养业的新格局。最后，我国消费水平不断升级，使得现代农业、生物医药、文娱健身、旅游业等行业不断深入发展，特别是旅游业和文娱健身应该得到不断的创新发展，可以根据广西本身的生态人文优势和桂南高铁带来的新机遇，重点发展健康旅游和健康休闲运动产业相结合的项目，通过计算机信息和电子智能与传统旅游业相结合的方式创新发展。

四　引领桂南高铁沿线产业转型升级

桂南高铁的开通大大缩短了地区之间的时空距离，为各种要素的流动提供了高效、便捷的通道。巨型城市群逐渐形成，城市的发展呈现出网络化趋势，在这个巨大城市网络里，大多数城市承担的是"节点"角色，每个城市都起带动作用，由于高铁带来的资源优势和位置优势不断提高新型工业化、信息化、城镇化、农业现代化的水平[1]，所以高铁沿线城市能够实现资源整合、调整三次产业结构，促使高铁沿线先进制造业、战略性新兴产业和现代服务业占比所有行业的比重稳步提高，产业迈向中高端水平，进而带动"节点"的周边发展，促进广西经济发展。以桂南高铁沿线的北海市为例，通过积极引进造纸产业的相关项目，完善配套深加工产业设施，积极促进制浆造纸和配套加工的深入结合，加快建设现代化制造产业链，推动造纸产业的快速发展[2]，同时带

---

[1] 刘伟宏：《适应新常态谋求新发展——新常态下通信业的发展之路》，《内蒙古统计》2015年第6期。

[2] 《北海加快打造高端造纸全产业链集群》，《绿色包装》2021年第3期。

动周边城市相关产业，推动产业项目集群发展。

为了实现引领桂南高铁沿线产业转型升级的目标，既要培育名牌产品和驰名商标，注重提升存量水平、优化产业链，增量又要侧重新兴产业、有较高水平的效益型产业，促进发展方式由规模速度型向质量效益型转变。

第一，在本地现有产业和现有技术积累的基础上加强新兴技术产业的发展。推动高新技术产业和新兴产业升级，促进传统产业和高新技术产业的融合发展，推动现代化体系建设，提高核心竞争力和增加效益，把着力点定在提高质量和效益上，推动城市的品质和价值的提高，以提升区域集聚能力为重点，优化新兴产业融合发展新格局，实现"产城人"融合发展[①]。

第二，产业链每个环节之间都紧密联系。以产业链的龙头企业为关键点，沿着产业链上中下游产业延伸，从而使得整个产业集群都能被带动发展。因此，重大产业集群若要得到快速的发展，必须要抓住关键的产业链。2018年以来，政府提出要着力打造汽车、机械、电子信息、绿色化工新材料、高端金属新材料等产业集群，桂南高铁的开通为广西全区带来了机遇。同时要打造支撑重大产业集群建设的重点支柱产业链，比如新能源汽车产业链，5G通信设备及应用产业链方面，已经引进了华为、深科技、富桂精密等龙头企业，具备条件进一步扩展产能和提升基础制造能力。比如高端装备制造产业链方面，工程机械、内燃机和轨道交通等龙头企业正在加快智能化、网络化进程，推动产业迈向中高端水平。这些产业链具备良好的基础条件，是产业转型升级的主要方向，是支撑未来高质量发展的战略性产业链。

第三，在良好的基础条件上，围绕产业链部署创新链，选择出一批亟须突破的重大关键核心技术，发布计划任务，以企业为主体，实施集中攻关。比如汽车产业链，加快突破自动驾驶、智能云控汽车等技术的步伐，机械产业链要重点突破工程机械燃油、燃气供给系统、工程机械人工智能化等技术，培育出完整的重大支柱产业，为进一步推动桂南高

---

① 《中共柳州市委员会关于制定柳州市国民经济和社会发展第十三个五年规划的建议》，2015年12月14日第1版。

铁沿线产业链分工产业发展，扩大产业集群优势助力。

第二节 聚焦桂南高铁沿线特色产业发展

促使企业发展转型升级的第一动力就是企业本身所拥有的创新能力。创新必须始终放在我国经济社会发展中的突出位置，大力促进政府管理体系、科学技术、人才与商业模式的创新，推进社会主义大众创业、万众创新，促进了消费与投资之间的良性交换、产业升级与消费提高之间的协同促进、创新驱动与经济转型的有效衔接。桂南高铁沿线的产业集群的发展，要从长期发展的视角加强科学创新驱动规划体系建设，不断提升产业集群发展成效，创造更大的经济社会效益。为此应该以桂南高铁沿线的产业集群建设为契机，加快区域相关等产业发展，从而更好地提升吸引力，比如要注重高铁城市和区域城市之间的合作，既加强资源的全面共享，同时又需要结合自身的定位寻求差异化的发展模式，实现高铁车站和景区的全面衔接。

一 聚焦地区特色产业发展

特色产业兴则区域经济兴，区域经济兴则全区经济兴。桂南高铁沿线的产业集群建设更是为区域特色产业领域提高竞争力，以系列政策聚焦地区特色产业，推动特色产业高端化、智能化、绿色化发展，全面提升特色产业创新能力、上市融资能力、数字化转型能力、招商引资能力，实现特色产业质量变革、动力变革、效率变革，培育一批具有核心竞争力的地区特色产业。依托特色产业发展，促进桂南高铁特色产业集群建设，不断扩大地区特色产业的规模，形成特色产业质量优势。

（一）聚焦特色产业发展

从加强特色产业发展的视角不断探究高铁经济发展，从而形成稳定的竞争优势。一方面要对特色产业发展潜力不断进行挖掘，要充分利用高铁建设以及相关枢纽站场建设的契机，充分依靠中心城市的辐射带动效应，对高铁沿线城镇进行科学布局和合理谋划。挖掘相关地区的特色资源，并形成产业化、差异化的优势，加强分工合作，从而形成特色化的城市发展产业集群；另一方面要围绕高铁特色城镇等进行不断探究，充分发挥区域优势，利用当地的人文地理条件以及产业基础和资源，进行全面整合，实施特色产业链建设工程，完善特色产业链建设推进机制，引进上下游与之配套的企业，打造差异化的特色功能，提高市场竞争，促进广西全区经济发展。

1. 发挥广西独特地理优势

以着力打造一个区域性的大型国际物流中心、中心式的互联互通和新南向物流通道作为重大战略目标，积极探索发展由"陆海空网"有机互通衔接、现代化国际物流与电子信息融合技术、电子商务、跨境电商金融等多个领域的物流产业交相融合发展形成的中大型规模的国际物流。深入开展了城市现代仓储物流、基础交通设施配套工程建设、现代商业金融、电子商务等，大力引进了广东海港、航空港、内河港、铁路港、信息港等国家级现代物流园区和城市基础交通设施配套工程建设重点项目，以及第三方仓储物流、冷链仓储物流、电子商务、智能现代物流和高科技等多个领域的物流产业化建设项目，积极推动培育国内外现代物流服务龙头企业，做大或主要集中做强东南向网络物流运营和物流渠道。

结合今年国际东盟陆海经济贸易金融创新合作通道的试点建设，加快着力打造一个主要面向亚洲东盟的国际金融对外开放新服务门户，抓住了东盟金融行业不断拓宽对外开放的良好契机，吸引国内外大型金融机构，促进了东盟金融服务要素的深度集聚，为推动广西区域与东盟实体金融经济的持续发展进步，提供了更有效的政策支持。

2. 繁荣发展文化旅游业

广西有着丰富的旅游资源，有多处独具特色的自然风景区，如南宁南湖、青秀山、大明山、象鼻山、叠彩山、芦笛岩、七星公园、北海银滩旅游区、柳侯公园等景点均在桂南高铁沿线地区，再加上拥有璀璨的历史文化和宜人的气候环境，使得旅游业发展条件更加优越。但当今旅游业创新发展趋势之一就是促进旅游业内部不同旅游要素之间的互动、重新组合，而且积极运用高科技也是重要的创新手段，若仍旧以传统的方式发展旅游业，就很可能丧失高铁时代旅游发展的大好机遇[①]，探索旅游业发展新思路，需要不断挖掘悠久丰厚的旅游文化。例如桂南高铁沿线的桂林是个少数民族聚居的地方，拥有壮族、侗族、苗族、瑶族等37个少数民族，少数民族丰富奇特的人文风情对中外游客有着较大的吸引力，在临桂、龙胜、灵川、兴安、资源等地重点开发打造和提升一批有代表性的各族民族村寨。首先，在开发建设过程中，要做到将展示与提升相结合，着重打造提升少数民族歌舞文化品牌和形象，要充分挖掘和整理少数民族文化的精华与丰富内涵。其次，要呈现出道地本真的少数民族文化，才能更好地吸引游客前来。最后，要不断创造和丰富少数民族文化的内容与表现，将少数民族文化优势转变为当地旅游发展的优势资源，并注意在少数民族文化建设的设计中提高游客的参与性，让游客能够乐在其中，提高游客对桂林少数民族文化的兴趣与喜爱。

高铁沿线的旅游城市应找准城市文化与山水景观的切合点，打造旅游文化知名品牌，打造一条文化旅游精品路线。政府应紧紧抓住桂南高铁通车带来的机遇，不断加强桂南高铁沿线的旅游城市和其风景优美地区的宣传力度，实施沿线地区精品的旅游创新带动战略，强化出桂南高铁沿线地区的广西特色，推动一批经济型的连锁饭店、具有多元和多样化的农家乐、民俗客栈、乡土酒店以及度假村的建设发展。同时在"快行慢游"理念的引领下，高铁有效地促进了南宁的旅游资源整合，让南宁逐步发展成为华南与西南各主要旅游地区和东南亚之间重要的交通枢纽和旅游集散点。不仅如此，南宁的政务博览、会展商贸、民俗文化服务体验、文化美食休闲、都市观光娱乐等多元化的旅游物流产品在高铁触媒效应的作用下也将快速发展，旅游市场细分程度越来越高[②]，因此桂南高铁产业集群着力发展旅游服务业以及相关产业，促进产业集群发展。

（二）推进产业科技创新

科技创新是产业集群升级的决定性因素。产业集群是创新内部体系

---

① 郭伟锋：《高铁对区域经济发展的影响及建议——以贵阳为例》，《物流工程与管理》2009年第12期。

② 汪军能等：《高铁时代西部大城市服务业发展路径调整－以南宁市为例》，《广西师范学院学报》（哲学社会科学版）2015年第2期。

利用中小型企业、其他组织或者机构等,处于提供同一或相近产品及服务等之间地理位置相贴合、产业相互关联的特点,形成规模经济,降低贸易成本,使整个地区和行业都能够获得长期持续而又强劲的市场竞争优势。同时,产业集群在紧紧围绕着这些产业而形成自己的分工,这样就加剧了各类企业的竞争。因此,所有的企业只有通过自主创新,才能够提升自己的企业在产业和服务之间的综合竞争力,通过知识创新和技术进步改变产业发展供给要素的结构和市场需求的共同作用[1],使得产业集群向技术含量高、附加值含量高的价值链环节延伸,同时实现产出增加和产业结构的高级化,实现产业升级[2]。

1. 增强科技的创新能力

首先,要继续推动以国家的科技创新驱动产业为主要核心的全面科技创新,支持和鼓励企业响应"大众创业、万众创新"政策,拓展投融资新消费,激发出经济领域的全社会的创新活力和自主创造的无限潜能,不断地增强广西全企业的科技创新能力。还要实施创新驱动式产业发展的战略,以科技创新驱动产业发展战略为核心和关键点,统筹推动自主与协同的创新,进一步带动和促进产品、业态、体制和管理的创新,增强广西全社会的创新积极性,推动广西区域经济的发展[3]、劳动者综合素质的提高和管理方式的创新朝着依靠科学技术的进步转变。

其次,要提升重点产业的高新科技和自主创新能力,培育一批完备和具有国家核心及重点市场综合竞争力的国家创新型科技龙头企业,推动其发展形成一批具有独特的国家自主研发知识产权和具有核心市场竞争力的国家创新型新兴产业技术集群,以期能够促进我国更多地发展创新型新兴产业。

再次,要加强对大型创新服务类科技企业的人才培养。以国家级开发区作为重要的载体,加快构筑创新型平台,创建一批具有基础性、前

---

[1] 罗琳:《广东省高技术产业的产业集聚与技术创新关系综述》,《区域治理》2020 第 2 期。

[2] 王来军:《基于创新驱动的产业集群升级研究》,博士学位论文,中共中央党校,2014 年,第 28 页。

[3] 《中共柳州市委员会关于制定柳州市国民经济和社会发展第十三个五年规划的建议》, 2015 年 12 月 14 日第 1 版。

沿性和一系列共性的技术研究、企业孵化服务平台。着力促进科技成果的转化，其重点是引进多个领域的先进科技成果，如电子信息、生物技术、现代农业、机器人装备制造、智能化制造等，并使其在我国实现产业化应用。依托自身的科研资源优势，深化来自全国多个发达省份和东部地区的国家级重点科研院所、区内外重点高校之间的学术战略交流合作。建立了天然气与药品技术研发、生物质学与能源技术研发等领域相关的重点研究开发单位或者重点研究开发中心，打造了西南亚热带特殊生物植被、西南民族药品等多个领域的国家级和地区重点科学实验室，加强了中药工程技术重点研究开发中心以及各种新型中药中试项目实验基地的综合建设，强化了企业自主创新的主体地位，鼓励了企业在国内外更多领域加大研究和投入。

最后，要提升重大产业的关键技术、设备和国家标准的研发和攻关，加快企业的自主创新能力步伐，推动企业产学研一体化的产业技术创新体系的构建，加强对科技型中介服务团队的建设，提高对生产能力促进中心、科技型企业孵化器、科技贸易市场的服务。深入贯彻落实国家知识产权产业国家战略发展重大战略，创建一批国家重点知识企业产权先进产业服务体系示范区和城市，积极开展国家专利的推广应用，强化对国家专利的使用保护，推动加快建成中国—东盟国家的知识产权产业国际交流战略合作服务中心。

2. 促进大众创业、万众创新

首先，加快构建可以促进推动全民企业创新的新的政策、良好的体制环境和公共服务体系的进程。广西政府需要加强对财政资金的支持和重新统筹安排以及完善普惠性的税收的政策，不断地增加关于创新产品和服务，广西政府部门采购方面的预算。其次，积极地去建立和完善广西政府对于创业、投资和融资的引导机制，使得广西产业的资金来源和供应得到拓宽，积极地去开展知识的产权贸易，加强对创业者的知识产权的保护。再次，基于互联网的全面的技术的创新，加快建立"互联网+"创业网络系统，可以更快地打造一个创业服务和创业投融资、线上和线下相协调结合的开放式服务的载体。在经济技术开发区、具备特色产业园区及有条件的核心城市建设一批创新型农民孵化器，推进农民创新创业的便捷化。最后，以南宁市创新创业为例，以北京市建设中关村创新中心等重点项目作为工程抓手，引入创新创业行业龙头企业、创新创业投融资机构、创新创业服务组织等全国性社会力量，加强多种多样的创新技术要素之间的高度整合和深入互动，加快南宁的创新型创业基地的建设进程。通过大力鼓舞科技文化的创新和去倡导科技文化的培养，营造出科技工作者积极创新、敢于创新的良好社会氛围。

二　以优质重大项目带动发展

通过集中资源积极地促进优质的重大工程项目的建设，充分地利用桂南高铁带来的资源优势和广西的沿海临港的区位优势，重点以钢铁铝业、石油化工、机械等优质的重大工业项目去建设，加快把这些产业打造成地区的支柱性产业项目以便于带动沿边地区的其他产业以及新兴产业的发展。

（一）完善重大项目的配套开发

政府应该积极地完善优质的重大项目的配套开发以及重大优质产品的主导性产品的配套要求。在支撑性产业方面，支持为大型企业发展而提供配套要求的中小型企业的开放式发展，提升当地的配套效益。为了促进优质的重大项目的中下游产业的规模可以得到扩张，应该将重大项目的产业结构链的最前端的部门位置转移到下游的产品。通过建立健全社会化的协作机制，重点培养和发展营销产品、物流、金融咨询、保险、会计、法律法规咨询等服务型机构，积极采取措施预防并有效化解公司财务和其他金融风险，有利于支持优质的重大项目的发展和其他地区项目的合作，以及和国际其他行业的深入合作发展，也有利于引入外来资金、先进的科技管理技术，促进其竞争力的增强，便于拓展其国际市场。积极组织开展有利于增长发展产业后劲和补齐发展产业短板的重大投资的活动，促进向发展战略性高新产业、新兴产业、现代社会服务业和生态环境持续保护及其他社会公共服务领域方面重点倾斜。积极引入"互联网＋"与我国传统服务行业的信息跨境服务融合，发展"分享经济"。

（二）增强产业空间集聚效应

以优质的重大项目带动高铁沿线产业发展的同时，也要增强产业空间集聚效应，使其能够发挥作用最大化。桂南高铁的建设，加快了其他地区的要素流入广西各地区，将使其经济增长。同时，辐射带动效应也将使其周边地区的经济不断增长。我国长三角和珠三角等沿海地区和一些地区的大中型城市也呈现着类似的状态，产业和经济发展水平除了主要受到当地各项生活要素等因子的影响，还主要受到当地相邻城市经济的影响。

一方面，桂南高铁沿线强区域经济的发达国家及其中心重点城市，例如广西南宁、桂林、柳州在迅速发展壮大后，应该要充分发挥自身的经济辐射带动效应，通过推进产业结构转移、行政主管部门职责分工、科技创新资源整合共享、卫星智能小镇的联合建设等多种有效途径来有效带动其周边经济落后地区及其中心重点城市，与其均衡生存和协调发展；另一方面，经济发展水平落后的高铁沿线城市也应该通过寻求帮助找到自己的有利产业资源和优势产业，打造良好的高铁运营管理环境和高铁集群区域市场发展平台，积极地借鉴学习发达国家城市的高铁科研创新技术和运营管理模式经验，推动高铁沿线产业和整个集群区域经济的繁荣与协调发展，促进我国高铁沿线产业和集群区域协调均衡发展。从两个城市之间的地区协调发展关系角度来看，应根据自身的地理环境条件、自然资源、经济的实际基础、现有的人力资本、融资能力、先进技术等多方面对其进行合理和全面的调查、分析和研究去发现广西区域的具有发展潜力的产业，各城市积极推进分工协同发展[①]，不断地调整广西整个区域的发展的产业定位，并采取合理的科学的发展战略，共同打造桂南高铁沿线产业集群。

三 发挥龙头城市的带动作用

广西全区要重新发现和认识高铁沿线龙头城市的龙头产业的战略意义，从自治区层面的高度，盘带梳理全区现有的优势产业，挖掘其他具备发展潜力的新产业，充分发挥龙头城市的带动作用。

（一）发挥龙头城市柳州的带动作用

发挥龙头城市柳州的带动作用，强化沿江重点城市产业分工合作，

---

① 韦玮：《产业空间分布与区域协调发展研究——以广西为例》，《广西质量监督导报》2020年第4期。

建设承接产业转移示范区,重点发展汽车、食品、装备制造、电子信息、建材等产业集群和战略性新兴产业,打造优势互补、协作配套的沿江产业带[①]。粤桂两省之间的文化交流,以及深入合作发展试验区所体现出的综合性、先行性和其示范带动作用,使广西中心沿江城市充分发挥了文化辐射带动效应,促进了广西区域的城市间的分工搭配式的合作和错位互补式的发展,构建了一个区域特色鲜明的沿江区域城镇发展结构。根据全球经济开放性的作用,加快改革我国经济发展的政策和方式,推动地方产业结构调整,进一步的发展产业、进一步加快高铁沿线区域产业集群发展,不断构建新的区域优势,进一步带动相关地区以及关联产业科学发展。

第一,紧紧地抓住实业发展机遇,把现代工业、服务业和新型现代农业的快速产品化作为推动我国加快发展三次以上实体工业经济的首要策略战场,促进了三次实体产业紧密结合、协同推进地发展,以三次实体工业经济的大幅度增长动力带动了新型城镇工业化、城镇化的大幅度发展。第二,坚定不移深入地加快实施对外开放,积极主动融入开展国家间和区域间的对外开放经济合作,汇聚广西这些具有较高区位优势的海外发展动力资源,将会把广西努力打造建设成为一个直接吸纳和推动聚集海外人才、创新型中小企业共同发展的良好平台和大洼地。第三,以国家级试点重大项目建设实施用地基础规划设计研究机构为技术支持,以重点产业基地主体设立重点项目基地为发展载体,以行业龙头技术骨干企业为发展示范点和引领,培育和发展完善特色产业链,着力打造国家一级战略性的重点新兴产业研发基地,加快形成具有支撑产业发展、链条结构完善、产业链的辐射力和其带动相关产业的服务功能更强的产业基地集聚示范区。

(二)提升桂林国际旅游胜地影响力

桂林作为久负盛名的国家重点旅游目的地,在旅游业发展上已经趋于成熟,其旅游客源的丰富和多样在广西排行第一,已经发展成为我国主要打造的国际旅游目的地之一。利用广西桂林山水甲天下的品牌优势,增加桂林对广西全区的旅游发展的带头示范作用。桂南高铁的产业

[①] 佚名:《为西江经济走廊腾飞助力》,《南方国土资源》2017年第3期。

集群可以带动桂林、北海两地区旅游产业相互融合，共同发展，加强桂林联通国内外的航空、高速铁路、高速公路和旅游基础设施建设，强化区域性综合交通枢纽地位，建成设施完备、功能完善的旅游服务体系①。加快推进其旅游业和桂南高铁沿线的城市其他相关行业的融合式发展的进度，建立主要以新型产业、现代农业等产业为主导的产业聚集。积极地与国内外的知名企业开展深入合作，建立一个能够提供全国所有的旅游业企业可以交流和合作的促进相互学习的平台，加强漓江及桂林的山水自然资源生态环境保护，实现经济的可持续发展。

第一，加快旅游发展，通过借鉴和吸收一切国内外的旅游风景区管理和改善的先进文明经验依托的优质生态资源，重点发展其优势的自然风景旅游，以最高级的风景旅游区管理标准，完善旅游风景区的基础配套设施建设，加快规划和建设风情小镇，依托五彩田园，重点开发田园旅游，加大对现代特色旅游示范区项目的引进和扶持力度，吸引广泛资本和专业机构参与投资运营，利用"互联网+""旅游+""生态+"等模式，促进农村田园和旅游、文化等产业的深度结合②，联手培育具有自身风格特点的文化和体验性的旅游品牌。第二，加强与深圳客家文化节、香港客家文化节、澳门客家文化节对接，扩大桂林国际旅游美食节、文化旅游节的品牌影响力，打造世界文化体验旅游目的地。第三，加快打造文化旅游市场，打造出广西全区独有特色文化旅游的精品路线，积极地开展招商引资的活动和旅游活动以及产品推荐和介绍，共同开拓出新的国内外市场。

第三节　强化桂南高铁沿线综合交通枢纽建设

为配合桂林到南宁的高铁建设，还应完善其他相关交通基础设施，促进其充分发挥对社会外部的空间溢出效应。此外，强化桂南高铁沿线综合交通枢纽建设对桂南高铁沿线区域的物流运输能力、桂南高铁的沿

---

① 《广西壮族自治区国民经济和社会发展第十三个五年规划纲要》，《广西日报》2016年6月5日第2版。

② 宋玲者：《壮大新产业新业态 延伸农业产业链价值链》，《乡音》2018年第5期。

线城市内的产业调整升级以及就业率的提高都有着非常积极的影响。高铁的开通大大缩短了地区之间的时空距离,为各种要素的流动提供了高效、便捷的通道,加强了区域联系,改善了人们的交通运输方式和生活条件,地区资源配置得到优化,产业集聚和城市建设加速,区域经济一体化进程加快[①],为高速铁路沿线城市的发展创造了重大机遇。

一 构建综合立体交通走廊

高铁是通过与站点相邻的城市及其周边地区之间进行有效的沟通与辐射,使得周边的地区经济增长得到了提高。一方面,为了加强站点城市和其他周边地区之间的沟通效力,扩张站点城市对其他周边地区的辐射效应,必须首先突破站点城市和其他周边地区之间的交通阻碍,与站点城市一起积极参与城际快速发展通道的建设,加大桂南高铁的辐射效应[②];另一方面,还需要加强交通枢纽周边物流服务体系建设,建设综合性的联运服务机制,加强物流产业和现代化信息技术的融合应用,推动更多的智慧物流等服务,全面提高物流服务保障能力。

首先,要充分利用桂南高铁建设带来的好机遇,桂南高铁沿线的区域城市为桂南高铁建设积极地改善城市的基础设施,为信息科学技术等基础设施的流动、集聚和新兴产业集群的形成创造良好的外部条件。

其次,桂南高铁沿线的南宁市作为西部大城市之一,并且南宁市作为连接整个东盟和中国各个地区的国际铁路运输渠道的纽带,使得南宁市从"路网末梢"逐渐向区域性的国际交通转型[③]。南宁市拥有区域性的交通枢纽这一定位,极大地改变了南宁市的经济版图和时空格局,在经济发展中保持主导地位。桂南高铁的建立,极大地促进了南宁与桂林、防城港、钦州、来宾、河池等地区之间资源要素流动以及增加未来共同发展的机会,桂南高铁产业集群的发展并不是一蹴而就的,是一个

---

① 罗菁秋:《高铁对区域经济圈非中心城市经济发展的影响研究》,硕士学位论文,西南科技大学,2017年4月,第1页。
② 卢斯妤:《贵广高铁对沿线区域要素流动的影响研究》,硕士学位论文,贵州大学,2019年6月。
③ 汪军能等:《高铁时代西部大城市服务业发展路径调整——以南宁市为例》,《广西师范学院学报》(哲学社会科学版)2015年第2期。

漫长的过程。

最后，要完善集疏运的体系，规范城市道路，减少交通拥堵现象。完善高铁沿线各个站点城市及其周边地区的国家级城际运输网络系统，重点建设了城际高速公路等骨干道路。通过提升和扩大城际运输网络的密度，高效地连接城际运输网络，形成了高度发达的综合化、立体化的运输网络体系，大幅度地降低生活的时间成本和工作的时间成本。比如广西的西江船闸的建设运营的机制要创新，可以全面地提升西江的黄金水道通行能力以及港口的吞吐能力，以便于构建综合化和立体化的交通走廊，充分地发挥出区位的优势，不断完善陆路和航空以及铁路的基础设施的建设，加快其与"一带一路"的紧密联系和相互合作。桂南高铁的建立使得各个城市之间的连接更加紧密，促进广西全区与东盟国家经济贸易往来的深入合作，促进广西的经济发展。

二 抓好西部陆海新通道建设

要始终笃定坚持以整个北部湾沿海国际经济通道港口为重要主线设施牵引，抓住今年广西被国家列入第一批"十二五"国际交通运输强国建设重点工程和建设项目试点的重大历史性发展契机，大力开展沿海基础交通设施配套项目试点建设，构筑更加通畅的沿海国际交通网，全面提高整个北部湾沿海地区国际经济的门户港的交通运营服务管理水平，进一步切实深化和加快推进沿海地区国际经济通道港口减价增值、降税收费的综合提效增能优服，加快和努力打造一个更加现代化的沿海国际交通网络和集疏运综合服务体系。争取可以使用3—5年的发展时间，实现整个北部湾沿海经济区六市，在1小时内基本完成通达的一个国际海港；其余八市，在2小时内基本完成通达的一个国际海港；全区大部分沿海地区的中心城镇和主要技术产业创新园区，在3小时内基本完成通达的一个国际海港。

第一，要进一步提高北部湾沿岸经济区对外开放和技术创新水平，不断完善综合运输和物流服务体系，提高港口建设和现代化水平，乘势而上地布局打造一批具有特色和战略意义的沿海优势产业集群，加快自由贸易试验区的建立，提升对外开放能力，以高质量的水平编制北部湾经济区新一轮发展计划，争取将更多的重大工程、重点项目都纳入新时期和国家有关的规划中。

第二，统筹和协调推进"两湾"的互联贯通，落实好"三企入桂"的中央相关决策部署，积极开展广西与其沿边区域和周边国家的合作，促进广西全区的优势互补且繁荣互惠的沿海沿边经济发展，创新性地发展以便促进陆地区域、山区周边县市与沿海边远地区之间的经贸投资交流、商务往来及各种产业交流融合，形成了一种资源共享、利益公平分配的新合作机制。

第三，还应不断加强与公路等其他产业的融合，从而形成交通网络集群。比如在高铁产业集群发展过程中，要本着互联互通的原则，不断完善智慧信息服务平台，同时要对铁路、航空、公路等交通运输产业各自的优势和资源配置情况进行分析，以此为基础进行产业布局优化管理运营，从而不断汲取更多的优势资源，打造中心交通网络综合服务体系。另外需要根据立体化交通运输网络的打造，建立和配置相适应的物流服务等机制，从而不断降低运营成本，提高综合服务效能。

第四节　优化桂南高铁沿线产业生态和营商环境

"绿水青山就是金山银山"，是新时代我国经济高质量发展的全新理念，"绿色化"作为判断产业转型升级方向、产业项目引进的重要标准，树立和落实新发展理念，把速度和效益、结构和质量、经济增长和生态保护有机地统一起来，站在新起点，实现新发展，坚定树立新的生态经济文明发展理念。为了加快实现国家的可持续发展战略目标，应该不断加强生态社会文明的内涵，将其深刻融入经济、政治、社会、文化等全方面和全过程中。绿色制造是实现工业高质量发展的内在必然要求，广西作为生态优势地区，认真贯彻绿色制造的方针政策，走绿色发展道路具有重要现实意义。在开发高铁以及沿线产业时，加强对于生态环境的保护力度，坚持保护优先，开发服从保护，不宜进行大规模高强度工业化、城镇化开发。此外，还应当不断提升生态服务成效，立足长远发展的视角，加强生态合作，执行组织体系的建设，完善相关的生态管理配套机制，从生态环境效益等方面对地区经济发展进行全面评估。

一 加强产业绿色发展规划

以桂林高铁沿线的防城港港口为例，发展临港工业是我国建设港口地区现代化先进装备制造业的关键。随着新型装备工业的不断发展必将给广西带来十分严峻的环境问题，因此在加快发展钢铁等资源产业时要特别注意其环保问题。怎样去平衡产业的环境保护和产业的经济发展两者之间的关系去实现共赢是至关重要的，尽管这是一项艰巨的社会环境任务，但环境的保护是实现长远发展的基本保障。

（一）制定绿色政策加强环境保护

广西政府部门根据科学性和合理性制定严格的产业环境保护的政策以及相关的经济政策。一方面，在选择重大型项目的实施企业以及成本材料使用的时候，要严格针对环境保护政策进行环境质量的评估和评价，从源头上防范和禁止未达标项目的流失。广西政府应尽快建立起限制排污的政策制度，加强广西区域的污染物排污量的管理，鼓励所有产业进行深化技术的创新和改造，节约能源使得产生较少污染排放，同时加强生产过程中的环境保护管理；另一方面，扩大生产者的责任范围，积极在广西区域推广重化工的清洁生产的方式。在广西区域内主要重化产业集中地区，合理配置核心资源开发相关产业，以实现产业的生态环境保护作用和资源配置最大化作用。此外，企业还着力打造一个资源高效综合利用的可再生循环型产业链，提高了资源的综合生产效率，降低了环保的压力。

（二）引入先进技术构建绿色产业

加强顶层设计，规划科学是最大的效益。立足于当前桂南高铁沿线产业集群，将广西"十四五"工业绿色发展专项规划与广西"十四五"规划、《中国制造2025》《2030年可持续发展议程》相衔接，进而推动高铁沿线产业水平的高质量绿色发展。目前高铁沿线城市北海、钦州、防城港的石油化工等高耗能产业集群，政府应该组织专家、机构等免费为企业开展绿色服务活动，共同帮助企业制定提升路径方案，将绿色制造技术、绿色生产装备等引入企业，并且增加企业绿色改造融资渠道，鼓励支持企业兼并重组，进行绿色转型升级，引导有效产能向优势企业集中，形成绿色经济技术开发区，打造绿色产业集群。

比如公司依托大湾区装备制造的技术优势和环保节能型产业的基础，围绕服饰皮革、新材料、建筑材料等大湾区重点行业领域的环境污染问题，引入了大湾区的环保节能装备产品和行业龙头，联合打造并攻克了一批大湾区环境污染防控的关键核心技术，积极建设环保专业化园区，推动产业集聚发展。淘汰或者限制转移一批高铁沿线不可能完全符合沿海城市群发展总体规划定位的新型特色产业，加快规划建立一批具有特色新型乡村现代农业生产基地、循环经济产业发展示范区、现代旅游服务业发展综合体和集聚产业园区，实现高铁临港特色产业的健康绿色、智能化持续发展，构建一批完全适应环保发展要求的新型绿色现代产业。

（三）发展绿色能源优化产业结构

加速发展成以节能环保汽车为主要业务核心的新一代能源汽车产业。大力发展绿色环境保护节能能源产业、可再生清洁能源和采用新能源动力汽车等，重点实施投入资金引进采用新能源动力汽车驱动整车及风电混合模式动力电池、驱动涡轮风力发电机、驱动涡轮风力发电机等五大核心发电装置，高效利用太阳能、海洋风力发电、生物质能等关键技术的综合应用、节约能源应用技术、环保能源科学技术信息化应用技术、资源节约循环综合利用等绿色新兴产业行动计划，优化清洁绿色能源产业结构，加快我国推进绿色能源发展的步伐。

立足于建设绿色强化园区、生态惠民，深入开展绿色生态经济社会精神文明体系建设，创新出一种能有节约资源和环境保护的产业生产方式，走出一条丰富多彩的"绿色经济+社会+文化+经济+产业+社会+文化"的富裕绿色经济社会发展新型道路，将"绿色经济"新的优势进一步发挥转化为推动绿色社会经济持续增长新的优势。同时加快全产业链和环保融合，强化重点产业与地区高校、科研机构合作，围绕环保标准和市场需求，改进生产工艺，创新改革技术，实现健康持续发展。

二 加快产业绿色技术创新

技术创新是推动绿色制造发展的前提保证。第一，加大科研投入。广西政府应加大对绿色制造技术的研发投入，实行优惠的科技政策、金融政策等各项措施，创新财政资金支持方式。通过政府领头，鼓励引导各类投资基金、社会资本参与企业的绿色制造研发、服务平台的建设，降低企业研发成本，增强企业绿色创新实力。第二，构建多元化、多层次创新格局。推进"产学研金介"协同技术创新，鼓励龙头企业积极与高等院校、科学研究院所、知名金融机构和中介机构等建立起绿色的技术创新合作，协同发起对绿色制造的关键核心技术攻关工程。鼓励中小型企业积极主动与粤港澳大湾区和北部湾大湾区等跨区域的科技创新交流合作，积极引导广西优势企业开展绿色制造先进技术国际合作。第三，加大绿色制造技术的推广应用。开展绿色制造培训班，及时发布国外"绿色壁垒"政策的最新情况，鼓励企业积极引进广西区外和境外新技术、新设备，优化绿色科技成果转化公共服务，缩短成果应用转化周期，提高成果转化率[①]。

三 优化产业集群营商环境

构建新型政商关系，政府环境的优化可以带来市场经济的稳定发展。要深化政府职能转变，以基层改革为重点，加大简政放权力度，打造服务型政府，规范和简化行政审批，加快行政机关的办公效率。然后政府应积极听取企业的发展需要，为企业的发展提供支持，使企业能够依靠并实现稳定的发展，为经济发展积累经验并奠定良好的基础。

（一）构建新型战略伙伴关系

加快与各级政商有关部门共同构建新型的战略政商合作伙伴关系。一方面，充分发挥了政企之间互相交流沟通的作用，还实现了及时处理营商项目投诉举报问题以及监督招商引资建设项目审批过程等重要功能，强化了招商引资建设项目的审批协调和管理服务，及时处理了投资项目在审批落地中可能遇到的困难和突出问题，加快了投资项目的审批落地管理建设工作效率，大大提高了我省地区招商投融资的服务便利性和项目信息化应用程度；另一方面，将招商引资管理工作绩效作为严格考核和评价检验我市全区政府优化区域营商发展环境工作绩效的一项重要技术指标。通过对外开放、大规模招商，突破了经济发展的技术瓶

---

① 白克义：《对发展校办科技产业的初步认识》，《煤炭高等教育》1992年第4期。

颈，不断努力加快经济动能的有效转换，推动了我市全区区域经济持续健康、高速、有质量的健康发展。以"创新产业链+主体招商"创新合作模式作为企业主体招商手段，创新招商管理工作绩效机制，整合企业招商创新资源，以招商创新模式优化企业营商工作环境，使新技术广泛应用于吸纳先进的工业生产要素，推动来自我国乃至整个世界各地的实体经济快速增长，从而有效促进全国和区域实体经济健康增长，从而基本实现了企业质量、效率、动力的三大变革。

（二）建立持续稳定协调机制

要建立保障发展持续稳定的协调机制。一方面，以市场机制调节为主导，通过要素流动实现互补，按照比较利益原则，通过经济分工和协同进行合作[①]。以桂南高铁沿线桂林为例，致力于把桂林打造成一个国内外知名的旅游景点，然后利用国家关于旅游产业发展的优惠政策规定，推动互联网和旅游相结合的新模式的形成，搭建旅游相关产品研究开发的直接投融资服务平台，实行彻底的旅游市场化开放；另一方面，开展各种旅游专业培训活动，完善桂林市的专业技术人才的流动机制，使其具有合理化和市场化，以便于提高旅游业产业的从业人员综合技术水平和素质综合能力。除此之外还要不断地健全旅游业产业的服务系统，借如今全民信息时代的东风，建立网络化、综合化的旅游业服务平台，其中包括曾经的旅游信息、餐饮、交通等信息，创新探索出一种"互联网+旅游"的旅游业服务模式，桂南高铁的建设使得广西地区的旅游区域得到地理位置的扩展和空间距离的缩小。通过针对到桂林的旅客积极地推广一票通、一卡通等广西旅游区域内的全程的旅游服务，以便于旅客在广西旅游区域内能够得到自由欣赏和全面便捷的旅游服务，打造独属于广西的旅游特色品牌。

（三）充分发挥政府作用职能

根据市场的决定性作用和企业的主体地位，使得企业真正可以成为促进新兴产业发展的战略决策者、研制主体及其受益者。同时进一步加强政府的规划和指导，充分发挥政府的扶持与服务职责，整合社会经济

---

① 陈杰：《成绵乐高铁沿线城市体育旅游产业带的协同发展研究》，《四川体育科学》2016年第5期。

资源，突出优势、重点和规模发展，努力打造以社会经济为基础的市场经济主体，充分发挥政府作用的战略性新兴产业发展格局。构建政府与企业之间的新型关系，增强透明度，明确政府与工商界的关系，努力营造并持续优化良好的营商环境。高铁产业集群经济想要实现可持续高质量发展，需要从政策、各产业发展以及综合运营服务等方面不断完善机制，强化资源共享和创新特色管理，这样才能更好地提升可持续发展效能。

第五节 完善人才培养与招商引资机制

一 完善人才培养机制

在桂南高铁沿线的产业集群构建与发展等过程中需要从政策、产业结构以及人才和资源等方面进行科学探索，这样才能更好地形成协同发展效应，全面实现可持续发展。人才是产业链发展的第一要素，抓产业链创新的关键要落脚到人才的转向培养和重点引进，坚定不移地选择培养和引进两头并进，坚持不懈地吸引闻名国内外的专家以及创造型的人才和团队。为了人才的专项培养，要建立适合科技人才成长的管理体制和促进科技人才发展的激励机制，充分的激发出人才的创新潜能和发展活力。

首先，桂南高铁不仅仅为各种要素的流动提供了高效、便捷的通道，使地区资源配置得到优化，产业集聚和城市建设加速，带动相关产业运营。高铁建设完成后，后期的运行服务等方面也需要很多的专业性人才，高铁建设和运营管理为区域经济发展提供了很多的就业机会，为此也有助于提升城市就业服务能力。

其次，高铁的发展促进了人才的流通与交流，进而促进了技术的交流、融合以及发展，因此实施人才兴企战略更促进了高铁沿线人才的集聚，从而加速了高铁沿线产业以及产业集群的发展，相关产业的专业人才对于桂南高铁产业集群的发展也有着非常重要的作用。为此应当加强产业人才的培养力度和吸引力度，在区域经济发展方面要不断出台更为完善的人才培养机制和人才激励、吸引机制，从而提高人力资源科学化利用水平，创造更大的成效，打造区域特色发展优势。

最后，还应当全面加强人才信息库体系的建设，借助信息技术等完善人才数据库系统，建立人才信息共享机制，借助这种方式来更好地为人才流动和利用提供强大的基础保障。

（一）培养产业专业人才

制订并贯彻落实了相关人才引入及配套的服务政策，要求更多层面、多渠道、不同形式的引进人才，为千亿元的支柱产业增长提供了人才的支撑与智力保障。要加强对企业中高素质的经营管理、技术、职业技能、专门知识与技术等方面的人员培训。以国家重点领域产业和重点工程项目作为依托，加强人才洼地的建设。建立企业自主创新的人才激励机制，围绕支柱产业，实施人才集群战略，以集群效应促进高铁沿线产业跨越式发展[①]。

先进技术对于现代化产业的发展来说是至关重要的，专业高科技人才的储备量对于现代产业的长久发展也是十分重要的，因此广西全区应着重培养专业人才。一方面，需要强化对职业人才的培养，当地政府需要结合现实状况强化培养，结合当地特点优势产业挑选一些合适的优质项目，再全力给予一种能够建立一批精品的课程所使用的高效授课方式，从而改变教育人才的培养模式；另一方面，对待创业的指导和培训的力度应该不断地被加大，广西政府通过建设实践性的培训基地，为高等院校职业院校等资源组织提供实践能力培养的机会，以及多举办技术交流的活动，借着由懂技术、懂经济、懂经营的专业人才传授一些行业经验，带动其他人才的发展，充分发挥行业带头人的示范效用，不断加大投资的力度促进当地产业的更进一步的发展，以实现高铁产业集群经济发展。

首先，就桂南高铁沿线的产业集群而言，在其实施临港经济区的开发中，必须增强人才队伍的建设意识，把人才培养的工作始终贯穿于临港经济区的建设与发展的全过程，切实做好人力资源的开发与使用工作的长远规划和发展策略。其次，桂南高铁沿线的产业集群主要围绕着临港工业去发展，积极地引进管理技术、先进的产业开发技术、熟练的技

---

① 杜念娜：《引导技术型人才资源向一线产业集聚——以河南省濮阳市城乡一体化示范区为例》，《经济师》2017年第7期。

术人才和产业急需的紧缺型专业人才，才能推动临港工业的发展。再次，利用广西壮族自治区的众多高等院校、科学研究成果以及职业技术学校等教育资源优势，为临港工业发展培养了各类各层次的专业技术人才，为临港工业的发展贡献了至关重要的要素①。最后，鼓励和引导企业按照国家全区域性的工业技能型人才培养和发展战略规划，结合当地企业的实际，制定企业技能型人才培养和发展的总体规划，明确实施的具体目标和任务，并提出相应的培养方案，要有针对性地培养一批专业技能型人才。

（二）建立人尽其才的用人制度

对于产业的发展来说，专业人才是必不可缺的要素，良好的选拔和聘用机制在培养企业人才，促进人才团队的形成和发展中起着关键作用，同时也是保持企业稳定发展的动力来源。在各个产业下，现代化公司特别是国有集团公司，必须严格遵循党中央关于选拔用人机制的要求，及时发现公司内部选拔用人机制的缺陷，并不断完善以形成完整的动态就业和选择机制，以适应不断变化的市场需求。选人用人机制优化工作，对于提升企业竞争力，激发企业潜在活力有着巨大的帮助作用。

第一，要优化人才任用制度，多维度提升选人用人机制有效性，同时不断加强监督管理力度，确保选人用人公平机制能够真正落实，成为产业培养人才、发掘人才、运用人才的可靠保证。

第二，建立科技人才公共信息库，实行人事代理制度，实现科技人员的合理流动与优化配置。建立科技人员无主体差别、无合同年限的社会保障制度。积极举办便于施展才干的社会活动以及比赛活动，因为只有在实践中才能发现人才，只有在实践中才能培养人才，只有在实践中才能凝聚人才，为成就一批拥有专业技能和勇于创新的产业发展人才，建立有利于科技人才发挥作用的激励机制，激发科技人才的科技创新积极性，吸引国内外优秀人才到桂南高铁沿线开展合作研究与开发，努力解除他们的后顾之忧。

第三，着全力搭建一个拥有就业指导、人才招聘、就业培训、专业

---

① 王东明：《广西防城港市港口区发展临港工业问题探究》，《重庆与世界（学术版）》2013年第6期。

人才的寻访、人才评估以及劳动派遣等多功能于一体的大湾区人力资源服务协同合作平台，完善面向大湾区的人力资源服务体系，鼓励引入一批专门、规模化、品牌化经营和运作的人力资源服务龙头企业。

（三）以高铁沿线产业为载体加快人才培养

强化创新意识，倡导创新精神，完善创新机制，把专业人才培养工作建立在桂南高铁沿线地区和行业发展的一个链条上，构建一个多层次、广泛覆盖、各种形式的人才培养网络。将产业性人才的专业技能和培训工作纳入到全区范围内的教育总体规划中，改善其办学环境和条件，提升其教育培养水平。按照产业发展方向，合理设置专业和课程，提高培训的针对性。帮助中小微型企业和高等院校之间培养长期的投资、技术、商品、金融、服务等领域的产学研服务相关领域的综合性人才。通过各地互派专家学者、协同培养优秀学生、聘请国外著名大学院士和教授、知名企业家共同举办的专题研讨会等多种方式，促进了本地外向型优秀人才培养的国际合作和交流。

二 完善招商引资机制

在我国国民经济和社会发展的第十四个五年规划纲要期间，桂林到南宁高铁的建设更是推进了沿边城市的互联互通和产业发展以及拓展经济带等多方面的紧密协同发展，提高要素在跨区域流动的效率和增加要素在各区域配置的效能。进一步深化高铁经济带合作，积极探索桂南高铁的产业集群合作，更好地融入北部湾的经济圈。为了加快广西全区的经济发展，不能错失建设桂南高铁带来的发展机遇，加快促进产业的结构转型，着力集约型的产业的发展，大力发展桂南高铁的沿线产业链，辐射带动沿边地区的协调发展，其中广西政府是桂南高铁的沿线产业集群发展的重要领导者与监督者。

（一）加大招商引资力度

一直以来对于广西全区的产业发展来说，招商引资都是非常重要的，只有资本得到了保障，产业的发展才能拥有源源不断的动力和强力支持。在激烈的区域竞争的背景下，桂南高铁的顺利建设与加快发展必将是我们招商引资的一股重要政策推动力，将以高铁招商对接引资项目建设作为我们深入实施国家创新创业驱动发展战略、开放型产业带动发展战略的一个重要政策抓手。积极主动对接先进的技术生产力,吸引国内外的自主创新技术资源,发展一个更高发展水平的开放式市场经济体系。坚持从区域高点产业出发,精准定位对接行业目标客户企业,精准地组织开展高端务实产业招商。同时,扩大融资途径,构建更加多元化的对外直接投资和中小企业融资的长效机制[①]。吸引更多的民间资本和社会投资,进一步地建设和健全信贷配套扶持体系,制定更多的适合于民营企业自身发展的贷款政策,建立起一个多层次的信贷担保体系,放宽其他相应的贷款政策,呼吁产业转移,积极向国家发达银行、商业银行等国内金融机构等寻求资金的支持,建立多渠道的资金筹措机制。

1. 加大政府财政的支持

由于大多数企业都面临自有资金不足、企业经营成本不充足以及对未来的投资结果没有太多信心等问题,在这种情况下就要充分利用相关财政金融政策以及有重要作用的市场化投资工具,支持企业逆周期投入和加快发展。加大支持开拓市场,政府要发挥好配置资源的引导作用,既要支持企业稳产增产,也要拿出真金白银举办一系列供需对接会、产品促销活动等,突出支持汽车、机械、电子信息、金属新材料等重点企业的市场开拓,畅通产业循环、市场循环、经济社会循环。积极争取国家支持。广西汽车、机械、高端金属新材料、绿色高端石化和高端绿色家居5条产业链,已经形成较好的基础,初步建成全国重要的生产基地,是国家产业链安全稳固的重要组成部分,这部分需要国家在产业布局、项目建设、资金政策等方面继续给予支持。

2. 拓宽投资融资的渠道

第一,加快构建我们党的国有资产经营管理服务平台,建立一个统一化和开放化的知识产权贸易市场,加快我们党的国有资本在海外的合理流动,积极地推动改制后的重组公司在境内外直接上市,鼓励境内外上市公司可以通过增资或者扩股,并购入境内资产等手段,实现对主业性资产的整体上市。

第二,鼓励中小微型企业通过银行债券、项目协议、股份转让和其

---

① 王东明:《广西防城港市港口区发展临港工业问题探究》,《重庆与世界(学术版)》2013年第6期。

他融资途径为企业筹集经济发展的资金,加大招商引资的力度,支持企业和国内外的投资者之间开展合作,引进外来投资者特别是跨国企业和公司参与千亿元经济支柱产业的重要项目。

第三,发展和壮大广西证券市场,增强广西壮族自治区的上市公司进行再融资的能力,重点建设一批股份制加强优秀企业。广西全区做好上市项目储备,支持地方政府对外投资的主体、国家私人企业和大型民营企业等在境外发行企业债券,努力扩大广西全区的企业债券发行的规模、增多债券发行的品种,积极的争取发行地方政府债券试点。地方政府要多多鼓励企业境外发债,放宽行业准入,促进民间投资增长[1]。

3. 探索新型融资的模式

整合现有金融资源,吸引战略合作伙伴,对重点产业的所有工作以及整个的产业链的全部产品项目都给予主要资金和政策支持,将桂南高铁的建设纳入到国家的层面进行统筹规划和实施,争取得到国家在高速铁路工程建设方面的相关优惠政策和财力支持,降低广西全区域配套资金的出资占用比例,探索组建区域性金融机构,改善金融环境,争取国内外银行在我区设立分支机构。

(二) 拓展招商产业方向

坚持把重点产业园区作为产业大招商的主阵地,重点抓广西壮族自治区其重点产业园区的招商引资工作。根据广西全区的高新技术产业区和重点开发试验区的不同的类别,对特色园区组织系列性的具体性的投资措施。坚持扩大吸引优质的产业帮助高效能产业引导新兴产业发展引导强势产业,发挥龙头带动力和示范作用,做好新兴产业链的横向垂直交叉融合,争当"强龙头、补链条、聚集群"的品牌代表性,着力加快建设一批千亿元乃至万亿元经济规模以上级别的大型新兴产业示范园区和一批创新型新兴产业融合集群。

聚焦大健康、数字现代经济、大交通物流、新能源装备和大制造、新信息技术、新建筑材料、新能源七大发达国家和地区重点新兴工业发展区域,深入实施推进绿色产业化的大规模招商战略行动。通过高铁吸

---

[1] 广西财政厅课题组等:《壮大广西财政投融资能力研究》,《经济研究参考》2009 年第 59 期。

引大型企业到沿线附近发展，打破传统的三次产业区域划分方式局限，以信息化带动新趋势为引导，以强龙头产业区域为抓手，以补充链条产业区域为工作重点，以聚焦集群驱动新兴产业，促进了新兴产业的融合和发展，加快构筑以高技术性、成长率和高附加值性等优势为主要特色的现代化高铁沿线新兴产业群。

1. 开展新制造产业的招商

坚持广西全区的工业高质量发展大会的部署落实到底，主要引进航空航天飞行技术装备、海洋工程技术装备、先进的城市轨道交通工程装备、技术创新服务、文化艺术创意等新型下一代新兴产业发展计划，加快探索建立一个传统产业相互支撑、新型产业与传统产业相互带动、生产性技术服务业与新兴产业相互协同的现代化的先进制造业发展体系。主动积极顺应未来5年广西装备制造业的现代智慧智能化、个性化和智能家居装备定制化发展三大趋势，加快实施推动"互联网+工业"的战略行动，加快推进广西未来朝着中端和高端化方向发展的新型下一代制造业的进程。

2. 开展新材料产业的招商

新材料逐渐拥有较高的性能、多方面的功能以及绿色化发展的趋势，根据我国的现代工业技术的发展要求，不单单要求速度的提高更要质量的强硬。在航空航天、核力发电和先进的轨道交通以及海洋工程装备等各个领域都对新材料的应用要求大大地提高了，这推动了新材料行业向高附加值、高品质、高性能，还要实现绿色环保的高要求发展。以引入功能符合材料和合金复合的材料、激光玻璃、高度环保的建筑材料等非金属复合材料，如稀土为重点发展，着力鼓励培育石墨烯和高温超导的前沿原材料行业发展创新以及技术研发创新，以增强制备能力。

3. 开展数字经济产业的招商

围绕着中国加快培育建设一个面向中国—缅甸—东盟的新战略时期区域信息创新技术产业示范基地和新战略时期东盟区域信息创新技术中心，加快培育发展一个以应用大数据技术为核心驱动技术、以建设中国—缅甸—东盟国际信息港为综合交流平台的面向全球化战略新时期区域信息技术科技产业。重点任务是鼓励引进和扶持培养应用大数据、北斗卫星导航、云计算、区块链、语音超声影像、人脸识别等重大创新项目，积极引进并培育一批行业领军企业。

三 完善相关法律规章制度

构建良好的法治环境是持续优化营商环境的重点之一。第一，要把完善公平、公开、透明的市场规范和法治化的经营环境放在首位，以促进商业环境的法治化，促进经济的高质量发展为核心。对经济实行公平、公开、透明的市场竞争，使得市场主体更加积极地参与进来，构造良好的营商环境吸引更多高质量企业前来投资。第二，要对商事纠纷，合理利用仲裁。仲裁作为一种高效便捷且权威性强的解决矛盾的方式，如果将商事仲裁运用至商事纠纷中，可以很大限度地保障当事人的合法权益。但由于仲裁机构在处理商事纠纷过程中表现出了一定程度的意识自治精神，因此需要引入司法监督制度，有关机关对其进行适度的监督。既要保证仲裁发挥出其在商事纠纷事件中的优势，又要确保裁决的结果实现实际的公平正义[①]。第三，在政策顶层设计方面不断进行完善，出台更多的鼓励和支持性政策等，进而营造良好发展环境。比如要在教育、医疗以及交通等方面对目前政策方面的约束予以解除和逐步放开，打破区域限制，创设更加平等的发展环境，提升桂南高铁沿线城市建设发展。

[①] 王允泽：《关于坚持不懈改善营商环境的对策建议》，第十七届沈阳科学学术年会论文集，沈阳，2020年9月，第628—630页。

参考文献

1. 期刊

《北海加快打造高端造纸全产业链集群》，《绿色包装》2021年第3期。

《螺蛳粉产业链引关注》，《农家之友》2020年第1期。

《仍处价值链低端我国制造业亟待探索转型升级新路径》，《现代制造技术与装备》2018年第8期。

《为西江经济走廊腾飞助力》，《南方国土资源》2017年第3期。

白克义：《对发展校办科技产业的初步认识》，《煤炭高等教育》1992年第4期。

包卿、陈雄、朱华友等：《核心—边缘理论在地方产业群升级发展中的应用》，《软科学》2005年第3期。

毕燕：《工业旅游产品开发模式研究——以广西工业旅游产品开发为例》，《学术论坛》2005年第6期。

常荣荣、黄蔚：《FDI对广西产业结构的影响研究》，《南宁职业技术学院学报》2019年第2期。

陈安娜：《新时代中国铁路"走出去"全产业链发展模式研究》，《商业经济研究》2019年第14期。

陈朝隆、陈烈：《区域产业链的理论基础、形成因素与动力机制》，《热带地理》2007年第2期。

陈海友：《高铁在经济社会发展中的重要作用》，《财经界》2020年第7期。

陈建军、郑广建：《集聚视角下高速铁路与城市发展》，《江淮论坛》

2014 年第 2 期。

陈杰：《成绵乐高铁沿线城市体育旅游产业带的协同发展研究》，《四川体育科学》2016 年第 5 期。

陈嘉、韦素琼、李锋：《"共位集群"视角下的农业产业集群演化路径与网络——以福建省漳平市茶产业为例》，《热带地理》2021 年第 2 期。

陈婧、方军雄、秦璇：《交通发展、要素流动与企业创新——基于高铁开通准自然实验的经验证据》，《经济理论与经济管理》2019 年第 4 期。

陈静芳：《"互联网 +"视阈下中国电影全产业链重构与发展解析》，《电影评介》2018 年第 13 期。

陈明艺等：《减税效应、技术创新与产业转型升级——来自长三角上市公司的经验证据》，《上海经济研究》2021 年第 1 期。

陈卫、王若丞：《高铁对中国城镇化发展的影响》，《人口研究》2020 年第 3 期。

陈秀莲：《中国—东盟自由贸易区对产业转移的影响》，《开放导报》2006 年第 5 期。

陈燕萍：《中国高铁对沿线城市旅游产业集群空间结构影响研究》，《改革与战略》2015 年第 31 期。

陈扬：《北部湾经济圈下广西沿海港口的整合》，《当代经济》2010 年第 4 期。

陈永富、方湖柳、曾亿武、郭红东：《电子商务促进农业产业集群升级的机理分析——以江苏省沭阳县花木产业集群为例》，《浙江社会科学》2018 年第 10 期。

成思危：《创新型国家与学习型组织》，《中国软科学》2007 年第 2 期。

程博：《迎接高铁时代全面释放经济红利》，《环渤海经济瞭望》2018 年第 1 期。

程宏伟、冯茜颖等：《资本与知识驱动的产业链整合研究——以攀钢钒钛产业链为例》，《中国工业经济》2008 年第 3 期。

楚应敬、周阳敏：《产业集群协同创新、空间关联与创新集聚》，《统计与决策》2020 年第 36 期。

崔娟、魏三珊：《新型城镇化与文化产业集群的互动逻辑》，《人民论坛》2017年第13期。

代慧等：《产业转型升级背景下智能制造专业群青年教师成长途径研究》，《湖北开放职业学院学报》2021年第1期。

代毓芳、张向前：《中国产业转型升级之人力资源支持体系研究——基于互联互通与经济中高速增长背景》，《企业经济》2020年第39期。

戴斌、丘翠嫦：《广西壮族医药发展的回顾、现状与思路》，《中国民族民间医药杂志》2007年第1期。

戴向东、朱志红、曾献、詹秀丽：《产业转移背景下家具产业集群的绿色协调发展研究》，《林产工业》2020年第57期。

邓慧慧等：《高铁开通能否助力产业结构升级：事实与机制》，《财经研究》2020年第6期。

邓霓：《广西实施〈珠江—西江经济带发展规划〉情况及下一步实施的对策研究》，《市场论坛》2020第6期。

邓奕婧、郑煜：《新经济地理学知识梳理》，《中国国际财经（中英文）》2018年第2期。

丁守海等：《中国就业矛盾从数量型向质量型转化研究》，《社会科学文摘》2019年第2期。

杜欢政、樊亚男：《以全产业链思维布局垃圾治理体系——以上海为例》，《宏观经济管理》2020年第11期。

杜念娜：《引导技术型人才资源向一线产业集聚——以河南省濮阳市城乡一体化示范区为例》，《经济师》2017年第7期。

杜新等：《高铁背景下广西产业转型问题研究》，《广西经济》2014年第1期。

段杰、龙瑚：《基于组织生态视角的创意产业集群形成机制研究》，《南京审计大学学报》2017年第14期。

凡兰兴：《加入WTO与发展广西服务业》，《桂海论丛》2002年第1期。

傅泽风：《新常态下中国经济发展的特征、利弊和对策》，《中国人口资源与环境》2015年第11期。

富丽明：《全球产业链重构趋势与中国路径选择的政治经济学分析》，《商展经济》2021年第6期。

高长春、张贺、曲洪建：《创意产业集群空间集聚效应的影响要素分析》，《东华大学学报》（自然科学版）2018年第44期。

高晗、陆军：《基于社会网络视角的中国创意产业集群创新研究》，《哈尔滨工业大学学报》（社会科学版）2018年第20期。

高虹、袁志刚：《产业集群的规模与效率影响》，《财贸经济》2021年第42期。

高巍、张建杰等：《中国奶业全产业链绿色发展指标的时空变化特征》，《中国生态农业学报（中英文）》2020年第28期。

葛爱群：《建国45年来广西经济建设成就概述》，《计划与市场探索》1994年第11期。

耿宇宁等：《科技金融发展能否促进中小制造业企业技术创新？——基于中介效应检验模型》，《科技和产业》2020年第6期。

顾秋阳、周有林、谭晶荣：《物流产业集群形成与结构演化影响因素研究——以宁波物流产业集群为例》，《价格理论与实践》2019年第1期。

郭伟锋：《高铁对区域经济发展的影响及建议——以贵阳为例》，《物流工程与管理》2009年第12期。

郭绪全：《广西农产品进出口贸易十年（2000—2010年）变化史与发展对策》，《西南农业学报》2011年第24期。

广西财政厅课题组等：《壮大广西财政投融资能力研究》，《经济研究参考》2009年第59期。

韩伟、黄新民：《日本高速铁路发展启示》，《中国商界》2010年第1期。

韩喜艳、高志峰、刘伟：《全产业链模式促进农产品流通的作用机理：理论模型与案例实证》，《农业技术经济》2019年第4期。

韩亚男、周福全：《高质量背景下的制造业产业链发展研究——广西制造业产业链区域协同发展思考》，《中国工程咨询》2021年第2期。

韩振兴、刘宗志、常向阳：《山西省特色农业产业集群集中度和竞争力分析——以运城苹果、朔州羊肉、晋城大豆为例》，《中国农业资源与区划》2018年第39期。

何海军：《沪昆高速铁路对湖南沿线产业发展的影响》，《合作经济与科技》2015 年第 5 期。

何佳晨：《乡村振兴背景下民族地区农业现代化产业发展研究——基于广西 F 瑶族自治县的调查》，《南方农机》2020 年第 22 期。

何卫华、熊正德：《数字创意产业的跨界融合：内外动因与作用机制》，《湖南社会科学》2019 年第 6 期。

何雄浪：《空间经济学及其新发展：新经济地理学》，《西南民族大学学报》（人文社会科学版）2021 年第 1 期。

何艳、陈凌云、王昕来：《长江经济带物流产业集群对出口的影响研究》，《价格月刊》2018 年第 12 期。

何异煌：《广西农业的困境与出路》，《广西农村金融研究》1989 年第 3 期。

贺小荣、胡强盛：《湖南省旅游产业集群与区域经济的互动机制》，《经济地理》2018 年第 38 期。

贺正楚、曹德、潘红玉、吴艳：《全产业链发展状况的评价指标体系构建》，《统计与决策》2020 年第 36 期。

贺正楚：《推进中国先进轨道交通全产业链的国际化发展》，《湖南社会科学》2019 年第 2 期。

贺子岳、梅瑶：《泛娱乐背景下网络文学全产业链研究》，《出版广角》2018 年第 4 期。

侯治平、吴艳、杨堃、贺正楚：《全产业链企业国际化程度、研发投入与企业价值》，《中国软科学》2020 年第 11 期。

胡本田：《产业集群：提升安徽省产业竞争力的战略选择》，《安徽大学学报》（哲学社会科学版）2006 年第 2 期。

胡晨寒、常莉：《文化产业和旅游产业融合的三维动力系统》，《宁波工程学院学报》2020 年第 2 期。

胡计虎：《区域经济 长三角一体化战略下电子商务产业集群发展研究》，《商业经济研究》2021 年第 5 期。

胡书金、刘艳：《区域经济一体化背景下承接产业转移问题研究——以河北省为例》，《人民论坛》2013 年第 11 期。

胡毅翔：《国际区域经济一体化的原因、发展及未来前景》，《现代商业》2020 年第 8 期。

黄成英：《加快广西高速铁路发展的对策探讨》，《西部交通科技》2020年第3期。

黄岗：《从翻两番浅议广西经济发展》，《广西经贸》2003年第9期。

黄光灿、王珏、马莉莉：《全球价值链视角下中国制造业升级研究——基于全产业链构建》，《广东社会科学》2019年第1期。

黄洪珍、吴杰：《媒介生态学视域下我国传媒产业集群发展研究》，《编辑之友》2020年第4期。

黄凯、廖芯瑀、王莹：《以全产业链融合发展为广西乡村产业振兴》，《市场论坛》2020年第4期。

黄琳雅、何天祥：《高铁网络对湖南区域经济协同发展影响》，《地理科学》2020年第9期。

黄世明、周善葆：《广西糖业改革发展与金融支持研究》，《改革与战略》2020年第36期。

黄喜：《借力高铁加快产业转型升级》，《投资北京》2017年第3期。

黄晓琼、徐飞：《知识生态视域下面向产业集群的区域综合科技服务系统生态化发展研究》，《科技进步与对策》2021年第38期。

黄益军、吕振奎：《文旅教体融合：内在机理、运行机制与实现路径》，《图书与情报》2019年第4期。

黄志钢：《试论"块状经济"向现代产业集群升级的理论路径》，《开发研究》2017年第5期。

姬延钊：《广西铁路建设发展历程回顾》，《传承》2014年第2期。

纪玉俊、郝婷婷：《高铁对制造业集聚的效应分析》，《天津商业大学学报》2020年第5期。

贾善铭、覃成林：《国外高铁与区域经济发展研究动态》，《人文地理》2014年第2期。

菅利荣、王大澳：《政府调控下的战略性新兴产业集群企业知识共享演化博弈》，《系统工程》2019年第37期。

简晓彬、陈伟博：《装备制造业集群式创新的学习网络及优化路径——以徐州工程机械产业集群为例》，《科技管理研究》2019年第21期。

江青虎、余红剑、杨菊萍：《核链网互动对产业集群升级的影响》，《科研管理》2018年第39期。

姜霖：《新媒体背景下大学生就业服务研究》，《传播力研究》2020 年第 4 期。

焦志伦、吕学海、刘秉镰：《基于全产业链的无人机物流行业监管体系设计》，《中国科技论坛》2019 年第 11 期。

介文凝：《广西省甘蔗产业发展策略分析》，《辽宁农业科学》2021 年第 1 期。

靳文辉、苟学珍：《构建"双循环"新发展格局的经济法回应》，《重庆大学学报》（社会科学版）2021 年第 1 期。

兰健华：《中国电影全产业链刍议》，《电影文学》2018 年第 16 期。

兰娟丽、雷宏振、孙军娜：《中国产业集群供应链价值网络爬升：横向 R&D 合作仿真视角》，《经济社会体制比较》2020 年第 6 期。

蓝宏、荣朝和：《日本东海道新干线对城市群人口和产业的影响及启示》，《经济地理》2017 年第 8 期。

李传成、赵宸、毛骏亚：《日本新干线车站及周边城市空间开发建设模型分析》，《城市建筑》2015 年第 5 期。

李道勇、刘孟格、张勃、田驰、张惠惠：《全产业链导向下农业特色小镇现代化发展研究——以北方国际种苗小镇为例》，《农业现代化研究》2021 年第 42 期。

李二玲：《中国农业产业集群演化过程及创新发展机制——以"寿光模式"蔬菜产业集群为例》，《地理科学》2020 年第 40 期。

李飞星、胡振华：《传统产业集群企业区域价值链市场势力塑造路径》，《管理案例研究与评论》2020 年第 13 期。

李恒、全华：《基于大数据平台的旅游虚拟产业集群研究》，《经济管理》2018 年第 40 期。

李红、丁嵩、刘光柱：《边缘省区县域经济差异的空间格局演化分析——以广西为例》，《经济地理》2012 年第 32 期。

李红昌、林晓言、陈娟：《日本新干线建设管理体制及其对我国的启示》，《数量经济技术经济研究》2002 年第 1 期。

李虹林、陈文晖：《我国高科技产业集群竞争力评价——基于技术创新的 GEMI 模型》，《价格理论与实践》2020 年第 6 期。

李建东：《高速铁路对沿线区域经济产业的影响》，《合作经济与科技》

2012年第9期。

李民梁、张玉强：《新型城镇化与农业现代化动态协调发展关系研究——来自广东省湛江市时间序列数据（2000—2017）》，《云南农业大学学报》（社会科学）2020年第4期。

李明杰：《高速铁路对区域旅游产业发展的影响研究——以贵广高铁为例》，《大众科技》2015年第5期。

李萍：《广西柳州汽车工业驶入快车道》，《广西机械》2001年第1期。

李荣建：《建立政府特许经营制度初探——以南宁市为例》，《沿海企业与科技》2008年第12期。

李睿正、谭爱玮：《区域经济一体化建设进入新时期》，《金融博览》2021年第1期。

李世兰：《文化旅游产业融合发展：动力机制及效应分析》，《合作经济与科技》2013年第18期。

李世泽、张卫华：《聚焦关键领域深挖合作潜能〈广西全面对接粤港澳大湾区实施方案（2019—2021年）〉解读》，《广西经济》2019年第6期。

李书学：《中国路桥企业核心竞争力提升的产业链整合模式研究》，《经济研究导刊》2013年第35期。

李思迪、任腾：《战略性新兴产业发展视角下高校本科专业结构调整的思考》，《湖南理工学院学报》（自然科学版）2021年第1期。

李甜：《全产业链模式推动乡村全域旅游发展路径》，《农业经济》2018年第12期。

李想：《新型城镇化视角下"互联网+"智慧农业绿色产业融合体系路径创新》，《价值工程》2020年第11期。

李小建、李庆春：《克鲁格曼的主要经济地理学观点分析》，《地理科学进展》1999年第2期。

李晓锋：《促进天津产业链、创新链、资金链和服务链深度融合的战略研究》，《天津经济》2017年第4期。

李欣广：《环北部湾经济圈的功能评价和发展前景》，《西部论丛》2007年第1期。

李学坤：《"五网"建设掀开跨越发展新篇章》，《社会主义论坛》2016

年第 6 期。

李雪、吴福象：《要素迁移、技能匹配与长江经济带产业集群演化》，《现代经济探讨》2020 年第 4 期。

李娅、余红红：《基于全产业链视角的云南省核桃产业国内竞争力分析》，《林业经济问题》2018 年第 38 期。

李燕、骆秉全：《京津冀体育旅游全产业链协同发展的路径及措施》，《首都体育学院学报》2019 年第 31 期。

李优树：《智能经济背景下的传统产业集群升级》，《人民论坛·学术前沿》2019 年第 18 期。

李赞、刘学谦：《新时代建设良好营商环境的着力点》，《智库理论与实践》2019 年第 6 期。

李志清：《借鉴英国创新人才培养经验打造粤港澳大湾区创新人才高地》，《广东经济》2019 年第 1 期。

梁成柱：《高速铁路对京津冀经济圈要素流动的影响》，《河北学刊》2008 年第 4 期。

梁赛、李雨萌、齐剑川、冯翠洋：《基于全产业链视角实施生态资产管理》，《中国环境管理》2019 年第 11 期。

梁天宝、程艳霞：《传统产业集群升级动力机制构建与分析——以增城牛仔产业集群为例》，《科技管理研究》2016 年第 11 期。

梁晓红、刘倩、谭克虎、王永：《法国高速铁路快运发展研究及启示》，《铁道货运》2017 年第 4 期。

廖建夏：《广西历代交通与通道商贸史略》，《广西地方志》2020 年第 1 期。

廖丽平、陈月明：《发达国家再工业化对广东经济的冲击与对策：投资回流视角》，《社会工作与管理》2019 年第 1 期。

林铁力：《5G 时代高铁覆盖解决方案研究》，《邮电设计技术》2020 年第 10 期。

林小莉：《广西林产工业产业集群存在的问题及应对措施初探》，《林产工业》2020 年第 57 期。

林晓言、石中和、罗燊、吴笛、史慕天：《高速铁路对城市人才吸引力的影响分析》，《北京交通大学学报》（社会科学版）2015 年第 3 期。

刘安国、杨开忠：《新经济地理学理论与模型评介》，《经济学动态》2001年第12期。

刘波：《基于绿色经济的物流产业融合特点、动因及模式》，《商业经济研究》2019年第6期。

刘冬洋：《日本东海道新干线对我国高铁发展的启示》，《规划师》2016年第12期。

刘凤：《旅游产业与文化产业融合理论探析——以新型城镇化为背景》，《经营与管理》2020年第2期。

刘荷：《产业集群网络嵌入对企业国际化发展的影响机制研究》，《东南学术》2018年第5期。

刘柳：《物流产业集群企业间信任的影响因素分析——基于网络嵌入视角》，《商业经济研究》2021年第3期。

刘明凯、张红艳、王新宇：《广西有色金属产业链关联测度与发展路径规划研究》，《中国国土资源经济》2020年第33期。

刘仁：《对我国开展高铁快运的探讨》，《经营者》2016年第16期。

刘世豪：《要素流动对长三角地区产业协同集聚的影响研究》，《科技和产业》2020年第4期。

刘水玉：《广西成为我国有色金属工业重要基地》，《技术经济信息》1996年第4期。

刘伟宏：《适应新常态谋求新发展——新常态下通信业的发展之路》，《内蒙古统计》2015年第6期。

刘文龙、吉蓉蓉：《低碳意识和低碳生活方式对低碳消费意愿的影响》，《生态经济》2019年第8期。

刘志彪：《新冠肺炎疫情下经济全球化的新趋势与全球产业链集群重构》，《江苏社会科学》2020年第4期。

龙寻：《广西的历史发展和变迁》，《文史春秋》2008年第12期。

卢文光等：《技术创新与战略性新兴产业的协调发展》，《技术经济》2013年第7期。

鲁旭：《跨境电商产业集群的海外仓建设特色及风险》，《对外经贸实务》2018年第11期。

陆道芬：《广西产业结构现状及其调整》，《市场论坛》2016年第10期。

罗福周、陆邦柱、邢孟林：《循环经济视角下产业集群转型中优势产业的选择研究》，《南京社会科学》2017 年第 12 期。

罗琳：《广东省高技术产业的产业集聚与技术创新关系综述》，《区域治理》2020 年第 2 期。

罗明、李明武：《产业集群品牌竞争力评价研究——以阳新制鞋产业集群为例》，《皮革科学与工程》2020 年第 30 期。

罗永乐：《特色农业产业集群形成与发展的动力机制分析》，《理论导刊》2015 年第 3 期。

吕忠扬、李文兴：《国外高铁建设发展对我国高铁可持续发展的启示》，《物流技术》2013 年第 5 期。

马锐、葛慧、顾升高、王克克、靳骁、吴丹：《一种确定网络安全度量指标体系参考框架的方法》，《信息安全学报》2019 年第 1 期。

马曙辉、李一鸣、刘鹤：《北京市碳纤维产业的全产业链发展模式构建》，《科技管理研究》2021 年第 41 期。

马艳华、孟洁：《战略性新兴产业与产业结构优化的协同发展研究——以天津为例》，《产业经济评论》2013 年第 9 期。

马中东、宁朝山：《基于全球价值链的国家质量基础与产业集群质量升级研究》，《统计与决策》2020 年第 36 期。

毛广雄、蒋武、曹蕾：《高速铁路建设对淮安可达性及承接产业集群化转移的影响》，《现代城市研究》2015 年第 12 期。

毛蕴诗、黄宇元、付宏：《绿色全产业链的分析模型与经验研究》，《武汉大学学报》（哲学社会科学版）2020 年第 37 期。

门利娟、谌叶娟：《高铁对城市发展影响分析——以长沙为例》，《产业创新研究》2018 年第 11 期。

牟绍波、王成璋：《产业集群持续成长的力学运动机制》，《科技管理研究》2007 年第 4 期。

倪冰莉：《"互联网＋"时代农业全产业链发展模式创新》，《商业经济研究》2020 年第 21 期。

牛盼强：《加拿大电影全产业链发展及对中国的启示》，《当代电影》2019 年第 1 期。

农春光：《百色市铝产业集群发展的现状及对策研究》，《世界有色金属》2020 年第 9 期。

农宗武：《新时代广西工业高质量发展的若干思考》，《企业科技与发展》2020 年第 8 期。

潘瑞成、刘睿君：《体育产业集群影响因素的实证检验》，《统计与决策》2018 年第 34 期。

庞智声：《建国前的广西商业》，《广西商专学报》1988 年第 3 期。

彭迅一：《我国农业产业集群发展的困境与实现路径》，《农业经济》2019 年第 2 期。

钱育蓉等：《"一带一路"战略下俄语言软件工程人才培养模式改革初探》，《教育教学论坛》2016 年第 29 期。

乔彬、张蕊、雷春：《高铁效应、生产性服务业集聚与制造业升级》，《经济评论》2019 年第 6 期。

邱丹逸、袁永、胡海鹏、王子丹：《国内外建设创新人才高地的经验与启示》，《科技与创新》2018 年第 8 期。

邱高会：《绿色发展理念下四川产业结构绿色转型研究》，《统计与管理》2016 年第 8 期。

屈明洋：《生态城市建设与文化产业集群的协同发展研究》，《技术经济与管理研究》2020 年第 1 期。

任保平、豆渊博：《"十四五"时期新经济推进我国产业结构升级的路径与政策》，《经济与管理评论》2021 年第 1 期。

沙德春、胡鑫慧、赵翠萍：《中国创新型产业集群创新效率研究》，《技术经济》2021 年第 40 期。

沈玉琼、李婷婷：《浅析广西第三产业"营改增"存在的问题及对策》，《纳税》2020 年第 14 期。

石海洋、侯爱敏、高菲、李鸿飞：《发达国家及地区高铁枢纽站周边区域产业发展研究》，《城市》2012 年第 2 期。

宋军：《对当前广西金融业发展几个问题的认识》，《区域金融研究》2020 年第 4 期。

宋玲者等：《壮大新产业新业态延伸农业产业链价值链》，《乡音》2018 年第 5 期。

宋欣等：《长三角高铁网络时空演化格局及区域经济影响测度研究》，

《长江流域资源与环境》2020年第2期。

苏戈、矫江、王冠、董天宇、彭程：《黑龙江省优势特色农业产业集群的发展建议》，《北方园艺》2021年第1期。

粟增富、陆凤莲、杨桦：《广西产业集群的问题与对策》，《广西经济管理干部学院学报》2010年第1期。

孙国民、陈东：《战略性新兴产业集群：形成机理及发展动向》，《中国科技论坛》2018年第11期。

孙慧武、程广燕、王宇光、朱雪梅、赵明军：《我国水产品全产业链损耗研究》，《淡水渔业》2021年第51期。

孙英辉：《地方政府在县域农业全产业链建设的财税支持路径研究》，《农业经济》2021年第1期。

覃平：《对建国后广西经济建设的反思》，《改革与战略》1987年第3期。

覃秀基：《在世界经济大格局中重构广西产业框架》，《改革与战略》1988年第4期。

乔彬、张蕊、雷春：《高铁效应、生产性服务业集聚与制造业升级》，《经济评论》2019年第6期。

唐娇、陈畅：《高铁（动车）对云南省旅游发展影响研究》，《云南地理环境研究》2020年第32期。

陶梅、张塽：《电子商务产业集群健康评价与发展路径》，《商业经济研究》2020年第7期。

田剑英：《农业全产业链融资方式与完善对策——基于浙江省55条农业全产业链的调查与跟踪研究》，《经济纵横》2018年第9期。

田野、陈楠：《浅谈广西的发展——对广西经济的发展谈几点看法》，《现代经济信息》2019年第18期。

田颖、田增瑞、韩阳、吴晓隽：《国家创新型产业集群建立是否促进区域创新？》，《科学学研究》2019年第37期。

汪德根、钱佳、牛玉：《高铁网络化下中国城市旅游场强空间格局及演化》，《地理学报》2016年第71期。

汪建丰：《沪杭高铁经济带城市产业布局研究》，《阅江学刊》2015年第5期。

汪军能等：《高铁时代西部大城市服务业发展路径调整——以南宁市为例》，《广西师范学院学报》（哲学社会科学版）2015年第2期。

汪宇明：《广西城市第三产业布局问题》，《学术论坛》1985年第4期。

王滨：《新型城镇化测度与区域差异的空间解读》，《统计与决策》2020年第11期。

王春杨、兰宗敏等：《高铁建设、人力资本迁移与区域创新》，《中国工业经济》2020年第12期。

王鼎：《新型基础设施平台建设投融资模式研究》，《产业与科技论坛》2020年第17期。

王东明：《广西防城港市港口区发展临港工业问题探究》，《重庆与世界（学术版）》2013年第6期。

王冬屏：《农村电子商务产业集群影响因素的层次分析》，《商业经济研究》2020年第17期。

王广深：《加入WTO对广西工业的影响及对策》，《广西经贸》2000年第4期。

王刻铭、刘仲华：《全产业链视角下我国茶叶产业发展路径分析》，《湖南师范大学自然科学学报》2019年第42期。

王丽：《基于互联网的中小企业市场竞争力塑造》，《中国商贸》2011年第5期。

王丽：《智慧农业背景下农业全产业链发展路径探索》，《农业经济》2018年第4期。

王良虎、王钊：《战略性新兴产业空间集聚及影响因素研究——基于长江经济带的实证分析》，《经济体制改革》2020年第5期。

王文俊：《广西传统工业产业转型升级：现状·模型·路径》，《广西科技师范学院学报》2018年第33期。

王熙兰：《试论高铁时代广西旅游的重大变化》，《旅游纵览（下半月）》2014年第16期。

王益明：《"互联网+"视角下我国农业全产业链融合发展研究》，《改革与战略》2017年第33期。

王玉洪：《探究企业财税金融工作对企业经济发展的促进作用》，《时代金融》2017年第26期。

王媛：《全产业链视角下农产品流通模式重构与效率分析》，《商业经济研究》2020年第3期。

王振：《长三角地区共建世界级产业集群的推进路径研究》，《安徽大学学报》（哲学社会科学版）2020年第44期。

王铮、李刚强、谢书玲、杨念、闫丹：《中国新经济产业区域专业化水平分析》，《地理学报》2007年第8期。

王忠平、王怀宇：《区际产业转移形成的动力研究》，《大连理工大学学报》（社会科学版）2007年第1期。

王美霞、周国华、王永明：《多维视角下长株潭工程机械产业集群成长机制》，《经济地理》2020年第7期。

韦国清：《为加速广西的经济建设而奋斗——纪念广西僮族自治区成立五周年》，《中国民族》1963年第4期。

韦玮：《产业空间分布与区域协调发展研究——以广西为例》，《广西质量监督导报》2020年第4期。

卫军英、吴倩：《"互联网+"与文化创意产业集群转型升级——基于网络化关系的视角》，《西南民族大学学报》（人文社科版）2019年第40期。

魏晓蓓、王淼：《"互联网+"背景下全产业链模式助推农业产业升级》，《山东社会科学》2018年第10期。

温日宇、邵林生、姜庆国、张魏斌、高瑞红、王俊：《"增益型、套餐式"农业生产托管下玉米全产业链服务模式在山西的实践与启示》，《玉米科学》2019年第27期。

文韵、蔡松锋、肖敬亮：《建设粤港澳大湾区创新产业集群的机遇与挑战》，《宏观经济管理》2019年第7期。

巫德富、张协奎：《科技创新驱动广西产业结构升级的路径取向》，《改革与战略》2019年第10期。

吴娜、张向前：《知识型人才流动与产业集群发展互动关系研究》，《科技管理研究》2017年第37期。

吴穹等：《国区域信息化对工业技术创新效率的影响——基于劳动—教育决策两部门DSGE模型的分析》，《经济问题探索》2018年第5期。

吴意云、刘晔、朱希伟：《产业集群发展与企业生产效率——基于拓展

DO 指数的分析》,《浙江学刊》2020 年第 5 期。

肖艳、孟剑:《大数据视域下文化创意产业集群化发展研究》,《福建论坛》(人文社会科学版)2017 年第 12 期。

谢童伟:《2001 年~2006 年广西宏观经济分析》,《商场现代化》2007 年第 27 期。

许志权:《装配式建筑全产业链成本管理研究》,《建筑经济》2021 年 42 期。

薛洲、耿献辉:《电商平台、熟人社会与农村特色产业集群——沙集"淘宝村"的案例》,《西北农林科技大学学报》(社会科学版)2018 年第 18 期。

颜训宣:《建设农业强省——"九五"广西经济发展的重大课题》,《桂海论丛》1996 年第 3 期。

杨佰升、彭中胜:《积极迎接高铁时代 努力拓展发展空间——关于防城港市应对南北钦防同城化进程加快的思考》,《广西经济》2013 年第 10 期。

杨策、吴成龙、蓝宏、荣朝和:《日本东海道新干线对城市群人口和产业的影响及启示》,《经济地理》2017 年第 8 期。

杨策、吴成龙、刘冬洋:《日本东海道新干线对我国高铁发展的启示》,《规划师》2016 年第 12 期。

杨丛丛:《新型城镇化与新型工业化协同发展的模式及路径研究——以广西北部湾经济区为例》,《北方金融》2016 年第 2 期。

杨丛丛:《新二化协同发展的模式及路径研究——以广西北部湾经济区为例》,《南方论刊》2016 年第 4 期。

杨进、汪洋:《"新基建"机遇下工程咨询企业亟需模式创新》,《中国勘察设计》2020 年第 7 期。

叶佳欣:《国内外产业集群研究综述》,《环渤海经济瞭望》2019 年第 7 期。

易春燕、黄珊:《面向东盟对外汉语教育服务质量的影响因素——以广西民族师范学院为例》,《广西民族师范学院学报》2019 年第 5 期。

殷平、何赢、袁园:《城际高铁背景下区域旅游产业的深度融合发展》,《新视野》2016 年第 1 期。

于凤霞：《"新基建"需要处理好四大关系》，《当代贵州》2020年第19期。

于雪、田柳：《产业融合视域下辽宁旅游商品产业集群发展路径探究》，《辽宁科技学院学报》2017年第1期。

袁文科：《清末广西铁路筹建始末（1895—1911年）》，《百色学院学报》2018年第31期。

张安迎、童昕、谷川宽树：《从产业集群到生态城镇：日本爱知县的经验借鉴》，《国际城市规划》2021年第1期。

张德容、张婷：《"大智移云"背景下企业全产业链成本管理创新研究——以T集团为例》，《财会通讯》2020年第10期。

张国良、陈倩男、叶雯：《基于生态文明的竹产业集群区域品牌建设发展路径研究》，《科学管理研究》2017年第35期。

张怀文：《关于新形势下推动就业服务发展的探索》，《劳动保障世界》2017年第30期。

张惠琴：《区域传统优势产业与战略性新兴产业协同融合发展探讨》，《产业创新研究》2020年第10期。

张冀新、李燕红：《创新型产业集群是否提升了国家高新区创新效率？》，《技术经济》2019年第38期。

张鹏飞、车吉轩、杨鹏：《积极融入RCEP，多措并举 打造面向东盟的优势产业链》，《广西城镇建设》2020年第12期。

张鹏飞、谢识予：《长江经济带一体化发展促进了产业结构转型升级吗？》，《经济体制改革》2020年第6期。

张倩：《新时期广西企业投融资管理存在的问题及优化策略》，《投资与合作》2021年第1期。

张卫华、梁运文：《全球价值链视角下"互联网+产业集群"升级的模式与路径》，《学术论坛》2017年第40期。

张文龙、张建华、余锦龙：《生态文明视域下我国中医药健康产业的生态化发展——以全产业链为视角》，《企业经济》2020年第39期。

张夏恒、陈怡欣：《跨境电子商务全产业链集聚的瓶颈及其破解》，《理论探索》2020年第1期。

张晓全：《产业集群与区域经济发展的关系分析》，《新西部：理论版》

2008年第8期。

张妍：《三次产业协同发展视角下的开发区产业集群效应分析——以兰州新区为例》，《北京交通大学学报》（社会科学版）2020年第19期。

张艳梅：《高速铁路时代桂林旅游发展对策研究》，《社会科学家》2015年第2期。

张应青、范如国、罗明：《知识分布、衰减程度与产业集群创新模式的内在机制研究》，《中国管理科学》2018年第26期。

张莹、孙瑞洁、赵临龙：《高铁对节点城市旅游业发展的影响研究——以西安市为例》，《甘肃科学学报》2019年第1期。

张玉：《基于技术创新的动力产业集群发展研究》，《合作经济与科技》2018年第16期。

张治栋、王亭亭：《长江经济带世界级产业集群建设的风险及化解路径研究——基于全球价值链角度》，《管理现代化》2018年第38期。

赵本纲：《湖南建立空港高铁服务贸易自贸区的路径分析》，《天津商务职业学院学报》2018年第3期。

郑准、张凡、王炳富：《全球管道、知识守门者与战略性新兴产业集群发展——来自苏州高新区IC产业集群的案例》，《企业经济》2021年第3期。

周健：《中国第三产业产业结构与就业结构的协调性及其滞后期研究》，《兰州学刊》2020年第6期。

周雯、吴坦：《基于新型城镇化建设的体育产业集群模式研究》，《体育文化导刊》2018年第11期。

周旭霞：《新型工业化进程中产业融合的动力机制研究》，《中共杭州市委党校学报》2006年第4期。

周阳敏、桑乾坤：《国家自创区产业集群协同高质量创新模式与路径研究》，《科技进步与对策》2020年第37期。

周中胜、罗正英、徐艳洁：《中美贸易战背景下产业集群与成长型企业的现金持有》，《中国软科学》2020年第6期。

朱云平：《企业异质性视角下的产业集群产业链优化分析》，《宏观经济研究》2017年第12期。

2. 报纸

《广西贵港：正在崛起的战略性新兴产业城》，《人民日报》2019年3月8日，第17版。

《广西全面对接粤港澳大湾区建设总体规划（2018—2035年)》，《广西日报》2019年6月29日，第6版。

《广西壮族自治区国民经济和社会发展第十三个五年规划纲要》，《广西日报》2016年6月5日，第2版。

《中共柳州市委员会关于制定柳州市国民经济和社会发展第十三个五年规划的建议》，《柳州日报》2015年12月14日，第1版。

陈玲：《文旅融合发展中的政府作用研究》，《广元日报》2019年12月8日，第A03版。

陈柳钦：《积极倡导并践行低碳消费》，《中国城市报》2016年7月25日，第16版。

陈文锋：《加快培育战略性新兴产业创新共同体》，《经济日报》2019年11月1日，第16版。

迟福林：《立足扩大内需促进区域经济一体化》，《经济日报》2020年4月30日，第11版。

高传军：《从"无中生有"到全市最大支柱产业》，《梧州日报》2020年6月22日，第1版。

侯彦全、樊蒙：《块状经济如何向先进制造业集群转型升级》，《中国电子报》2019年7月2日，第6版。

黄娴：《咬住发展产业不放松》，《北海日报》2016年2月15日，第001版。

黄群慧：《中国制造业有能力创造新辉煌》，《人民日报》2017年3月13日，第7版。

胡晓蓉：《云南铁路发送旅客逾4000万人次》，《云南日报》2020年12月9日，第1版。

姜长云：《推进供给侧结构性改革要拓宽视野》，《经济日报》2016年5月5日，第14版。

李春顶：《努力实现农民工稳定就业与产业升级的良性互动》，《21世纪经济报道》2020年4月1日，第4版。

林江：《培育战略性支柱产业集群为保链稳链提供有力支撑》，《佛山日报》2020年7月20日，第8版。

刘蓉：《做强创新产业集群实现价值链跃升》，《佛山日报》2020年6月22日，第12版。

钱春海：《对加强新型基础设施建设的思考》，《经济日报》2020年8月24日，第11版。

阮晓莹：《南宁：提升关键产业链供应链稳定性和竞争力》，《南宁日报》2020年7月14日，第1版。

帅扬：《完善创新机制 激发创新活力》，《经济日报》2019年5月7日，第12版。

谭卓雯：《财政金融"组合拳"强健实体"硬支撑"》，《广西日报》2021年1月23日，第6版。

王秋真：《防城港市特色产业集群逐渐形成》，《防城港日报》2019年11月29日，第1版。

王绍芬：《五网建设半年完成投资255.18亿元》，《昆明日报》2018年9月7日，第1版。

《中共柳州市委员会关于制定柳州市国民经济和社会发展第十三个五年规划的建议》，《柳州日报》2015年12月14日，第1版。

伍爱春、杨远航：《梧州分四大梯次发展特色产业集群》，《广西日报》2010年1月14日，第5版。

徐义国：《金融要素如何服务上海科创中心建设》，《上海证券报》2015年07月28日，第12版。

钟兴：《完善科技创新体制机制有哪些重点》，《北京日报》2019年12月23日，第13版。

周家斌：《政府工作报告（摘要）》，《桂林日报》2017年1月7日，第01版。

周清杰：《新兴产业集群着力构建共生生态》，《中国工业报》2019年11月13日，第2版。

祝琳：《〈珠江—西江经济带发展规划〉正式实施》，《梧州日报》2014年8月5日，第1版。

周雪婷、陈寂:《广深港高铁香港段进入试运行》,《人民日报》(海外版)2018年4月3日,第4版。

3. 图书
王缉慈:《创新的空间:企业集群与区域发展》,北京大学出版社2001年版。

4. 未刊文献(学位论文、会议论文)
陈广宇:《结构升级与产业链:地方产业升级路径研究》,硕士学位论文,复旦大学,2011年。

陈晓倩:《济宁市政府构建大学生创业服务体系的研究》,硕士学位论文,东北农业大学,2017年。

郭玉芳、李建中:《产业集群在推进农业剩余劳动力转移中的作用分析——以苏、浙、粤三省民营经济发展模式为例》,《资本论》与产业经济——陕西省《资本论》研究会2007年学术年会,陕西,2007年12月。

黄昊明:《高速铁路对湖南省产业发展的影响研究》,硕士学位论文,华中科技大学,2016年5月。

黄祥钊:《区域对接的系统组织技术研究》,博士学位论文,华中科技大学,2009年。

江勇:《HT公司高铁餐饮服务客户满意度提升研究》,硕士学位论文,上海外国语大学,2018年。

蒋琛娴:《中国—东盟合作的发展及其影响》,硕士学位论文,辽宁大学,2011年。

孔莉霞:《高等教育发展、技术创新与产业转型升级》,硕士学位论文,湘潭大学,2018年。

李擎:《美国两次"再工业化"对中国经济结构转型升级影响的比较研究》,硕士学位论文,江西财经大学,2019年。

李奕:《基于全球价值链分析的中国制造业升级路径及测度方法研究》,博士学位论文,上海社会科学院,2018年。

刘斌:《基于产业集群的区域产业结构调整研究》,硕士学位论文,重庆大学，2006 年。

刘倩：《供给侧改革视角下开发区产业政策创新研究》，硕士学位论文，广西大学，2017 年。

刘银华：《泛珠合作背景下广州中心城市腹地拓展战略研究》，硕士学位论文，暨南大学，2008 年。

卢斯妤：《贵广高铁对沿线区域要素流动的影响研究》，硕士学位论文，贵州大学，2019 年 6 月。

罗嘉丽：《区域经济一体化背景下的中国企业东盟市场营销战略研究》，硕士学位论文，山东大学，2012 年。

罗菁秋：《高铁对区域经济圈非中心城市经济发展的影响研究》，硕士学位论文，西南科技大学，2017 年 4 月。

罗明明：《桥梁健康监测系统数据处理与分析技术研究》，硕士学位论文，重庆大学，2015 年。

马林：《高速铁路：旅游经济与空间结构影响研究》，硕士学位论文，陕西师范大学，2013 年。

宋婷婷：《桂林旅游产业集聚效应研究》，硕士学位论文，广西师范大学，2014 年。

唐代玉：《同质化竞争背景下 GL 高铁经济产业园竞争力提升策略研究》，硕士学位论文，广西师范大学，2019 年。

王来军：《基于创新驱动的产业集群升级研究》，博士学位论文，中共中央党校，2014 年。

王允泽：《关于坚持不懈改善营商环境的对策建议》，第十七届沈阳科学学术年会论文集，沈阳，2020 年 9 月。

文超：《珠三角技术创新驱动产业升级研究》，博士学位论文，中国地质大学，2019 年。

吴笛：《高速铁路对城市就业吸引力的影响分析》，硕士学位论文，北京交通大学，2015 年。

吴彦艳：《产业链的构建整合及升级研究》，博士学位论文，天津大学，2009 年。

吴爱存：《中国港口的产业集群研究》，博士论文，吉林大学，2015 年。

相明：《基于 SWOT 分析的青岛大菱鲆苗种产业发展战略研究》，硕士学位论文，中国海洋大学，2013 年。

肖潇：《全球价值链分工下的产业结构演变研究》，硕士学位论文，上海社会科学院，2019 年。

杨一丹：《秦皇岛经济技术开发区营商环境优化路径研究》，硕士学位论文，燕山大学，2019 年。

於晓芬：《我国纺织工业产业结构优化的战略选择研究》，硕士学位论文，上海外国语大学，2010 年。

查君：《农村三产融合发展中的政府作用研究》，硕士学位论文，山东大学，2019 年。

张天宝：《基于城市—区域视角的城市空间规划策略研究》，硕士学位论文，重庆大学，2012 年。

周洛仪：《速铁路建设的区域经济效应研究——以成渝高铁为例》，硕士学位论文，重庆交通大学，2016 年。

朱光曦：《产业集聚与企业效率》，硕士学位论文，内蒙古大学，2009 年。

5. 网络

北海日报：《2020 年北海市政府工作报告》，搜狐新闻网，2020 年 5 月 11 日，https：//www. sohu. com/a/394315109_ 693105，2021 年 6 月 6 日。

百度百科：《珠江—西江经济带》百度百科 2019 年 2 月，https：//baike. baidu. com/item/珠江—西江经济带/14919621？fr = aladdin，2021 年 6 月 6 日。

陈燕、黄捷、陈阳阳：《广西多举措助力中药壮瑶药产业发展》，人民网，2020 年 5 月 22 日，https：//www. sohu. com/a/396994522_ 114731，2021 年 6 月 7 日。

曹丽媛：《广西力促一二三产业深度融合》，新华网，2019 年 2 月 24 日，http：//m. xinhuanet. com/gx/2019-02/24/c _ 1124155252. htm，2021 年 6 月 7 日。

崇左市人民政府：《2020 年政府工作报告》，崇左市人民政府网站，2020 年 4 月 8 日，http：//www. chongzuo. gov. cn/xxgk/jcxxgk/gzbg/t5137246. shtml，2021 年 6 月 6 日。

防城港日报：《防城港市特色产业集群逐渐形成》，防城港市人民政府门户网站，2019年11月29日，http：//www.fcgs.gov.cn/ztbd/jxkpzl/jxzs/201911/t20191129_90389.html，2021年6月6日。

防城港日报：《防城港市特色产业集群逐渐形成》，防城港日报市人民政府门户网站，2019年11月29日，http：//www.fcgs.gov.cn/zxzx/jrfcg/csdt/201911/t20191129_90408.html，2021年6月6日。

防城港市政府办：《2020年防城港市人民政府工作报告》，防城港市政府网，2020年5月25日，http：//www.fcgs.gov.cn/xxgk/jcxxgk/zfgzbg/szfgz/202004/t20200430_143448.html，2021年6月6日。

桂林晚报：《桂林经济创新高，这个产业的发展令人刮目相看》，桂林楼盘网，2018年11月6日，https：//gl.focus.cn/zixun/2089831744099936.html，2021年6月6日。

《玉林发展八大重点产业形成产业集群》，广西招商网，2014年1月2日，https：//baijiahao.baidu.com/s?id=1716150453176086119&wfr=spider&for=pc，2021年6月6日。

郭军、边禹：《衡阳至柳州铁路28日开通运营》，中国新闻网，2013年12月26日，https：//www.chinanews.com/df/2013/12-26/5669086.shtml，2021年6月7日。

河池市宜州区人民政府办公室：《"一带一路"背景下的丝绸产业合作高端峰会顺利召开》，广西河池市宜州区人民政府网站，2019年12月16日，http：//www.hcyzq.gov.cn/hdjl/zxft/t930222.shtml，2021年6月6日。

黄显标：《百色市铝产业集群式发展迈出新步伐》，广西百色市工业和信息化局网站，2019年7月16日，http：//gxj.baise.gov.cn/ztgz/stly/t2712679.shtml，2021年6月6日。

黄胜森：《北海构建"一岛两带三港四路五组团"发展格局打造"向海经济"正当时》，北海日报，2019年3月18日，http：//www.beihai.gov.cn/xwdt/bhyw/201903/t20190318_1868892.html，2021年6月6日。

黄有贤：《黎湛铁路贵港至玉林段线路改造完成广西最大侨乡将通动车》，中国新闻网，2016年10月12日，http：//www.chinanews.com/cj/2016/

10-12/8028943. shtml，2021 年 6 月 7 日。

黄令妍、陈秋霞：《中国—东盟糖业博览会在南宁举办推动糖业合作及数字化转型》，中国新闻网，2020 年 12 月 19 日，https：//baijiahao. baidu. com/s? id = 1686506530953771505&wfr = spider&for = pc，2021 年 6 月 7 日。

黄俊鑫：《玉林四大千亿元产业加速集聚》，广西新闻网，2019 年 2 月 15 日，http：//www. gxnews. com. cn/staticpages/20190215/newgx5c65f499-18041723. shtml，2021 年 6 月 6 日。

何良军：《2020 年崇左市政府工作报告》，广西崇左市人民政府门户网站，2020 年 4 月 28 日，http：//www. chongzuo. gov. cn/xxgk/jcxxgk/gzbg/t5137246. shtml，2021 年 6 月 6 日。

简文湘、覃柳玲、曾诗斯：《桂台共寻康养产业合作商机》，广西新闻网，2019 年 4 月 26 日，https：//news. gxnews. com. cn/staticpages/20190426/newgx5cc23fc0-18260016. shtml，2021 年 6 月 7 日。

刘林志：《广西加快培育九大产业集群，14 市都安排了！》，凤凰网，2020 年 5 月 8 日，https：//guilin. house. ifeng. com/news/2020_ 05_ 08-52740901_ 0. shtml，2021 年 6 月 6 日。

刘清：《2020 年广西汽车产业力争实现销售收入 3400 亿元》，广西新闻网，2018 年 3 月 31 日，http：//www. gxnews. com. cn/staticpages/20180330/newgx5abe1b9e-17200959. shtml，2021 年 6 月 7 日。

罗素玲：《广西铁路建设"十三五"规划（修编）》，百度网站，2018 年 12 月 14 日，https：//baijiahao. baidu. com/s? id = 1619791324103293670&wfr = spider&for = pc，2021 年 6 月 6 日。

罗军：《玉林中医药健康产业园：正崛起的健康产业新城》，广西网，2018 年 9 月 12 日，http：//www. gxnews. com. cn/staticpages/20180912/newgx5b989598-17639417. shtml，2021 年 6 月 6 日。

罗联生：《新中国成立 70 周年河池市经济社会发展情况新闻发布会》，中华人民共和国国务院新闻办公室网站，2019 年 7 月 22 日，http：//www. scio. gov. cn/xwfbh/gssxwfbh/xwfbh/guangxi/Document/1660213/1660213. htm，2021 年 6 月 6 日。

林浩：《广西外贸规模创历史新高 边境小额贸易出口首破千亿》，中国新闻网，2019 年 1 月 25 日，https：//baijiahao. baidu. com/s？id＝1623639500187024603&wfr＝spider&for＝pc，2021 年 6 月 7 日。

骆秋妤：《"邕系"农产品品牌日益壮大南宁投 1 亿元扶持七大产业的全产业链开发》，广西日报，2019 年 12 月 6 日，http：//www. gxzf. gov. cn/tzdt/20191206-782638. shtml，2021 年 6 月 6 日。

来宾日报：《经济增速好于预期、高于全区和全国》，来宾人大网，2019 年 2 月 21 日，https：//www. sohu. com/a/295338396_ 162336，2021 年 6 月 6 日。

雷应敏：《2020 年来宾市人民政府工作报告》，来宾市人民政府办公室，2020 年 4 月 30 日，http：//www. zgcounty. com/wap/news/17015. html，2021 年 6 月 6 日。

南宁铁路：《历史回顾！广西铁路的前世今生每一步都激荡人心》，网易网，2018 年 10 月 25 日，https：//www. 163. com/dy/article/DV00CE5H0514T3N7. html，2021 年 6 月 7 日。

覃东林：《柳州市战略性新兴产业发展"十三五"规划》，柳州市工业和信息化局办公室网站，2019 年 6 月 6 日，https：//www. smelz. cn/article/zhengce/detail-3012. html，2021 年 6 月 6 日。

秦春成：《2020 年桂林市政府工作报告》，广西桂林市人民政府门户网站，2020 年 1 月 22https：//www. guilin. gov. cn/zfxxgk/fdzdgknr/jcxxgk/zfgzbg/202006/t20200612_ 1828307. shtml，2021 年 6 月 6 日。

人人文库：《各市推进九大产业集群指导目录》，人人文库网，2021 年 12 月 14 日，https：//www. renrendoc. com/paper/175520897. html，2021 年 6 月 6 日。

苏靖：《新特征新变化新机遇——防城港市产业发展成就综述》，防城港市新闻网，2019 年 6 月 11 日 https：//baijiahao. baidu. com/s？id＝1681030542628896155&wfr＝spider&for＝pc，2020 年 6 月 6 日。

谭丕创：《钦州市 2020 年政府报告》，钦州市人民政府办公室网站，2020 年 4 月 27 日，http：//www. qinzhou. gov. cn/zwgk_ 213/jcxx/zfgzbg/202004/t20200427_ 3215634. html，2021 年 6 月 6 日。

网易新闻：《西南在建的一条高速铁路，斥资 757 亿，预计在 2023 年能正式通车》，网易网，2020 年 7 月 31 日，https：//www. 163. com/dy/

article/FJ1O1HJC0528MKFL. html，2021 年 6 月 7 日。

韦静：《南宁将打造成高新技术产业和先进制造业基地》，广西县域经济网网，2017 年 1 月 18 日，http：//www. gxcounty. com/news/jjyw/20170118/132014. html，2021 年 6 月 3 日。

韦如代：《坚定发展观念坚守发展惠民》，广西日报网站，2019 年 12 月 11 日，https：//baijiahao. baidu. com/s? id = 1652601575876504043&wfr = spider&for = pc，2021 年 6 月 6 日。

王翔：《中央首提"国内国际双循环"，增强抗风险能力》，海外网，2020 年 5 月 18 日，https：//baijiahao. baidu. com/s? id = 1667017031439378566&wfr = spider&for = pc，2020 年 5 月 18 日。

吴丽萍：《河池：做大做强康养产业》，广西日报网站，2019 年 12 月 6 日，https：//baijiahao. baidu. com/s? id = 1652143492876555689&wfr = spider&for = pc，2021 年 6 月 6 日。

许丹婷、容远昌：《刘志勇："雁行阵势"打造西江经济带产业集聚优势》，广西新闻网，2019 年 3 月 28 日 http：//news. gxnews. com. cn/staticpages/20100328/newgx4bae9df6-2825882. shtml，2021 年 6 月 6 日。

新华网：《来宾：打造产业集群 稳住经济基本盘》，新浪财经，2020 年 8 月 13 日，https：//cj. sina. com. cn/articles/view/2810373291/va782e4ab02001sgl0，2021 年 6 月 6 日。

向志强、石才学：《广西力争 7 年实现"市市通高铁"总里程将达 2500 公里》，人民网，2014 年 5 月 16 日，http：//gx. people. com. cn/n/2014/0516/c179430-21223014. html，2021 年 6 月 6 日。

向志强：《历时四年多的黔桂铁路扩能改造工程日前竣工通车》，新华社，2009 年 1 月 1 日，http：//www. gov. cn/jrzg/2009-01/12/content_ 1202787. htm，2021 年 6 月 7 日。

肖明、杨彦帆：《中国沿海将建时速 350 公里高铁北海预打造向海经济》，新浪财经，2018 年 5 月 14 日，http：//finance. sina. com. cn/roll/2019-05-20/doc-ihvhiqay0024684. shtml，2021 年 6 月 6 日。

尤紫璇：《王乃学：北海旅游产业迎来了发展黄金机遇期》，中国网，2018 年 5 月 14 日，http：//travel. china. com. cn/txt/2018-05/14/content_ 51291547. htm，2021 年 6 月 6 日。

云南糖网:《今日广西白糖现货市场糖价情况》,新浪财经,2020年4月9日,http://finance.sina.com.cn/money/future/agri/2020-04-09/doc-iirczymi5280260.shtml,2021年6月7日。

杨陈:《广西全面提升11条关键产业链打造"工业新名片"》,中国新闻网,2020年8月7日,https://baijiahao.baidu.com/s?id=1674374339777952822&wfr=spider&for=pc,2021年6月7日。

张冠年:《钦州10年经济发展亮点:从"神经末梢"到"魅力之城"》,广西新闻网,2012年10月20日,http://www.gxnews.com.cn/staticpages/20121020/newgx5082b53d-6264838.shtml,2021年6月6日。

张旭:《15年甚至30年后,坐火车是一种什么体验?》,中国新闻网,2020年8月13日,https://www.sohu.com/a/412883407_123753,2021年6月6日。

张思:《贵港:正在崛起的新兴工业城市》,贵港新闻网,2018年3月5日,https://v.gxnews.com.cn/a/16971598,2021年6月6日。

周红波:《南宁市政府工作报告》,中国南宁网,2020年5月4日,http://www.nanning.china.com.cn/2020-05/14/content_41151862.htm,2021年6月6日。

中国糖业协会:《2019年中国成品糖产量统计及未来市场趋势分析》,中国产业信息网,2020年1月7日,https://www.chyxx.com/industry/202001/826089.html,2021年6月7日。

赵超:《从高铁沿线产业发展看广西变化:高铁经济"飞"起来》,广西新闻网,2017年11月21日,http://wzhd.gxnews.com.cn/staticpages/20171121/newgx5a135c36-16683967.shtml,2021年6月7日。

朱文亮:《广西经济发展》,百度文库,2012年8月14日,https://wenku.baidu.com/view/065778fc770bf78a6529547f.html?fr=search-1-wk_sea_es-income1&fixfr=7zSsRgKDHFyq6X8%2FeiX79Q%3D%3D,2021年6月6日。

6. 析出文献

梁雪梅:《京津冀协同发展与产业集群对区域经济发展的研究》,河北省廊坊市应用经济学会《对接京津——社会组织 公共服务论文集》,

河北省廊坊市应用经济学会：廊坊市应用经济学会，2020年10月。

7. 政府文件

《2020全区制造业发展攻坚突破年实施方案》（桂政办发〔2020〕26号），广西壮族自治区人民政府办公厅，2020年5月7日。

《北海市海洋产业"十三五"发展规划》（北政办〔2017〕7号），北海市人民政府，2017年2月14日。

《防城港市国民经济和社会发展第十三个五年规划》（防政发〔2016〕11号），防城港市人民政府，2016年12月9日。

《广西壮族自治区国民经济和社会发展第十三个五年规划纲要》（桂政发〔2016〕9号），广西壮族自治区发改委，2016年6月27日。

《广西壮族自治区人民政府关于促进我区糖业可持续发展的意见》（桂政办发（2013）36号），广西壮族自治区人民政府，2013年9月6日。

《广西壮族自治区战略性新兴产业发展"十三五"规划》（桂政办发〔2016〕108号），广西壮族自治区人民政府办公厅，2016年12月6日。

《桂林市战略性新兴产业发展"十三五"规划》，（桂政办电〔2017〕64号）桂林市发改委，2017年3月17日。

《河池市工业和信息化发展"十三五"规划》（河政发〔2017〕20号），河池市人民政府，2017年5月24日。

《来宾市城市总体规划（2017—2035）》（来建发〔2018〕8号），来宾市住建委，2018年2月15日。

《来宾市西江经济带发展规划（2015—2020）》，（来政发〔2015〕54号）来宾市发展和改革委员会，2015年12月。

《柳州市战略性新兴产业发展"十三五"规划》，（柳政办〔2017〕164号）柳州市人民政府，2017年12月。

《钦州市"十三五"时期战略性新兴产业发展规划》（钦政办〔2017〕89号），钦州市人民政府，2017年8月14日。

8. 外文文献

Klaus Desmet, "A Perfect Foresight Model of Regional Development and Skill Specialization", *Regional Science and UrbanEconanic*, 2000.

Ellison G. and Glaeser E. L., "Geographic Concentration in U. S. Manufacturing Industries: A Dartboard Approach", *Working Papers*, 1994.

Krugman P, "Increasing returns and economic geography", *Journal of Political Economy*, Vol. 99, No. 3, 1991.

Overman D., "Testing for Localization Using Micro-Geographic Data", *Social Science Electronic Publishing*, No. 4, 2005.

Shannon and C. E., "A Mathematical Theory of Communication", *Bell Systems Technical Journal*, No. 4, 1948.

后　　记

　　本书是在对桂南高铁产业集群及全产业链进行深入研究基础上完成的，承蒙广西民族大学"一带一路"沿线国家经贸合作国别研究基地的经费资助出版。

　　高铁，是物资的中转站，是出行的现代"公交车"，更是经济社会发展的"加速器"。高铁的建设能够刺激沿线经济发展，促进产业集聚，加速区域经济的融合，有利于中国城乡一体化发展，缩小地区发展差距。对于广西来说，面临如何建设连接国内国际双循环和西部陆海新通道的关键节点，发挥面向"一带一路"、东南亚的重要窗口作用。桂南高铁作为广西交通网络的重要组成部分，将带动沿线地区经济发展，成为拉动发展的强劲动力，创造新的经济增长点。可见，在今后一段时间，如何实现桂南高铁沿线产业集群及全产业链建设问题，必将成为学术界关于高铁经济发展的一个热点问题。

　　本书在研究过程中，得到了广西民族大学的高度重视，得到了广西民族大学"一带一路"沿线国家经贸合作国别研究基地的大力支持，在写作过程中，得到了国家社科基金项目"面向中国—东盟市场一体化的沿海高铁经济圈产业融合战略研究"（课题批准号：14XJL010）和广西民族大学"一带一路"沿线国家经贸合作国别研究基地经费的资助；在写作过程中，得到了对外经贸大学中国世界贸易组织研究院周念利教授、广西大学商学院刘主光教授、桂林电子科技大学商学院文礼朋教授、广西民族大学管理学院熊娜教授的大力支持和帮助，对书稿提出了许多极为宝贵的修改建议；在调研和撰写过程中，得到了硕士研究生宋哲雨同学、隋海芳同学、陈美霖同学、张春玉同学、肖梦雨同学、陈曦同学、樊希雅同学、彭昱豪同学、沈宇锋同学、高云云同学的大力帮助，在此表示衷心感谢！

  本书在写作过程中，参阅了大量的国内外研究文献，在此，一并向这些作者表示感谢！

廖东声 崔海涛

2023 年 8 月于美丽的相思湖畔